2021 최신 개정판

B/E/S/T
기계일반 9급
기출문제 해설집

수록문제
· 12개년 국가직 9급 기출문제 해설 (2009 ~ 2020)
· 12개년 지방직 9급 기출문제 해설 (2009 ~ 2020)
· 7개년 서울시 9급 기출문제 해설 (2014 ~ 2020)
· 6개년 국회직 9급 기출문제 해설 (2015~ 2020)

특징
· 기본서보다 더 알차고 풍부한 해설
· 이해하기 쉽도록 깔끔하게 정리된 해설

저자 고시이앤피 부설 기계공학수험연구소

고시이앤피
www.고시이앤피.kr

머리글

공무원 기계직 9급 시험은 크게 국가직, 지방직, 서울시, 국회직 등으로 구분하여 시행되고 있습니다. 모두 기계일반이라는 과목이 포함되는데, 기계일반의 출제난이도가 높은 편이어서 합격의 당락을 결정짓는 가장 중요한 과목으로 자리매김하고 있습니다.

또 한가지 수험생들이 명심해야 할 것은 각 시행처의 시험출제 경향이 시행처마다 조금씩 다르다는 것입니다.
따라서 수험생들은 각 시행처의 시험출제경향에 맞춰 시험준비를 하는 것이 가장 효율적이고 현명한 방법이라고 할 수 있습니다.

본서는 각 시행처별 출제경향과 출제분석표를 수록하고 올바른 학습방법을 제시함으로써 수험생들에게 가장 빠른 합격의 지름길로 안내하고 있습니다.

본문에서는 기출문제를 각 시행처별로 분류하여 문제를 수록함으로써 수험생들이 직접 기출문제를 풀어보면서 각 시행처의 출제경향을 파악하고 이에 맞춰 효율적으로 맞춤대비 수험준비를 할 수 있도록 하였습니다.

또한 각 문제마다 기본서의 이론보다 풍부한 해설을 수록하고, 필요한 부분은 도표로 해설을 수록함으로써 수험생들이 한 눈에 전체내용을 정리하고 이해하기 쉽도록 하였습니다.

수험준비는 육체적, 정신적, 경제적으로 많은 고통이 따르며, 어느 누구도 대신해 줄 수 없는 고독한 싸움입니다. 틈틈이 밀려오는 불안감과 좌절감은 1명을 뽑아도 내가 된다는 자신감을 가지고 이겨내야 합니다.

2019년 처음 본서가 나온 이후 많은 수험생들의 과분한 호평과 성원에 힘입어 이번에 개정판을 발간하게 되었습니다.
아무쪼록 본서로 공부한 수험생 모두 2021년에는 합격의 영광을 함께하길 바라며, 나아가 우리 사회의 중추적인 기둥으로 성장하길 진심으로 기원합니다.

2021년 새해 원단
을지로 연구실에서
저자 識

국가직 단원별 출제분석표

국가직 시험은 기계일반 전 분야에 걸쳐 골고루 출제되고 있으므로, 폭넓게 준비하는 것이 필요하다. 기출문제를 중심으로 관련분야에서 변형되는 문제가 많으므로 본서의 해설을 반드시 꼼꼼히 읽어보면 학습에 크게 도움이 될 수 있을 거라고 확신한다.

구분	출제연도	09 4.11	10 4.10	11 4.9	12 4.7	13 7.27	14. 4.19	15 4.18	16 4.9	17 4.8	18. 4.7	19. 4.6	20. 3.28
제1편 기계제작	1. 기계제작 공정												
	2. 기계제작 과정												
제2편 기계재료	1. 금속·합금 및 기계재료의 성질등	2	2		1	2	3	1	2	1	2	1	2
	2. 철강재료 및 열처리	3	1	3	1	2	1	1	3	1	1	2	1
	3. 비철금속재료			1		1				1			
	4. 비금속재료												
	5. 신소재					1							1
	6. 재료시험과검사					2		1		2	1		1
제3편 기계공작	1. 주조	1		1	3	2	1		2	1	1	1	1
	2. 용접	1	3	1		1	1	1		1	2		
	3. 소성가공	2	2	1	3	1	1	3		1		3	1
	4. 절삭가공	2	2	3	2	1	1	2	1	2	3	1	
	5. 연삭 및 특수가공	2		1		1	2		2	3		2	3
	6. 자동화생산가공		1	1	1		1				2		
	7. 측정기	1	1				1	1					1
제4편 기계설계	1. 기계와 기구				1	1	1	1			2		1
	2. 응력과 변형률	1	1		1	1		1	1		1	2	1
	3. 결합용기계요소	2	2		1		1	1	3	1		1	
	4. 축과 베어링			3		2	2	2			1	1	2
	5. 전동용기계요소	1		2	2		1	2		2	1	2	2
	6. 완충 및 제동용 기계요소		3			1			1	1	1		
제5편 에너지	1. 내연기관	2	1		1	1		1	2	1		1	1
	2. 증기기관			1			1				1	1	
	3. 유체기계		1	2	3		2	2	3	2	1	2	1
	4. 열역학 (공기조화)												1
총계		20	20	20	20	20	20	20	20	20	20	20	20

지방직 단원별 출제분석표

국가직 시험과 마찬가지로 지방직 시험 역시 출제분야는 전범위에 걸쳐 골고루 분포되어 있다. 따라서 국가직 시험과 마찬가지로 폭넓게 학습할 필요가 있으며, 본서의 해설을 중심으로 기출문제를 정리하도록 하는 것이 효율적인 학습방법이라고 생각한다.

구 분	출제연도	09 5.23	10 5.22	11 5.14	12 5.12	13 3.24	14. 6.21	15 6.27	16 6.18	17 6.24	18. 5.19	19. 6.15	20. 6.13
제1편 기계제작	1. 기계제작 공정					1							
	2. 기계제작 과정					1						2	
제2편 기계재료	1. 금속·합금 및 기계재료의 성질등	3	1	3	1	1	2	2	3	2	2		1
	2. 철강재료 및 열처리		2	1	4	1	2		1	1	3	1	2
	3. 비철금속재료					1	1	1		1			2
	4. 비금속재료												
	5. 신소재					1				1		1	
	6. 재료시험과 검사	1	1	1								1	
제3편 기계공작	1. 주 조	2	2	1	2		1	1	1	1	1	1	1
	2. 용 접	2		2	1	2	2	1	2		1	1	
	3. 소성가공		1	1		2	2	1	3	3	3	2	1
	4. 절삭가공	1	1		3	2	3	4		2	2	3	
	5. 연삭 및 특수가공	1	1	1	1	1	1	2		3	1	2	3
	6. 자동화생산가공	1		1		1		1			1		
	7. 측정기			1								1	1
제4편 기계설계	1. 기계와 기구							1	1				1
	2. 응력과 변형률		3	3		2		1	2		1	1	
	3. 결합용 기계요소	1	2	2		1	1			2	1	1	2
	4. 축과 베어링	3	1		1	1	2	2	2	1			1
	5. 전동용기계요소		1	1	3		1	1	2	1		1	
	6. 완충 및 제동용 기계요소	2			2	1	1	1	1		1	1	
제5편 에너지	1. 내연기관		1					1	1	1	1	1	2
	2. 증기기관		1	1		1							
	3. 유체기계	3	2	1	2		1		1	3	1		1
	4. 열역학											1	
총 계		20	20	20	20	20	20	20	20	20	20	20	20

서울시 단원별 출제분석표

서울시의 기출문제는 최근에 유체역학, 열역학, 응력과 변형률 분야에서 출제빈도가 높아지고 있지만, 다른 분야도 꾸준히 출제되고 있으므로, 최근 출제경향이 높아지는 부분을 중심으로 폭넓게 학습하는 자세가 필요하다.

구 분	출제연도	14. 6.28	15 6.13	16 6.25	17 6.24	18. (1차) 3.24	18. (2차) 6.23	19.(1차) 2. 23	19 (2차) 6.15	20. 6.13
제1편 기계제작	1. 기계제작공정									
	2. 기계제작과정							2	2	2
제2편 기계재료	1. 금속·합금 및 기계재료의 성질등			2				2		1
	2. 철강재료 및 열처리	3	2	1	1	1				1
	3. 비철금속재료	1	1	1	1					
	4. 비금속재료									1
	5. 신소재						1			
	6. 재료시험과 검사				1			1		1
제3편 기계공작	1. 주 조		1		1	1	2	1		1
	2. 용 접		2	3	1			1	2	1
	3. 소성가공		1			5		1	2	
	4. 절삭가공	4	3		1	3		2	3	
	5. 연삭 및 특수가공	2	1	1	1		1		1	1
	6. 자동화생산가공									
	7. 측정기			1	2	1	2			1
제4편 기계설계	1. 기계와 기구	1			1					
	2. 응력과 변형률	3	4	2	1	2	3	3	3	3
	3. 결합용 기계요소	2	1		1	2	1			1
	4. 축과 베어링	1	2	1	1		2			
	5. 전동용 기계요소			1						3
	6. 완충 및 제동용 기계요소									
제5편 에너지	1. 내연기관	1			1	1		2		
	2. 증기기관	1			1					
	3. 유체기계	1	2	4	3	4	5	2	5	2
	4. 열역학			2	3		3	3	2	1
총 계		20	20	20	20	20	20	20	20	20

국회직 단원별 출제분석표

국회직 시험의 주요 출제분야는 유체역학, 열역학, 응력 및 변형률 파트이며 이 세 파트에서 60%이상 출제되고 있는데, 출제난이도도 높은 편이므로 유체역학, 열역학 관련분야는 좀 더 심도 있게 학습할 필요가 있다.

구 분	출제연도	15 9.19	16 8.13	17 7.22	18. 8.25	19 8.24	20. 8.22
제1편 기계제작	1. 기계제작공정						
	2. 기계제작과정					1	
제2편 기계재료	1. 금속·합금 및 기계재료의 성질등	2	1	1	1	1	3
	2. 철강재료 및 열처리	1			1		
	3. 비철금속재료						
	4. 비금속재료					1	
	5. 신소재						
	6. 재료시험과 검사					1	1
제3편 기계공작	1. 주 조	1	2		1	1	1
	2. 용 접						
	3. 소성가공	1	1	1			2
	4. 절삭가공	1	1	1	2		
	5. 연삭 및 특수가공	1					
	6. 자동화생산가공						
	7. 측정기						
제4편 기계설계	1. 기계와 기구					1	
	2. 응력과 변형률	3	4	3	2	6	6
	3. 결합용 기계요소		1				
	4. 축과 베어링			1	1		
	5. 전동용기계요소	1	1		1		
	6. 완충 및 제동용 기계요소				2		
제5편 에너지	1. 내연기관	1		1		1	
	2. 증기기관						
	3. 유체기계	7	6	8	5	5	4
	4. 열역학	1	3	4	4	2	3
총 계		20	20	20	20	20	20

차 례

국가직 12개년 기출문제

2020년 3월 28일 시행 ············ 3
2019년 4월 6일 시행 ············ 13
2018년 4월 7일 시행 ············ 27
2017년 4월 8일 시행 ············ 38
2016년 4월 9일 시행 ············ 50
2015년 4월 18일 시행 ············ 62
2014년 4월 19일 시행 ············ 72
2013년 7월 27일 시행 ············ 83
2012년 4월 7일 시행 ············ 94
2011년 4월 9일 시행 ············ 106
2010년 4월 10일 시행 ············ 116
2009년 4월 11일 시행 ············ 127

지방직 12개년 기출문제

2020년 6월 13일 시행 ············ 139
2019년 6월 15일 시행 ············ 152
2018년 5월 19일 시행 ············ 165
2017년 6월 17일 시행 ············ 177
2016년 6월 18일 시행 ············ 188
2015년 6월 27일 시행 ············ 199
2014년 6월 21일 시행 ············ 210
2013년 8월 24일 시행 ············ 221
2012년 5월 12일 시행 ············ 231
2011년 5월 14일 시행 ············ 241
2010년 5월 22일 시행 ············ 251
2009년 5월 23일 시행 ············ 261

서울시 7개년 기출문제

2020년 6월 13일 시행 ············ 273
2019년 6월 15일(2회) 시행 ······ 283
2019년 2월 23일(1회) 시행 ······ 294
2018년 6월 23일(2회) 시행 ······ 303
2018년 3월 24일(1회) 시행 ······ 312
2017년 6월 24일 시행 ············ 322
2016년 6월 25일 시행 ············ 331
2015년 6월 13일 시행 ············ 341
2014년 6월 28일 시행 ············ 351

국회직 6개년 기출문제

2020년 8월 22일 시행 ············ 363
2019년 8월 24일 시행 ············ 373
2018년 8월 25일 시행 ············ 383
2017년 7월 22일 시행 ············ 392
2016년 8월 13일 시행 ············ 402
2015년 9월 19일 시행 ············ 412

국가직 12개년 기출문제

기계일반

2020년 3월 28일 시행
국가직 9급

01 대표적인 구리합금 중 황동(brass)의 주성분은?

① Cu, Pb ② Cu, Sn
③ Cu, Al ④ Cu, Zn

해설
④ 황동(brass) : 구리(Cu) + 아연(Zn)
② 청동(bronze) : 구리(Cu) + 주석(Sn)

02 2개 이상의 기계 부품을 결합할 수 있는 체결용 기계요소에 해당하지 않는 것은?

① 볼트(bolt) 및 너트(nut) ② 리벳(rivet)
③ 스프링(spring) ④ 키(key)

해설 기계요소
- 체결(결합)에 사용되는 기계요소 : 나사, <u>볼트</u>, <u>너트</u>, 와셔, <u>키</u>, 핀, <u>리벳</u>, 스플라인
- 축에 관한 기계요소 : 축, 커플링, 유니버설조인트, 클러치, 베어링,
- 동력 전달용 기계요소 : 마찰차, 기어, 체인, 벨트, 로프, 링크(크랭크기구), 캠
- 완충용 기계요소 : 스프링, 토션바, 완충기, 유압댐퍼 (쇼크 업소버)
- 제동용 기계요소 : 브레이크
- 관에 관한 기계요소 : 플랜지이음, 밸브, 콕

03 드로잉된 컵의 벽 두께를 줄이고, 더욱 균일하게 만들기 위해 사용되는 금속성형공정은?

① 블랭킹(blanking) ② 엠보싱(embossing)
③ 아이어닝(ironing) ④ 랜싱(lancing)

해설
③ 아이어닝은 딥드로잉된 컵의 두께를 더욱 균일하게 만들기 위한 후속 공정이다.
① 펀치(punch)와 다이(die)를 이용하여 판금재료로부터 제품의 외형을 따내는 작업이다
② 요철이 있는 다이와 펀치로 판재를 눌러 판에 요철을 내는 가공(넓은 판재에 무늬를 돋을새김처럼 새기는 가공)이다.
④ 판재를 일부 자르고 남겨두는 가공으로, 스크랩이 전혀 발생하지 않는 공정이다.

보충 딥드로잉
속이 깊은 제품을 제작한다는 뜻으로, 얇은 판의 중심부에 큰 힘을 가하여 원통형이나 원뿔형 등의 이음매 없는 용기모양을 성형하는 가공법으로, 음료캔, 주방기구, 모든 종류 및 크기의 용기, 싱크대, 자동차 패널등의 성형에 사용된다.

정답 01 ④ 02 ③ 03 ③

04 내연기관의 주요 용어에 대한 설명으로 옳지 않은 것은?

① 행정 : 상사점과 크랭크축 사이의 거리
② 상사점 : 피스톤이 크랭크축으로부터 가장 멀리 위치하여 실린더 체적이 최소가 되는 위치
③ 행정체적 : 1행정 시 피스톤이 밀어낸 체적
④ 간극체적 : 피스톤이 상사점에 있을 때 실린더의 체적

> **해설** 하사점과 상사점까지 피스톤이 이동하는 거리를 행정이라고 한다.
> - 반대로 하사점은 피스톤이 실린더 헤드와 가장 멀리 떨어져 있을 때, 즉 실린더 아랫부분에 있어서 실린더 체적이 최대가 되는 위치이다.
> - 행정체적 (Vs) : 1행정 시 피스톤이 밀어낸 체적 (피스톤 행정사이의 체적)
>   = 총배기량 = ($\pi D^2 \times L \times N$) / 4
>   (D = 실린더 지름(cm), L = 피스톤 행정(cm), N = 실린더 수, R = 기관 회전수(RPM))
> - 간극체적 (Vc): 피스톤이 상사점에 있을 때 실린더의 체적 (연소실체적)
> - 실린더체적 (V): 피스톤이 하사점에 있을 때 체적 = 행정체적(Vs) + 간극체적(Vc)
> - 압축비 = 실린더체적 (V)과 간극체적 (Vc)의 비 = 1 + (Vs / Vc)

05 금속시편의 체적은 소성영역에서 일정하게 유지된다. 원기둥 형태의 최초 시편은 길이 l_0, 단면적 A_0, 직경 D_0를 갖고 있으며, 균일변형 중 시편의 길이가 l, 단면적이 A, 직경이 D일 때, 진변형률 식으로 옳지 않은 것은?

① $\ln\left(\dfrac{l}{l_0}\right)$ ② $\ln\left(\dfrac{A_0}{A}\right)$

③ $2\ln\left(\dfrac{D_0}{D}\right)$ ④ $\ln\left(\dfrac{D}{D_0}\right)$

> **해설** 진변형률(true strain) : 시편의 늘어난 길이 / 측정 순간의 시편의 길이
> $$\epsilon = \ln\left(\dfrac{l}{l_0}\right) = \ln\left(\dfrac{A_0}{A}\right) = 2\ln\left(\dfrac{D_0}{D}\right) = \ln\left(\dfrac{D}{D_0}\right)^2$$

> **참고** 체적이 일정하므로 $l_0 A_0 = l A$
> $A = \dfrac{\pi D^2}{4}$ 를 공식에 대입하면 구할 수 있다.

04 ① 05 ④

06 금속의 열처리에 대한 설명으로 옳지 않은 것은?

① 풀림(annealing)은 금속을 적정 온도로 가열하고 일정시간 유지한 후 서서히 냉각함으로써 냉간가공되었거나 열처리된 재료를 원래 성질로 되돌리고, 잔류응력을 해소하기 위한 열처리 공정이다.

② 뜨임(tempering)은 경화된 강의 취성을 감소시키고 연성과 인성을 개선시켜 마르텐사이트(martensite) 조직의 응력을 완화하기 위한 열처리 공정이다.

③ 불림(normalizing)은 풀림과 유사한 가열, 유지조건에서 실시하지만, 과도한 연화를 막기 위해 공기 중에서 냉각하여 미세한 균질 조직을 얻음으로써 기계적 성질을 향상하는 열처리 공정이다.

④ 담금질(quenching)은 강을 가열하여 오스테나이트(austenite)로 상변화시킨 후 급냉하여 페라이트(ferrite) 조직으로 변태시켜 강을 강화하는 열처리 공정이다.

해설 담금질(퀜칭, quenching)

강을 단단하게 하기 위하여 강을 적당한 온도로 가열하여 오스테나이트 조직에 이르게 한 뒤, 마텐자이트 조직으로 변화시키기 위해 급냉시키는 열처리 방법이다.

07 미끄럼 베어링과 구름 베어링에 대한 설명으로 옳은 것은?

① 미끄럼 베어링 중에는 축 방향 하중과 반경 방향 하중을 동시에 지지할 수 있는 것이 있지만, 구름 베어링 중에는 없다.

② 구름 베어링은 진동 및 소음이 발생하기 쉬우나, 미끄럼 베어링은 잘 발생하지 않는다.

③ 미끄럼 베어링은 윤활에 주의할 필요가 없으나, 구름 베어링은 윤활에 주의할 필요가 있다.

④ 구름 베어링은 충격하중을 받는 곳에 주로 사용하고, 미끄럼 베어링은 정적인 회전부에 주로 사용한다.

해설 미끄럼 베어링과 구름베어링의 비교

구 분	미끄럼(sliding) 베어링	구름(rolling) 베어링
하 중	• 추력하중은 받기 힘들다.	• 일반적으로 반경방향 하중과 축방향 하중을 동시에 받을 수가 있다
진동 및 소음	• 진동 및 소음이 적다.	• 진동 및 소음이 발생하기 쉽다.
윤활 및 마찰	• 유체마찰이며, 마찰계수가 크므로, 윤활에 주의해야 한다. • 시동시 마찰저항이 크다.	• 구름마찰이며, 마찰계수가 작으므로 윤활에 주의할 필요가 없다. • 기동마찰저항이 적고, 동력이 절약된다.
충격흡수	• 충격흡수력이 우수하므로 충격하중을 받는 곳에 주로 사용한다.	• 감쇠력이 작아 충격흡수력이 낮아 정적인 회전부에 주로 사용한다.
회전속도	• 고속회전에 적합하다.	• 저속회전에 적합하다.

08 일회용 플라스틱 병 또는 이와 유사한 용기와 같이 두께가 얇은 중공 플라스틱 제품 생산에 가장 널리 사용되는 방법은?

① 블로우성형(blow molding)
② 반응사출성형(reaction injection molding)
③ 캘린더링(calendering)
④ 수지전이성형(resin transfer molding)

해설 블로우성형(blow molding)은 공기를 불어넣어(Blow) 제작하는 방식으로, 속이 빈 제품을 만들 때 사용되므로 중공 성형(中空成型)이라고 불리운다. 다시 말하면, 열가소성 재료를 압출 또는 사출에 의해 튜브 상으로 예비성형(parison)을 하여 이것을 금형에 끼워서 내부로 공기를 불어 넣어 부풀게 한 후 고화(고체화)하는 방법이다. 대표적으로 페트병을 꼽을 수 있고, 무게를 줄여 물에 띄우기 위한 제품 제작에도 사용된다.

② 반응사출성형은 반응 전 단량체(고분자화합물을 만들 때 단위가 되는 물질)를 금형에 넣기 직전에 잘 섞어준 다음 금형에 넣어주고 금형 내에서 반응이 일어나 고분자화합물 (예 : 폴리우레탄)을 완성하는 방법이다. 초기 점도가 매우 낮아 복잡한 모양의 금형을 사용하여 완성품을 제작할 수 있다.

③ 캘린더링(calendering)이란 직물의 마무리 가공 공정의 한가지로서 적당하게 습기를 준 직물을 가열된 두 롤러(roller)(캘린더) 사이에 통과시키면서 열과 압력을 가하여주면 롤러의 표면 조건에 따라 직물의 표면이 마무리된다. 캘린더의 표면이 평평하면 직물의 표면도 평평하여지고 광택이 나타난다. 또한 캘린더의 표면에 무늬가 새겨져 있으면 직물의 표면에도 그것과 똑 같은 무늬가 압착되며 각인(刻印)된다. 캘린더링성형은 압출공정에 비해 설비 투자비가 큰 단점이 있지만 품질이 우수하기 때문에 PVC, PP의 가공에 많이 사용되고 있다.

④ 원하는 형상의 금형 안에 보강섬유 프리폼을 넣고 주입구를 통하여 수지를 금형 안에 주입한 후, 금형 안을 진공으로 유지하면서 열과 압력을 가하는 성형방법이다.

보충 사출과 압출의 차이점

사출은 마치 붕어빵을 만들 듯이 틀안에 제품의 모양대로 만들어 놓고 그 안에 용융된 수지를 밀어넣어 성형시키는 방법이며, 압출은 사출과 같이 형상이 되어 있는 틀안에 밀어넣는 것은 비슷한데 마치 설날에 가래떡을 뽑듯이 계속적으로 뽑아내는 것이 차이가 있다.

09 금속재료의 인장시험을 통해 얻어지는 응력-변형률 선도에 대한 설명으로 옳지 않은 것은?

① 공칭응력-공칭변형률 선도의 비례한도 내에서 응력과 변형률 사이의 관계는 선형적이며 직선의 기울기 값이 탄성계수이다.
② 변형경화가 발생하는 소재의 진응력-진변형률 선도에서 소성영역 부분을 log-log 척도로 나타내면 네킹(necking)이 발생할 때까지 선형적이다.
③ 재료의 연신율은 네킹이 일어난 시점에서의 공칭변형률과 같다.
④ 항복점은 응력-변형률 선도에서 확인이 어려울 경우 선형탄성직선에 평행하면서 0.2%의 변형률만큼 이동한 직선과 만나는 곳의 응력을 의미한다.

해설

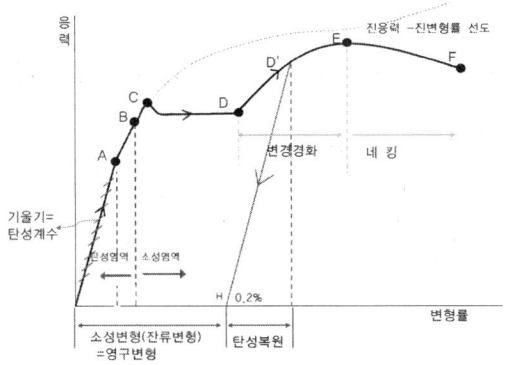

구 분	내 용
A점 (비례한계)	응력과 변형률이 비례적으로 증감하는 부분이다. 기울기가 탄성계수가 된다.
B점 (탄성한도)	응력을 서서히 제거할 때, 변형이 없어지는 성질을 탄성이라 하며, 그 한계점에서의 응력을 탄성한도라 한다. B점 이상으로 응력이 증가하면 소성변형 혹은 영구변형이 발생하여 응력을 제거하여도 변형이 완전히 없어지지 않고 남으며 잔류변형이라 한다
C점 (상항복점)	항복이 생길 때의 최대 응력
D점 (하항복점)	항복개시후 하중이 증가하지 않아도 변형률이 생기는 응력 (일반적인 항복점)
E점 (인장응력)	재료가 견딜 수 있는 최대의 공칭 응력을 말한다.(극한강도) 네킹이 일어나는 시점이 된다.
F (파괴점)	E점에 이르면 재료의 일부에 부분적인 수축(네킹 necking)이 생겨 드디어 F점에서 파괴된다. 파괴되는 시점(F점)에서의 변형율이 연신율이 된다.

보충 변형경화

소성변형을 주면 변형정도가 늘어남에 따라 변형에 대한 저항이 증대하여 변형을 받지 않은 재료보다 단단해지는 성질. "가공경화"라고도 한다.
재료의 가공경화 정도를 나타낸 것으로 가공경화지수가 있다. 이것은 진응력과 진변형율 곡선의 해당구간에서 수식으로 결정된다. 변경경화지수 n이 큰 재료는 네킹이 늦게 발생하고 연성이 크다.
$\log\sigma = \log K + n\log e$ (K : 강도계수, n : 변경경화지수)

10 축의 가운데 지점에 한 개의 회전체가 결합되어 있다. 이 축이 회전할 때, 축의 진동에 따른 위험속도(1차 고유진동수)를 증가시키는 방법으로 가장 적절한 것은?

① 축의 길이를 증가시킨다.
② 회전체의 질량을 증가시킨다.
③ 축의 지름을 증가시킨다.
④ 탄성계수가 작은 소재로 축을 제작한다.

해설 축의 위험속도 = 축이 가지고 있는 고유진동수와 축의 회전수가 같아질 때의 속도

축의 진동에 따른 위험속도(1차 고유진동수)를 증가시키는 방법은 ①,②,④도 가능하지만 축의 지름을 증가시키는 것이 가장 적절한 방법이다.

11 모듈이 2이고 압력각이 20°이며 잇수가 각각 40, 80인 한 쌍의 표준 평기어가 맞물려 있을 때, 축간 거리[mm]는?

① 40 ② 80 ③ 120 ④ 240

해설 축간 거리[mm] = $\dfrac{(Z_1 + Z_2) \times M}{2} = \dfrac{(40 + 80) \times 2}{2} = 120$

12 V벨트 전동 장치에 대한 설명으로 옳은 것만을 모두 고르면?

> ㄱ. 운전이 조용하고 고속 운전이 가능하다.
> ㄴ. 미끄럼이 적고 큰 회전 속도비를 얻을 수 있다.
> ㄷ. 접촉 면적이 커서 큰 동력을 전달할 수 있다.
> ㄹ. 엇걸기를 통하여 전달 동력을 증가시킬 수 있다.

① ㄱ   ② ㄱ, ㄴ   ③ ㄱ, ㄴ, ㄷ   ④ ㄱ, ㄴ, ㄷ, ㄹ

해설 벨트전동

평벨트	• 평벨트는 V벨트보다 잘 굽혀지므로 풀리 지름이 작거나 고속 전동에 주로 사용한다. • 바로걸기와 엇걸기가 가능하며 엇걸기는 바로걸기보다 접촉각이 커서 더 큰 동력을 전달할 수 있다.
V벨트	• V벨트는 단면이 사다리꼴이며 엇걸기에 사용할 수 없다. • 평벨트 대비 접촉면적이 넓어 작은 장력으로 큰 동력을 전달할 수 있다. • 쐐기작용에 의하여 마찰력이 커지므로 미끄럼이 적고 큰 회전 속도비를 얻을 수 있다 • 운전이 조용하고 고속 운전이 가능하다.
치형벨트	• 이가 만들어져 있는 벨트로, 이가 서로 맞물려서 전동하기 때문에 미끄러짐이 없고, 전동효율이 좋다. • 장치를 소형으로 할 수 있고, 고속전동에 적합하며, 초기 장력이 작아도 된다.

10 ③ 11 ③ 12 ③

13 버니어 캘리퍼스(vernier calipers)로 측정하는 것이 적절하지 않은 것은?

① 두께 15 mm의 철판 두께
② M10 나사의 유효 지름
③ 지름 18 mm인 환봉의 외경
④ 지름 30 mm인 파이프 내경

 해설 • 버니어 캘리퍼스로 측정가능한 것

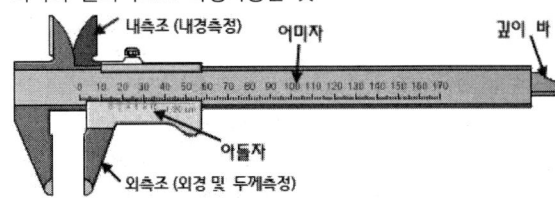

• 나사의 유효지름 측정 :
㉠ 삼침법에 의한 측정(정밀도가 가장 높음) ㉡ 나사마이크로미터에 의한 측정 ㉢ 공구현미경에 의한 측정

14 Taylor 공구수명식 [$VT^n = C$]에서 $n = 0.5$, $C = 400$인 경우, 절삭속도를 50 % 감소시킬 때 공구수명의 증가율[%]은?

① 50
② 100
③ 200
④ 300

 해설 $VT^n = 400$에서 $n = 0.5$이므로 공식을 변형하면 $V\sqrt{T} = 400$이므로 $T = \dfrac{(400)^2}{V^2}$

절삭속도를 50 % 감소시킬 때 $\dfrac{(400)^2}{(\frac{1}{2}V)^2} = 4\dfrac{(400)^2}{V^2} = 4T$

수명 증가율 = $\dfrac{\text{늘어난 총 수명} - \text{원래의 수명}}{\text{원래의 수명}} \times 100\% = \dfrac{4-1}{1} \times 100\% = 300\%$

$VT^n = C$
V : 절삭속도(m/min)
T : 공구수명(min)
C : 피삭재와 공구 재질, 절삭 깊이, 이송률, 절삭유제 등에 따른 정수
n : 피삭재와 공구 재질 등에 따른 정수

15 유압시스템에 사용되는 작동유의 점도가 너무 높을 때 발생하는 현상으로 옳지 않은 것은?

① 마찰에 의하여 동력 손실이 증가한다.
② 오일 누설이 증가한다.
③ 관내 저항에 의해 압력이 상승한다.
④ 작동유의 비활성화로 인해 응답성이 저하된다.

 해설 　작동유의 적정 점도

점도가 너무 높을 경우	점도가 너무 낮을 경우
• 마찰에 의하여 동력손실 증가 • 관내 저항에 의한 압력증가 • 작동유의 비활성화로 인해 응답성이 저하 • 내부마찰 증가와 온도상승	• 마모증가 • 정밀한 조정과 제어곤란 • 오일의 누설증가 • pump 효율증가에 따른 온도상승

16 방전와이어컷팅에 대한 설명으로 옳지 않은 것은?

① 와이어 재료로는 황동 혹은 텅스텐 등이 사용된다.
② 방전가공과 달리 방전와이어컷팅에는 절연액이 필요하지 않다.
③ 전극와이어와 피가공물 사이의 전기방전 시 나오는 열에너지에 의해 절단이 이루어진다.
④ 재료가 전기도체이면 경도와 관계없이 가공이 가능하고 복잡한 형상의 가공도 가능하다.

해설 　방전와이어컷팅

- 보통 와이어컷팅에 사용되는 와이어는 Φ0.05~0.3mm의 황동, 동, 텅스텐 등의 도선이 사용된다.
- 방전가공에서 절연액인 등유속에 전극과 가공물을 넣는 것처럼, 방전와이어컷팅에는 절연액(가공액)으로서 등유나 물을 사용하는데 화재의 위험성이 없는 물이 더 많이 사용되고 있다.
- 전극와이어와 피가공물 사이의 전기방전시 나오는 열에너지에 의해 절단이 이루어진다.
- 방전와이어컷팅의 재료가 전기도체(전도성)이면 그 재질, 경도에 관계없이 고정밀도의 가공이 가능하며, 더욱이 가공하고자 하는 가공물의 형상이 복잡한 것에 아주 효율적이다.

정답　15 ② 　16 ②

17 연삭숫돌에 대한 설명으로 옳지 않은 것은?

① 연삭숫돌의 연마재 입자크기가 크면 표면거칠기가 좋아지고, 소재제거율이 커진다.
② 연삭숫돌 표면의 마모된 입자들을 조정하여 날카로운 입자들로 새롭게 생성하기 위한 공정을 드레싱(dressing)이라고 한다.
③ 연삭숫돌을 날카롭게 할 뿐만 아니라 숫돌의 원형 형상과 직선 원주면을 복원하는 공정을 트루잉(truing)이라고 한다.
④ 연삭숫돌의 결합제는 연마입자들을 결합시켜 연삭숫돌의 형상과 조직을 형성한다.

해설 입자 크기가 작으면, 표면거칠기가 향상되고, 입자 크기가 크면 소재제거율이 증가한다.

②,③ 드레싱(dressing)과 트루잉(truing)

드레싱(dressing)	연삭가공중에 연삭숫돌의 입자가 무디어 지거나 눈매움이 일어나면 절삭성이 떨어져 연삭 능력이 저하되므로 연삭숫돌의 면에 새로운 날끝이 나타나도록 하는 작업
트루잉(truing)	연삭 숫돌 입자가 연삭 가공중에 떨어져 나가거나, 최초의 연삭 단면 형상과 다르게 변하는 경우에는 원래의 형상으로 성형시켜 주는 것을 말함

④ 결합제
 ㉠ 연마입자들을 결합시켜 연삭 숫돌의 형상과 조직을 형성한다.
 ㉡ 결합제의 바람직한 성질 : 강도, 인성, 경도, 내열성
 • 마찰로 인한 열발생에 대해서 내열성이 있을 것
 • 충격하중에 쉽게 부숴지지 않을 것
 • 연마 입자들을 단단히 고정하면서도 입자가 마모되면 새 입자 노출이 쉽도록 해줄 것
 • 고속회전에 대한 안전강도를 가질 것

18 인베스트먼트 주조에 대한 설명으로 옳지 않은 것은?

① 왁스로 만들어진 모형 패턴은 주형을 만들기 위해 내열재로 코팅된다.
② 용융금속이 주입되어 왁스와 접촉하는 순간 왁스 모형 패턴은 녹아 없어진다.
③ 로스트왁스공정이라고도 하며 소모성주형 주조공정이다.
④ 정밀하고 세밀한 주물을 만들 수 있는 정밀주조공정이다.

해설 인베스트먼트(로스트왁스) 주조과정
• 왁스나 합성수지등 용융점이 낮은 재료로 모형을 만든다
• 모형주위에 내화성 재료를 뿌리거나 매몰한 후, 가열하면 모형이 녹아 빠져나와 주형이 만들어진다.
• 이 주형에 용융금속을 주입하여 주물을 만든다.
• 제트엔진이나 디젤엔진의 부품처럼 복합한 영상의 공업 제품이나 미술 공예품등 기계가공이 곤란한 정밀하고 세밀한 제품의 주조에 많이 쓰인다.

정답 17 ① 18 ②

19 냉동기 주요 장치들의 역할을 순환 순서대로 바르게 나열한 것은?

> ㄱ. 토출된 고온, 고압 냉매 가스의 열을 상온의 공기 중에 방출하여 냉매액으로 응축시킴
> ㄴ. 증발한 저온, 저압의 기체 냉매를 흡입·압축하여 압력을 상승시킴
> ㄷ. 저온, 저압의 습증기(액체 + 증기)를 증기 상태로 증발시킴
> ㄹ. 고온, 고압의 액체를 좁은 통로를 통해서 팽창시켜 저온, 저압의 냉매액과 증기의 혼합 매체를 만듦

① ㄱ → ㄴ → ㄹ → ㄷ
② ㄴ → ㄱ → ㄹ → ㄷ
③ ㄷ → ㄱ → ㄴ → ㄹ
④ ㄹ → ㄴ → ㄱ → ㄷ

해설 냉동기 순환순서

압축기(ㄴ) → 응축기(ㄱ) → 팽창밸브(ㄹ) → 증발기(ㄷ)

20 쾌속조형(RP, rapid prototyping)공정에 대한 설명으로 옳지 않은 것은?

① STL(stereolithography)은 광경화성 액체 고분자 재료에 레이저 빔을 직접 주사하여 고체 고분자로 각 층을 경화시켜 플라스틱 부품을 제작하는 공정이다.
② FDM(fused-deposition modeling)은 가열된 압출헤드를 통해 왁스 또는 폴리머 재료의 필라멘트를 필요한 위치에 녹여 공급하는 방법으로 모델의 각 층을 완성하는 공정이다.
③ SLS(selective laser sintering)는 이동하는 레이저 빔을 이용하여 열 용융성 분말을 소결시키는 형태로 한 층을 형성하고 이를 적층하여 고형의 제품을 만드는 공정이다.
④ EBM(electron-beam melting)은 층으로 슬라이싱된 CAD 모델의 단면 형상대로 외곽선을 잘라 낸 시트 소재를 층층이 쌓아 올려 물리적 모델을 제작하는 공정이다.

해설 쾌속조형(RP, rapid prototyping)공정

EBM(electron-beam melting)은 SLS와 유사한 공정으로, 레이저 대신 전자 빔(electron-beam)을 쏘아서 티타늄이나 코발트크롬 분말을 녹여 금속 제품을 만드는 방법으로, 스테인리스강이나 알루미늄 합금 등에도 적용이 시도되고 있다

④는 박판적층법 (Laminated Object Manufacturing ; LOM)에 대한 설명이다. 종이나 금속으로 된 박판(얇은 판)을 깔고, 레이저로 필요한 부분만 잘라낸 다음, 그 위에 다시 박판을 올려 아래 층과 접합시킨 뒤 다시 레이저로 잘라내는 것을 반복함으로써 성형하는 방식이다. 박판이 종이인 경우에는 접착제를 적용하며, 금속인 경우에는 고온의 롤러로 녹여서 접합한다

19 ②   20 ④

2019년 4월 6일 시행 국가직 9급

01 큰 토크를 전달할 수 있어 자동차의 속도변환기구에 주로 사용되는 것은?

① 원뿔키(cone key)
② 안장키(saddle key)
③ 평키(flat key)
④ 스플라인(spline)

 키(key)의 종류

종류	내용
평 키	• 축은 자리만 편편하게 다듬고 보스에 홈을 파서 만든 키 • 경하중에 쓰임
원뿔키 (원주키)	• 축과 보스와의 사이에 2, 3곳을 축 방향으로 쪼갠 원뿔을 때려 박아 보스를 헐거움 없이 마찰력으로 고정할 수 있도록 만든 키 • 축과 보스와의 편심이 적으며, 축과 보스 둘다 가공하지 않음
안장키	• 축은 절삭하지 않고 보스에만 홈을 판 키 • 마찰력으로 고정시키며 축의 임의의 부분에 설치 가능 • 극 경하중에 사용
접선키	• 축과 보스에 축의 접선방향으로 홈을 파서 서로 반대의 테이퍼(1/60~1/100)를 가진 2개의 키를 조합하여 끼워넣은 키 • 중하중용으로 아주 큰 회전력 또는 힘의 방향이 변화하는 곳에 사용
묻힘키	• 전달 토크가 크고 정밀도가 높아 가장 널리 사용되는 키 • 벨트풀리와 축에 모두 홈을 파서 때려 박는 키
반달키	• 축에 원호상의 홈을 파고, 홈에 키를 끼워넣은 다음 보스를 밀어넣어 만든 키 • 가공하기 쉽고, 60mm 이하의 작은 축에 사용 • 테이퍼축이나 작은 하중을 전달하는 축에 사용
미끄럼키 (페더키)	• 키와 보스의 홈사이에 약간의 틈새를 만들어 보스가 축방향으로 자유롭게 이동할 수 있게 한 키
스플라인키	• 큰 힘 (회전력 : 토크)을 전달할 수 있도록 축에 원주방향으로 같은 간격으로 여러 개의 키 홈을 깎아 낸 것 • 중요한 공작기계, 자동차, 항공기 등에 널리 이용
세레이션	• 축의 둘레에 스플라인보다 작은 삼각형의 이를 많이 만들고, 보스를 압입하여 고정하도록 만든 것 • 자동차의 핸들 고정용, 전동기나 발전기의 전기축 등에 이용

정답 01 ④

02 선반의 부속장치 중 관통 구멍이 있는 공작물을 고정하는 데 사용되는 것은?

① 센터 (center)   ② 심봉(mandrel)
③ 콜릿 (collit)   ④ 면판(face plate)

해설 선반

종 류	내 용
센터 (center)	• 심압대의 스핀들(spindle)에 끼워 넣어 주축의 척(chuck) 또는 면판(face plate)과 함께 가공물을 지지하는 부속품 • 가공물과 함께 회전하지 않고 정지한 상태에서 회전하는 가공물과 면접촉을 하면서 지지하는 정지센터(dead center)와 center에 베어링이 있어 가공물과 함께 회전하는 회전센터(live center)가 있다.
심 봉 (mandrel)	• 공작물을 center로 지지할 위치에 관통 구멍이 있을 때 구멍에 끼워 공작물과 일체시켜 center를 사용할 수 있게 하는 부속품 • 심봉작업은 기어나 풀리등과 같이 보스구멍이 뚫린 경우 보스구멍과 외경이 동심원이 되게 하기 위하여 심봉을 보스에 끼워 센터작업하는 방법이다.
면판 (face plate)	• 공작물의 형상이 불규칙하거나 비대칭으로 인하여 chuck으로 지지할 수 없는 경우에 주축의 나사부에 고정하여 공작물의 지지에 사용되는 부속품
콜릿 (collit)	• 콜렛척(Collect Chuck)과 함께 엔드밀같은 밀링 커터를 고정시키는데 사용한다
척(chuck)	• 주축의 나사부에 설치하고 공작물을 고정하는데 사용한다.
돌리개(dog)	• 공작물을 양 center에 걸고 주축에 고정된 면판과 함께 공작물을 회전시킨다.
방진구 (work rest)	• 지름이 작고 긴 공작물의 가공에서 공구의 작용력에 의하여 공작물이 휘어지고 안정된 가공을 할 수 없을 때 공작물의 굽힘과 이로 인한 진동을 방지해준다.

03 판재의 끝단을 접어서 포개어 제품의 강성을 높이고, 외관을 돋보이게 하며 날카로운 면을 없앨 수 있는 공정은?

① 플랜징(flanging)   ② 헤밍(hemming)
③ 비딩(beading)   ④ 딤플링(dimpling)

해설

헤밍 작업은 판재의 끝단을 접어서 포개는 공정이다. 이 작업으로 제품의 강성을 높이고, 외관을 돋보이게 하며, 날카로운 면을 없앨 수도 있다. 두 장의 판재를 겹쳐서 헤밍하면 시밍(Seaming) 접합법이 되며, 비슷한 공정으로 특정 형상의 롤러로 이중 시밍작업을 하게 되면, 음식이나 음료용기에서 수분이나 공기가 새지 않도록 가공할 수 있다

① 판재의 모서리를 보통 90°로 굽히는 공정
③ 비딩은 길고 좁은 엠보가 판재로 만들어진 부품이나 튜뷸러 파트의 표면에 새겨지는 가공방법으로, 부품 표면의 강도를 증가시키는 데 주목적이 있다. 표면에 새겨지는 비드는 부품의 심미적인 효과를 위해 여러 가지 형태로 디자인된다. 우리 주변에서 흔히 볼 수 있는 철제 기름통, 자동차의 오일탱크 등에서 볼 수 있는 X자형의 비드는 가장 쉽게 볼 수 있는 비딩가공 사례이다.
④ 판재에 먼저 구멍을 뚫고 이를 플랜지로 확장하는 공정

04 철강재료에 대한 설명으로 옳지 않은 것은?

① 합금강은 탄소강에 원소를 하나 이상 첨가해서 만든 강이다.
② 아공석강은 탄소함유량이 높을수록 강도와 경도가 증가한다.
③ 스테인리스강은 크롬을 첨가하여 내식성을 향상시킨 강이다.
④ 고속도강은 고탄소강을 담금질하여 강도와 경도를 현저히 향상시킨 공구강이다.

해설 공구강

구 분	내 용
탄소강	철에 적은 양의 탄소가 포함된 합금을 말하며, 구조용 탄소강과 공구용 탄소강으로 구분되며, 구조용 탄소강은 건축물, 철도, 차량등에 사용되고, 공구용 탄소강은 스프링, 각종 공구 등의 재료로 사용
탄소공구강	탄소가 0.9% ~ 1.5% 정도 함유된 고탄소강으로, 담금질하여 강도와 경도를 현저히 향상시킨 공구강
합금강	탄소 공구강에 텅스텐(W), 크롬(Cr), 바나듐(V), 몰리브덴(Mo)등의 합금원소 중에서 한 종류 또는 두 종류의 원소를 소량 첨가하여 강도, 경도, 내식성, 내열성등을 향상시킨 합금 〈종류〉

	구조용 합금강	• 탄소강에 니켈, 크롬, 몰리브덴, 망간 등을 첨가한 합금강 • 교량, 선박등의 판, 봉, 형강등에 사용
	공구용 합금강	• 탄소강에 텅스텐, 크롬, 바나듐, 니켈 등을 첨가한 합금강 • 고온에서 경도가 크고 가열하여도 경도변화가 작아 칼, 커터, 드릴, 정, 펀치 등의 재료가 된다.
	내식용 합금강	• 크롬을 첨가하거나 니켈과 크롬을 첨가한 합금강 • 표면에 크롬 산화막이 생겨 보호작용을 하기 때문에 내식성이 좋고 연성이 풍부하여 화학공업장치, 가정용품등에 널리 사용 • 대표적인 것이 스테인리스강임
	내열용 합금강	• 강에 니켈이나 크롬을 첨가하여 고온에 산화되지 않고 충분한 강도를 유지하는 합금강 • 내연기관밸브재료로 사용

고속도강	합금 공구강 보다 W, Cr, V, Mo 등의 합금원소를 더 많이 함유하는 고합금 공구강으로 내열성이 뛰어나고, 인성도 양호하므로 절삭공구재료로 널리 사용됨

아공석강	• 0.8%C 이하의 탄소강
공석강	• 0.8%C를 함유하는 조성의 탄소강(S점)이 723℃ 이하로 냉각될 때 오스테나이트가 페라이트와 시멘타이트로 분해되는 공석반응이 일어나므로 공석강이라고 하며, 이 반응이 일어나는 온도를 A1선이라고 부른다.
과공석강	• 0.8%C 이상의 탄소강

④ 탄소공구강에 대한 설명이다.

05 100 MW급 발전소가 석탄을 연료로 하여 전기를 생산하고 있다. 보일러는 627 °C에서 운전되고 응축기에서는 27 °C의 폐열을 배출하고 있다면 이 발전소의 이상 효율(%)에 가장 가까운 것은?

① 4 %
② 33 %
③ 67 %
④ 96 %

해설

이상 효율(%) = $\dfrac{\text{고온열원의 절대온도} - \text{저온열원의 절대온도}}{\text{고온열원의 절대온도}} = \dfrac{(273+627)-(273+27)}{273+627}$

$= \dfrac{900K - 300K}{900K} = 66.6\% = 67\%$

06 평판 압연 공정에서 롤압력과 압하력에 대한 설명으로 옳지 않은 것은?

① 롤압력이 최대인 점은 마찰계수가 작을수록 입구점에 가까워진다.
② 압하율이 감소할수록 최대 롤압력은 작아진다.
③ 고온에서 압연함으로써 소재의 강도를 줄여 압하력을 감소시킬 수 있다.
④ 압연 중 판재에 길이 방향의 장력을 가하여 압하력을 줄일 수 있다.

해설 압연기의 입구 쪽에서는 소재가 롤의 표면보다 느리게 이동하고 출구 쪽에서는 그 반대이다.
이때 소재와 롤 표면의 이동속도가 일치하는 점을 중립점이라 한다.
롤 및 소재에 가해지는 압력은 중립점에서 최대이다.
마찰계수가 작을수록 중립점은 출구쪽으로 이동한다.

07 그림과 같이 판재를 블랭킹할 때 필요한 최소 펀치 하중은? (단, 펀치와 판재 사이 마찰은 없고 전단이 되는 면은 판재에 수직하며, 판재의 두께는 1 mm, 전단강도는 2 kgf/mm²이고 π는 3으로 계산한다)

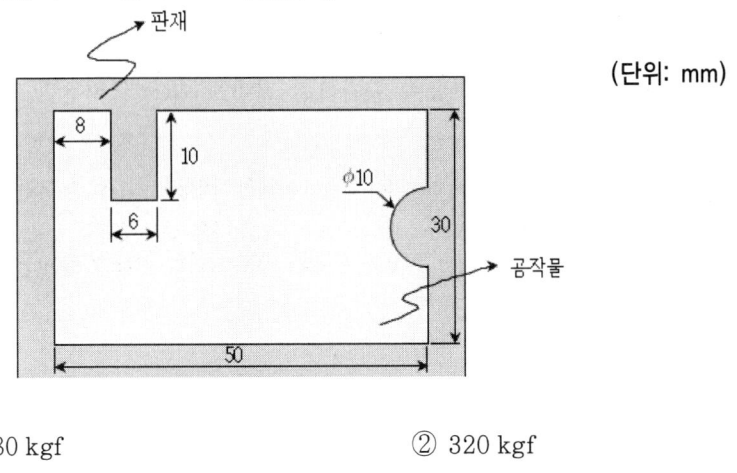

① 180 kgf
② 320 kgf
③ 370 kgf
④ 400 kgf

해설 최소 펀치 하중 = 전단강도 × 판재 두께 × 공작물 전체둘레길이

= 2 kgf/mm² × 1mm × {50+30+8+10+6+10+36+10+(3×ϕ10×$\frac{1}{2}$)+10} mm

= 370kg

08 금속의 응고 시 나타나는 현상에 대한 설명으로 옳지 않은 것은?
① 결정립이 커질수록 항복강도가 증가한다.
② 금속이 응고되면 일반적으로 다결정을 형성한다.
③ 결정립계의 원자들은 결정립 내부의 원자에 비해 반응성이 높아 부식되기 쉽다.
④ 용융금속이 급랭이 되면 핵생성률이 증가하여 결정립의 크기가 작아진다.

해설 결정립이 작을수록 단위체적에 존재하는 결정립계 및 결정립의 수가 많아져서 전위의 장애물이 증가하는 효과가 생기고, 이에 따라 변형에 대한 저항이 증가하여 강도가 증가한다.
③ 결정립계가 많을수록 강도가 높으며 결정립계와 맞닿아있는 원자들은 배열이 불완전하고 불규칙하여, 결정립 내부 원자들보다 반응성이 높아 부식에 취약하다

정답 07 ③ 8 ①

09 크리프(creep)에 대한 설명으로 옳지 않은 것은?
① 크리프 현상은 결정립계를 가로지르는 전위(dislocation)에 기인한다.
② 시간에 대한 변형률의 변화를 크리프 속도라고 한다.
③ 고온에서 작동하는 기계 부품 설계 및 해석에서 중요하게 고려된다.
④ 일반적으로 온도와 작용하중이 증가하면 크리프 속도가 커진다.

해설 크리프(creep)는 소재에 일정한 하중이나 고온이 가해진 상태에서 시간의 경과에 따라 소재의 변형이 계속되는 현상이다. 결정립계(grain boundary : 서로 다른 결정 방향을 갖는 결정 사이에 존재하는 경계면)에서 외력에 의한 미끄럼 운동에 의해 크리프 현상이 일어나며, 결정립계(grain boundary)는 전위의 이동을 방해한다.

10 자중을 무시할 수 있는 길이 L인 외팔보의 자유단에 연결된 질량 m이 그림과 같이 화살표 방향으로 진동할 때의 고유진동수가 f로 주어져 있다. 외팔보의 길이가 $\frac{1}{2}$로 줄었을 때, 고유진동수는? (단, 외팔보 단면적의 변화는 없다)

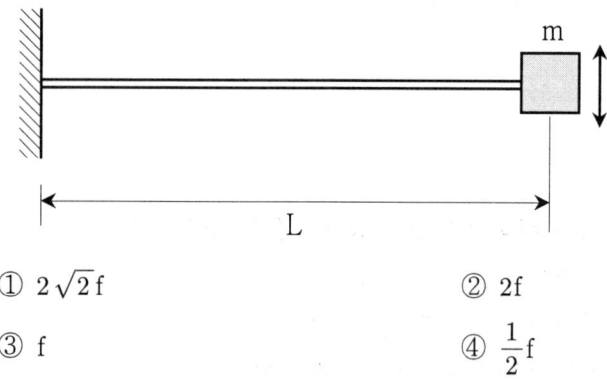

① $2\sqrt{2}f$ ② $2f$
③ f ④ $\frac{1}{2}f$

해설 외팔보길이가 L일때 고유진동수 f 는 다음과 같다.

$f(Hz) = \sqrt{\dfrac{3EI}{mL^3}}$ (E : 종탄성계수, I : 단면2차모멘트, L : 외팔보의 길이)

외팔보의 길이 L이 $\frac{1}{2}$로 줄어들면

$\sqrt{\dfrac{3EI}{M(\frac{1}{2}L)^3}} = \sqrt{\dfrac{8 \times 3EI}{M(L)^3}} = 2\sqrt{2} \times \sqrt{\dfrac{3EI}{ML^3}} = 2\sqrt{2}\,f$

11. 입도가 작고 연한 연삭 입자를 공작물 표면에 접촉시킨 후 낮은 압력으로 미세한 진동을 주어 초정밀도의 표면으로 다듬질하는 가공은?

① 호닝
② 숏피닝
③ 슈퍼 피니싱
④ 와이어브러싱

해설 가공의 유형

구 분	내 용
연삭가공	연삭숫돌바퀴를 고속회전시켜 숫돌표면에 있는 숫돌입자의 예리한 모서리로 공작물의 표면으로부터 미세한 칩을 깎아내는 고속절삭작업
래핑	공작물의 모양에 따라 만든 랩(lap)과 공작물사이에 미세한 가루모양의 입자를 넣고, 랩을 누르면서 서로 상대운동을 시켜 다듬는 방법
초음파가공	공구와 가공물사이에 미세한 입자를 혼합시킨 가공액을 넣고 가벼운 압력을 가한 상태로 공구에 초음파 진동을 주어 가공하는 방법으로, 연삭가공에 비하여 가공면의 변질 및 변형(strain)이 적다. 전기적 에너지를 기계적 에너지(초음파)로 변환하여 금속 및 비금속 재료에 제한 없이 광범위하게 이용된다.
호닝	보링, 리밍, 연삭 가공 등을 끝낸 원통 내면의 정밀도를 더욱 높이기 위하여, 막대모양의 가는 입자의 숫돌을 방사상으로 배치한 혼(hone)으로 다듬질하는 방법
슈퍼피니싱	입도가 작고 연한 숫돌(알루미나, 탄화규소, 탄화붕소)을 낮은 압력으로 가공물의 표면에 가압하면서 가공물에 피드를 주고, 초정밀도의 표면으로 다듬질하는 가공
폴리싱	연삭 숫돌과 같은 고형 숫돌로 미세한 입자의 마찰 작용을 이용하여 버핑하기 전에 가공 표면을 매끈하게 가공하는 작업
버핑	모,직물 등으로 원반을 만들고 이것을 여러 장 붙이거나 재봉으로 누벼서 만든 버프바퀴를 고속으로 회전시키고, 여기에 가공물을 접촉시켜 연삭하는 가공법
배럴가공	회전하는 상자(배럴)에 공작물과 숫돌입자, 공작액, 컴파운드 등을 함께 넣어 공작물이 입자와 충돌하는 동안에 그 표면의 요철을 제거하며, 매끈한 가공면을 얻은 가공법
숏피닝	금속으로 만든 숏을 고속도로 가공물 표면에 분사하여 그 표면을 매끈하게 하는 동시에 공작물의 피로강도를 증가시키기 위한 일종의 냉간가공법
와이어브러싱	브러시 또는 드릴 등을 스프링와이어 끝에 장착하고 배관 내부로 집어넣어 와이어가 회전하면서 스케일을 제거하는 공법

정답 11 ③

12 기어 치형에 대한 설명으로 옳지 않은 것은?

① 사이클로이드 치형의 기어는 맞물리는 두 기어의 중심 간 거리가 변하여도 각속도비가 변하지 않는다.
② 사이클로이드 치형은 균일한 미끄럼률로 인해 마멸이 균일해져서 치형의 오차가 적다.
③ 대부분의 기어에는 인벌류트 치형이 사용된다.
④ 인벌류트 치형은 랙 커터에 의한 창성법 절삭으로 정확한 치형을 쉽게 얻을 수 있다.

해설 사이클로이드는 피치와 구름원의 반지름이 같아야 각속도비가 일정하며, 인벌류트치형인 경우에는 모듈(피치원의 지름을 톱니수로 나눈 값)과 압력각이 같을 때 각속도비가 일정하고 호환도 가능하다.
①은 인벌류트 치형에 대한 설명이다.

구 분	인벌류트 치형	사이클로이드 치형
의 의	인벌류트곡선(기초원에 감은 실을 잡아당기면서 풀어나갈 때 실의 한 점이 그리는 곡선)을 이용하여 치형을 설계한 기어	치형의 윤곽에 사이클로이드 곡선(기초원 위에 구름원을 굴렸을 때 구름원의 한 점이 그리는 곡선)을 사용한 기어
활용도	사이클로이드 치형에 비해 제작이 용이하여 현재 사용하고 있는 거의 모든 기어들의 일반전동용으로 사용된다.	제작이 어려워 거의 사용하지 않으며 시계와 같이 정밀한 기계에 사용된다.
압력각	인벌류트 치형을 사용한 기어쌍의 압력각은 일정하고, 압력각이 같아야 호환성을 갖는다.	사이클로이드 치형을 사용한 기어쌍의 압력각은 일정하지 않고 변화한다.
각속도비	각속도비는 기초원의 반지름에 반비례하며, 기초원의 반지름은 각 기어에 대하여 미리 결정되어 있으므로 기어의 중심거리가 변화더라도 각속도비가 일정하다.	피치와 구름원의 반지름이 같아야 각속도비가 일정하다.
절삭공구	랙, 커터, 호브등에 의한 창성법 절삭으로 치형이 직선이기 때문에 제작이 쉽고 값싸고 정확하게 가공이 가능하다.	치형곡선의 제작이 힘들고 치형 창성원의 크기에 따라 커터가 다르기 때문에 수많은 커터가 필요하다.
호환성	모듈(피치원의 지름을 톱니수로 나눈 값)과 압력각이 같을 때 호환이 가능하다.	호환성이 없다.
전위기어	전위절삭이 가능하므로 전위기어를 사용할 수 있다.	전위절삭이 불가능하므로, 전위기어를 사용할 수 없다
미끄럼률	미끄럼률은 치면의 모든 곳에서 변하고 특히 미끄럼이 큰 이끝면과 이뿌리면에서 치형이 무너지기 쉽다.	치면사이의 모든 곳에서 미끄럼률이 일정하고 균일한 마모로 되기 쉽다.
조립성	기어박스의 중심거리가 조금 틀려도 기구학적으로 바르게 물릴 수 있다.	중심거리가 조금만 틀려도 서로 물리지 않으며, 무리하게 작동시 치형이 손상된다.
응 력	치면에 걸리는 압력이 크다	응력집중이 상대적으로 적다

13 그림의 TTT곡선(Time-Temperature-Transformation diagram)에서 화살표를 따라 오스테나이트 강을 소성가공 후 담금질하는 열처리 방법은?

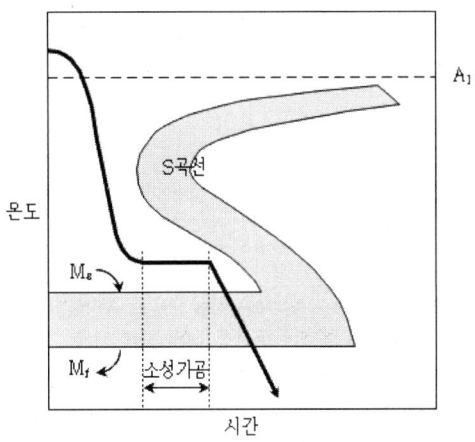

① 마르템퍼링(martempering)   ② 마르퀜칭(marquenching)
③ 오스템퍼링(austempering)   ④ 오스포밍(ausforming)

 해설 오스테나이트구역의 등온처리로서 과냉 오스테나이트 상태에서 소성가공을 하고 이후에 냉각 중에 마르텐사이트화하는 열처리 방법으로 과냉 오스테나이트에 변형(deformation)을 주게 되므로 오스포밍 이라 한다.

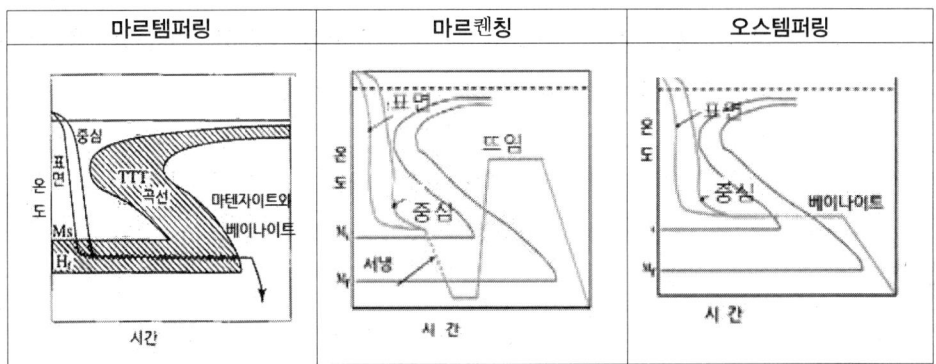

정답 13 ④

14 수차에 대한 설명으로 옳지 않은 것은?

① 충격수차는 대부분의 에너지를 물의 속도로부터 얻는다.
② 펠턴 수차는 저낙차에서 수량이 비교적 많은 곳에 사용하기에 적합하다.
③ 프로펠러 수차는 유체가 회전차의 축방향으로 통과하는 축류형 반동수차이다.
④ 반동수차는 회전차를 통과하는 물의 압력과 속도 감소에 대한 반동작용으로 에너지를 얻는다.

 해설 수차의 종류

분 류	내 용
충동(격)수차	• 물의 분류(噴流)를 고속으로 날개에 충돌시켜 그 충격력으로 날개차를 회전시키는 수차 • 펠턴 수차 : 고낙차에서 **수량이 비교적 적은 경우 사용**
반동수차	• 회전차를 통과하는 물의 압력과 속도 감소에 대한 반동작용으로 에너지를 얻는 수차 • 프란시스 수차 : 고정깃과 안내깃에 의해 유도된 물이 회전차를 회전시키고 축방향으로 송출되며, 중고낙차에 광범위하게 이용 • 프로펠러 수차 : 유체가 회전차의 축방향으로 통과하는 축류형 반동수차로 수량이 많고 저낙차인 곳에 적용 • 사류수차 : 프란시스수차와 프로펠러수차의 중간형으로 중낙차용 • 펌프수차 : 전력요금이 싼 야간에는 발전소등의 전력으로 펌프수차를 운전하여 물의 하부조정지에서 상부 조정지로 양수해 놓고, 주간에는 수차의 원래 목적으로 사용하여 부족한 전력보충
중력수차	• 위치에너지를 주로 이용하는 수차 (물레방아)

15 연삭공정에서 온도 상승이 심할 때 공작물의 표면에 나타나는 현상으로 옳지 않은 것은?

① 온도변화나 온도구배에 의하여 잔류응력이 발생한다.
② 표면에 버닝(burning) 현상이 발생한다.
③ 열응력에 의하여 셰브론 균열(chevron cracking)이 발생한다.
④ 열처리된 강 부품의 경우 템퍼링(tempering)을 일으켜 표면이 연화된다.

해설 온도의 영향

구 분	내 용
잔류응력	• 연삭중 공작물내의 온도변화와 온도구배로 인해 잔류응력이 발생 • 결합도가 낮은 숫돌의 사용 및 숫돌 속도를 낮추고, 공작물 속도를 높여서 잔류응력의 수준을 작게 하는 것이 좋음
뒤틀림	• 열팽창 및 수축으로 뒤틀림을 수반함
버닝현상	• 연삭표면의 온도가 너무 높아지면 표면의 고온산화로 청색으로 변화하는 현상 • 표면층이 금속학적 변태를 겪게되어, 고탄소강의 경우 급랭으로 인한 마텐자이트가 형성됨 • 표면균열 발생의 원인
템퍼링	• 열처리된 강 부품의 경우 템퍼링(Tempering)을 일으켜 표면이 연화됨

③ 셰브론 균열은 압출공정시 다이내의 변형영역에서 중심선을 따라서 정수압으로 인한 인장응력 때문에 발생하는 내부균열을 말한다.

16 주조 시 용탕의 유동성(fluidity)에 대한 설명으로 옳지 않은 것은?

① 합금의 경우 응고범위가 클수록 유동성은 저하된다.
② 과열 정도가 높아지면 유동성은 향상된다.
③ 개재물(inclusion)을 넣으면 유동성은 향상된다.
④ 표면장력이 크면 유동성은 저하된다.

해설 주조 시 용탕의 유동성(fluidity)

주조에서 좋은 결과물이 나오기 위해서는 용탕의 유동성은 매우 중요한 요소이다.

구 분	내 용
합 금	고액 공존구간을 갖는 합금은 순금속에 비하여 유동성이 더 나쁘며, 긴 응고범위를 갖는 합금일수록 유동성이 나빠진다.
과 열	용탕의 융점을 초과한 온도로 더 과열하여 응고를 지연시키면 유동성이 향상된다.
개재물	용해되지 않은 입자인 개재물은 유동성에 심각하게 나쁜 영향을 미친다.
표면장력	용탕의 표면장력이 높으면 유동성이 감소하며, 표면산화막도 유동성을 감소시킨다.
점 도	점도가 온도에 민감할수록 유동성은 저하한다.
주형모형	탕구, 탕도, 라이저의 모양이 용탕이 잘 흐르지 못하는 구조에서는 유동성이 저하된다.
주형재료와 표면	주형재료가 열전도가 크면 용탕이 금방 식어 유동성이 안좋아지고, 주형재료의 표면이 거칠면 용탕의 유동성 저하를 일으킬 수 있다.
주입속도	얇은 면을 주조로 공정하려면 용탕의 유동성이 빨라야 하지만 너무 빠르면 난류가 발생해 악영향을 줄 수 있다.

정답 16 ③

17 구름 베어링에 대한 설명으로 옳지 않은 것은?

① 반지름 방향과 축방향 하중을 동시에 받을 수 없다.
② 궤도와 전동체의 틈새가 극히 작아 축심을 정확하게 유지할 수 있다.
③ 리테이너는 강구를 고르게 배치하고 강구 사이의 접촉을 방지하여 마모와 소음을 예방하는 역할을 한다.
④ 전동체의 형상에는 구, 원통, 원추 및 구면 롤러 등이 있다.

해설 미끄럼 베어링과 구름 베어링

구 분	미끄럼 (sliding) 베어링	구름(rolling) 베어링
하중방향	• 반지름 방향과 축방향 하중을 1개의 베어링으로 지지할 수 없다. • 추력하중을 받기 힘들다.	• 반지름 방향(레이디얼 하중)과 축방향 하중(스러스트하중)을 동시에 받을 수 있다. • 추력하중을 용이하게 받는다.
베어링의 강성	• 동압베어링에서는 축심의 변동이 적고, 정압베어링의 경우에는 축심의 변동 가능성이 있다.	• 궤도와 전동체의 틈새가 극히 작아 축심을 정확하게 유지할 수 있다.
온도특성	• 저융점 금속을 메탈로 사용하므로 온도에 약하다.	• 고온에 강하다.(냉각장치는 필요)

③ 리테이너는 볼을 원주에 고르게 배치하여 상호간의 접촉을 피하고, 마멸과 소음을 방지하는 구실을 한다.
④ 전동체의 형상에는 구, 원통, 원추, 침상 및 구면 롤러 등이 있다.

18 유체전동장치인 토크컨버터에 대한 설명으로 옳지 않은 것은?

① 속도의 전 범위에 걸쳐 무단변속이 가능하다.
② 구동축에 작용하는 비틀림 진동이나 충격을 흡수하여 동력 전달을 부드럽게 한다.
③ 부하에 의한 원동기의 정지가 없다.
④ 구동축과 출력축 사이에 토크 차가 생기지 않는다.

해설
① 토크컨버터는 유체 클러치의 개량형으로, 유체클러치에 일방향 클러치가 부착된 스테이터를 추가시킨 구조이며, 토크 (엔진의 회전력)를 자동으로 변환하면서 속도의 전 범위에 걸쳐 무단변속이 가능하다.
② 펌프로 입력되는 엔진의 동력이 오일을 매개로 변속기에 전달되므로 구동축에 작용하는 비틀림 진동이나 충격을 흡수하여 동력전달을 부드럽게 한다.
③ 차량정지시 유체의 미끌림에 의해 엔진이 정지하지 않는다.
④ 구동(입력)축의 회전에 의하여 펌프로 송출된 작동유는 터빈을 지나 출력축을 회전시키고 안내깃을 지나 펌프로 되돌아 온다. 안내깃은 토크를 받아 일정량만큼 구동축과 출력축 사이에 토크차를 발생하게 된다
출력축의 토크 = 구동축의 토크 + 스테이터(stator)의 토크

19. 가솔린 기관에 사용되는 피스톤 링에 대한 설명으로 옳지 않은 것은?

① 오일링은 실린더 기밀 작용과는 거의 관계가 없다.
② 피스톤 링은 피스톤 헤드가 받는 열의 대부분을 실린더 벽에 전달하는 역할을 한다.
③ 압축링의 장력이 크면 피스톤과 실린더 벽 사이의 유막이 두껍게 되어 고압 가스의 블로바이를 일으키기 쉽다.
④ 피스톤 링 이음의 간극이 작으면 열팽창으로 이음부가 접촉하여 파손되기 쉽다.

해설 피스톤 간극

피스톤의 열팽창을 고려하여 상온에서 피스톤과 실린더 벽사이에 두는 틈새

간극이 작은 경우	• 피스톤 링 이음의 간극이 작으면 열팽창으로 이음부가 접촉하여 파손되기 쉽다.	
간극이 큰 경우	• 열전도율이 저하되고, 피스톤 슬랩이 발생하고 블로바이 가스가 많이 발생하며, 소결된다. • 용어 해설	
	피스톤 슬랩	피스톤이 행정을 바꿀때마다 요동하여 실린더 벽을 때리는 소리가 나는 현상
	블로바이 가스	엔진의 압축행정과 팽창행정에서 실린더와 피스톤의 간극으로부터 크랭크 케이스로 빠져 나온 가스로, 압축행정에서 새어나온 혼합기가 75~90%, 팽창행정에서 발생하는 배기가스가 10~25%이며, 윤활유를 열화시키기 쉽다.
장력이 작은 경우	• 블로바이 현상 • 열전도 감소	
장력이 큰 경우	• 실린더 벽 마멸증대 • 마찰손실 증대	

 참고 피스톤링 (압축링 + 오일링)

피스톤 링 홈에 끼워져 피스톤과 실린더 사이에 끼워져 있으며, 기밀유지, 오일제어, 열전달 등의 작용을 한다.

압축 링	오일 링
• 피스톤의 윗부분에 2~3개 설치된다.	• 압축링의 아래쪽에 1~2개 설치된다.
• 압축 및 팽창가스가 연소실에서 크랭크실로 누설되는 것을 방지하여 기밀을 유지한다.	• 엔신이 삭농하면서 실린너 벽에 뿌려진 윤활유의 유막을 조절하고, 여분의 윤활유를 긁어내려 오일량을 제어하고 연소실로 들어가는 것을 방지한다.

정답 19 ③

20 그림과 같은 제네바 기어(Geneva gear)에 대한 설명으로 옳지 않은 것은?

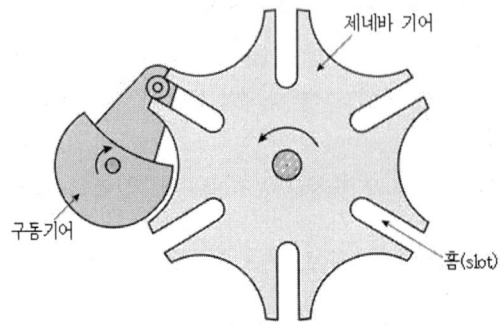

① 구동기어가 1회전하는 동안 제네바 기어는 60°만큼 회전한다.
② 간헐적 회전운동을 제공하는 캠과 같은 기능을 한다.
③ 커플러가 구름-미끄럼 조인트(roll-slide joint)로 대체된 4절 링크 장치로 볼 수 있다.
④ 제네바 기어가 회전하는 동안 제네바 기어의 각속도는 일정하다.

해설 ① 6개의 홈(slot)을 가지고 6등분 되어있으므로 구동기어 1회전당 60°만큼 회전한다.
일반적으로 제네바 휠은 12개 이하의 홈(slot)을 갖는다
② 일정한 속도로 회전하고 있는 구동축으로부터 피동축에 간헐적으로 회전 또는 왕복운동을 전달하는 기구로 캠과 같은 기능을 한다.
③ 4절링크란 3개의 움직이는 링크와 1개의 고정링크 그리고 4개의 조인트로 구성된 링크 장치를 말한다. 입력링크와 출력링크를 연결해주는 링크를 커플러라고 하는데, 제네바기어에서 제네바 기어와 구동기어를 연결해주는 구름-미끄럼 조인트가 커플러 역할을 대신한다.
④ 제네바기어는 간헐적으로 회전 또는 왕복운동을 전달하는 기구이므로 각속도가 일정하지 않다.

참고 간헐운동 : 하나의 동작(motion)과 정지상태(dwell)가 연속되는 것
정지상태 : 입력링크가 움직이는 동안 출력링크가 정지되어 있는 상태

20 ④

2018년 4월 7일 시행 국가직 9급

01 용접 안전에 대한 설명으로 옳지 않은 것은?
① 아크용접에서 방출되는 자외선에 주의해야 한다.
② 유독가스를 배출하기 위한 환기시설이 필요하다.
③ 아크용접에서 작업자는 감전의 위험이 있다.
④ 가스용접에서 아세틸렌 가스는 화재의 위험이 없다.

해설
① 아크용접시에 자외선에 의해 질소산화물(NO_x)이 생성된다. 질소산화물은 보통 이산화질소(NO_2)와 일산화질소(NO)로 구성되며, 이산화질소(NO_2)가 주종을 이룬다. 이산화질소(NO_2)는 10~20ppm의 저농도에서도 눈, 코와 호흡기관에 자극을 유발한다. 고농도의 경우 폐수종과 기타 폐에 심각한 영향을 줄 수도 있다. 만성노출시 폐기능에 중대한 변화를 초래한다.
② 용접매연은 고온의 아크열에 의해 발생하는 0.02~10㎛ 크기의 미세 금속입자이며 이 중 0.5~7㎛ 크기의 입자가 기도 및 폐포 벽에 침착하여 진폐증, 금속열, 각종 호흡기 계통 질환과 중금속 중독 등의 장해를 유발한다.
따라서 용접작업시에는 국부 및 전체 환기시설을 설치하여 용접매연을 외부로 배출시키며 방진 및 방독 마스크를 착용하여 매연의 흡입을 최소화하는 것이 중요하다.
③ 아크용접작업에서 감전사고가 발생할 가능성이 있는 것은 교류아크용접기에서 용접봉 홀더를 사용해서 수동용접을 행하는 경우이다.
④ 가스용접은 가연성 가스인 아세틸렌과, 지연성 가스(조연성가스)인 산소가 결합되어 발생하는 열을 이용하여 용접하는 방식으로 가연성가스인 아세틸렌 가스의 성격상 화재의 위험이 높다.

02 재료의 비파괴시험에 해당하는 것은?
① 인장시험
② 피로시험
③ 방사선 탐상법
④ 샤르피 충격시험

해설 용접부의 시험과 검사법

구분	의의	시험 종류	
파괴 검사	용접 시편을 파괴, 변형, 또는 화학적 처리로 용접부의 조직과 기계적 성질, 취성 파괴등의 성능을 시험	기계적 시험	인장시험, 굽힘시험, 경도시험, 피로시험, 충격시험(샤르피식과 아이조드식)
		화학적 시험	화학분석, 부식시험, 침식, 수소시험
		기 타	물리적 시험, 야금학적 시험, 용접성 시험

정답 01 ④ 02 ③

비파괴 검사	재료나 제품의 재질, 형상, 치수의 변화 없이 시험편의 투과, 흡수, 산란,반사, 누설, 침투 등의 현상 변화를 검출하고, 이를 표준물과 비교하여 조사하는 검사법	외관검사, 누설검사, 형광검사, 침투검사, 초음파검사, 자기적 검사, **방사선 탐상법**, 자분탐상검사, 음향검사, 맴돌이 전류검사

03 축방향 하중을 지지하는 데 가장 부적합한 베어링은?

① 단열 깊은 홈 볼베어링(single-row deep-groove ball bearing)
② 앵귤라 콘택트 볼베어링(angular contact ball bearing)
③ 니들 롤러베어링(needle roller bearing)
④ 테이퍼 롤러베어링(taper roller bearing)

해설

① 단열 깊은 홈베어링은 구름베어링중에서 가장 대표적인 형식이고 그 용도가 넓다. 내륜·외륜에 설치된 궤도의 홈은 전동하는 볼의 반경보다 약간 큰 반경의 원호로 구성되어 있다. 이 베어링은 경방향 하중 이외에 양방향, 축방향 하중 어느 쪽에도 견딜 수 있다.
② 단열 앵귤라 콘택트 볼베어링은 경방향 하중과 한 방향의 축방향 하중을 부하할 수 있고, 복열 앵귤라 콘택트 볼베어링은 높은 경방향 하중과 양쪽의 축방향 하중을 받을 수 있다.
③ 니이들 로울러 베어링은 길이가 직경 3~10배가 되는 가늘고 긴 로울러가 많이 들어 있다. 베어링은 로울러 내접원경에 비해 외경이 작아 비교적 큰 경방향 부하능력을 갖고 있지만 <u>축방향 하중을 지지하는데는 부적합하다.</u>
④ 테이퍼 롤러베어링은 원추형의 로울러가 전동체로서 내장되어 있고, 내륜의 큰턱에 의해서 안내된다. 이 베어링은 경방향하중과 한방향의 축방향하중을 함께 받을 수가 있고 그 능력이 크다.

해설 축방향하중과 경방향 하중
• 축방향하중 : 축이 끼워진 방향으로 작용하는 하중
• 경방향하중 : 축의 직각방향으로 작용하는 하중

04 밀링가공에서 하향 절삭(down milling)의 특징으로 옳지 않은 것은?

① 절삭날의 마모가 작고 수명이 길다.
② 백래시(backlash)가 자연히 제거된다.
③ 절삭날이 공작물을 누르는 형태여서 고정이 안정적이다.
④ 마찰력은 작으나 하향으로 큰 충격력이 작용한다.

해설 상향절삭과 하향절삭

상향절삭 (절삭날의 회전방향과 이송이 반대인 절삭)	하향절삭 (절삭날의 회전방향과 이송이 같은 절삭)
1. 칩이 잘 빠져나와 절삭을 방해하지 않는다. 2. 절삭날(커터)의 절삭 방향과 공작물의 이송 방향이 서로 반대이고 따라서 서로 밀고 있으므로 이송 기구의 백래시가 자연히 제거된다. 3. 공작물이 날에 의하여 끌려 올라오므로 확실히 고정해야 한다. 4. 절삭날(커터)이 마찰 작용을 하므로 날의 마멸이 심하고 절삭날의 수명이 짧다. 5. 점점 칩이 두꺼워지므로 동력 소비가 크다. 6. 가공면이 거칠다. 7. 칩이 가공할 면 위에 쌓이므로 시야가 좁다. 8. 절삭날이 공작물을 들어 올리는 방향으로 작용하므로, 기계에 무리를 주지 않는다.	1. 칩이 잘 빠지지 않아 가공면에 흠집이 생기기 쉽다. 2. **백래시 제거 장치가 반드시 필요하다.** 3. 절삭날(커터)이 공작물을 누르는 형태여서 공작 고정이 안정적이다. 4. 절삭날(커터)이 마찰작용을 하지 않으므로 절삭날의 마모가 작고 수명이 길다. 5. 점점 칩이 얇아지므로 동력소비가 적다. 6. 날자리 간격이 짧아 가공면이 깨끗하다. 7. 칩이 가공면위에 쌓이므로 가공물이 열팽창으로 치수정밀도에 영향을 줄 수 있다. 8. 마찰력은 작으나 하향으로 큰 충격력이 작용하므로 기계에 무리를 준다.

05 골프공에 역회전을 주었을 때 높이 뜨거나, 투수가 던진 공이 상하좌우로 휘는 것과 같이, 유동장 내에 있는 물체가 회전하는 경우 유체흐름에 수직한 방향으로 힘을 받는 현상은?

① 딤플 효과(dimple effect)
② 웨지 효과(wedge effect)
③ 스트레치 효과(stretch effect)
④ 매그너스 효과(magnus effect)

 해설

① 골프에서 골퍼가 친 공은 공기의 저항에 직면한다. 공기는 공의 표면을 따라 갈라지면서 공 뒤편에서 진공상태를 형성한다. 진공은 무엇인가를 채워넣으려는 힘이 크기 때문에 앞으로 나가려는 공을 뒤에서 잡아끄는 현상이다. 이렇게 형성된 진공상태의 힘이 클수록 뒤편으로 끌어당기는 힘이 커지게 되어 멀리 날아가지 못한다. 딤플(골프공의 움푹 들어간 부분)이 만들어진 공은 공의 표면을 따라 흐르던 공기가 딤플 주변에서 작은 회오리를 일으키며 공기지항을 분신시키고 진공의 힘을 줄이는 효과를 발휘힘으로써 골프공이 멀리까지 날아가게 한다.
④ 매그너스 효과란 정압과 동압의 합은 전압이며, 둘의 합은 변하지 않는다(정압과 동압은 반비례)는 베르누이 방정식에 따라 압력차에 의해, 유동장 내에 있는 물체가 회전하는 경우 유체흐름에 수직한 방향으로 힘을 받는 현상을 말한다. 야구에서 투수가 싱커를 던지면 공이 솟아오르는 이유는 아래면의 압력이 커지고 윗면의 압력은 낮아지게 되므로, 아래에서 위로 야구공을 뜨게 하려는 힘이 작용하게 되기 때문이며 모두 매그너스효과에 의한 것이다.

06 2개의 스프링을 연결한 장치에 같은 크기의 하중이 작용할 때, 변위가 가장 큰 것은?

① 스프링 상수가 k인 스프링 2개를 직렬로 연결
② 스프링 상수가 k/2인 스프링 2개를 병렬로 연결
③ 스프링 상수가 2k인 스프링 2개를 직렬로 연결
④ 스프링 상수가 k인 스프링 2개를 병렬로 연결

해설 2개의 스프링을 연결한 경우
1. 직렬로 연결할 경우에는 상수의 크기에 반비례하여 변위가 더 크다. 즉 ③ 보다 ①이 2배 더 변위가 크다.
2. 병렬로 연결할 경우에는 2개의 스프링은 각각 직렬로 연결한 경우보다 1/2로 줄어든 하중만을 받게 되며, 변위는 상수의 크기에 반비례하므로 ④보다 ②가 2배 더 변위가 더 크다.

보충
스프링 상수가 k인 스프링 1개에 같은 크기의 하중이 작용하여 1이 늘어난다고 가정했을 경우
①의 변위 : 1+1=2
②의 변위 : 0.5(하중은 절반으로 감소하므로)×2(상수가 절반으로 감소하므로)=1
③의 변위 : 0.5(상수가 2배이므로)+0.5(상수가 2배이므로)=1
④의 변위 : 0.5(하중은 절반으로 감소하여 각각의 스프링에 작용하므로 각각 0.5씩 늘어나지만, 병렬이므로 최종 스프링변위도 0.5가 된다)

07 재료의 절삭성이 좋다는 의미로 사용할 수 있는 것만을 모두 고른 것은?

> ㄱ. 작은 절삭력과 절삭동력
> ㄴ. 긴 공구수명
> ㄷ. 가공품의 우수한 표면정밀도 및 표면완전성
> ㄹ. 수거가 용이한 칩(chip)의 형태

① ㄱ
② ㄱ, ㄴ
③ ㄱ, ㄴ, ㄷ
④ ㄱ, ㄴ, ㄷ, ㄹ

해설 재료의 절삭성(가공 재료를 절삭할 때 가공의 쉽고 어려움의 정도)
- 작은 절삭력(절삭하는 데 드는 힘) 및 작은 절삭(소요)동력
- 긴 공구수명
- 가공품의 우수한 표면정도 및 표면완전성
- 수거가 용이한 칩(chip)의 형태
- 공정치수 안정성
- 주어진 부피의 금속제거비용

08 원기둥형상의 소재를 열간 업세팅(upsetting)할 때 발생하는 배부름(barrelling)현상에 대한 설명으로 옳지 않은 것은?

① 금형과 소재가 접촉하는 면에서 발생하는 마찰이 주원인이다.
② 소재의 변형이 금형과 접촉되는 부위에 집중되기 때문에 나타난다.
③ 금형에 초음파 진동을 주면서 작업을 진행하면, 이 현상을 줄일 수 있다.
④ 금형의 온도가 낮을 경우에도 발생될 수 있다.

해설 배부름(barrelling)현상
대체적으로 연성인 재료(알루미늄, 구리 등)을 압축하면 금형과 소재간의 접촉면에서의 마찰력에 기인하여 마찰력이 접촉부위의 유동을 방해하여 재료의 배가 불룩해지는 현상으로 중심부에 변형이 집중(단면적이 증가)된다.
이러한 배부름을 방지하기 위해서는 윤활제, 초음파로 진동, 가열된 금형, 유리피복제를 사용하는 방법이 있다.

보충 업세팅(upsetting)
축방향으로 냉간 가공 또는 열간 가공으로 압축하여 재료의 높이를 수축하고 옆으로 넓어지게 하는 가공이다.

09 다음 그림의 NC 공작기계 이송계에 가장 가까운 제어방식은?

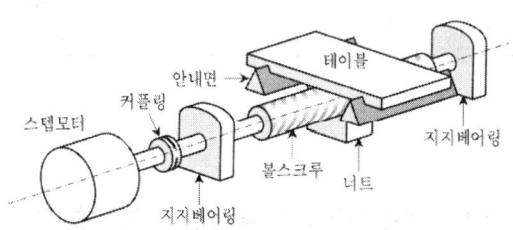

① 개회로(open loop) 제어방식　　② 적응(adaptive) 제어방식
③ 폐회로(closed loop) 제어방식　④ 적분(integral) 제어방식

해설 개방회로 제어방식(OPEN LOOP 제어)
이 회로의 구동모터로는 스텝모터가 사용된다. 1펄스에 대해 1단계 회전하는 것을 이용하여 테이블이나 새들 등을 수치로 지령된 펄스 수만큼 이동시킨다.

10 기어 이(gear tooth)의 크기가 가장 큰 것은?(단, m은 모듈(module), pd는 지름피치(diametral pitch), p는 원주피치(circular pitch)이다)

① p=15　　② pd=8　　③ m=5　　④ m=3

해설 모듈(Module, m)
이의 크기를 나타내는 단위로 피치원 지름을 잇수로 나눈 값이며 원주 피치를 원주율 π로 나눈 값과 같다.
③번이 모듈이 가장 크므로 정답이 된다.
① $m = p/\pi = 15/3.14 = 4.777$
② $m = 25.4/pd$이므로 $m = 25.4/8 = 3.175$

11 기계구성요소 상호 간의 운동관계를 결정하는 기구의 접촉형태에 따른 운동양식의 분류에서 면접촉에 해당하지 않는 것은?

① 볼과 베어링 내륜 ② 수나사와 암나사
③ 피스톤과 실린더 ④ 미끄럼베어링과 축

 해설 면·점·선접촉과 짝(대우, Pair)

분류	종류	운동 양식	사용 예
면접촉 (저차대우)	회전짝	표면을 접촉면으로 하고 있는 짝	축(저널)과 미끄럼 베어링
	미끄럼짝	미끄럼운동을 하는 짝	실린더와 피스톤, 선반의 베드와 왕복대
	나사짝	나선 운동을 하는 짝	수나사와 암나사
	구면짝	구면 운동을 할 수 있도록 구성된 짝	조이스틱, 자동차 백미러
점·선접촉 (고차대우)	점 짝	점 접촉을 하면서 상대운동을 하는 짝	볼베어링의 볼과 베어링 내륜 또는 외륜
	선 짝	선 접촉을 하면서 상대운동을 하는 짝	스퍼 기어의 물림, 서로 맞물고 들어가는 한쌍의 기어

12 연강(mild steel)의 상온 인장시험으로 공칭응력-변형률 선도를 작성하였을 때, 가장 큰 값은?

① 비례한도 ② 항복강도
③ 인장강도 ④ 파단강도

 해설 연강의 공칭응력-변형률 선도

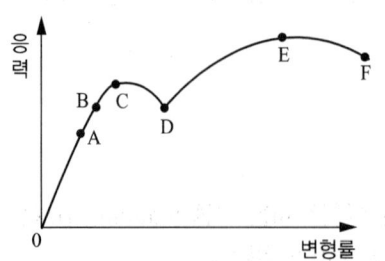

A : 비례한도
B : 탄성한도
C : 상항복강도
D : 하항복강도
E : 인장강도(극한강도)
F : 파괴점(파단강도)

13 증기기관에서 수증기를 물로 변환하는 열 교환 장치는?

① 터빈 ② 보일러
③ 복수기 ④ 급수 펌프

 해설
증기기관에서 수증기(증기)를 냉각시켜 다시 물이 되게 하는 장치를 복수기라 한다. 증기기관에서 복수기를 사용하는 이유는 다음과 같다.
1. 기관에서 배출된 증기를 물로 되돌림으로써 압력이 대기압 이하로 낮아져 기관 출력이 뚜렷하게 증대하기 때문에 사용한다.
2. 냉각되어 물이 된 증기, 곧 복수(復水)는 증류수와 같이 매우 질이 좋은 물이되므로 이를 회수해서 다시 이용하기 위해 사용한다.

14 저항용접에 대한 설명으로 옳지 않은 것은?

① 작업속도가 느려 대량생산에 적용하기 어렵다.
② 전극과 모재 사이의 접촉저항을 작게 한다.
③ 통전시간은 모재의 재질, 두께 등에 따라 다르다.
④ 금속의 전기저항 특성을 이용한다.

 해설
① 저항용접은 단시간에 효율적으로 용접을 하므로 저비용으로 대량생산을 할 수 있다.
② 저항용접은 전극과 모재사이의 접촉저항이 높으면 전극이 과열되어 전극손상의 원인이 되므로 구리전극을 사용하여 전극과 모재사이의 접촉저항을 작게 한다.
③ 통전시간은 모재의 재질, 두께 및 용접기의 성능에 따라 다르다.
④ 저항용접은 금속 접합면에 직접 통전하여 용융시키는 용접으로 금속의 전기저항 특성을 이용한다.

 보충 저항 용접의 3요소

3요소	내용
용접전류(통전전류)	가열에 필요한 전류로서 모재의 용입 열량과 입열이 알맞아야 한다.
통전시간	저항 용접시 전류를 통해주는 시간으로, 모재의 재질과 판두께, 용접부의 형상에 따라 통전 시간이 적당하지 않으면 안된다. 구리, 알루미늄 등은 대전류로 통전 시간을 짧게 하여야 하며 연강 등은 대전류를 사용하지 않고 통전 시간을 길게 하는 것이 좋다.
가압력	• 전류값과 통전 시간은 클수록 유효 발열량이 증가하나 가압력은 클수록 유효 발열량이 저하한다. 모재와 모재, 전극과 모재 사이에 접촉 저항은 전극의 가압력이 클수록 작아진다. • 가압력이 너무 크면 용접면이 찌그러지고 녹아 떨어져 버리게 되고, 가압력이 너무 적으면 접합면이 약하여 강도가 없게 된다.

15 강의 담금질 열처리에서 냉각속도가 가장 느린 경우에 나타나는 조직은?
① 소르바이트
② 잔류 오스테나이트
③ 투르스타이트
④ 마르텐사이트

해설 담금질과 냉각속도에 따른 순서
1. 오스테나이트 : 냉각속도가 지나치게 빠르고, 고탄소강을 수냉하였을 때 나타나는 조직
2. 마르텐사이트 : 강을 물에 급냉시켰을 때 나타나는 침상조직으로, 급냉이 너무 빠르면 오스테나이트의 일부가 남는다.
3. 트루스타이트 : 마르텐사이트보다 냉각속도를 조금 유냉으로 느리게 하였을 때 나타나는 조직
4. 소르바이트 : 트루스타이트보다 냉각속도를 공냉으로 느리게 하면 나타나는 조직

16 신속금형(rapid tooling)기술에 대한 설명으로 옳지 않은 것은?
① 신속조형기술로 주형이나 주형 인서트 등을 제작하는 기술을 의미한다.
② 설계과정이 단순해지고, 소프트웨어로 수축을 보상하여 제작할 수 있다.
③ 이 기술로 제작된 금형은 기계가공 등으로 가공된 기존의 금형보다 수명이 길다.
④ 금속분사금형기술(sprayed-metal tooling), 켈툴(keltool) 공정 등이 활용되고 있다.

해설
① 신속금형(rapid tooling)기술은 단순한 조형에서 끝나지 않고 제품의 성형/주형을 고려한 형틀의 제작에까지 그 응용 범위를 확대함으로써 유망한 차세대 생산 가공 기술이라 할 수 있다.
② 신속금형기술은 설계과정이 단순해지는 반면, 가장 큰 단점은 수축에 의한 제품정밀도의 손상인데 이는 소프트웨어로 수축을 보상하여 제작할 수 있다.
③ 다종 소량 생산체제에서는 다양하고도 끊임없는 설계의 변경과 시제품 제작 과정이 요구되므로, 경도나 강도가 상대적으로 낮은 재료를 써서 tool을 제작하고 이를 이용하여 최종제품형상을 성형해 낸다. 따라서 이 기술로 제작된 금형은 기계가공 등으로 가공된 <u>기존의 금형보다 수명이 짧다.</u>
④ 소프트툴링(soft tooling)에 해당하는 실리콘 몰드(silicone mold), 엑폭시 몰드(epoxy mold), 하드툴링(hard tooling)에 해당하는 금속분사금형기술(sprayed-metal tooling), 켈툴(keltool) 공정 등이 활용되고 있다.

보충 신속금형(쾌속금형) 정의
신속금형이란 기존의 방법과 비교하여 볼 때 매우 빠른 시간안에 그리고 효율적으로 완제품과 동일한 재료와 형상을 가진 성형물을 제작해 내는 기술을 말한다. 여기서 tool 이란 다이캐스팅, 인베스트먼트 캐스팅, 플라스틱 사출 금형 등에 사용되는 최종 단계의 성형 tool을 의미한다.

17 절삭공정에 따른 절삭운동과 이송운동의 조합으로 옳지 않은 것은?

	절삭공정	절삭운동	이송운동
①	선삭공정	공작물의 회전운동	공구의 직선운동
②	평삭공정	공구의 회전운동	공작물의 직선운동
③	드릴링공정	공구의 회전운동	공구의 직선운동
④	밀링공정	공구의 회전운동	공작물의 직선운동

 해설 절삭공정(회전운동과 직선운동의 결합)

절삭공정	절삭운동	이송운동	사용절삭공구	생성절삭표면
선삭공정	공작물의 회전운동	공구의 직선운동	바이트(단인공구)	원통 외면
평삭공정	공작물의 직선운동	공구의 직선운동	바이트(단인공구)	평면
드릴링공정	공구의 회전운동	공구의 직선운동	드릴(다인공구)	원통 내면
밀링공정	공구의 회전운동	공작물의 직선운동	밀링커터(다인공구)	

18 다음은 NC밀링 프로그램의 일부이다. 이 프로그램에 따른 가공순서로 옳은 것은?

```
N10 G00 X112.0 Y112.0;
N20 M03 S1000;
N30 G01 X130.0 F160;
N40 G02 X115.0 Y115.0 R15.0;
N50 M09;
N60 M05;
```

① 급속이송 → 직선보간 → 주축시계방향회전
② 직선보간 → 주축정지 → 절삭유정지
③ 주축시계방향회전 → 직선보간 → 원호보간
④ 원호보간 → 직선보간 → 주축정지

해설 NC밀링 프로그램 순서
N10 G00 X112.0 Y112.0; X112.0 Y112.0까지 이동
N20 M03 S1000; 주축 시계방향 회전수(스핀들) 1000rpm
N30 G01 X130.0 F160; 직선보간(제어장치에 160(in/mm) 이송속도로 X = 130.0위치로 직선 이동)
N40 G02 X115.0 Y115.0 R15.0; 원호보간(원호시계방향 R15.0만큼해서 X115.0Y115.0 까지 이동)
N50 M09 : 절삭유 펌프 꺼짐
N60 M05 : 주축꺼짐

19 다음 그림의 단조공정에 사용되는 프레스 기계의 기구부에 대한 설명으로 옳지 않은 것은?

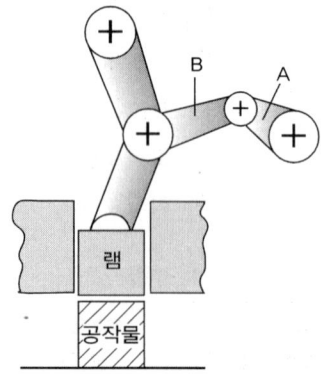

① 너클조인트 프레스 기계이다.
② 링크 A가 회전하면서 램이 직선운동을 하는 구조이다.
③ 가압행정의 마지막 단계에서 큰 힘을 얻을 수 있다.
④ 링크 A와 B가 직각을 이룰 때, 램은 상사점 또는 하사점에 있게 된다.

해설
① 너클조인트프레스로 냉간단조에 적합하다.
② 링크 A가 회전하면서 램이 상하직선운동을 하는 구조이다.
③ 기계 프레스에서 얻을 수 있는 하중은 행정위치에 따르고 가압행정의 마지막 단계인 하사점 부근에서는 하중이 매우 커지게 된다.
④ <u>링크 A와 B가 수평이 되면</u> 링크 A가 회전할 때 링크 B가 더 이상 왼쪽으로 움직이지 않게 되므로, 상사점 또는 하사점이 되며, 램의 상하 운동은 <u>상사점의 위치에서 정지하게 된다</u>.

20 금속합금과 그 상태도에 대한 설명으로 옳지 않은 것은?
① 2개의 금속 성분이 용융되어 있는 상태에서는 균일한 액체를 형성하나, 응고된 후 각각의 결정으로 분리하여 2개의 성분이 일정한 비율로 혼재된 조직이 되는 것을 공정이라고 한다.
② 용융상태에서 냉각하면 일정한 온도에서 고용체가 정출되고, 이와 동시에 공존된 용액이 반응을 하여 새로운 별도의 고용체를 형성하는 것을 편정이라고 한다.
③ 두 개 이상의 금속이 혼합되어 용융상태에서 합금이 되거나, 혹은 고체상태에서도 균일한 융합상태가 되어, 각 성분을 기계적인 방법으로 구분할 수 없는 것을 고용체라고 한다.
④ 2종 이상의 화학적 친화력이 큰 금속이 간단한 원자비로 결합되어 본래의 물질과는 전혀 별개의 물질이 형성되는 것을 금속간 화합물이라고 한다.

해설

② 포정반응에 대한 설명이다. 편정반응은 하나의 액상으로부터 다른 액상 및 고용체를 동시에 생성하는 반응을 말한다

 보충 　합금되는 금속의 반응

1. 공정반응 : 액상 ⇔ 고용체a + 고용체b (일정온도에서 액상이 2개의 고상으로 정출)
2. 포정반응 : 액상 + 고용체a ⇔ 고용체b (일정온도에서 액상과 하나의 고상이 다른 1개의 고상으로 정출)
3. 편정반응 : 액상 ⇔ 액상 + 고용체(일정온도에서 액상이 별개의 액상과 다른 1개의 고상으로 정출)

2017년 4월 8일 시행 국가직 9급

01 금속재료의 기계적 성질을 측정하기 위해 시편에 일정한 하중을 가하는 시험은?
① 피로시험　　　　　　② 인장시험
③ 비틀림시험　　　　　④ 크리프시험

해설　① 반복되어 작용하는 하중상태에서의 성질을 알아내는 시험
② 재료를 당겼을 때 그 재료가 인장력에 대하여 어떤 반응을 보이는 지를 알아내는 시험
③ 시험편에 비틀림 모멘트를 가하여 비틀림에 대한 저항력이나 전단탄성계수, 전단항복응력(shearing yield stress), 전단강도, 강성률 등을 측정하는 시험
④ 크리프 시험은 특정 온도에서 일정한 인장하중을 시편에 가한 후, 즉 시편(시험 분석에 쓰기 위하여 골라낸 조각)에 일정한 공칭응력을 작용시킨 후, 시간의 경과에 따라 시편의 길이 변화를 측정하는 것이다.

보충　크리프
소재에 일정한 하중이 가해진 상태에서 시간의 경과에 따라 소재의 변형이 계속되는 현상

02 외경 선삭에서 가공 전과 후의 평균 지름이 100 mm인 황동봉을 절삭깊이 1 mm, 이송속도 0.3 mm/rev, 주축 회전속도 1,000 rpm으로 가공하였을 때, 재료제거율 [cm³/min]은? (단, π는 3.14로 하고 가공 전과 후의 평균 지름, 평균 절삭속도를 이용하여 재료제거율을 계산하라)
① 30　　　② 300　　　③ 9.42　　　④ 94.2

해설　제거되는 면적 = π × 100 mm × 1 mm = 3.14cm²
재료제거율 = 주축회전속도 × 제거되는 면적 × 이송속도
　　　　　 = 1,000 rpm × 3.14cm² × 0.3 mm/rev = 94.2 cm³/min
※ rpm = 1rev/min

03 1줄 나사에서 나사를 축방향으로 20 mm 이동시키는 데 2회전이 필요할 때, 이 나사의 피치[mm]는?
① 1　　　② 5　　　③ 10　　　④ 20

정답　01 ④　02 ④　03 ③

해설

1줄 나사에서 나사를 축방향으로 20mm 이동시키는 데 2회전이 필요하므로 1회전에 10mm 이동한 것이다.
리드 (L) : 나사가 1회전했을 때 축방향으로 나아간 거리 = 줄수(n) × 피치(P)
10mm = 1(줄) × 피치(P)   ∴ 피치(P) = 10

보충

피치(P) : 나사의 산과 산사이의 거리
1줄 나사의 리드(L) = P, 2줄 나사의 리드(L) = 2P

04 체인(chain)에 대한 설명으로 옳지 않은 것은?

① 큰 동력을 전달할 수 있다.
② 초기 장력을 줄 필요가 있으며 정지 시에 장력이 작용한다.
③ 미끄럼이 적으며 일정한 속도비를 얻을 수 있다.
④ 동력 전달용으로 롤러 체인(roller chain)과 사일런트 체인(silent chain)이 사용된다.

해설

1. 체인의 특징

장 점	단 점
1. 미끄럼이 없다. 2. 유지와 수리가 간단하다. 3. 효율은 95% 이상이므로 큰 동력을 전달할 수 있다. 4. 내열, 내유, 내습성이 강하다. 5. 속도비가 정확하다. 6. 체인의 탄성으로 어느정도 충격이 흡수된다. 7. **초기장력이 필요 없다**(정지때 장력 작용하지 않음)	1. 진동소음이 심하다. 2. 고속회전에 부적당하다.

2. 체인의 종류

종 류	내 용
롤러 체인 (roller chain)	• 강철제의 링크를 핀으로 연결하고 핀에는 부시와 롤러를 끼워서 만든 체인 • 고속에서 소음이 나는 결점이 있다.
사일런트 체인 (silent chain)	• 링크의 바깥면인 스프로킷(사슬 톱니바퀴)의 이에 접촉하여 물리는 체인 • 다소 마모가 생겨도 체인과 바퀴사이에 틈이 없어 조용한 전동이 된다.

정답 04 ②

05 웜 기어에 대한 설명으로 옳은 것만을 모두 고른 것은?

> ㄱ. 역전 방지를 할 수 없다.
> ㄴ. 웜에 축방향 하중이 생긴다.
> ㄷ. 부하용량이 크다.
> ㄹ. 진입각(lead angle)의 증가에 따라 효율이 증가한다.

① ㄱ, ㄹ   ② ㄴ, ㄷ   ③ ㄱ, ㄴ, ㄷ   ④ ㄴ, ㄷ, ㄹ

해설 웜기어의 장단점

장 점	단 점
• 웜기어는 치면의 진행각이 적을 경우 웜휠로 웜을 회전할 수 없는 **역전 방지가 가능하다.** • 부하용량이 크다. • 소음과 진동이 작다. • 큰 감속비를 얻을 수 있다(10~500).	• 웜과 웜휠일에 축방향 하중이 생긴다. • 진입각이 작으면 효율이 낮다(반대로 진입각의 증가에 따라 효율이 증가한다). • 웜휠일은 연삭할 수 없다. • 잇면의 미끄럼이 크다. • 잇면의 맞부딪침이 있기 때문에 조정이 필요하다.

06 유압기기에 대한 설명으로 옳지 않은 것은?

① 유압기기는 큰 출력을 낼 수 있다.
② 비용적형 유압펌프로는 베인 펌프, 피스톤 펌프 등이 있다.
③ 유압기기에서 사용되는 작동유의 종류에는 석유 계통의 오일, 합성유 등이 있다.
④ 유압실린더는 작동유의 압력 에너지를 직선 왕복운동을 하는 기계적 일로 변환시키는 기기이다.

해설

1. 유압펌프의 분류

구 분	특 징	종 류
용적형 펌프	부하압력과 거의 관계없이 펌프 구동축 1회전당 토출량이 일정	• 회전펌프 : 기어펌프, **베인펌프**, 나사펌프 • 왕복펌프 : **피스톤펌프**(플런저펌프)
비용적형 펌프(터보형)	토출량이 일정하지 않음	• 원심펌프 : 터빈펌프(디퓨서펌프), 볼류트 펌프 • 축류펌프 • 사류펌프

2. 유압장치의 특징

장 점	단 점
• 큰 출력을 낼 수 있다. • 입력에 대한 출력의 응답이 빠르다. • 유량의 조절을 통해 무단변속이 가능하다. • 자동제어 및 원격제어가 가능하다. • 제어가 쉽고 조작이 간단하다. • 에너지의 축적이 가능하다.	• 출력효율이 변화하기도 한다. • 고압에서 누유의 위험이 있다. • 인화의 위험이 있다. • 전기회로에 비해 구성작업이 어렵다. • 공기압보다 작동속도가 떨어진다.

3. 작동유의 종류

구 분		
석유계 오일		• 터빈유, 고점도지수 유압작동유
난연성 작동유	합성계	• 인산에스테르, 염화수소, 탄화수소
	수성계	• 물-글리콜계, 유화계

4. 유압기기의 작동기(액추에이터)에 있는 유압실린더와 유압모터는 작동유의 압력 에너지를 직선 왕복운동을 하는 기계적 일로 변환시키는 기기이다.

07 내연기관에 대한 설명으로 옳지 않은 것은?

① 디젤기관의 압축비가 가솔린기관의 압축비보다 높다.
② 가솔린기관에서는 노크(knock)를 저감하기 위해 실린더 체적을 작게 한다.
③ 디젤기관에서는 노크(knock)를 저감하기 위해 압축비를 높인다.
④ 벤투리(venturi)는 공기의 압력을 높이기 위해서 설치한 단면이 좁은 통로이다.

해설
벤투리(venturi)는 공기의 압력을 낮추기 위해서 설치한 단면이 좁은 통로이다.

보충 가솔린 기관과 디젤기관

구 분	가솔린 기관	디젤기관
사용연료	휘발유	경 유
노크저감	실린더 체적을 작게 함	압축비를 높임
열효율	25~32%	32~38%
압축비	7~13 : 1	15~20 : 1
압축압력	7.8~14.7bar	29.4~49.0bar
점화방법	전기 점화	분사착화
연료공급	기화기에서 공기와 연료혼합	공기만 흡입한 후 연료분사
마력당 중량	3.5~4.0kg/PS	5~8kg/PS
소음, 진동	적다	매우 크다

08 압출에서 발생하는 결함이 아닌 것은?

① 솔기결함(seam)
② 파이프결함(pipe defect)
③ 세브론균열(chevron cracking)
④ 표면균열(surface cracking)

정답 07 ④ 08 ①

해설 압출결함과 인발결함

압출결함	인발결함	압연결함
• 파이프결함 : 금속 유동으로 인하여 표면의 산화물이나 불순물 등이 소재의 중심부분으로 끌리는 현상 • 세브론균열(내부균열) : 중심부 균열 • 표면균열 (대나무균열) : 압출 온도, 마찰, 또는 속도가 너무 큰 경우, 표면 온도가 매우 크게 상승하여 표면의 균열과 찢어짐(터짐)이 야기될 수 있음	• 솔기결함 : 소재의 길이 방향으로 생기는 흠집 또는 접힌 자국 • 세브론균열: 중심부 균열 • 잔류응력 : 냉간인발 시 소재가 겪는 불균질변형	• 표면결함 : 원재료의 개재물 및 불순물, 스케일, 녹, 이물질, 롤 자국 등이 원인 • 구조적결함(내부결함) : 파도형결함, 중앙부터짐, 측면균열, 입벌림균열 • 잔류응력 : 롤 사이에서의 압연판의 불균질한 변형

09 강의 표면 처리법에 대한 설명으로 옳은 것은?

① 아연(Zn)을 표면에 침투 확산시키는 방법을 칼로라이징(calorizing)이라 한다.
② 고주파 경화법은 열처리 과정이 필요하지 않다.
③ 청화법(cyaniding)은 침탄과 질화가 동시에 일어난다.
④ 강철입자를 고속으로 분사하는 숏 피닝(shot peening)은 소재의 피로수명을 감소시킨다.

해설 강의 표면 처리법(2016년 서울시 문제 4번 참조)

처리법	내용
침탄법	• 0.2% 이하의 저탄소강으로 만든 제품을 침탄제속에 파묻고 표층부에 탄소를 투입시킨 후, 담금질을 하여 표층부만을 경화하는 방법 (고체침탄법, 액체침탄법, 가스침탄법등)
질화법	• 암모니아가스(NH_3)를 이용하여 질화용 강재의 표면층에 질소(N)를 확산시켜, 표면층을 경화하는 방법
청화법 (시안화법)	• 시안화물(CN)을 사용하는 경화법으로, 침탄과 질화가 동시에 일어나므로 침탄질화법이라고도 한다.
금속침투법	• 세라다이징 : 아연(Zn)을 표면에 침투 확산 • 크로마이징 : 크롬((Cr)을 표면에 침투 확산 • 칼로라이징 : 알루미늄(Al)을 표면에 침투 확산 • 실리코나이징 : 실리콘(Si, 규소)을 표면에 침투 확산 • 보로나이징 : 붕소(B)를 표면에 침투 확산
물리적인 방법	• 화염경화법 : 0.4% 전후의 탄소강을 산소-아세틸렌 화염으로 표면만 가열 냉각시키는 방법 • 고주파경화법 : 탄소강 주위에 코일 형상을 만든 후 탄소강 표면에 와전류를 발생시켜 표면을 열처리하는 방법
숏피닝 (shot peening)	• 금속재료 표면에 고속으로 강철이나 주철의 작은 입자(shot)를 분사시켜 공작물을 다듬질하고, 피로강도, 인장강도 및 기타 기계적 성질을 향상시키는 표면경화법 • 재료 표면에 숏피닝 공정을 통한 피로 수명의 증가

09 ③

10 소모성 전극을 사용하지 않는 용접법만을 모두 고른 것은?

> ㄱ. 일렉트로가스 용접(electrogas welding)
> ㄴ. 플라즈마 아크 용접(plasma arc welding)
> ㄷ. 원자 수소 용접(atomic hydrogen welding)
> ㄹ. 플래시 용접(flash welding)

① ㄱ, ㄴ　　　　② ㄴ, ㄷ
③ ㄱ, ㄷ, ㄹ　　　④ ㄴ, ㄷ, ㄹ

해설　소모성 전극을 사용하는 용접법과 소모성 전극을 사용하지 않는 용접법

구 분	소모성 전극을 사용하는 용접법	소모성 전극을 사용하지 않는 용접법
의 의	전극이 용접재료(용접봉)의 역할을 겸비하는 것으로 아크가 발생하는 전극 자체가 용융되어 용착금속을 형성하는 용접법	아크를 일으키는 전극과, 용융되어 용착금속을 형성하는 용접재료(용접봉)가 달라, 전극은 아크를 발생시키는 역할만 하고 용융되지 않는 용접법
종 류	• 피복아크용접 • 가스금속 아크용접(MIG용접) • 플럭스 코어드 아크용접 • **일렉트로 가스 용접** • 서브머지드 아크용접	• **플라즈마 아크 용접** • **원자 수소 용접** • **플래시 용접** • 가스텅스텐 아크용접(TIG용접) • 탄소아크용접

11 절삭가공에서 절삭유(cutting fluid)의 일반적인 사용 목적에 해당하지 않는 것은?

① 공구와 공작물 접촉면의 마찰 감소
② 절삭력 증가
③ 절삭부로부터 생성된 칩(chip) 제거
④ 절삭부 냉각

해설　절삭유의 3대 작용
• 윤활작용 : 공구날의 윗면과 칩사이의 마찰을 감소한다.(①)
• 세척작용 : 절삭부로부터 생성된 칩(chip)을 제거한다.(③)
• 냉각작용 : 절삭공구와 일감의 온도상승을 방지한다(절삭부 냉각).(④)

12 전해가공(electrochemical machining)과 화학적가공(chemical machining)에 대한 설명으로 옳지 않은 것은?

① 광화학블랭킹(photochemical blanking)은 버(burr)의 발생 없이 블랭킹(blanking)이 가능하다.

정답　10 ④　11 ②　12 ④

② 화학적가공에서는 부식액(etchant)을 이용해 공작물 표면에 화학적 용해를 일으켜 소재를 제거한다.
③ 전해가공은 경도가 높은 전도성 재료에 적용할 수 있다.
④ 전해가공으로 가공된 공작물에서는 열 손상이 발생한다.

해설 화학적 가공과 전해 가공

구 분	화학적 가공	전해 가공
의 의	공작물을 부식액 속에 넣고 화학 반응을 일으켜 공작물의 표면을 여러 형상으로 가공하는 법	공구(음극)와 일감(양극)을 전극으로 하여 전해액 속에 넣고 전류를 통하면 전기에 의해 화학적 용해작용이 일어나는데, 이때 발생하는 금속산화물막을 제거하면서 일감이 원하는 모양과 치수로 가공되는 방법
특 징	• 재료의 경도나 강도에 상관없이 가공이 가능하다. • 가공 경화나 변질층이 없다. • 표면 전체를 동시에 가공할 수 있다. • 넓은 면적이나 여러 개를 동시에 가공할 수 있다. • 변형이나 거스름없이 가공이 된다.	• 공작물의 경도, 인성에 관계없이 일정한 속도로 가공이 가능하다. • 공구 전극의 소모가 없다. • 고속 가공 및 복잡한 형상의 가공이 가능하다. • 가공면의 응력이나 변형이 없다. • 열이나 힘의 작용이 없으므로 열손상이 발생하지 않고 금속학적인 결함이 생기지 않는다.

보충 용어해설
- 버(burr) : 재료를 가공할 때 생기는 소재의 남은 부분으로 불필요한 돌기
- 블랭킹 (Blanking) : 판금 재료로부터 제품의 모양 즉, 외형을 따내는 작업
- 광화학 블랭킹 : 화학밀링을 응용한 가공법으로 이방법을 이용하면 버를 형성하지않고도 최소 0.0025mm 두께의 박판을 복잡한 모양으로 블랭킹할 수 있으므로 일반 블랭킹으로는 만들기 힘든 초소형부품을 성형할 수 있고 깨지기 쉬운 공작물재로에도 적용할 수 있다.

13 상온에서 금속결정의 단위격자가 면심입방격자(FCC)인 것만을 모두 고른 것은?

ㄱ. Pt   ㄴ. Cr   ㄷ. Ag   ㄹ. Zn   ㅁ. Cu

① ㄱ, ㄷ, ㄹ
② ㄱ, ㄷ, ㅁ
③ ㄴ, ㄷ, ㄹ
④ ㄷ, ㄹ, ㅁ

해설 단위격자

구 분	특 징	종 류
단순입방 구조 (SC)	• 단위격자의 꼭지점에만 원자가 있는 것	Po(폴로늄)
체심입방 구조 (BCC)	• 입방체의 각 꼭짓점과 입방체의 중심에 1개의 원자가 배열된 결정구조	Ba(바륨), Cr(크로뮴), K(칼륨), W(텅스텐), Mc(몰리브덴), V(바나듐), Li(리튬), α-Fe(알파 철), δ-Fe(델타 철)

면심입방 구조 (FCC)	• 입방체의 각 꼭지점과 각 면의 중심에 각각 1개씩의 원자가 배열된 결정구조 • 전연성과 가공성이 좋으나 강도가 약하다.	Al(알루미늄), Ag(은), Au(금), Cu(구리), Pt(백금), Ni(니켈), Ca(칼슘), Ir(이리듐), Th(토륨), γ-Fe(감마철)
조밀육방 격자 (HCP)	• 육각기둥 상하면의 각 꼭지점 및 중심에 1개씩의 원자가 있고, 육각기둥을 이루고 있는 6개의 삼각기둥 중 1기둥씩 걸러서 삼각기둥의 중심에 1개씩의 원자가 배열된 구조 • 전연성이 떨어지고 접착성이 나쁘다	Mg(마그네슘), Zn(아연), Be(베릴륨), Cd(카드뮴), Ti(타이타늄), Zr(지르코늄), La(란타넘), Ce(세륨), Co(코발트)

보충

전연성 : 금속 재료를 두드리거나 누르면 얇게 펴지는 성질을 전성이라 하고, 잡아당기면 가늘게 늘어나는 성질을 연성이라 하며, 소성가공하기 쉬운 성질을 말한다.

14 연마 입자(abrasive particle)를 이용하는 가공 방법으로만 묶은 것은?

① 래핑(lapping), 초음파가공(ultrasonic machining)
② 허빙(hubbing), 호닝(honing)
③ 슈퍼피니싱(super finishing), 방전가공(electric discharge machining)
④ 스피닝(spinning), 버핑(buffing)

해설 연마입자를 이용한 가공방법

구 분	내 용
연삭가공	연삭숫돌바퀴를 고속회전시켜 숫돌표면에 있는 숫돌입자의 예리한 모서리로 공작물의 표면으로부터 미세한 칩을 깎아내는 고속절삭작업
래 핑	일감의 모양에 따라 만든 랩(lap)과 일감사이에 미세한 가루모양의 입자를 넣고, 랩을 누르면서 서로 상대운동을 시켜 다듬는 방법
초음파가공	공구와 일감사이에 미세한 입자를 혼합시킨 가공액을 넣고 가벼운 압력을 가한 상태로 공구에 초음파 진동을 주어 가공하는 방법
호 닝	보링, 리밍, 연삭 가공 등을 끝낸 원통 내면의 정밀도를 더욱 높이기 위하여, 막대모양의 가는 입자의 숫돌을 방사상으로 배치한 혼(hone)으로 다듬질하는 방법
슈퍼피니싱	입도가 적고 연한 숫돌을 작은 압력으로 가공물의 표면에 가압하면서 가공물에 피드를 주고, 또 숫돌을 가공물을 가공하는 방법
버 핑	모, 직물 등으로 원반을 만들고 이것을 여러 장 붙이거나 재봉으로 누벼서 만든 버프바퀴를 고속으로 회전시키고, 여기에 가공물을 접촉시켜 연삭하는 가공법
폴리싱	연삭 숫돌과 같은 고형 숫돌로 미세한 입자의 마찰 작용을 이용하여 버핑하기 전에 가공 표면을 매끈하게 가공하는 작업
배럴피니싱	회전하는 상자에 공작물과 숫돌입자, 공작액, 컴파운드 등을 함께 넣어 공작물이 입자와 충돌하는 동안에 그 표면의 요철을 제거하며, 매끈한 가공면을 얻은 가공방법
숏피닝	금속으로 만든 숏을 고속도로 가공물 표면에 분사하여 그 표면을 매끈하게 하는 동시에 공작물의 피로강도를 증가시키기 위한 일종의 냉간가공법

14 ①

② 허빙(hubbing) : 특정 형상으로 경화 처리된 펀치로 소재 표면을 압입하여 공동부를 만드는 작업으로 다른 제품의 성형을 위한 금형 혹은 다이의 제작에 이용된다.
③ 방전가공 : 전극과 피가공물 사이에 짧은 주기로 반복되는 아크 방전에 의해 피가공물 표면의 일부를 제거하는 가공 방법이다.
④ 스피닝(spinning) : 스피닝 선반에 원형을 장착한 뒤, 금속판을 눌러 회전시키면서 판금을 원형에 따라 훑어내는 가공 방법이다.

15 공기 스프링에 대한 설명으로 옳지 않은 것은?

① 2축 또는 3축 방향으로 동시에 작용할 수 있다.
② 감쇠특성이 커서 작은 진동을 흡수할 수 있다.
③ 하중과 변형의 관계가 비선형적이다.
④ 스프링 상수의 크기를 조절할 수 있다.

 해설 공기스프링과 고무스프링

공기스프링	고무스프링
• 스프링 상수의 크기를 조절할 수 있어, 그 부하능력과 관계없이 충분히 작게 할 수 있다. • 하중이 증가하더라도 부하에 응하여 압력자동조정밸브를 설치하므로 하중과 변형의 관계가 비선형적이다. • 축방향뿐만 아니라 횡방향·회전방향의 스프링 작용이 있다. • 감쇠특성이 커서 작은 진동을 흡수할 수 있다. • 현가장치의 완전한 자동제어가 가능하다. • 서징현상이 없고 방음효과가 우수하다.	• 2축 또는 3축 방향으로 동시에 작용할 수 있다. • 형상을 자유롭게 선택할 수 있다. • 소형 경중량으로 할 수 있고, 지지장치 전체도 간단하게 할 수 있다. • 내부마찰이 있기 때문에 서징의 염려가 없고, 큰 감쇠력을 얻을 수 있다. • 방음효과가 크다.

 보충 서징현상

1. 엔진이 고속으로 회전할 때 밸브의 작동횟수와 밸브스프링의 고유진동수가 공진하면서 밸브스프링이 캠의 작동과는 상관없이 진동을 일으키는 현상
2. 유체기계를 운전할 때 송출량 및 압력이 주기적으로 변화하는 현상(진동을 일으키고 숨을 쉬는 것과 같은 현상)

16 비커스 경도(HV) 시험에 대한 설명으로 옳지 않은 것은?

① 꼭지각이 136°인 다이아몬드 사각추를 압입한다.
② 경도는 작용한 하중을 압입 자국의 깊이로 나눈 값이다.
③ 질화강과 침탄강의 경도 시험에 적합하다.
④ 압입자국의 대각선 길이는 현미경으로 측정한다.

해설
경도는 작용한 하중을 압입 자국의 깊이로 나눈 값으로 측정하는 것은 로크웰 경도시험이다.

 보충 비커스 경도(HV) 시험

1. 시험기를 이용하여 시험편에 꼭지각 136°인 사각뿔(피라미드)형태의 다이아몬드 압입자를 시험편에 시험 하중(재료에 적합한 시험하중 선정)으로 압입하고 시험하중의 제거 후에 남아 있는 표면 압입 자국의 대각선 길이를 현미경으로 측정하여 비커스 경도(HV)를 구한다.
   누르는 하중을 P Kg, 표면적을 S mm^2라고 하면, 비커스경도는 HV ≧ P/S로 표시된다.
2. 질화강이나 침탄강 경도 시험에 적합하다.

17 펌프(pump)에 대한 설명으로 옳지 않은 것은?

① 송출량 및 송출압력이 주기적으로 변화하는 현상을 수격현상(water hammering)이라 한다.
② 왕복펌프는 회전수에 제한을 받지 않아 고양정에 적합하다.
③ 원심펌프는 회전차가 케이싱 내에서 회전할 때 발생하는 원심력을 이용한다.
④ 축류 펌프는 유량이 크고 저양정인 경우에 적합하다.

 해설 펌프의 이상현상

구 분	내 용
서징 현상	송출량 및 송출압력이 주기적으로 변화하는 현상
수격 현상	관내를 흐르고 있는 물의 유속이 급히 바뀌면 유체의 운동에너지가 압력에너지로 변하여 관내압력이 이상 상승하게 되어 배관과 펌프에 손상을 주는 현상
공동 현상	펌프 흡입구에서 유로 변화로 인하여 압력강하가 생겨 그 부분의 압력이 포화증기압보다 낮아지면 표면에 증기가 발생되어 액체와 분리되어 기포로 나타나는 현상

 보충 펌프의 종류

구 분		내 용
터보형	원심 펌프	• 다수의 회전자가 케이싱을 고속회전하며 원심력에 의해 중심에서 흡입하여 측면으로 송출하면 속도에너지를 얻어서 펌프작용이 이루어지는 펌프 - 벌류트펌프 : 임펠러(회전차) 둘레에 안내깃이 없이 와류실이 있는 펌프 - 터빈펌프 : 임펠러와 와류실(스파이럴 케이싱) 사이에 안내깃이 있는 펌프
	축류 펌프	• 안내깃에서 속도에너지를 압력에너지로 변환하는 펌프 • 송출량이 대단히 크고, 양정이 낮은 경우에 사용
용적형	축류 펌프	• 안내깃에서 속도에너지를 압력에너지로 변환하는 펌프 • 송출량이 대단히 크고, 양정이 낮은 경우에 사용
	사류 펌프	• 회전자에서 나온 물의 흐름이 축에 대하여 경사면에 송출되며, 축의 안내깃에 유도되어 회전방향의 성분을 축방향 성분으로 변환시켜 송출하는 펌프

정답 17 ①

	축류 펌프	• 안내깃에서 속도에너지를 압력에너지로 변환하는 펌프 • 송출량이 대단히 크고, 양정이 낮은 경우에 사용
	사류 펌프	• 회전자에서 나온 물의 흐름이 축에 대하여 경사면에 송출되며, 축의 안내깃에 유도되어 회전방향의 성분을 축방향 성분으로 변환시켜 송출하는 펌프
용적형	왕복 펌프	• 피스톤 또는 플런저의 왕복운동에 의해서 액체를 유입하며, 소요압력으로 압축하여 토출하는(보내지는) 펌프 • 송출유량은 적지만 회전수에 제한을 받지 않아 고양정(고압)에 적합 • 피스톤펌프, 플런저펌프 등
	회전 펌프	• 회전하는 회전체(기어,나사, 피스톤 등)을 써서 흡입밸브나 송출밸브없이 액체를 밀어내는 형식의 펌프 • 기어펌프, 베인펌프 등
특수형	마찰 펌프	• 유체의 점성력을 이용하여 매끈한 회전체 또는 나사가 있는 회전축을 케이싱내에서 회전시켜 액체의 유체마찰에 의하여 압력에너지를 주어서 송출하는 펌프 • 소용량,고양정에 이용
	제트 펌프	• 노출선단에 구동하고 있는 높은 압력의 유체를 혼합실 속으로 분사시키면 발생하는 이젝터효과로 유체를 송출하는 펌프
	기포 펌프	• 양수관 하단의 물속으로 압축공기를 송입하여 물의 비중을 가볍게 하고, 발생되는 기포의 부력을 이용해서 양수하는 펌프

18 방전가공에 대한 설명으로 옳지 않은 것만을 모두 고른 것은?

> ㄱ. 스파크 방전을 이용하여 금속을 녹이거나 증발시켜 재료를 제거하는 방법이다.
> ㄴ. 방전가공에 사용되는 절연액(dielectric fluid)은 냉각제의 역할도 할 수 있다.
> ㄷ. 전도체 공작물의 경도와 관계없이 가공이 가능하고 공구 전극의 마멸이 발생하지 않는다.
> ㄹ. 공구 전극의 재료로 흑연, 황동 등이 사용된다.
> ㅁ. 공구 전극으로 와이어(wire) 형태를 사용할 수 없다.

① ㄱ, ㄷ   ② ㄴ, ㄹ
③ ㄷ, ㅁ   ④ ㄴ, ㅁ

 해설 방전가공

1. 절연액(가공액) 속에서 음극과 양극 사이의 거리를 접근시킬 때 발생하는 일감과 공구사이의 스파크방전을 이용하여, 금속을 녹이거나 증발시켜 재료를 제거하는 방법으로, <u>전극이 마멸되어 가는 현상</u>을 이용하여 구멍파기·절단 및 연삭 등이 이루어진다.
2. 방전시에 절연액도 급속히 가열되면서 순간적으로 가스가 발생하여 용해된 부분을 비산시키며 일감표면에서 제거한다.
3. 용융비산된 부분은 주변의 절연액이 유입되면서 냉각되고 절연이 회복된다.
4. 가공물의 강도나 경도에 무관하게 가공할 수 있는 장점이 있다.
5. 절연액(가공액)은 기름, 물, 황화유 등이며, 공구 전극의 재료로 구리, 황동, 흑연등이 있다.
6. <u>공구 전극을 와이어(wire)형태로 사용하고</u>, 와이어전극은 동, 황동, 흑연, 텅스텐, 몰리브덴 등의 재질을 이용하여 가공한 와이어방전가공도 이용되고 있다.

19 주조 공정중에 용탕이 주입될 때 증발되는 모형(pattern)을 사용하는 주조법은?

① 셀 몰드법(shell molding) ② 인베스트먼트법(investment process)
③ 풀 몰드법(full molding)   ④ 슬러시 주조(slush casting)

 해설 주요 주조공정

공정		내용
모래주조		• 주형을 모래로 만들고, 여기에 용융 금속을 주입하여 굳히는 방법
셀 몰드법		• 금속을 넣은 모형을 가열로에 넣고 가열한 다음, 모형위에 규사와 페놀계 수지를 배합한 가루를 뿌려 경화시켜 주형을 만들고 주조하는 방법
인베스트먼트		• 왁스나 합성수지 등 용융점이 낮은 재료로 모형을 만든 후 모형주위에 내화성 재료를 뿌리거나 매몰하고 가열하여 주형을 만들고 용융금속을 주입하여 주조하는 방법
풀 몰드법		• 소모성인 발포 폴리스티렌 모형을 쓰며, 조형 후 모형을 빼내지 않고 주물사 중에 매몰한 그대로 용탕을 주입하여 그 열에 의하여 **모형을 기화(증발)**시키고 그 자리를 용탕으로 채워 주물을 만드는 방법
슬러시주조		• 코어를 쓰지 않고 중공의 주물을 만드는 특수한 주조법으로 주형에 접해서 응고 금속의 외각이 생성되었을 때에 주형을 반전하여 미응고 금속을 배출하는 방법
영구 주조	다이캐스팅	• 용융금속에 압력을 가해 금형을 밀어넣으면 재질이 균일하고 치밀하게 되며 탕구에서 짧은 시간내에 용융금속이 주형의 구석까지 주입됨으로서 주물을 만드는 영구주형 주조 방법
	원심 주조	• 주형을 고속으로 회전시키면서 쇳물을 주입하면 쇳물은 원심력에 의하여 주형을 따라 응고하게 됨으로써 주물을 만드는 방법

보충 용어해설

- 주형(mold) : 주조의 과정에서 속이 빈 공간
- 모형(pattern: 원형): 주형의 공간을 만들기 위한 형
- 주물 : 용융금속을 주입하여 만든 제품
- 영구주형 : 주물이 주형에서 쉽게 이탈되어 주형을 재사용할 수 있도록 설계한 것

20 마그네슘(Mg)에 대한 설명으로 옳은 것은?

① 산소와 반응하지 않는다.
② 비중이 1.85로 공업용 금속 중 가장 가볍다.
③ 전기 화학적으로 전위가 높아서 내식성이 좋다.
④ 열전도율은 구리(Cu)보다 낮다.

해설

① <u>산소와 반응하여</u> 산화 마그네슘을 만든다.
② <u>비중이 1.74로</u> 공업용 금속 중 가장 가볍다.
③ 마그네슘은 실용 금속 중에 가장 표준전극전위가 낮아 모든 환경에서 <u>내식성이 매우 취약</u>하기 때문에 부식방지를 위한 표면처리가 불가피하다.
④ 금속의 열전도율 : 은 > 구리 > 알루미늄 > 마그네슘 > 납

정답 19 ③ 20 ④

기계일반

2016년 4월 9일 시행
국가직 9급

01 관통하는 구멍을 뚫을 수 없는 경우에 사용하는 것으로 볼트의 양쪽 모두 수나사로 가공되어 있는 머리 없는 볼트는?

① 스터드 볼트
② 관통 볼트
③ 아이 볼트
④ 나비 볼트

해설 **볼트의 종류**

구 분	내 용
스터드 볼트	· 관통하는 구멍을 뚫을 수 없는 경우에 사용하는 것으로 볼트의 양쪽 모두 수나사로 가공되어 있는 머리 없는 볼트 · 한쪽 끝은 상대 쪽에 암나사를 만들어 미리 반영구적으로 박음을 하고 다른 쪽 끝에는 너트를 끼워 조이는 볼트
관통볼트	· 죄려고 하는 두 개의 부품에 구멍을 뚫고 여기에 볼트를 관통시킨 다음 너트로 죄는 볼트
아이볼트	· 나사의 머리부를 고리모양으로 만들어 무거운 물체를 들어 올릴 때 로프, 체인 또는 훅 등을 걸 수 있도록 만든 볼트
나비볼트	· 스패너와 같은 공구를 쓰지 않고 직접 나비의 날개처럼 생긴 머리부분을 손으로 돌려서 죄거나 푸는 볼트
탭볼트	· 죄려고 하는 부품이 두꺼워서 관통구멍을 뚫을 수 없을 때, 너트를 사용하지 않고 직접 암나사를 낸 구멍에 죄어 넣은 볼트
T볼트	· 머리부분을 T자형으로 만들어서 공작 기계의 테이블 T홈에 끼워 일감이나 바이스 등을 고정시킬 때 사용되는 볼트
기초볼트	· 기계나 구조물을 콘크리트 기초 위에 확실하게 고정시키기 편리하게 만든 볼트

02 압력용기 내의 게이지 압력이 30 kPa로 측정되었다. 대기압력이 100 kPa일 때 압력용기 내의 절대압력[kPa]은?

① 130
② 70
③ 30
④ 0

해설 절대압력[kPa] = 대기압력 + 게이지압력(계기압력) = 100 + 30 = 130

03 가공경화(work hardening) 혹은 변형경화(strain hardening) 현상이 발생하는 예가 아닌 것은?

① 선재의 단면적을 감소시키기 위한 인발 공정
② 제작된 부품에 수행하는 어닐링(annealing) 공정
③ 볼트 머리 제작을 위한 단조 공정
④ 자동차 차체용 박판 제작을 위한 압연 공정

해설 가공경화(변형경화)

금속재료는 어느 온도이하에서 두들기거나 구부리면 경도가 증가하여 강하게 되는 동시에 늘어나지 않고 여리게 된다. 가공경화는 냉간가공에 의하여 변형이 진행되면 결정에 변형이 생기면서 단단하게 되어 <u>가공하기 어렵게 되는 현상</u>을 말한다.
이러한 냉간가공에는 블랭킹, 인발, <u>냉간압연, 냉간단조</u>,냉간압출, 정밀 블랭킹, 냉간성형, 분말성형 전단가공(산업용 나이프) 등이 있다.
② 가공 경화된 재료를 적당한 온도로 풀림을 하면 가공전의 상태로 되돌아가서 다시 가공을 계속할 수 있게 되는 데 이를 어닐링공정이라고 한다.

04 연삭숫돌 및 연삭공정에 대한 설명으로 옳지 않은 것은?

① 연삭숫돌의 숫돌입자 크기를 나타내는 입도번호가 낮을수록 연삭공정으로 우수한 표면정도를 얻을 수 있다.
② 결합도가 높은 연삭숫돌은 연한 재료의 연삭공정에 사용된다.
③ 연삭숫돌은 숫돌입자, 결합제, 기공의 세 가지 요소로 구성된다.
④ 연삭공정은 전통적인 절삭공정보다 높은 비에너지를 요구한다.

해설

1. 연삭숫돌의 3요소

3요소	내 용
숫돌입자	• 숫돌의 재질
결합제	• 입자를 결합시키는 접착제
기 공	• 숫돌과 숫돌사이의 구멍

2. 연삭숫돌의 5대 성능요소

요 소	내 용
숫돌입자	인조산과 천연산이 있으며, 순도가 높은 인조산이 많이 사용되며, 알루미나(강재의 연삭)와 탄화규소(비금속의 연삭)가 많다
입 도	입자의 크기를 번호로 나타낸 것으로 입도의 범위는 #10~3,000번이며, 번호가 커지면 입도는 고와진다.

정답 03 ② 04 ①

입도	거친 입도의 숫돌	고운 입도의 숫돌
	• 연하고 연성이 있는 재료의 연삭 • 거친 연삭, 절삭 깊이와 이송을 많이 줄 때 • 숫돌과 공작물(일감)의 접촉 면적이 클 때	• 경도가 높고 메진 재료의 연삭 • 다듬 연삭, 공구의 연삭 • 숫돌과 공작물의 접촉 면적이 작을 때

결합도	숫돌의 경도를 말하며, 입자가 결합하고 있는 결합제 세기를 말한다.		
	구 분	결합도가 높은 숫돌(단단한 숫돌)	결합도가 낮은 숫돌(연한 숫돌)
	재 료	연한 재료의 연삭	단단한 재료의 연삭
	연삭 깊이	얕을 때	깊을 때
	접촉 면적	작을 때	클 때
	재료 표면	거칠 때	치밀할 때
	숫돌바퀴의 원주속도	느릴 때	빠를 때

조 직	• 숫돌바퀴에 있는 기공의 대소변화, 즉 단위부피중 숫돌입자의 밀도변화를 말한다. • 거친 조직은 숫돌입자율 42%미만, 보통 조직은 숫돌입자율 42~50%, 치밀조직은 숫돌입자율 50%이상이다. • 거친 조직의 숫돌은 거친 입도의 숫돌과, 조직이 치밀한 숫돌은 고운입도의 숫돌과 용도가 유사하다.
결합제	• 숫돌을 성형하는 재료로 연삭입자를 결합시킨다. • 구비조건 1) 결합력의 조절범위가 넓을 것 2) 열이나 연삭액에 안정할 것 3) 적당한 기공과 균일한 조직일 것 4) 성형이 좋을 것 5) 원심력, 충격에 대한 기계적 강도가 있을 것

④ 동일량의 소재제거시 표면을 소량시 제거하는 연삭공정이 칩의 형태로 대량의 소재를 제거하는 절삭공정보다 더 높은 에너지(比 energy)를 필요로 한다.

05 다음의 공구재료를 200℃ 이상의 고온에서 경도가 높은 순으로 옳게 나열한 것은?

> 탄소공구강, 세라믹공구, 고속도강, 초경합금

① 초경합금 > 세라믹공구 > 고속도강 > 탄소공구강
② 초경합금 > 세라믹공구 > 탄소공구강 > 고속도강
③ 세라믹공구 > 초경합금 > 고속도강 > 탄소공구강
④ 고속도강 > 초경합금 > 탄소공구강 > 세라믹공구

 해설 공구강의 경도 순서
다이아몬드 > 세라믹공구 > 초경합금 > 고속도강 > 합금공구강 > 탄소공구강

05 ③

06 길이 2m의 강체 OE는 그림에서 보여지는 순간에 시계방향의 각속도 $w=10\text{rad/sec}$와 반시계방향 각가속도 $\alpha=1{,}000\text{rad/sec}^2$으로 점 O에 대하여 평면 회전운동한다. 이 순간 E 점의 가속도에 대한 설명으로 옳은 것은?

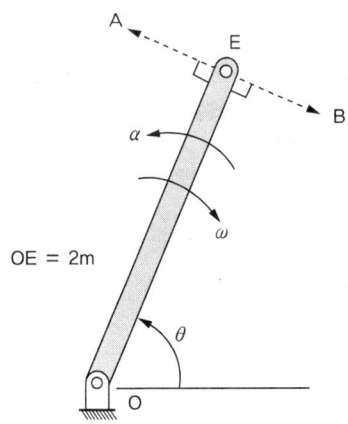

	접선가속도		법선가속도	
	방향	크기	방향	크기
①	$\overrightarrow{EA}$	200m/sec^2	$\overrightarrow{OE}$	$2{,}000\text{m/sec}^2$
②	$\overrightarrow{EA}$	$2{,}000\text{m/sec}^2$	$\overrightarrow{EO}$	200m/sec^2
③	$\overrightarrow{EA}$	$2{,}000\text{m/sec}$	$\overrightarrow{OE}$	200m/sec^2
④	$\overrightarrow{EB}$	$2{,}000\text{m/sec}^2$	$\overrightarrow{EO}$	200m/sec^2

해설

1. 가속도의 방향 : 접선가속도 방향은 원의 접선방향이고, 반시계방향이므로 $\overrightarrow{EA}$, 법선은 접선의 수직이므로, 법선(구심) 가속도 방향은 원의 중심쪽이므로 $\overrightarrow{EO}$이다.
2. 가속도의 크기
   접선가속도 $a = r \times \alpha = 2 \times 1{,}000\text{m/sec}^2 = 2{,}000\text{m/sec}^2$
   법선(구심)가속도 $a = r \times w^2 = 2 \times 10^2 = 200\text{m/sec}^2$

보충

각속도 : 특정 축(원의 중심축)을 기준으로 각이 돌아가는 속력을 나타내는 벡터
각가속도 : 각속도의 변화율, 각속도의 변화를 걸린 시간으로 나누어 얻는다

07 내연기관에 사용되는 윤활유의 점도에 대한 설명 중 옳지 않은 것은?

① SAE 번호가 높을수록 윤활유의 점도가 높다.
② SAE 번호는 윤활유의 사용가능한 외기온도를 나타내는 지표가 된다.
③ 점도지수(viscosity index)가 높은 것일수록 온도변화에 대한 점도변화가 크다.
④ 절대점도의 단위로 Pa·s 또는 Poise를 사용한다.

정답 06 ② 07 ③

해설

① SAE는 엔진 오일의 점도에 대하여 미국 자동차 기술 협회에서 제정한 규격으로 일정한 온도하에서는 SAE 번호가 큰 것일수록 점도와 농도가 높은 윤활유이다.
② SAE는 미국 자동차 기술협회(Society of Automotive Engineers)에서 엔진오일의 점도에 따른 분류 방식으로 0W, 5W, 10W, 15W, 20W, 20, 30, 40, 50, 60 등으로 표시되며, 숫자가 클수록 높은 온도에서 점도가 높다는 뜻으로 한냉지에는 Winter의 약자인 W의 문자를 붙여 사용한다. 예를 들어 30은 일반용, 20은 동계용이라 할 수 있다. 한가지 숫자만의 오일을 싱글 그레이드라고 한다. 5W-30, 10W-30과 같이 범위가 표시되어 있는 것은 멀티그레이드라 하고 이 경우 5W-30은 저온시의 점도는 10W-30보다 낮지만 고온에서는 같은 정도의 점도를 의미한다
③ 오일의 점도는 온도가 높으면 점도가 낮아지고 온도가 낮으면 점도가 높아진다. 점도지수는 이러한 온도에 따른 오일점도 변화를 표시함을 의미한다. <u>점도지수가 높을수록 온도에 따른 점도 변화가 작다.</u>
④ 점도의 SI 단위는 Pa.s (Pascal – second)이며, 전통적인 cgs 계에서 쓰였던 점도의 단위는 Poise인데 Pa.s보다 10배 작은 단위이다

08 철(Fe)에 탄소(C)를 함유한 탄소강(carbon steel)에 대한 설명으로 옳지 않은 것은?

① 탄소함유량이 높을수록 비중이 증가한다.
② 탄소함유량이 높을수록 비열과 전기저항이 증가한다.
③ 탄소함유량이 높을수록 연성이 감소한다.
④ 탄소함유량이 0.2% 이하인 탄소강은 산에 대한 내식성이 있다.

①, ②, ③ 비중, 연성, 열팽창계수, 열전도율은 탄소량의 증가에 따라 감소하나 비열, 전기저항, 항자력은 증가한다.
④ 탄소함유량이 0.2% 이하인 탄소강은 산에 대한 내식성이 있지만, 그 이상에서는 많을수록 부식이 쉽다.

탄소강은 철과 탄소의 합금으로 탄소 함량이 0.02~2.11%인 것을 말한다.

09 특정한 온도 영역에서 이전의 결정립을 대신하여 새로운 결정립이 생성되는 금속의 재결정에 대한 설명으로 옳지 않은 것은?

① 재결정은 금속의 강도를 낮추고 연성을 증가시킨다.
② 냉간가공도가 클수록 재결정 온도는 낮아진다.
③ 냉간가공에 의한 선택적 방향성은 재결정 온도에서 등방성으로 회복된다.
④ 냉간가공도가 일정한 경우에는 온도가 증가함에 따라 재결정시간이 줄어든다.

08 ① 09 ③

해설 재결정

1. 의의 : 냉간가공에 의해 내부응력이 생긴 결정입자를 어떤 온도 부근에서 적당한 시간 동안 가열하면, 내부응력이 없는 새로운 결정핵이 생겨 점차 성장하여 새로운 결정입자가 생성되는 것을 말한다.
2. 재결정온도 : 재결정이 생기도록 가열하는 온도를 재결정 온도라고 한다. 금속의 순도가 높을수록, 냉간가공도가 클수록, 가공전의 결정입자가 미세할수록, 가공시간이 길수록 재결정 온도는 낮아진다.
3. 재결정시간 : 가열온도가 동일하면 가공도가 높을수록 재결정시간이 줄어든다.
   냉간가공도가 일정한 경우에는 온도가 증가함에 따라 재결정시간이 줄어든다.
4. 효과 : 재결정으로 강도와 경도는 감소하고, 연성과 단면 수축률은 증가한다.
5. 선택적 방향성(이방성) : 냉간가공에 의한 선택적 방향성은 재결정후에도 유지되며(재결정이 선택적 방향성에 영향을 끼치지 못함), 선택적 방향성을 제거하기 위해서는 재결정온도보다 더 높은 온도에서 가열하여야 등방성이 회복된다.

 보충 등방성과 이방성

- 등방성 : 방향이 달라져도 모든 방향에서 물리적 특성이 동일한 성질
- 이방성 : 방향에 따라 재료의 물리적 특성이 달라지는 성질

10 강의 열처리 및 표면경화에 대한 설명 중 옳지 않은 것은?

① 구상화 풀림(spheroidizing annealing) : 과공석강에서 초석탄화물이 석출되어 기계가공성이 저하되는 문제를 해결하기 위해 행하는 열처리 공정으로, 탄화물을 구상화하여 기계가공성 및 인성을 향상시키기 위해 수행된다.
② 불림(normalizing) : 가공의 영향을 제거하고 결정립을 조대화시켜 기계적 성질을 향상시키기 위해 수행된다.
③ 침탄법 : 표면은 내마멸성이 좋고 중심부는 인성이 있는 기계부품을 만들기 위해 표면층만을 고탄소로 조성하는 방법이다.
④ 심냉(subzero)처리 : 잔류 오스테나이트(austenite)를 마르텐사이트(martensite)화 하기 위한 공정이다.

 해설 열처리 유형 및 목적

담금질	뜨임	불림	풀림	표면경화법
• 탄소강의 경도와 강도를 증대	• 내부응력 제거 • 인성의 회복	• 결정조직의 균질화 (표준화) • 잔류응력 제거 • **결정립을 미세화** • 기계적 성질향상	• 재질의 연화 • 전연성의 향상	• 내마멸성 • 강도의 증대 • 인성 증가

 보충

과공석강 : 0.8%C 이상의 탄소강
조대화 : 금속을 이루고 있는 입자들이 열을 받아서 커지는 현상

정답 10 ②

11. 전달 토크가 크고 정밀도가 높아 가장 널리 사용되는 키(key)로서, 벨트풀리와 축에 모두 홈을 파서 때려 박는 키는?

① 평 키
② 안장 키
③ 접선 키
④ 묻힘 키

 해설 키(key)의 종류

종 류	내 용
평 키	• 축은 자리만 편편하게 다듬고 보스에 홈을 파서 만든 키 • 경하중에 쓰임
안장키	• 축은 절삭치 않고 보스에만 홈을 판 키 • 마찰력으로 고정시키며 축의 임의 부분에 설치 가능 • 극 경하중에 사용
접선키	• 축과 보스에 축의 접선방향으로 홈을 파서 서로 반대의 테이퍼(1/60~1/100)를 가진 2개의 키를 조합하여 끼워넣은 키 • 중하중용으로 아주 큰 회전력 또는 힘의 방향이 변화하는 곳에 사용
묻힘키	• 전달 토크가 크고 정밀도가 높아 가장 널리 사용되는 키 • **벨트풀리와 축에 모두 홈을 파서 때려 박는 키**
반달키	• 축에 원호상의 홈을 파고, 홈에 키를 끼워넣은 다음 보스를 밀어넣어 만든 키 • 가공하기 쉽고, 60mm 이하의 작은 축에 사용 • 테이퍼축이나 작은 하중을 전달하는 축에 사용
미끄럼키 (페더키)	• 키와 보스의 홈사이에 약간의 틈새를 만들어 보스가 축방향으로 자유롭게 이동할 수 있게 한 것
스플라인키	• 큰 힘(회전력)을 전달할 수 있도록 축에 원주방향으로 같은 간격으로 여러 개의 키 홈을 깎아 낸 것 • 중요한 공작기계, 자동차, 항공기 등에 널리 이용
세레이션	• 축의 둘레에 스플라인보다 작은 삼각형의 이를 많이 만들고, 보스를 압입하여 고정하도록 만든 것 • 자동차의 핸들 고정용, 전동기나 발전기의 전기축 등에 이용

12. 축압 브레이크의 일종으로 마찰패드에 회전축 방향의 힘을 가하여 회전을 제동하는 장치는?

① 블록 브레이크
② 밴드 브레이크
③ 드럼 브레이크
④ 디스크 브레이크

 해설 제동장치

종 류	제동원리
블록브레이크	• 회전축에 고정시킨 브레이크 드럼에 브레이크 블록을 눌러 그 마찰력으로 제동
밴드브레이크	• 브레이크 드럼 주위에 강철밴드를 감아놓고 레버로 밴드를 잡아당겨 밴드와 브레이크 드럼사이에 마찰력을 발생시켜서 제동

분류	내용
드럼(내확) 브레이크	• 회전하는 드럼의 안쪽에 있는 브레이크 슈를 캠이나 유압실린더를 이용하여 브레이크 드럼에 밀어붙여 제동 • 자동차 등에 사용
디스크(원판)브레이크	• 축과 일체로 회전하는 원판의 한면 또는 양 면을 유압피스톤 등에 의해 작동되는 **마찰패드에 회전축 방향의 힘을 가하여 회전을 제동하는 장치** • 항공기, 고속열차 등 고속차량, 승용차, 오토바이등에 사용

 보충 제동장치의 분류

분류	내용
원주브레이크	• 드럼의 접촉부가 원주면이 되고, 반경방향으로 밀어붙이는 형식의 브레이크. • 블랙브레이크, 드럼브레이크, 밴드브레이크
축압브레이크	• 클러치와 유사한 방법으로 축 방향으로 조작력이 가해져서 브레이크 역할을 수행 • 원통브레이크, 원추브레이크
자동브레이크	• 감아올릴때는 클러치의 작용을 하고, 내릴 때는 하중 자신에 의하여 브레이크의 작용을 하여 속도를 억제 • 워엄브레이크, 나사브레이크, 원심력 브레이크, 캠브레이크 등

13 수차에 대한 설명으로 옳지 않은 것은?

① 프란시스 수차는 반동수차의 일종이다.
② 프란시스 수차에서는 고정깃과 안내깃에 의해 유도된 물이 회전차를 회전시키고 축방향으로 송출된다.
③ 프로펠러 수차는 축류형 반동수차로 수량이 많고 저낙차인 곳에 적용된다.
④ 펠턴 수차는 고낙차에서 수량이 많은 곳에 사용하기 적합하다.

 해설 수차

분류	내용
충동수차	• 물의 분류를 고속으로 날개에 충돌시켜 그 충격력으로 날개차를 회전시키는 수차 • 펠턴 수차 : 고낙차에서 **수량이 비교적 적은 경우** 사용
반동수차	• 물의 분류가 날개차에 작동하는 충격력 외에 날개차 입구에서의 유속증가로 발생하는 반동력으로 날개차를 회선하게 하는 수차 • 프란시스 수차 : 고정깃과 안내깃에 의해 유도된 물이 회전차를 회전시키고 축방향으로 송출되며, 중고낙차에 광범위하게 이용 • 프로펠러 수차 (축류수차) : 수량이 많고 저낙차인 곳에 적용 • 사류수차 : 프란시스수차와 프로펠러수차의 중간형으로 중낙차용 • 펌프수차 : 전력요금이 싼 야간에는 발전소등의 전력으로 펌프수차를 운전하여 물의 하부조 정지에서 상부조정지로 양수해 놓고, 주간에는 수차의 원래 목적으로 사용하여 부족한 전력보충
중력수차	• 위치에너지를 주로 이용하는 수차(물레방아)

14 연신율이 20%인 재료의 인장시험에서 파괴되기 직전의 시편 전체길이가 24 cm일 때 이 시편의 초기 길이[cm]는?

① 19.2
② 20.0
③ 28.8
④ 30.0

해설

연신율 = $\dfrac{\text{시편의 전체길이} - \text{시편의 초기길이}}{\text{시편의 초기길이}} \times 100$

20% = $\dfrac{24 - \text{시편의 초기길이}}{\text{시편의 초기길이}} \times 100$

시편의 초기길이 = 20.0

15 ㉠, ㉡에 들어갈 말을 올바르게 짝지은 것은?

(㉠)은/는 금속 혹은 세라믹 분말과 폴리머나 왁스 결합제를 혼합한 후, 금형 내로 빠르게 사출하여 생형을 제작하고, 가열 혹은 용제를 사용하여 결합제를 제거한 후, 높은 온도로 (㉡)하여 최종적으로 금속 혹은 세라믹 제품을 생산하는 공정이다.

	㉠	㉡
①	인베스트먼트 주조	소 결
②	분말야금	경 화
③	금속사출성형	경 화
④	분말사출성형	소 결

해설

① 인베스트먼트 주조는 왁스나 합성수지 등 용융점이 낮은 재료로 모형을 만든 후 모형주위에 내화성 재료를 뿌리거나 매몰하고 가열하여 주형을 만들고 용융금속을 주입하여 주조하는 방법이다.
② 분말야금은 금속분말 또는 합금분말의 제조와 이들 분말을 이용하여 압축성형한 후, 용융온도 이하에서 소결(성형 또는 충전된 분말을 융점이하의 온도로 가열해, 분말 입자 상호간의 결합에 의해 강도·경도 등 원하는 물성을 나타내도록 하는 과정)을 거쳐 금속제품을 만드는 기술이다.
③ 금속사출성형법은 금속분말과 바인더의 혼합물을 금형에 사출하여 성형한 후 탈지공정을 거쳐 소결함으로써 금속부품을 제조하는 방법이다.
④ (분말사출성형)은 금속 혹은 세라믹 분말과 폴리머나 왁스 결합제를 혼합한 후, 금형 내로 빠르게 사출하여 생형을 제작하고(사출과정), 가열 혹은 용제를 사용하여 결합제를 제거한 후(탈지과정), 높은 온도로 (소결)하여 (소결과정)최종적으로 금속 혹은 세라믹 제품을 생산하는 공정이다.

16 절삭속도를 변화시키면서 공구 수명시험을 하였다. 절삭속도를 60m/min으로 하였을 때 공구의 수명이 1200min, 절삭속도를 600m/min으로 하였을 때 수명은 12min이었다. 절삭속도가 300m/min일 때 그 공구의 수명[min]은?

① 24
② 48
③ 240
④ 600

해설
절삭속도와 공구수명 : VT^n = C(일정)(Taylor 방정식)
V : 절삭속도(m/min), T : 공구수명(min), n : 지수, C : 상수
1. 먼저 지수 n을 구한다.
   60m/min × $(1200min)^n$ = 600m/min × $(12min)^n$이므로 양쪽을 60m/min으로 나누면 $(1200min)^n$ = 10 × $(12min)^n$으로 정리할 수 있고, 다시 양쪽을 $(12min)^n$으로 나누면 100^n = 10 이므로 n = 1/2
2. 공구수명(T)을 구한다.
   600m/min × (12min)~ = 300m/min × $(T)^{1/2}$에서
   600m/min × $(12min)^{1/2}$ = 300m/min × 2 × $(12)^{1/2}$ = 300m/min × $(48)^{1/2}$

17 가솔린기관과 디젤기관의 비교 설명으로 옳지 않은 것은?

① 디젤기관은 연료소비율이 낮고 열효율이 높다.
② 디젤기관은 평균유효압력 차이가 크지 않아 회전력 변동이 작다.
③ 디젤기관은 압축압력, 연소압력이 가솔린기관에 비해 낮아 출력당 중량이 작고, 제작비가 싸다.
④ 디젤기관은 연소속도가 느린 경유나 중유를 사용하므로 기관의 회전속도를 높이기 어렵다.

해설 가솔린 기관과 디젤기관

구 분	가솔린 기관	디젤기관
사용연료	휘발유 (연료비가 비싸다)	경유, 중유
제작비	싸다	비싸다
연료소비량	200~300g/PS·h	150~240g/PS·h
열효율	25~32%	32~38%
압축비	7~13 : 1	15~20 : 1
압축압력	7.8~14.7bar	29.4~49.0bar
연소압력	7~11kgf/cm²	30~45kgf/cm²(연소압력이 커 기관 각부를 튼튼하게 하여야 한다)
마력당 중량	3.5~4.0Kg/PS	5~8kg/PS

18. 연삭가공 및 특수가공에 대한 설명으로 옳지 않은 것은?

① 방전가공에서 방전액은 냉각제의 역할을 한다.
② 전해가공은 공구의 소모가 크다.
③ 초음파가공 시 공작물은 연삭입자에 의해 미소 치핑이나 침식작용을 받는다.
④ 전자빔 가공은 전자의 운동에너지로부터 얻는 열에너지를 이용한다.

해설 특수가공 및 입자가공

종류	내용	특징
방전가공	• 전류가 흐르기 어려운 등유속에 전극과 일감을 넣고 전류를 통하면 방전에 의해 일감이 조금씩 용해되면서 가공용 전극과 같은 모양으로 가공된다. • 방전액(절연액, 가공액)에 의하여 용융비산된 부분은 냉각된다.	• 절삭이나 연삭이 어려운 초경합금이나 비철금속도 정밀하게 성형할 수 있다.
전해가공	• 공구와 일감을 전극으로 하여 전해액속에 넣고 전류를 통하면 전기에 의해 화학적 용해작용이 일어나 일감이 원하는 모양과 치수로 가공되는 방법이다.	• **공구의 소모가 없다.** • 가공속도가 빠르다. • 일감의 경도에 관계없이 가공할 수 있다.
초음파 가공 (입자가공)	• 연삭입자로 공작물의 표면에 미소치핑(Microchipping)이나 침식을 일으켜서 소재를 제거하는 공정이다. • 공구는 저진폭, 고주파로 진동하고, 이 진동으로 공구와 공작물사이에 있는 미세한 연삭입자를 고속으로 운동시킨다.	• 초경합금, 유리, 보석류등 다양한 공작물의 정밀가공에 사용 (연질재료에는 부적합)
전자빔 가공	• 진공속에서 높은 에너지의 전자빔을 일감에 집중투자하면, 전자가 가진 운동에너지가 열에너지로 변환되는데, 이열을 이용하여 그 부분을 용해 또는 증발시켜 제거하는 가공이다.	• 용접분야에 널리 이용된다.
레이저 가공	• 레이저빛을 가진 에너지를 열에너지로 변환하여 일감을 국부적으로 가열하여 용융시키거나 증발시켜 미세한 가공을 하는 방법이다.	• 정밀한 가공, 다이아몬드, 세라믹스 등의 비금속재료의 정밀한 구멍뚫기, 절단등에 이용된다.

19. 호칭이 2N M8×1인 나사에 대한 설명으로 옳지 않은 것은?

① 리드는 2mm이다.
② 오른나사이다.
③ 피치는 1mm이다.
④ 유효지름은 8mm이다.

해설
① 2N : 두줄나사이므로 리드는 2mm
② 아무 표시가 없으므로 오른 나사이다. 왼나사의 경우에는 '왼쪽 2N M8×1'으로 표기된다.
③ 두줄나사에서 피치는 1mm이다.
④ M8 : 유효지름이 아닌 <u>바깥지름(호칭지름)</u>이 8mm이다.

20 사출성형품의 불량원인과 대책에 대한 설명으로 옳지 않은 것은?

① 플래싱(flashing) : 고분자 수지가 금형의 분리면(parting line)의 틈으로 흘러나와 고화 또는 경화된 것으로, 금형 자체의 체결력을 높임으로써 해결될 수 있다.
② 주입부족(short shot) : 용융수지가 금형 공동을 완전히 채우기 전에 고화되어 발생하는 결함으로, 성형 압력을 높임으로써 해결될 수 있다.
③ 수축(shrinkage) : 수지가 금형공동에서 냉각되는 동안 발생하는 수축에 의한 치수 및 형상 변화로, 성형수지의 온도를 낮춰 해결될 수 있다.
④ 용접선(weld line) : 용융수지가 금형공동의 코어 등의 주위를 흐르면서 반대편에서 서로 만나는 경계 부분의 기계적 성질이 떨어지는 결함으로, 게이트의 위치변경 등으로 개선할 수 있다.

 해설 사출성형품의 불량원인과 대책

원인	내용	대책
플래싱 (flashing)	고분자 수지가 금형의 분리면의 틈으로 흘러나와 고화 또는 경화되는 현상	• 금형 자체의 체결력을 높인다. • 사출 압력과 사출 속도를 낮춘다
주입부족 (short shot)	용융수지가 금형 공동을 완전히 채우기 전에 고화되어 발생하는 결함	• 성형(사출)압력을 높인다. • 사출속도를 빠르게 하고 사출량을 증가시킨다. • 사출 용량이 큰 성형기를 사용한다. • 수지온도나 금형온도를 높인다. • 런너(Runner)의 단면적을 키운다. • 게이트(Gate) 길이를 짧게 하고 폭이나 두께 또는 직경을 크게 한다. • 유동성이 나쁜 수지는 게이트를 여러 개 둔다.
수 축 (shrinkage)	수지가 금형공동에서 냉각되는 동안 발생하는 수축에 의한 **치수 변화현상** (형상변화×)	• 성형수지의 온도를 낮춰 해결될 수 있다. • 게이트의 크기를 크게 한다.
용접선 (weld line)	용융수지가 금형공동의 코어 등의 주위를 흐르면서 반대편에서 서로 만나는 경계 부분의 기계적 성질이 떨어지는 결함	• 게이트를 추가하거나 위치변경을 한다. • 러너, 게이트를 크게 한다. • 수지온도나 금형온도를 높인다. • 사출속도를 빠르게 한다.
흑 줄 (Black streak)	성형물에 흑갈색의 흐름 모양이 나타나는 현상	• 기존 수지가 체류되지 않도록 매니폴드의 구조를 변경한다. • 실린더내의 체류시간을 적게 하거나, 사출속도를 느리게 한다. • 호퍼부의 냉각수양을 늘린다.
은 줄 (Silver Streak)	재류의 유동방향으로 은백색의 줄이 생기는 현상	• 수지와 금형을 완전히 건조시킨다. • 사출압을 낮추고 속도를 느리게 한다. • 수지온도 내리고 금형온도를 높인다.
제 팅 (jetting)	게이트에서 캐비티에 분사된 수지가 끈 모양의 형태로 고화해서 성형품이 표면에 꾸불꾸불한 모양을 나타내는 현상	• 사출 속도 또는 사출 구배를 감소시킨다. • 게이트 인접 부위에 라운드를 설치한다. • Gate 부근 통과시 수지의 사출 속도를 낮춘다. • 코어핀(Core Pin)을 Gate 앞에 설치한다.
싱크 마크 (Sink Mark)	제품의 두꺼운 부분이나 리브(Rib), 보스(Boss) 등의 외측면이 불충분한 냉각에 의해 안쪽으로 빨려 들어오는 현상	• 사출압을 증가시키고 유지시간을 길게한다. • 적절한 쿠션량을 유지한다. • 게이트, 러너의 크기를 크게 한다. • 리브 부분이 충분히 냉각될 수 있도록 한다.
휨(변형) (Warpage)	성형된 제품이 불균일수축차등에 의해 뒤틀어진 현상	• 사출압력 및 금형온도를 내리고, 냉각시간을 늘린다. • 냉각 교정시 냉각지그(JIG) 사용한다.

정답 20 ③

기계일반

2015년 4월 18일 시행
국가직 9급

01 구조용 강의 인장시험에 의한 공칭 응력-변형률 선도(stressstrain diagram)에 대한 설명으로 옳지 않은 것은?

① 비례한도(proportional limit)까지는 응력과 변형률이 정비례의 관계를 유지한다.
② 탄성한도(elastic limit)에 이를 때까지는 하중을 제거하면, 시험편이 최초의 변형이 없는 상태로 돌아간다.
③ 항복점(yield point)에서는 하중이 증가하더라도 시험편의 변형이 일어나지 않는다.
④ 극한응력(ultimate stress)은 선도 상에서의 최대 응력이다.

해설 항복점은 하중이 증가하지 않더라도 변형이 계속해서 갑자기 증가하는 점이다.

보충 연강의 공칭응력-변형률 선도(2018년도 12번 문제 참조)

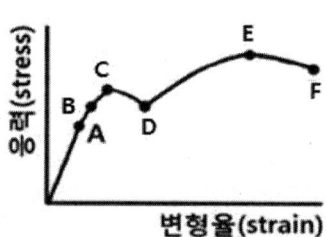

A : 비례한도
B : 탄성한도
C : 상항복강도(항복점)
D : 하항복강도
E : 인장강도(극한응력)
F : 파괴점(파단강도)

02 금속의 접촉부를 상온 또는 가열한 상태에서 압력을 가하여 결합시키는 용접은?

① 가스 용접   ② 아크 용접
③ 전자빔 용접 ④ 저항 용접

해설 용접의 종류

구 분	내 용
가스용접	• 접합할 두 모재를 가스 불꽃으로 가열하여 용융시키고, 여기에 모재와 거의 같은 성분의 금속(용접봉)을 녹여 접합시키는 방법

아크용접	• 전력을 아크로 바꾸어 그 열로 용접부와 용접봉을 녹여 용접하는 방법
전자빔용접	• 진공속에서 높은 전압으로 가속시켜 고속 전자 빔을 모재에 충돌시켰을 때 생기는 열에너지로 모재를 녹여 접합하는 방법
(전기)저항용접	• 접합하려는 두 개의 모재를 접촉시켜 전류를 통하면 **접촉부에는 전기 저항으로 열이 발생**하는데, 이 열로 모재의 일부가 용융되거나 용융상태에 가깝게 되었을 때 압력을 가해 접합하는 방법
일렉트로 슬래그 용접	• 용제를 아크로 녹여서 슬래그로 만들고, 용융된 슬래그에 넣은 와이어에서 모재로 전류를 흐르게 하고, 이때 발생하는 저항열로 와이어와 모재를 녹여 접합하는 방법

03 평벨트에 비해 V벨트 전동장치에 대한 특징으로 옳지 않은 것은?

① 미끄럼이 적고 속도비가 보통 크다.
② 운전이 정숙하고 충격을 잘 흡수한다.
③ 바로걸기와 엇걸기에 사용한다.
④ 작은 장력으로 큰 동력을 전달할 수 있다.

 해설
평벨트전동에서 벨트를 거는 방법에는 바로걸기와 엇걸기 방법이 있다.

보충 V벨트 전동장치의 특징
- 속도비는 1 : 7이다.
- 미끄럼이 적고, 전동회전비가 크다.
- 수명이 길다.
- 운전이 조용하고, 진동, 충격흡수가 크다.
- 축간 거리가 짧은데 사용된다(5M 이하).

04 단면적 500mm², 길이 100mm의 봉에 50kN의 길이 방향 하중이 작용했을 때, 탄성영역에서 늘어난 길이는 2mm이다. 이 재료의 탄성계수는?

① 5GPa   ② 2GPa
③ 5MPa   ④ 2MPa

 해설
L = 100mm, ΔL = 2mm, P = 50kN, A = 500mm²
σ = P/A = Eε, ε = ΔL/L = 0.02, σ = P/A = 100kN/mm²
(σ : 응력, E : 탄성계수, ε : 길이변형률, P: 하중, A : 단면적)
E = (100kN/mm²)/0.02 = 5,000kN/mm² = 5,000,000N/0.001mm² = 5,000,000,000N/m² = 5GPa

정답 03 ③ 04 ①

보충 메가파스칼과 기가파스칼

1 기가파스칼(GPa) = 1,000메가파스칼(MPa) = 1,000,000,000N/m²

05 재료의 경도 측정에 사용되는 시험법과 그 시험에서 사용하는 압입자 및 측정하는 값을 나타낸 것 중 옳지 않은 것은?

① Brinell 경도 : 강구(steel ball), 압입자국의 깊이
② Vickers 경도 : 다이아몬드 피라미드, 압입자국의 대각선길이
③ Shore 경도 : 다이아몬드 추, 반발되는 높이
④ Rockwell C 경도 : 다이아몬드 콘(cone), 압입자국의 깊이

 해설

브리넬(Brinell) 경도 : 강구(steel ball), 압입자국의 크기

06 ㉠, ㉡에 들어갈 말을 올바르게 짝지은 것은?

> 강에서 ㉠ 이라 함은 변태점 온도 이상으로 가열한 후 물 또는 기름과 같은 냉각제 속에 넣어 급랭시키는 열처리를 말하며, 일반적으로 강은 급랭시키면 ㉡ 조직이 된다.

	㉠	㉡
①	어닐링(annealing)	마르텐사이트(martensite)
②	퀜칭(quenching)	마르텐사이트(martensite)
③	어닐링(annealing)	오스테나이트(austenite)
④	퀜칭(quenching)	오스테나이트(austenite)

 해설

담금질을 퀜칭(quenching)이라고 하고, 강을 급냉시키면, 마르텐사이트(martensite)조직이 된다.

 보충 강의 열처리

종류	내용
담금질 (퀜칭)	강을 일정한 온도이상으로 가열하고, 그 온도에서 충분히 시간을 유지한 다음, 물 또는 기름 등에 담가 급랭시키는 열처리
뜨임 (탬퍼링)	담금질된 강을 변태점이하로 가열한 후 냉각시켜 담금질로 인한 취성을 제거하고, 경도를 떨어뜨려 강인성을 증가시키기 위한 열처리

불 림 (노멀라이징)	재료를 가열한 후 일정시간을 유지하여 균일한 결정조직으로 만든 다음, 공기중에서 냉각시켜 기계적 성질을 향상시키는 열처리
풀 림 (어닐링)	냉간가공 또는 열처리로 인해 경화된 재료에 대하여 연성 증가, 경도 및 강도 저감, 잔류응력 해소, 특정한 미세구조의 형성을 목적으로, 재료를 일정한 온도이상으로 가열하고, 그 온도로 일정하게 유지한 다음, 노안에서 서서히 냉각시키거나 공기중에서 냉각시키는 열처리

07 미끄럼 베어링과 구름 베어링의 특성을 비교한 설명으로 옳지 않은 것은?

	미끄럼 베어링	구름 베어링
①	자체 제작하는 경우가 많음	표준형 양산품임
②	강성이 작음	강성이 큼
③	진동 및 소음이 적음	진동 및 소음이 발생하기 쉬움
④	저속회전에 적합	고속회전에 적합

 해설 미끄럼 베어링과 구름베어링의 비교

구 분	미끄럼(sliding) 베어링	구름(rolling) 베어링
규격성	• 자체 제작하는 경우가 많음	• 표준형 양산품임
강 성	• 강성이 작음	• 강성이 큼
진동 및 소음	• 진동 및 소음이 적음	• 진동 및 소음이 발생하기 쉬움
회전속도	• 고속회전에 적합	• 저속회전에 적합
크 기	• 소형화가 어려움	• 소형화가 가능
설치 및 조립	• 설치와 조립이 간단	• 설치와 조립이 어려움
윤활장치	• 윤활장치가 필요	• 그리스 윤활로 충분하므로 거의 윤활장치가 불필요
마 찰	• 유체마찰이며, 마찰계수가 큼 • 시동시 마찰저항이 크고 동력손실이 많음	• 구름마찰이며, 마찰계수가 작음 • 시동시 마찰저항이 적고, 동력이 절약됨
하 중	• 추력하중을 받기 곤란 • 충격이나 큰하중에 적합	• 추력하중을 용이하기 받음 • 충격이나 큰하중에 약함

08 원형축에 비틀림 모멘트를 가했을 경우에 축의 비틀림 각에 대한 설명으로 옳은 것은?

① 축 재질의 전단탄성계수 값이 작을수록 비틀림 각은 감소한다.
② 축 길이가 증가할수록 비틀림 각은 감소한다.
③ 단면 극관성모멘트값이 클수록 비틀림 각은 감소한다.
④ 축 지름이 작을수록 비틀림 각은 감소한다.

정답 07 ④ 08 ③

해설

비틀림각$(\phi) = \dfrac{TL}{JG} = \dfrac{32}{\pi d^4} \times \dfrac{TL}{G}$

(T : 비틀림 모멘트, L : 축 길이, J : 단면극관성모멘트, G : 전단탄성계수, d : 축의 지름)
① 축 재질의 전단탄성계수 값이 작을수록 비틀림 각은 <u>증가한다</u>.
② 축 길이가 증가할수록 비틀림 각은 <u>증가한다</u>.
④ 축 지름이 작을수록 비틀림 각은 <u>증가한다</u>.

09 하중을 들어 올릴 때 효율이 30%이고 피치가 4mm인 1줄 나사를 40N·mm의 토크로 회전시킬 때, 나사에 작용하는 축방향의 하중[N]은?(단, π는 3으로 계산한다)

① 18 ② 19 ③ 20 ④ 21

해설

나사의 효율$(n) = \dfrac{Qp}{2\pi T}$, $0.3 = \dfrac{Q \times 4mm}{2 \times 3 \times 40N \cdot mm}$, $Q = 18N$

(Q : 축방향의 하중, p : 피치, T : 토크)

10 밀링가공에서 밀링커터의 날(tooth)당 이송 0.2mm/tooth, 회전당이송 0.4mm/rev, 커터의 날 2개, 커터의 회전속도 500rpm일 때, 테이블의 분당 이송 속도[mm/min]는?

① 100 ② 200
③ 400 ④ 800

해설

테이블의 분당 이송 속도(f) = 날(tooth)당 이송(fz) × 날수(Z) × 커터의 회전속도(N)
= 0.2mm/tooth × 2 × 500 rpm = 200

11 드릴링머신 가공에서 접시머리나사의 머리가 들어갈 부분을 원추형으로 가공하는 작업으로 옳은 것은?

① 리밍(reaming)
② 카운터보링(counterboring)
③ 카운터싱킹(countersinking)
④ 스폿페이싱(spotfacing)

해설 드릴작업의 종류

종 류	내 용
리 밍	• 드릴을 사용하여 뚫은 구멍의 내면을 리머로 다듬어 치수정확도와 표면정도를 향상시키는 작업
카운터보링	• 볼트의 머리가 일감속에 묻히도록 깊게 스폿페이싱하는 작업
카운터싱킹	• **접시머리나사의 머리가 들어갈 부분을 원추형으로 가공하는 작업**
스폿페이싱	• 볼트 머리나 너트 등이 닿는 부분을 평탄하게 가공하는 작업
드릴링	• 드릴을 사용하여 구멍을 뚫는 작업
태 핑	• 드릴을 사용하여 뚫은 구멍의 내면에 탭을 사용하여 암나사를 가공하는 작업
보 링	• 드릴을 사용하여 뚫은 구멍이나 이미 만들어져 있는 구멍을 넓히는 작업

12 소성가공법에 대한 설명으로 옳지 않은 것은?

① 압출 : 상온 또는 가열된 금속을 용기 내의 다이를 통해 밀어내어 봉이나 관 등을 만드는 가공법
② 인발 : 금속 봉이나 관 등을 다이를 통해 축방향으로 잡아당겨 지름을 줄이는 가공법
③ 압연 : 열간 혹은 냉간에서 금속을 회전하는 두 개의 롤러사이를 통과시켜 두께나 지름을 줄이는 가공법
④ 전조 : 형을 사용하여 판상의 금속 재료를 굽혀 원하는 형상으로 변형시키는 가공법

 해설 단조와 전조

종 류	내 용
단 조	• 가공하려는 재료(소재를 일정온도이상으로 가열하여 연하게 되었을 때 해머등으로 압력을 가해 원하는 모양이나 크기로 가공하는 방법 • 자유단조 : 도구를 사용하여 앤빌(받침대)위에 놓인 재료에 타격을 가해 만드는 작업(특정한 금형을 사용하지 않고 성형하는 것으로 형 단조와 구분) • **형단조 : 형을 사용하여 판상의 금속 재료를 굽혀 원하는 형상으로 변형시키는 가공**
전 조	• 둥근 소재를 다이사이에 넣고 회전시키면서 눌러 소재의 바깥쪽을 필요한 모양으로 만드는 가공

13 피치원 지름 D, 기어잇수 Z, 공구압력각 α인 평기어의 기초원 피치로 옳은 것은?

① $\dfrac{\pi D}{Z}\sin\alpha$
② $\dfrac{\pi D}{Z}\cos\alpha$
③ $\dfrac{Z}{\pi D}\sin\alpha$
④ $\dfrac{\pi D^2}{Z}\cos\alpha$

정답 12 ④ 13 ②

해설

평기어의 기초원 피치(법선피치) : 인벌루트 기어의 특정 단면에서 측정한 기어의 피치로, 기초원의 둘레를 잇수로 나눈 값 ($\frac{\pi D_a}{Z}$)이다.

기초원의 지름(D_a) = $D\cos\alpha$ 이므로

기초원의 피치(p_n) = $\frac{\pi D_a}{Z} = \frac{\pi D}{Z}\cos\alpha = p\cos\alpha$

보충 주요 기어 공식

원주 피치 (p) : 피치원의 둘레를 잇수로 나눈 값 = $\frac{\pi D}{Z}$

기초원의 피치(p_n) = $\frac{\pi D_a}{Z} = \frac{\pi D}{Z}\cos\alpha$

피치원의 지름(D) = 모듈(m) × 기어잇수(Z)

모듈(m) = $\frac{D}{Z} = \frac{p}{\pi}$

---

14 금속표면에 구슬 알갱이를 고속으로 발사해 냉간가공의 효과를 얻고, 표면층에 압축 잔류응력을 부여하여 금속부품의 피로수명을 향상시키는 방법은?

① 숏피닝(shot peening)
② 샌드블라스팅(sand blasting)
③ 텀블링(tumbling)
④ 초음파세척(ultrasonic cleaning)

해설

금속표면에 구슬 알갱이를 고속으로 발사해 냉간가공의 효과를 얻고, 표면층에 압축 잔류응력을 부여하여 금속부품의 피로수명을 향상시키는 방법은 숏피닝(shot peening)방법이다.

② 규사 등 모래를 분사시키거나, 고속 회전하는 임펠러로 공작물 표면에 투사하여 산화물 스케일이나 녹 등을 제거하는 방법이다.
③ 상자 속에 주조품이나 단조품을 넣고 회전시켜 정밀 가공이 목적이 아닌 핀 및 기타 불필요한 돌기를 제거하는 가공법이다.
④ 초음파 진동을 하는 초음파 공구와 공작물 사이에 경질 입자가 혼합된 가공액을 넣고, 초음파 진동으로 경질 입자를 공작물에 충돌시켜 가공하는 방법이다.

---

15 냉간가공과 열간가공에 대한 설명으로 옳지 않은 것은?

① 냉간가공을 하면 가공면이 깨끗하고 정확한 치수 가공이 가능하다.
② 재결정온도 이상에서의 가공을 열간가공이라 한다.

③ 열간가공은 소재의 변형저항이 적어 소성가공이 용이하다.
④ 냉간가공은 열간가공보다 표면산화물의 발생이 많다.

 해설 냉간가공과 열간가공

구 분	냉간가공	열간가공
의 의	• 재결정온도 이하에서의 가공	• 재결정온도 이상에서의 가공
장 점	• 가공면이 아름답고, 치수가 정밀하다. • 가열하지 않기 때문에 표면에 스케일(철의 산화물)이 발생하지 않는다.	• 소재의 변형저항이 적어 소성가공이 용이하다. • 가공도를 크게 할 수 있다.
단 점	• 가공경화로 강도가 증가하므로 가공도는 떨어진다.	• 가공면이 거칠다. • 표면에 산화물이 많이 생기기 때문에 품질의 균일성이 떨어진다.

16
M은 질량, L은 길이, T는 시간이라고 할 때, 점성계수의 차원은?

① $ML^{-1}T^{-2}$ ② $ML^{-1}T^{-1}$
③ MLT^{-1} ④ $M^{-1}L^{-1}T^{-2}$

 해설
① 체적탄성계수, ② 점성계수, ③ 운동량

 참고 주요물리량의 차원(M : 질량, L : 길이, T : 시간, F : 힘)

구 분	방정식	MLT계	LFT계
길 이	l	L	L
면 적	$A = l^2$	L^2	L^2
부 피	$V = l^3$	L^3	L^3
속 도	$V = d/t$	LT^{-1}	LT^{-1}
가속도	$\alpha = V/t$	LT^{-2}	LT^{-2}
동점성계수	$\nu = \mu/\rho$	L^2T^{-1}	L^2T^{-1}
각속도	$\omega = d\theta/dt$	T^{-1}	T^{-1}
각가속도	$\alpha\theta = d\omega/dt$	T^{-2}	T^{-2}
질 량	m	M	$FL^{-1}T^{-2}$
밀 도	$\rho = m/V$	ML^{-3}	$FL^{-4}T^2$
표면장력	$T = F/l$	MT^{-2}	FL^{-1}
점성계수	$\mu = \tau(dl/dt)$	$ML^{-1}T^{-1}$	$FL^{-2}T^1$
운동량	$M = mv$	MLT^{-1}	FT
힘	$F = m\alpha$	MLT^{-2}	F

정답 16 ②

17 버니어 캘리퍼스의 길이 측정이 그림과 같을 때 측정값[mm]은?(단, 아들자는 39mm 를 20등분한 것이다)

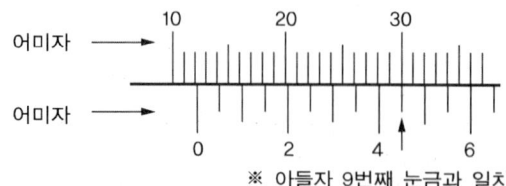

※ 아들자 9번째 눈금과 일치

① 12.20
② 12.30
③ 12.45
④ 12.90

 해설 버니어 캘리퍼스 읽는법

1. 아들자의 0점 눈금에서의 어미자 눈금의 mm 단위를 읽는다. 그림과 같이 어미자의 12mm와 13mm 사이에 아들자의 0눈금이 있으므로 12mm로 읽는다.
2. 어미자와 아들자의 눈금이 일치하는 위치에서 1mm 이하의 값을 읽는다. 그림에서 보면 정확하게 어미자와 아들자가 가장 일치하는 위치는 어미자의 30과 아들자 4와 5사이이다. 따라서, 0.45mm로 읽는다.
3. 위에서 읽은 두 값을 더하면 측정값이 된다. 12 + 0.45 = 12.45mm이다.

18 내연기관에서 도시열효율, 이론열효율, 제동(순)열효율 사이의 관계로 옳은 것은?
① 이론열효율 < 도시열효율 < 제동(순)열효율
② 제동(순)열효율 < 이론열효율 < 도시열효율
③ 제동(순)열효율 < 도시열효율 < 이론열효율
④ 도시열효율 < 이론열효율 < 제동(순)열효율

 해설 열효율의 순서(큰 것부터 아래로)

구 분	내 용
이론열효율	AW로서 사이클 과정에 전혀 손실이 없다고 가정하고 피스톤이 하는 일량을 AW_{th} 라 하면, 이때의 열효율을 이론열효율이라 한다.
열효율	일반적으로 열기관은 형식에 관계없이 1사이클 마다 고온체에서 Q_1 만큼의 공급열량을 받아 Q_2 만큼의 열량을 저온체에 방출하여 그 사이에 $AW = Q_1 - Q_2$의 일을 한다. 공급 열량 Q_1 에 대한 일량 AW와의 비를 열효율 이라 한다.
도시열효율	실제로는 사이클 도중에 열손실이 발생하며, 이 때의 일량은 AW_{th} 보다 적은 AW_i가 된다. 여기서 W_i는 실린더 내에서 피스톤에 가해지는 일량을 말하며, 이때의 열효율을 도시 열효율이라고 한다.
제동열효율(정미열효율)	피스톤이 하는 일은 피스톤과 크랭크축, 그 밖의 마찰손실과 기어구동의 손실, 보조기구 구동마력 등으로 그 일부가 소비되어 실제로 이용되는 유효출력은 도시열효율보다 떨어지는데 이때의 열효율을 제동열효율이라고 한다.

19 기계 및 구조물의 1자유도계 선형(linear)진동과 관련된 설명으로 옳지 않은 것은?

① 질량이 증가할 때 고유진동수는 감소한다.
② 강성이 증가할 때 고유진동수는 증가한다.
③ 감쇠가 존재하면 공진에서 변위가 무한대로 되지 않는다.
④ 가진력이 클수록 고유진동수는 증가한다.

해설

①, ② 고유진동수 = $\sqrt{\dfrac{강성(K)}{질량(M)}}$

③ 공진이란 외력의 주파수와 진동계의 고유진동수가 일치하는 경우에는 강제진동이 거의 무한대로 커지는 현상을 말하며, 공진을 피하는 방법은 감쇠재(damping material) 혹은 감쇠장치를 물체에 부착하는 것이다. 감쇠재나 감쇠장치를 부착하면 물체의 고유진동수를 변경시켜 공진을 예방할 수 있기 때문이다.
④ 가진력(외력)이 클수록 강제진동수가 증가한다.

보충 강제진동과 고유진동

모든 물체는 고유한 진동 특성인 고유진동수, 고유모드 및 감쇠비를 지니고 있다. 그리고 외력(란)은 시간에 따라 그 크기가 현저하게 변할뿐더러 무한 개수의 주파수를 가진 진동파들의 합성으로 이루어져 있다. 물체가 외부로부터 외력을 받아 진동하는 것을 강제진동이라고 하고 외력없이 자발적으로 진동할 수 있는 고유 특성을 고유진동(자유진동)이라고 한다.

20 회로의 압력이 설정치 이상이 되면 밸브가 열려 설정 압력 이상으로 증가하는 것을 방지하는 데 사용되는 유압밸브의 기호는?

①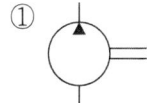
②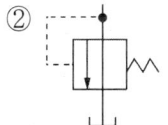
③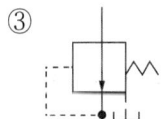
④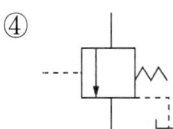

해설

릴리프밸브에 대한 설명이다.
① 유압펌프 ② 릴리프밸브 ③ 감압밸브 ④ 시퀀스밸브

2014년 4월 19일 시행
국가직 9급

01 강에 크롬(Cr)을 첨가하는 목적으로 옳지 않은 것은?
① 내식성 증가
② 내열성 증가
③ 강도 및 경도 증가
④ 자기적 성질 증가

해설 크롬(Cr)과 규소(실리콘: Si)

원소명	효 과
크롬(Cr)	• 경도, 인장강도 증가 • 내식성, 내열성, 내마멸성 증가 • 열처리를 용이
규소(실리콘: Si)	• 강도, 내식성, 내열성 증가 • 자기적 성질 증가

02 서브머지드 아크용접에 대한 설명으로 옳지 않은 것은?
① 용접부가 곡선 형상일 때 주로 사용한다.
② 아크가 용제 속에서 발생하여 보이지 않는다.
③ 용접봉의 공급과 이송 등을 자동화한 자동용접법이다.
④ 복사열과 연기가 많이 발생하지 않는다.

해설 서브머지드 용접은 직선에 주로 사용되며 용접부가 곡선이거나 복잡한 용접선이라든가 필릿 용접이 많이 쓰이는 구조물의 용접에는 사용이 어렵다.

보충 주요 용접의 유형

유형	방법	특징
서브머지드 용접	• 용접선에 뿌려진 용제 속에서 아크를 발생시켜 이 열로 모재와 와이어를 용융시켜 용접하는 방법	• 용접부는 외부 공기층과 완전히 차단되어 복사열이나 연기가 많이 나지 않는다. • 아크를 용제속에서 발생시키므로 보이지 않는다 (잠호용접) • 지름이 큰 와이어를 사용하므로 대전류가 흘러 용입이 깊다.

01 ④ 02 ① 정답

			• 용접속도가 빠르다. • 용착금속의 품질도 양호하다.
불활성 용접		• 모재와 전극봉 사이의 아크를 발생시키고, 그 주위에 아르곤, 헬륨 등의 불활성 가스를 분출시켜 용접하는 방법	• 불활성가스가 용접부를 포위하기 때문에 공기가 차단되어 아크가 안정되고 산화나 질화되는 일이 없다. • 변형이 적어 기계적 성질이 좋은 용접부를 얻을 수 있다. • 사용하는 가스가 비싸므로, 알루미늄, 구리, 구리합금 및 티탄합금 등 피복아크용접이 곤란한 용접에만 이용한다
이산화탄소 용접		• 이산화탄소 또는 이산화탄소와 혼합한 가스로 용접부를 둘러싸서 접합하는 방법	• 용융금속을 공기중의 질소로부터 보호하는 역할을 한다. • 가격이 저렴하여 경제적이다. • 아크가 고온이 되면 일산화탄소와 산소로 분해되어 용융금속을 산화시키거나 일산화탄소가 용착금속속에 남아 기공을 만드는 단점이 있다.
일렉트로 슬래그 용접		• 용제를 아크로 녹여서 슬래그를 만들고, 용융된 슬래그에 넣은 와이어에서 모재로 잔류를 흐르게 한 후, 이때 발생하는 저항열로 와이어와 모재를 녹여 접합하는 방법	• 두꺼운 판재를 세워서 용접하기 쉽다.
전자빔 용접		• 진공속에서 높은 전압으로 가속시켜 고속 전자빔을 모재에 충돌시켰을 때 생기는 열에너지로 모재를 녹여 접합하는 방법	• 용접폭이 좁고, 용입이 깊으며, 진공속에서 용접을 하므로 용접산화물이 없고, 용접변형도 적어 자동차 부품의 축이나 기어등의 용접에 쓰인다.
플라스마 용접		• 플라즈마를 이용하여 접합하는 용접	• 가종 재질의 용접이 가능하고, 발열량의 조절이 쉬우므로 아주 얇은 판도 접합할 수 있다.
전기저항 용접	• 스폿용접	• 두 개의 모재를 겹쳐 아래 전극위에 놓고 위 전극을 아래로 내려 모재에 접촉시켜 전류를 통해 접촉부의 온도가 용융상태에 가깝게 되었을 때 위 전극을 눌러 용접하는 방법	
	• 프로젝션 용접	• 모재의 한쪽에 돌기(프로젝션)을 만들고, 이것에 평평한 모재를 겹쳐서 놓고 전류를 통하여 용융온도에 가깝게 되었을 때, 위 전극에 힘을 가해 돌기를 용융시켜 접합하는 방법	
	• 심 용접	• 전극으로 롤러를 사용하며, 그 사이에 모재를 겹쳐놓고 전류를 통하여 연속적으로 가열, 가압하여 접합하는 방법	

03 운동용 나사 중 다음 조건을 충족시키는 것은?

○ 애크미(acme) 나사라고도 하며, 정밀가공이 용이하다.
○ 공작기계의 리드 스크류와 같이 정밀한 운동의 전달용으로 사용한다.

① 사각나사
② 톱나사
③ 사다리꼴나사
④ 둥근나사

 해설 운동용나사

종 류	내 용	특 징
사각나사	• 축방향의 큰 하중을 받는 운동에 적합하도록 나사산을 사각모양으로 만든 나사	• 가공이 어려워서 높은 정밀도를 요하는 부품에는 이용되지 않는다.
사다리꼴나사 (애크미나사)	• 사다리꼴 모양의 나사로 축방향의 힘이 전달되는 부품의 나사로 적합	• 가공이 쉽고 맞물림상태가 좋다. • 마멸이 되어도 어느정도 조정할 수 있으므로 공작기계의 리드 스크류와 같이 정밀한 운동의 전달용으로 사용한다.
톱니나사	• 톱니모양의 나사로, 힘을 한방향으로만 받는 부품에 이용되는 나사 • 힘을 받는 쪽에는 사각나사, 반대쪽에는 삼각나사를 깎아서 양나사의 장점을 구비한 나사	• 큰 힘을 전달하는 바이스, 압착기등의 이송나사에 널리 쓰인다.
둥근나사 (너클나사)	• 나사산과 골이 모두 둥근 나사	• 쇳가루, 먼지, 모래등이 많은 곳에 사용 • 진동이 심한부분에도 효과적
볼나사	• 수나사와 암나사의 나사산 사이에 여러 개의 볼을 넣어서 마찰을 적게하고, 백래시를 최소화한 나사	• 마찰계수가 적고, 운동전달이 가벼워 효율이 좋으므로, NC공작기계의 이송나사나 자동차의 조향장치등에 사용

 보충 백래시(Backlash)

기계에 쓰이는 나사, 톱니바퀴 등의 서로 맞물려 운동하는 기계 장치등에서 운동방향으로 일부러 만들어진 틈으로, 이 틈에 의해 나사와 톱니바퀴가 자유롭게 운동이 가능하다.

04 연삭가공에 대한 설명으로 옳지 않은 것은?

① 연삭입자는 불규칙한 형상을 가진다.
② 연삭입자는 깨짐성이 있어 가공면의 치수정확도가 떨어진다.
③ 연삭입자는 평균적으로 큰 음의 경사각을 가진다.
④ 경도가 크고 취성이 있는 공작물 가공에 적합하다.

해설
① 각 연삭입자는 불규칙한 형상을 하고 있으며 숫돌의 원주방향을 따라서 임의로 배열되어 있다.
② 연삭가공은 숫돌바퀴의 단단하고 미세한 연삭입자 하나하나가 각각 커터의 날과 같은 작용을 하므로 정밀도가 높은 다듬면을 얻을 수 있어, <u>가공면의 치수정확도가 높다.</u>
③ 연삭입자는 평균적으로 절삭공구에 비해 음의 경사각을 가지므로 절삭시 전단각이 작다.
④ 연삭입자는 알루미나(Al_2O_3) 또는 탄화규소(SiC)가 주로 사용되고 있으며, 경도가 크고 취성이 있는 공작물 가공에 적합하다.

05 기어와 치형 곡선에 대한 설명으로 옳은 것은?

① 사이클로이드 곡선은 기초원에 감은 실을 잡아당기면서 풀어나갈 때 실의 한 점이 그리는 곡선이다.
② 인벌류트 곡선은 기초원 위에 구름원을 굴렸을 때 구름원의 한 점이 그리는 곡선이다.
③ 물림률이 클수록 소음이 커진다.
④ 2개의 기어가 일정한 각속도비로 회전하려면 접촉점의 공통법선은 일정한 점을 통과해야 한다.

 해설
① 인벌류트곡선에 대한 설명이다.
② 사이클로이드곡선에 대한 설명이다.
③ 일반적으로 동시에 물리는 이가 많을수록, 즉 물림률이 클수록 소음은 줄어든다. 물림 압력각을 작게 하거나 높은 치형으로 하는 것이 효과적이다.
④ 까뮤(Camus)의 정리에 의하여 옳은 설명이 된다.

 보충 까뮤(Camus)의 정리
1. 기어가 물리는 점에서 수직으로 세운 공통법선은 피치점을 통과한다.
2. 각속도비(회전비)가 일정한 기어에 있어서 피치점의 궤적은 원이 되고, 양쪽 기어의 치형 접촉점의 접선에 수직인 공통법선은 반드시 이 피치점을 통과한다.

06 기준 치수에 대한 공차가 $\Phi 150^{+0.04}_{0}$mm인 구멍에, $\Phi 150^{+0.03}_{-0.08}$mm인 축을 조립할 때 해당되는 끼워맞춤의 종류는?

① 억지 끼워맞춤
② 중간 끼워맞춤
③ 헐거운 끼워맞춤
④ 아주 헐거운 끼워맞춤

 해설
구멍의 최대치수 : 150.04, 구멍의 최소치수 : 150.00,
축의 최대치수 : 150.03, 축의 최소치수 : 149.92
1. 최대틈새(또는 죔새)와 최소 틈새(또는 죔새)
   구멍의 최대치수 - 축의 최소치수 = 150.04 - 149.92 = +0.12mm : 틈새
   구멍의 최소치수 - 축의 최대치수 = 150.00 - 150.03 = -0.03mm : 죔새
2. 끼워맞춤의 종류

종류	의의
억지 끼워맞춤	항상 죔새가 있는 끼워맞춤
중간 끼워맞춤	실 치수에 따라 틈새도 될 수 있고 죔새도 될 수 있는 끼워맞춤
헐거운 끼워맞춤	항상 틈새가 있는 끼워맞춤

3. 실 치수에 따라 틈새도 될 수 있고 죔새도 될 수 있으므로 중간 끼워맞춤에 해당한다.

정답 05 ④ 06 ②

07 금형용 합금공구강의 KS 규격에 해당하는 것은?

① STD 11
② SC 360
③ SM 45C
④ SS 400

 해설 JIS규격과 KS규격의 표시

종류	JIS규격(일본공업규격)	KS규격
탄소공구강(STC 계)	SK로 표시	STC로 STC1~STC7로 구분
저합금공구강(STS 계)	SCK로 표시	STS로 표시
고합금공구강(STD 계)	SKD로 표시	STD로 표시

08 한 대의 컴퓨터가 여러 대의 공작기계를 단계별로 제어하는 방식으로 가장 적절한 것은?

① 컴퓨터지원 검사시스템(CAT)
② 직접수치제어(DNC)
③ 유연생산시스템(FMS)
④ 컴퓨터통합생산(CIM)

 해설 수치제어(NC)의 발달단계

종류	내용
NC	• 부호와 수치로 된 정보로 기계의 운전을 자동으로 제어하는 것을 수치제어(NC)라 하고, 공작기계 한대에 NC 장치가 한대씩 결합된 것을 말한다.
CNC	• 컴퓨터를 내장한 NC로 프로그램을 조정할 수 있어 오동작을 크게 줄일 수 있다. • 명령문과 데이터를 컴퓨터에 입력하여 지령하면 지시된 수치정보는 자동제어를 하면서 가공작업을 진행한다.
DNC	• 한 대의 컴퓨터가 여러 대의 공작기계를 단계별로 제어하는 방식이다.
FMS	• 필요할 때 필요한 제품을 유연성(또는 융통성) 있게 생산할 수 있는 시스템이다. • CNC공작기계와 산업용로봇, 자동반송시스템, 자동창고 등을 총괄하여 중앙의 컴퓨터로 제어하면서 소재의 공급에서부터 가공, 조립, 출고까지를 관리하는 생산 방식이다. • 공장시스템을 무인화 하여 생산관리의 효율을 최대한 높이는 유연성 있는 생산 시스템이다.
CIM	• 컴퓨터관리시스템에 의한 최적의 생산을 통하여 이익, 경쟁력 등을 극대화하려는 시스템이다. • 현장 상황을 피드백하여 제반 계획을 수정, 적용시킴으로써 발생되는 상황에 빠르게 대처할 수 있는 생산 방식이다.
CAT	• 제품 개발 과정에서 부품이나 제품의 각종 특성을 확인하거나 제조 공정에서 제품 검사를 할 때 컴퓨터를 이용하는 시스템이다.

09 드릴링 머신으로 가공할 수 있는 작업을 모두 고른 것은?

```
ㄱ. 리밍                  ㄴ. 브로칭
ㄷ. 보링                  ㄹ. 스폿 페이싱
ㅁ. 카운터 싱킹           ㅂ. 슬로팅
```

① ㄱ, ㄴ, ㄷ, ㅁ   ② ㄱ, ㄴ, ㄷ, ㄹ
③ ㄱ, ㄷ, ㄹ, ㅁ   ④ ㄱ, ㄷ, ㅁ, ㅂ

 해설

ㄴ. 브로칭은 브로치라는 공구를 사영하여 일감의 표면 또는 내면을 필요한 모양으로 절삭가공하는 작업이다.
ㅂ. 슬로팅은 슬로팅머신(슬로터)을 사용하여 내면에 홈등을 절삭하는 작업이다.

 참고 드릴링 머신으로 가공할 수 있는 작업

종류	내용
드릴링	• 드릴을 사용하여 구멍을 뚫는 작업
리밍	• 뚫은 구멍의 내면을 리머로 다듬는 작업
태핑	• 뚫은 구멍의 내면에 탭을 사용하여 암나사를 가공하는 작업
보링	• 드릴을 사용하여 뚫은 구멍이나 이미 만들어져 있는 구멍을 넓히는 작업
스폿페이싱	• 너트 또는 볼트 머리와 접촉하는 면을 고르게 하기 위하여 깎는 작업
카운터 보링	• 볼트의 머리가 일감 속에 묻히도록 깊게 스폿페이싱을 하는 작업
카운터 싱킹	• 접시머리 나사의 머리부분을 묻히게하기 위하여 자리를 파는 작업

10 유압회로에서 사용되는 릴리프 밸브에 대한 설명으로 가장 적절한 것은?

① 유압회로의 압력을 제어한다.
② 유압회로의 흐름의 방향을 제어한다.
③ 유압회로의 유량을 제어한다.
④ 유압회로의 온도를 제어한다.

 해설 유압제어밸브의 기능(국가직 2011년 제 15번 문제 참조)

• 압력제어밸브(일의 크기를 제어) : 릴리프 밸브, 감압밸브, 시퀀스밸브, 무부하밸브, 브레이크밸브,
• 방향제어밸브(일의 방향을 제어) : 체크밸브(역류방지), 셔틀밸브, 감속밸브
• 유량제어밸브(일의 속도를 제어) : 니들밸브, 스로틀밸브(교축밸브), 스톱밸브

11 사형주조에 대한 설명으로 옳지 않은 것은?

① 소모성 주형을 사용한다.
② 모형으로 공동부를 만든다.
③ 모래 입자의 크기가 크면 통기도가 낮아진다.
④ 용탕의 점도가 온도에 민감할수록 유동성은 낮아진다.

해설
① 사형주조, 석고주형주조, 셸주조등은 소모성주형을 사용하고, 다이캐스팅, 원심주조는 영주형을 사용한다. 소모성 주형은 주물을 제거할 때 부숴야 하고, 영구주형은 대량의 주물을 생산하기 위해 계속해서 사용할 수 있다.
② 모형으로 공동부를 만들고, 응고되기 전에 용탕이 주형에 골고루, 특히 주 공동부(main cavity)에 흘러 들어가도록 해야 한다.
③ 모래입자의 크기가 크면 통기도가 좋아진다.
④ 점도가 온도에 민감할수록, 용탕의 표면장력이 높을수록 유동성은 낮아진다.

12 다음 그림의 마이크로미터 측정값에 가장 가까운 것은?

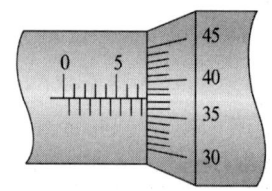

① 7.87
② 7.97
③ 37.87
④ 37.97

해설 마이크로미터 측정
1. 먼저 슬리브의 눈금을 읽는다. : 7.5
2. 심블의 눈금과 슬리브 눈금이 만나는 심블의 눈금을 읽는다. : 0.37
3. 두 값을 더하면 된다. : 측정값 = 7.5 + 0.37 = 7.87

13 상원사의 동종과 같이 고대부터 사용한 청동의 합금은?

① 철과 아연
② 철과 주석
③ 구리와 아연
④ 구리와 주석

해설
③ 황동(brass) : 구리(Cu) + 아연(Zn)
④ 청동(bronze) : 구리 + 주석

14 가스터빈에 대한 설명으로 옳지 않은 것은?

① 압축, 연소, 팽창, 냉각의 4과정으로 작동되는 외연기관이다.
② 실제 가스터빈은 개방 사이클이다.
③ 증기터빈에 비해 중량당의 동력이 크다.
④ 공기는 산소를 공급하고 냉각제의 역할을 한다.

해설
① 가스터빈의 열사이클은 압축·가열·팽창·방열의 과정으로 구성된다.
② 가스터빈은 개방사이클과 밀폐사이클로 구분되는데 실제 가스터빈은 개방사이클이다.
③ 가스터빈은 연소가 연속적으로 진행되기 때문에 증기터빈에 비해 중량당의 동력이 크다.
④ 공기는 연소의 3요소(가연물, 산소, 발화원)중 하나인 산소를 공급하고, 공기가 냉각제역할을 하는 공랭식이므로 따로 냉각수를 확보해야 하는 문제가 발생하지 않는다.

15 금속의 응고에 대한 설명으로 옳지 않은 것은?

① 용융 금속에 함유된 불순물은 결정립 경계에 주로 축적된다.
② 금속이 응고되면 일반적으로 다결정체를 형성한다.
③ 용융 금속이 급랭되면 결정립의 크기가 작아진다.
④ 결정립이 커질수록 강도와 경도가 증가한다.

해설
① 용융 금속에 함유된 불순물은 결정립 경계에 주로 축적된다. 이것을 이용한 고순도 재료를 만드는 방법으로 띠용융 응고법이란 정제법이 있다. 액체 속에 어떤 불순물이 녹아 있다고 할 때 이 불순물이 고체보다는 액체에 좀 더 많이 녹아 있는 경향이 있다고 하자. 이 때 한쪽 끝에서 응고가 진행되면, 응고과정에서 고체와 액체의 경계에서 불순물은 일부 액체 쪽으로 밀려나므로 새로이 응고된 고체 속에는 불순물의 농도가 원래 액체의 농도보다 낮아진다. 응고가 거의 끝까지 진행된다면 남아있는 액체 속의 불순물 농도는 매우 높게 될 것이다. 마지막으로 불순물의 농도가 높아진 곳을 버리게 되면 남아 있는 재료의 불순물 농도는 처음보다 줄어들 것이다. 이런 작업을 반복하면 재료 속의 불순물 농도를 계속 낮출 수 있다.
② 금속이 응고되면 체심입방격자, 면심입방격자, 조밀육방격자등의 다결정체를 형성한다.
③ 용융 금속이 급랭되면 결정립의 크기가 작아지고, 느리면 결정립이 크게 된다.
④ 결정립이 작으면 강도와 경도가 증가하고, 결정립이 크면 강도와 경도가 줄어든다.

보충 응고와 응고점 및 융해와 융융점
- 응고와 응고점 : 융액에서 고체로 되는 것을 응고라 하고, 이때의 온도를 응고점이라 한다.
- 융해와 용융점 : 금속이 고체에서 액체로 변화하는 것을 융해라 하고, 융해할 때의 온도를 용융점이라고 한다.

16. 초기 재료의 형태가 분말인 신속조형기술(RP)을 모두 고른 것은?

> ㄱ. 융착모델링(FDM)　　ㄴ. 선택적 레이저소결(SLS)
> ㄷ. 박판적층법(LOM)　　ㄹ. 3차원 인쇄(3DP)

① ㄱ, ㄷ　　　　　② ㄴ, ㄹ
③ ㄱ, ㄴ, ㄹ　　　④ ㄴ, ㄷ, ㄹ

해설 신속조형기술(RP, 쾌속조형기술)

3D 프린터 종류		특 징
분말기반방식	SLS	분말 기반, 선택적 레이저 소결 방식. 높은 정밀성과 다양한 원료 사용 등의 장점이 있음
	3DP	분말 분사 방식, 3차원 인쇄
	SHS	열가소성 분말 분사 방식, 파우더 소결형
	DMLS	직접 금속 레이저 소결 조형, 금속 파우더를 레이저로 소결하여 생산, 강도 높은 제작 가능
	EBM	전자빔 소결, 전자빔을 통해 금속파우더를 녹여 티타늄 소재의 고강도 제품 조형방식
액체가반방식	SLA	광경화성 액체 수지가 담긴 수조에 레이저를 투사하여 레이저가 닿는 부분을 굳게 하여 쌓는 방식으로 3D 프린팅 하는 방법
	DLP	액체 상태의 광경화성 수지에 조형하고자 하는 모양의 빛을 DLP에 투사하여 적층
고체기반방식	FDM	압출형, 융착모델링
	LOM	박판적층형, 디자인한 모델의 단면 모양대로 잘려진 점착성 종이, 플라스틱, 금속판 등을 접착한 채로 적층시키는 조형 방식

17. 미끄럼 베어링의 유체윤활에 대한 설명으로 옳지 않은 것은?

① 미끄럼 표면들이 윤활막으로 완전히 분리된 상태이다.
② 점도가 높아지면 마찰계수가 증가한다.
③ 베어링 면의 평균압력이 증가하면 마찰계수가 감소한다.
④ 회전속도가 증가하면 마찰계수가 감소한다.

해설
미끄럼 베어링은 저널과 베어링면 사이에 중간 매개물로서 윤활유가 유막을 형성하여 미끄럼 접촉하는 베어링으로, 유막의 압력으로 하중을 지지하는 베어링으로서 유체윤활로 마찰을 감소한다.
②, ③, ④ 페드로프식의 가정

$$\mu(\text{마찰계수}) = \frac{\pi^2}{30} \cdot \eta \frac{N}{p} \cdot \frac{\gamma}{\delta}$$

$\eta \frac{N}{p}$: 베어링계수, $\frac{\gamma}{\delta}$: 틈새비, η : 점도, p : 평균압력, N : 회전속도

④ 회전속도가 증가하면 마찰계수는 증가한다.

보충 유체윤활, 혼합윤활, 경계윤활

종류	내용
유체윤활	• 유체윤활은 접촉면이 윤활제에 의하여 완전히 분리된 경우를 말한다. • 접촉표면에 걸리는 하중은 모두 접촉면의 상대운동에 의해 발생되어지는 유압에 의하여 지지되게 된다. • 접촉 표면이 마모는 매우 작으며 마찰 손실도 오직 윤활막 내에서 이루어지게 된다. • 마찰계수는 0.002 – 0.01 범위이다.
혼합윤활	• 접촉표면의 돌기들의 간헐적인 접촉과 부분적인 유체윤활이 혼합되어 있는 윤활을 말한다. • 마찰 계수는 0.004 – 0.10 정도의 범위에 있다.
경계윤활	• 계속적이고 심한 표면 접촉이 일어나면서도 유활유는 접촉 표면에 계속하여 공급되어서 접촉 표면에 마찰과 마모를 감소시킬 수 있는 표면막을 형성하는 윤활을 말한다. • 마찰계수는 보통 0.05 – 0.20 범위에 있다.

18 탁상 스탠드의 구조를 단순화하여 다음과 같은 평면 기구를 얻었다. 이 기구의 자유도는?(단, 그림에서 ◦는 핀 절점이다)

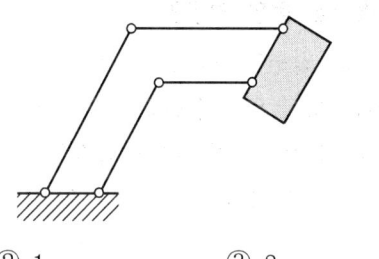

① 0   ② 1   ③ 2   ④ 3

 해설 쿠츠바하(Kutzbach) 공식

평면기구의 자유도 = $3(L-1) - 2J_1 - J_2$
(L : 링크 개수, J_1 : 자유도가 1인 조인트 개수, J_2 : 자유도가 2인 조인트의 개수)

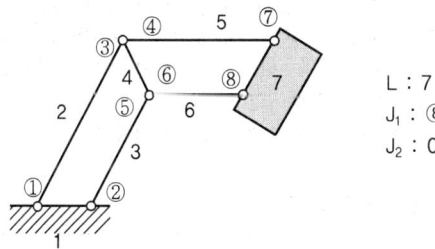

L : 7
J_1 : ⑧
J_2 : 0

평면기구의 자유도 = $3(L-1) - 2J_1 - J_2 = 3(7-1) - 2 \times 8 - 0 = 2$

19 베인 펌프에 대한 설명으로 옳은 것은?

① 회전자(rotor)의 회전에 의하여 유체를 송출하는 용적형 회전펌프이다.
② 실린더 내에서 유체를 가압하여 송출하는 용적형 왕복펌프이다.
③ 회전차(impeller)를 회전하여 발생하는 원심력으로 송출하는 터보형 원심펌프이다.
④ 송출량이 매우 커서 유체가 회전차의 축방향으로 유입되고 유출되는 터보형 축류펌프이다.

해설 펌프의 유형

종류		내용
용적형 펌프	회전형 펌프	• 베인펌프, 기어펌프, 스크류펌프, 나사펌프, 캠펌프
	왕복형 펌프	• 피스톤펌프, 플런져 펌프, 다이아프램펌프
터보형 펌프	축류식 펌프	• 축류펌프
	원심식 펌프	• 볼류트(와류형) 펌프, 터빈(디퓨져)펌프
	사류식 펌프	• 볼류트(와류형) 펌프, 터빈(디퓨져)펌프

20 압연가공에 대한 설명으로 옳은 것은?

① 윤활유는 압연하중과 압연토크를 증가시킨다.
② 마찰계수는 냉간가공보다 열간가공에서 작아진다.
③ 압연롤러와 공작물 사이의 마찰력은 중립점을 경계로 반대방향으로 작용한다.
④ 공작물이 자력으로 압입되기 위해서는 롤러의 마찰각이 접촉각보다 작아야 한다.

해설

① 윤활유는 압연하중 및 압연토크를 감소시킨다.
② 열간가공(마찰계수 : 0.2~0.577)이 냉간가공(마찰계수 : 0.02~0.3)보다 접촉면적이 넓고 접촉면적이 길어 접촉각이 크므로 마찰계수가 더 커진다.
③ 압연 작업이 이루어지려면 재료가 물려 들어가야 한다. 중립점을 중심으로 왼쪽에서는 롤의 속도가 들어오는 압연소재의 속도보다 빠른 마찰력이 오른 쪽으로 작용하고, 중립점의 오른쪽에서는 롤의 속도가 압연소재가 나가려는 속도보다 느린 마찰력이 왼쪽으로 작용하게 되어 마찰력의 방향이 서로 반대가 된다. 중립점의 왼편에 작용하는 마찰력이 오른편에 작용하는 마찰력보다 훨씬 크며, 이러한 마찰력의 차이로 압연 재료를 롤 사이에 끌어들여서 압연 작업이 이루어진다.
④ 공작물이 자력으로 압입되기 위해서는 롤러의 마찰각이 접촉각보다 커야 한다.

보충 접촉각 a와 마찰 계수 $\mu = \tan\theta$ (θ은 마찰각)의 관계

관계	내용
$\tan a < \mu = \tan\theta$인 경우	재료가 자력으로 압입되어 압연이 가능하다.
$\tan a = \mu = \tan\theta$인 경우	소재에 힘을 가하면 압연이 가능하다.
$\tan a > \mu = \tan\theta$인 경우	소재가 미끄러져 물려 들어가지 않아 압연이 불가능하게 된다.

기계일반

2013년 7월 27일 시행
국가직 9급

01 소성가공의 종류 중 압출가공에 대한 설명으로 옳은 것은?
① 소재를 용기에 넣고 높은 압력을 가하여 다이 구멍으로 통과시켜 형상을 만드는 가공법
② 소재를 일정 온도 이상으로 가열하고 해머 등으로 타격하여 모양이나 크기를 만드는 가공법
③ 원뿔형 다이 구멍으로 통과시킨 소재의 선단을 끌어당기는 방법으로 형상을 만드는 가공법
④ 회전하는 한 쌍의 롤 사이로 소재를 통과시켜 두께와 단면적을 감소시키고 길이 방향으로 늘리는 가공법

해설 ① 압출, ② 단조, ③ 인발, ④ 압연

02 금속의 인장시험의 기계적 성질에 대한 설명으로 옳지 않은 것은?
① 응력이 증가함에 따라 탄성 영역에 있던 재료가 항복을 시작하는 위치에 도달하게 된다.
② 탄력(resilience)은 탄성 범위 내에서 에너지를 흡수하거나 방출할 수 있는 재료의 능력을 나타낸다.
③ 연성은 파괴가 일어날 때까지의 소성변형의 정도이고 단면감소율로 나타낼 수 있다.
④ 인성(toughness)은 인장강도 전까지 에너지를 흡수할 수 있는 재료의 능력을 나타낸다.

해설 ① 응력이 증가함에 따라, 선형관계(탄성영역)에 있는 한 점이 재료가 항복을 시작하는 위치에 도달하게 된다
② 탄력(resilience)은 탄성 범위 내에서 에너지를 흡수하거나 방출할 수 있는 재료의 능력을 나타내고, 탄성은 힘을 제거하면 변형이 남지 않고 처음 상태로 돌아가는 성질을 말한다.
③ 연성은 파괴가 일어날 때까지의 소성변형의 정도이고 신장률이나 단면감소율로 나타낼 수 있다.
④ 인성(toughness)은 충격하중이 가해져 <u>재료가 파단되기 전까지의</u> 에너지를 흡수할 수 있는 재료의 능력을 말한다.

정답 01 ① 02 ④

03 길이 방향으로 여러 개의 날을 가진 절삭공구를 구멍에 관통시켜 공구의 형상으로 가공물을 절삭하는 가공법은?

① 밀링(milling) ② 보링(boring)
③ 브로칭(broaching) ④ 태핑(tapping)

 해설

① 밀링(milling)은 원판 또는 원통체의 외주면이나 단면에 다수의 절삭날을 가진 공구(커터)에 회전운동을 주어, 평면, 곡면등을 절삭하는 가공법이다.
② 보링(boring)은 뚫은 구멍이나 이미 만들어져 있는 구멍을 넓히는 작업으로, 공작물을 고정하여 이송운동을 하고, 보링공구를 회전시켜 절삭하는 방식이 주로 사용된다.
③ 여러 개의 절삭날이 길이방향으로 배치된 공구를 구멍에 관통시켜 일정한 단면형상의 공작물을 가공하는 방법을 브로칭(broaching)이라 한다.
④ 탭(tap)과 다이(die)는 나사산을 가공하는 공구이다. 탭은 너트와 같은 암나사를 가공하는데 사용되며 다이는 볼트와 같은 수나사를 가공하는데 사용되는 공구이다. 탭을 이용한 가공을 태핑(tapping)이라하고 다이를 이용한 가공을 쓰레딩 (threading) 이라 한다. 두 공구 모두 나사산을 청소하는데도 사용되며 이러한 공정을 체이싱 (chasing) 이라 한다.

04 강의 열처리 방법에 대한 설명을 순서대로 옳게 나열한 것은?

> 가. 강을 표준 상태로 하기 위하여 가공 조직의 균일화, 결정립의 미세화, 기계적 성질의 향상
> 나. 강 속에 있는 내부 응력을 완화시켜 강의 성질을 개선하는 것으로 노(爐)나 공기 중에서 서냉
> 다. 불안정한 조직을 재가열하여 원자들을 좀 더 안정적인 위치로 이동시킴으로써 인성을 증대
> 라. 재료를 단단하게 하기 위해 가열된 재료를 급랭하여 경도를 증가시켜서 내마멸성 향상

	가	나	다	라		가	나	다	라
①	뜨임	불림	담금질	풀림	②	불림	풀림	뜨임	담금질
③	불림	뜨임	풀림	담금질	④	뜨임	풀림	불림	담금질

 해설

가. 불림(노멀라이징), 나. 풀림, 다. 뜨임, 라. 담금질

05 박판성형가공법의 하나로 선반의 주축에 다이를 고정하고, 심압대로 소재를 밀어서 소재를 다이와 함께 회전시키면서 외측에서 롤러로 소재를 성형하는 가공법은?

① 스피닝(spinning) ② 벌징(bulging)
③ 비딩(beading) ④ 컬링(curling)

03 ③ 04 ② 05 ①

해설

① 스피닝(spining)은 선반의 주축과 같은 회전축에 다이(die)를 고정하고 그 다이에 소재를 심압대로 눌러 소재를 다이와 함께 회전시키면서 외측에서 롤러로 소재를 성형하는 가공법이다.
② 벌징(Bulging)은 원통형 부품의 내부에 고무 또는 유체를 이용하여 직경을 팽창시키는 가공법이다. 주전자, 드럼통, 주방용기 등에서 보여지는 주름이 벌징 작업으로 가공된 것이다.
③ 비딩(beading)은 비딩은 길고 좁은 엠보(자수를 새김)가 판재로 만들어진 부품이나 표면에 새겨지는 가공방법으로, 부품 표면의 강도를 증가시키는 데 주목적이 있다.
④ 컬링(curling)은 판 또는 용기의 가장자리부에 원형 단면의 테두리를 만드는 가공법이다.

06 제품의 시험검사에 대한 설명으로 옳지 않은 것은?

① 인장시험으로 항복점, 연신율, 단면감소율, 변형률을 알아낼 수 있다.
② 브리넬시험은 강구를 일정 하중으로 시험편의 표면에 압입시킨다. 경도 값은 압입자국의 표면적과 하중의 비로 표현한다.
③ 비파괴 검사에는 초음파 검사, 자분탐상 검사, 액체침투 검사 등이 있다.
④ 아이조드 충격시험은 양단이 단순 지지된 시편을 회전하는 해머로 노치를 파단시킨다.

 해설

① 인장시험은 재료의 기계적 특성을 알아내기 위한 가장 기본적인 시험으로, 재료가 당겨질 때 그 재료가 얼마나 강하며 얼마나 잘 늘어나는지를 알아보는 시험이다. 인장시험으로 항복점, 연신율, 단면감소율, 변형률, 탄성계수, 내력등을 알아낼수 있다.
② 경도실험

종류	방 법	비 고
브리넬	• 자국의 크기로 경도조사	• 경도 값 = $\dfrac{\text{하중}(P)}{\text{압입자국의 표면적}(A)} = \dfrac{P}{\pi Dh}$ D : 압입자의 직경, h : 압흔의 길이
비커스	• 자국의 대각선 길이로 조사	• 경도 값 = $\dfrac{\text{하중}(P)}{\text{압입자국의 표면적}(A)} = \dfrac{1.8544P}{d^2}$ d : 압흔지국의 대각선의 평균길이
로크웰	• 자국의 깊이로 조사	• $H_R B = 130 - 500h$(경질재료에 사용) • $H_R C = 100 - 500h$(연질재료에 사용)
쇼어	• 추를 일정한 높이에서 낙하시켜, 이 때 반발한 높이로 조사	$H_s = \dfrac{10{,}000}{65} \times \dfrac{h(\text{반발한 높이})}{h_o(\text{낙하 높이})}$

③ 비파괴 검사에는 초음파 검사, 자분탐상 검사, 액체침투 검사, 타진법, 방사선투과법 등이 있다.
④ 단순보상태에서의 샤르피식 충격시험에 해당한다. 아이조드 충격시험은 내다지보(돌출보) 상태에서 시편에 추를 가격하여 회전시 돌아가는 높이로 얻어지는 흡수 에너지를 시편 노치부의 단면적으로 나누어 주어 충격강도를 얻는 시험이다.

07 알루미늄 합금인 두랄루민은 기계적 성질이 탄소강과 비슷하며 무게를 중시하고 강도가 큰 것을 요구하는 항공기, 자동차, 유람선 등에 사용되는데, 두랄루민의 주요 성분은?

① Al – Cu – Ni
② Al – Cu – Cr
③ Al – Cu – Mg – Mn
④ Al – Si – Ni

 해설

알루미늄은 가볍고 가공하기 쉬운 금속 재료이기 때문에 이러한 장점을 살려서 여러 곳에 이용되는 금속이다. 하지만 강도와 경도가 높지 않아서 큰 힘이 작용하면 쉽게 변형되는 단점이 있다. 그래서 알루미늄의 단단하고 딱딱한 정도를 높여줄 다른 금속물질을 섞어서 합금의 형태로 많이 사용한다. 주로 구리, 망간, 마그네슘, 아연 등을 적당한 비율로 섞어서 합금으로 만들며, 자동차와 비행기 등에 사용되는 <u>두랄루민은 알루미늄(Al)에 구리(Cu), 아연(Zn)과 망간(Mn), 마그네슘(Mg) 등을 적당한 비율로 섞어서 만든다.</u>

08 인베스트먼트 주조법의 설명으로 옳지 않은 것은?

① 모형을 왁스로 만들어 로스트 왁스 주조법이라고도 한다.
② 생산성이 높은 경제적인 주조법이다.
③ 주물의 표면이 깨끗하고 치수 정밀도가 높다.
④ 복잡한 형상의 주조에 적합하다.

 해설 특수주조법

종류		내용
소모성주형	인베스트먼트 주조법	• 용융점이 낮은 왁스나 합성수지로 만들어 로스트 왁스 주조법이라고도 한다. • 주물의 표면이 깨끗하고 치수 정밀도가 높다. • 제트엔진이나 디젤엔진의 부품처럼 복잡한 형상의 공업제품이나 미술공예품 등 기계가공이 곤란한 제품의 주조에 많이 사용되므로, 생산성이 낮다.
	셸몰드 주조법	• 금속으로 만든 모형을 가열로에 넣고 가열한 다음, 모형위에 규사와 페놀계 수지를 배합한 가루를 뿌려 경화시켜 주형을 만든다. • 표면이 아름답고 치수정밀도가 좋다. • 공정의 자동화가 쉽고 대량생산에 적합하지만, • 수지의 가격과 모형제작비가 비싸지만 생산량의 증가에 따라 그 비중이 작아져 경제적일 수 있다.
영구성 주형	다이캐스팅 주조법	• 주물조직이 치밀하며 강도가 크다. • 주물표면이 아름답다. • 소형주물을 대량생산할 수 있다. • 마무리 공정이나 추가의 기계가공 등이 거의 필요하지 않다. • 비철금속(Al, Mg, Zn와 그 합금)의 주조에 사용된다. • 일반 주물에 비해 치수가 정밀하지만, 장치비용이 비싼 편이다.
	원심주조법	• 주형을 고속으로 회전시키면서 쇳물을 주입하여 원심력에 의하여 속이 빈 주물을 만드는 주조법이다. • 제조공정이 간편하고 생산성이 높다. • 주로 주철관, 주강관, 실린더 라이너, 포신 등을 만든다.

07 ③ 08 ②

09 강화플라스틱 재료에 대한 설명으로 옳지 않은 것은?

① 강화플라스틱은 분산상의 섬유와 플라스틱 모재로 구성되어 있다.
② 강화플라스틱에서 최대 강도는 인장력이 작용하는 방향에 수직으로 섬유가 배열될 때 얻어진다.
③ 강화플라스틱은 비강도 및 비강성이 높고 이방성이 크다.
④ 강화플라스틱은 섬유와 플라스틱 모재 간의 경계면에서 하중이 전달되기 때문에 두 재료의 접착력이 매우 중요하다.

 해설

① 두 종류이상의 재료를 조합하여 각 재료가 가지고 있지 않은 우수한 성질을 부여한 재료를 복합재료라고 하고, 강화플라스틱은 분산상의 섬유와 플라스틱 모재로 구성되어 있다.
② 최적의 강화 효과는 복합재료 전체에 걸리는 수직응력보다 섬유에 걸리는 응력이 월등히 높도록 하기 위해 섬유의 길이가 길어야 한다. 그 결과 섬유강화 복합재료는 일반적으로 압축하중과 재료의 면에 수직인 방향의 충격에 매우 취약하다는 단점이 있다. 즉, 강화플라스틱의 인장강도 비는 길이방향의 인장하중만을 지지할 수 있기 때문에 섬유정렬방향에서 최대가 되고 인장 하중이 강화섬유 길이방향의 수직방향으로 작용했을 때 최소가 된다.
③ 섬유강화 복합재료들은 기존의 금속재료들보다 강도(strength)와 강성(modulus)이 높다. 복합재료는 낮은 중량 때문에, 높은 비강도 (강도/중량)와 비강성(강성/중량)을 가지게 되며, 일반적으로 우수한 피로(fatigue) 특성을 가지고 있기 때문에, 무게를 줄여야 하는 우주항공 재료나 자동차의 재료로써 많이 사용되고 있다. 또한 이방성(일방향 섬유강화 복합재료: 모든 섬유가 한 방향으로 배열되어있는 상태)을 가진다. 대부분의 복합재료가 이방성이며, 콘크리트복합재료의 경우 등방성(모든 방향으로 동일한 성질을 가지는 복합재료)을 가진다.

 보충 기지상과 분산상(강화플라스틱 기준)

구 분		내 용
기지상 (연속상)	모재(matrix) : 플라스틱	• 불연속인 분산상을 감싸고 있는 연속상 • 상대적으로 약하고 낮은 탄성계수, 높은 연성 • 충격흡수기능을 가짐
분산상	강화재 : 섬유	• 입자형상을 가지며, 고온에서도 강도가 높아야 함. • 일반적으로 강하고 경하고 큰 취성을 가지며, 강도유지기능을 가짐

10 포정반응의 설명으로 옳은 것은?

① 냉각할 때 액상이 두 개의 고상으로 바뀌고, 가열할 때 역반응이 일어난다.
② 철탄화물계에서 냉각시 액상이 γ철과 시멘타이트로 바뀌는 반응이다.
③ 가열할 때 하나의 고상이 하나의 액상과 다른 하나의 고상으로 바뀌고, 냉각할 때 역반응이 일어난다.
④ 냉각할 때 고상이 서로 다른 두 개의 고상으로 바뀌고, 가열할 때 역반응이 일어난다.

정답 09 ② 10 ③

해설
① 공정반응으로, 4.3%C의 조성을 갖는 L(액상)이 1148℃의 일정한 온도에서 두 개의 고상인 2.08%C의 조성을 갖는 γ(오스테나이트)와 6.67%C의 시멘타이트로 변화하는 반응이다.
② 공정반응에 해당한다.
③ 포정반응은 2원계 합금의 상변태시 냉각과정에서 하나의 고상(α)와 하나의 액상(L)이 반응하여 새로운 고상이 정출되는 항온변태 반응(L + α = β)을 말한다. 이 반응은 가역적 반응이다. α상 주위에 β가 둘러싸는 듯한 조직이 생성하기 때문에 포정반응이라고 한다. 강에서는 1,395℃에서 L(액상) + δ(페라이트) → γ(오스테나이트)의 포정반응이 일어난다. <u>가열할 때는 하나의 고상이 하나의 액상과 다른 하나의 고상으로 바뀐다.</u>
④ 공석반응으로, 고상인 0.8%C의 조성을 갖는 γ(오스테나이트)가 723℃의 일정한 온도에서 0.02%C의 조성을 갖는 α(페라이트)와 6.67%C의 시멘타이트로 분해되는 반응이다.

11. 와이어 방전가공에 대한 설명으로 옳지 않은 것은?

① 가공액은 일반적으로 수용성 절삭유를 물에 희석하여 사용한다.
② 와이어 전극은 동, 황동 등이 사용되고 재사용이 가능하다.
③ 와이어는 일정한 장력을 걸어주어야 하는데 보통 와이어 파단력의 1/2정도로 한다.
④ 복잡하고 미세한 형상 가공이 용이하다.

해설
① 가공액(기름, 물, 황화유)은 수용성 절삭유를 반드시 물에 희석하여 사용하여야 한다.
② 방전가공은 <u>와이어전극의 소모현상을 이용한 것으로 와이어전극은 재사용이 불가능하다.</u>
③ 와이어는 방전충격력등에 의해 강제진동이 수반되므로 이를 극소화시키기 위하여 보통 와이어 파단력의 약1/2 정도의 변동이 없는 장력을 준다
④ 와이어방전가공의 장점 및 단점

장점	• 재료의 경도와 인성에 관계없이 전기도체면 가공이 용이하다. • 비접촉성으로 기계적인 힘이 가해지지 않는다. • 다듬질면은 방향성이 없고 균일하다. • 복잡한 표면형상이나 미세한 가공이 가능하다. • 가공표면의 열변질층 두께가 균일하며 마무리 가공이 쉽다. • 가공성이 높고 설계의 유연성이 크다.
단점	• 가공상의 전극소재에 제한이 있다. • 가공속도가 느리다. • 전극소모가 있으며, 화재발생에 유의해야 한다.

12. 디젤기관의 일반적인 특성에 대한 설명으로 옳은 것은?

① 공기와 연료를 혼합하여 동시에 공급한다.
② 전기점화 방식을 사용하여 연료를 착화한다.

③ 소음과 진동이 적어 조용한 운전이 가능하다.
④ 연료장치로 연료 분사 펌프와 노즐을 사용한다.

해설 가솔린 기관가 디젤기관 (2016년 문제17번 참조)

구 분	가솔린 기관	디젤기관
사용연료	휘발유(연료비가 비싸다)	경유, 중유
점화방법	전기점화	압축점화(분사착화)
연료공급	기화기에서 공기와 연료혼합	공기만 흡입후 연료분사
소음 및 진동	적다	매우 크다
기타	기화기와 점화 플러그를 사용한다.	연료 분사 펌프와 노즐을 사용한다.

13 길이가 L이고 스프링 상수가 k인 균일한 스프링이 있다. 이 스프링 길이의 2/3를 잘라 내고 남은 길이가 1/3인 스프링의 스프링 상수는 얼마인가?(단, 스프링에는 길이 방향 하중만 작용한다)

① k/3
② 2k/3
③ 3k/2
④ 3k

해설 Hooke의 법칙
$F = k\delta$ [k = 스프링상수, δ = 변형된 양(늘어난 길이)],
δ가 1/3이 되면, 스프링 상수는 3k가 된다.

14 국가의 산업 표준 기호를 바르게 연결한 것은?
① 미국 – ANSI
② 영국 – BN
③ 독일 – DIS
④ 일본 – JIN

해설 국가표준과 국제표준

구 분	내 용
국가표준	• 한국 – KS • 영국 – BS • 미국 – ANSI • 프랑스 – NF • 일본 – JIS • 독일 – DIN
국제표준	• 국제표준화기구(ISO)가 제정한 ISO 표준 • 국제전기기술위원회(IEC)가 제정한 IEC 표준 • 국제전기통신연합(ITU)가 제정한 ITU 표준

정답 13 ④ 14 ①

15 전기저항 용접법에서 겹치기 저항용접에 속하지 않는 것은?
① 점(spot) 용접
② 플래시(flash) 용접
③ 심(seam) 용접
④ 프로젝션(projection) 용접

 해설 저항용접(3대요소 : 가압력, 전류, 통전시간)

구 분	겹치기 저항 용접	맞대기 저항용접
의 의	피용접재를 서로 겹친 상태에서 가압, 통전하면서 저항발열로 용접하는 방법	금속의 선, 봉, 판의 단면을 서로 맞대고 용접하는 방법
종 류	• 스폿(점) 용접 • 프로젝션 용접 • 심 용접	• 업셋 용접 • **플래시 용접** • 맞대기 심 용접 • 충격(퍼커션) 용접

16 축압 브레이크의 일종으로, 회전축 방향에 힘을 가하여 회전을 제동하는 제동 장치는?
① 드럼 브레이크
② 밴드 브레이크
③ 블록 브레이크
④ 원판 브레이크

 해설 브레이크의 종류(구조에 따른 분류)

종 류	구 조
드럼 브레이크	회전하는 드럼의 안쪽에 있는 브레이크 슈를 캠이나 유압실린더를 이용하여 브레이크 드럼에 밀어붙여 제동하는 브레이크
밴드브레이크	브레이크 드럼주위에 강철밴드를 감아놓고 레버로 밴드를 잡아당겨 밴드와 브레이크 드럼사이에 마찰력을 발생시켜서 제동하는 브레이크
블록브레이크	회전축에 고정시킨 브레이크 드럼에 브레이크 블록을 눌러 그 마찰력으로 제동하는 브레이크
축압브레이크	마찰면을 **원판형(원판(디스크)브레이크) 또는 원뿔형(원뿔브레이크)**으로 하여, 나사와 레버등으로 회전축 방향에 힘을 가하여 축방향으로 밀어붙이는 형식의 브레이크
확장브레이크	2개의 브레이크 슈가 브레이크 드럼의 내측에 있고, 이것이 외측으로 확대되어 브레이크 드럼에 접촉하여 제동하도록 된 브레이크
자동하중 브레이크	하중에 의하여 정회전의 경우는 저항이 없고 역회전의 경우에 자동적으로 브레이크가 걸려 안전하도록 된 브레이크

17 기하공차를 표시하는 기호가 옳지 않은 것은?

① 진원도 - ⊕　　　　② 원통도 - /◊/

③ 평면도 - ▱　　　　④ 동심도 - ◎

해설　기하공차 기호의 종류

적용하는 모양	공차의 종류		기 호
단독 모양	모양 공차	진직도	—
		평면도	▱
		진원도	○
		원통도	/◊/
단독모양 또는 관련모양		선의 윤곽도	⌒
		면의 윤곽도	⌒
관련모양	자세공차	평행도	//
		직각도	⊥
		경사도	∠
	위치공차	위치도	⊕
		동축도 또는 동심도	◎
		대칭도	═
	흔들림 공차	원주 흔들림	↗
		온 흔들림	↗↗

18 응력집중 현상이 재료의 한계 강도를 초과하면 균열이 발생되어 파손을 초래하는 원인이 된다. 이러한 응력집중 현상에 대한 설명으로 옳지 않은 것은?

① 필릿의 반지름을 크게 하여 응력집중 현상을 감소시킨다.
② 노치, 구멍, 홈 및 단 부위에 응력집중 현상이 발생된다.
③ 응력집중 정도를 알아보기 위한 응력집중계수는 재료의 크기와 재질에 영향을 크게 받는다.
④ 단면 부분을 열처리하거나 표면거칠기를 향상시켜서 응력집중 현상을 감소시킨다.

정답　17 ①　18 ③

③ 응력집중계수는 (최대응력/평균응력)으로 나타내며, 형상과 하중방법과의 두가지 조건에서 결정되고, 기하적으로 서로 닮으면 재료의 크기와 재질등에 무관계하므로 형상계수(form factor)라고도 한다.

①, ④ 응력집중경감대책
1. 필릿부의 반지름을 되도록 크게 하거나, 테이퍼 부분을 될 수 있는 한 완만하게 한다.
2. 축 단부 가까이에 2~3단의 단부를 설치하여 응력의 흐름을 완만하게 한다.
3. 단면 변화 부분에 보강제를 결합하여 응력 집중을 경감한다.
4. 단면 변화 부분에 쇼트 피닝(shot peening), 롤러 압연처리 및 열처리를 시행하여 그 부분을 강화시키거나 표면 가공정도를 좋게 하여 향상시킨다.

보충

- 응력집중현상
  응력의 국부적인 집중현상으로 물체에 외력을 가했을 때 불규칙한 모양의 부분(구멍, 홈 단 부위 등)에는 평활한 부분에 비해 국부적으로 매우 큰 응력이 발생한다.
- 노치
  기계에서는 그 구조상 홈, 나사, 구멍, 단, 돌기, 자국 등 단면의 치수와 형상이 갑자기 변화하는 부분이 있는데 이것들을 총칭하여 노치라고 한다.

19 ㉠, ㉡에 들어갈 축 이음으로 적절한 것은?

> 두 축의 중심선을 일치시키기 어렵거나, 진동이 발생되기 쉬운 경우에는 ㉠을 사용하여 축을 연결하고, 두 축이 만나는 각이 수시로 변화하는 경우에는 ㉡ 이(가) 사용된다.

	㉠	㉡
①	플랜지 커플링	유니버설 조인트
②	플렉시블 커플링	유니버설 조인트
③	플랜지 커플링	유체 커플링
④	플렉시블 커플링	유체 커플링

 해설 커플링

구 분	용 도
플랜지 커플링	• 양축의 끝에 각각 플랜지를 붙이고 볼트로 체결하는 방식(가장 일반적으로 사용) • 지름이 큰 회전축이나 고속회전축에 사용
플렉시블 커플링	• 두 축의 중심선을 일치시키기 어렵거나, 엔진이나 공작기계 등과 같이 진동이 발생되기 쉬운 경우 사용 • 고무, 가죽 또는 금속판 등과 같이 유연성이 있는 것을 매개로 하는 커플링
유니버설조인트	• 두 축이 만나는 각이 수시로 변화하는 경우 사용 • 공작기계, 자동차 등의 축이음에 사용

유체 커플링	• 구동축에 고정된 펌프임펠러(날개차)의 회전에 의하여 에너지를 받은 물 또는 기름과 같은 유체가 피동축에 고정된 터빈임펠러(날개차)에 들어가서 피동축을 회전시켜 동력을 전달하는 커플링 • 시동이 쉽고, 진동과 충격이 유체에 흡수되어 피동축에 전달되지 않으므로, 힘의 변동이 크고 기동할 때 저항이 큰 컨베이어, 크레인, 차량용 등으로 널리 사용

 보충 축이음의 종류
- 커플링 : 운전 중에 두 축의 연결상태가 풀리지 않도록 한 기계요소
- 클러치 : 운전 중에 두 축을 결합시키거나 떼어 놓을 수 있도록 한 기계요소

20 레이디얼 구름 베어링의 구성요소가 아닌 것은?

① 내륜
② 리테이너
③ 전동체
④ 고정륜

해설 구름 베어링의 종류와 구조 및 구성

종 류	구 조	구 성
레이디얼 베어링	• 내륜	축과 결합
	• 외륜	하우징과 결합
	• 전동체	구름 운동
	• 리테이너(케이지)	전동체의 간격을 유지하여 전동체끼리 접촉하는 것을 방지
스러스트 베어링	• 회전륜	축과 결합
	• **정지륜(고정륜)**	하우징과 결합
	• 전동체	구름 운동
	• 세퍼레이터	전동체끼리 접촉하는 것을 방지

2012년 4월 7일 시행 국가직 9급

01 금속결정 중 체심입방격자(BCC)의 단위격자에 속하는 원자의 수는?
① 1개 ② 2개
③ 4개 ④ 8개

해설 금속결정

종류	특징	단위격자에 속하는 원자의 수	배위수
단순입방격자 (SC)	• 충진밀도가 낮기 때문에 흔치 않은 구조 • 원소 Po만이 갖는 구조	1개	6
체심입방격자 (BCC)	• 전연성이 높다 • 융점이 높고 강도가 크다.	2개	8
면심입방격자 (FCC)	• 전연성과 전기 전도도가 크다 • 가공이 우수하다.	4개	12
조밀육방격자 (HCP)	• 전연성이 불량하다. • 접착성이 적고, 가공성이 좋지 않다.	2개(작은 단위정) 또는 6개(큰 단위정)	12

02 재결정 온도에 대한 설명으로 옳은 것은?
① 1시간 안에 완전하게 재결정이 이루어지는 온도
② 재결정이 시작되는 온도
③ 시간에 상관없이 재결정이 완결되는 온도
④ 재결정이 완료되어 결정립 성장이 시작되는 온도

해설 재결정온도 : 약 1시간 안에 95%이상 재결정이 이루어지는 온도

03 잔류응력(residual stress)에 대한 설명으로 옳지 않는 것은?
① 변형 후 외력을 제거한 상태에서 소재에 남아 있는 응력을 말한다.
② 물체 내의 온도구배에 의해서도 발생할 수 있다.

③ 잔류응력은 추가적인 소성변형에 의해서도 감소될 수 있다.
④ 표면의 인장잔류응력은 소재의 피로수명을 향상시킨다.

 해설

표면의 인장잔류응력은 소재의 피로수명과 파괴강도를 저하시킨다. 또한 가공된 제품에 존재하는 인장잔류응력은 장기간에 걸친 응력부식균열을 발생시킬 수도 있다. 따라서 기계부품 표면에서의 인장응력이 최소가 되도록 제어를 함으로써 기계부품의 파단을 막는 것이 중요하다. 즉, 숏피닝을 적용하여 기계부품표면에 잔류압축응력을 생성시키면, 실제 부품에 인장응력이 걸리더라도 기계부품 표면 근처에서의 유효인장응력의 크기가 줄어들게 되고, 피로수명을 향상시켜, 기계부품의 내구수명을 향상시킬수 있게 된다.

보충 잔류응력

1. 의의 : 소재(재료)가 외력 또는 열에 의하여 소성변형을 일으키는 경우 소재에 가해진 외력을 제거하더라도 불균일한 영구변형에 의해 소재내에 응력이 남아있는 현상
2. 잔류응력발생원인
   • 소성가공(단조, 압연, 인발, 압출, 프레스가공)
   • 소성변형(절삭가공, 연삭가공)
   • 열처리 및 용접등의 경우 온도구배에 의한 열응력
   • 침탄 및 질화 등의 표면경화, 숏피닝(숏을 강재의 표면에 분사하여 표면층에 잔류 압축 응력을 발생케 하고, 또 가공경화에 의해서 이를 강화하는 일종의 표면 가공)
3. 잔류응력의 감소 내지 제거
   • 고온열처리에 의한 응력제거 풀림처리(annealing)
   • 소성변형을 추가하여 잔류응력 제거
   • 반복하중에 의해 감소
   • 진동에 의한 잔류응력 제거
   • 실온에서도 충분한 시간을 두고 방치

04 스테인레스강에 대한 설명으로 옳지 않는 것은?

① 스테인레스강은 뛰어난 내식성과 높은 인장강도의 특성을 갖는다.
② 스테인레스강은 산소와 접하면 얇고 단단한 크롬산화막을 형성한다.
③ 스테인레스강에서 탄소량이 많을수록 내식성이 향상된다.
④ 오스테나이트계 스테인레스강은 주로 크롬, 니켈이 철과 합금된 것으로 연성이 크다.

 해설

① 스테인레스강은 크롬(Cr)과 니켈(Ni) 등을 첨가하여 뛰어난 내식성과 높은 인장강도의 특성을 갖는다.
② 스테인레스강은 표면에 산화피막형성으로 인해 내식성이 우수하고 특유의 광택때문에 화학공업, 원자력발전소의 핵반응기, 열교환기, '화학약품저장용기 및 병원의 수술용 기기 등에서부터 각종 장식용품에 이르기까지 많이 사용되고 있다.
③ 스테인레스강에서 크롬(Cr)과 니켈(Ni)등이 많을수록 내식성이 향상되고, 탄소함유량이 많을수록 내식성은 떨어지는데, 이는 탄소가 크롬과 혼합되어 강의 부동태(passivity: 보호막형성) 능력을 떨어뜨리기 때문이다.

정답 04 ③

④ 스테인레스강의 특징

종 류	내 용
오스테나이트계	• 보통 크롬, 니켈, 망간 등이 철과 합금된 것이다. • 비자기성이고 뛰어난 내부식성을 갖지만 응력부식균열에는 대단히 민감하며, 냉간가공에 의해 경화된다. • 모든 스테인레스강 중에 가장 연성이 크며 쉽게 성형된다.
페라이트계	• 크롬함유량이 많으며, 최고 27%에 달한다. • 자성을 띠며 좋은 내부식성을 갖지만 오스테나이트계보다 연성은 떨어진다. • 냉간가공에 의해 역시 경화되지만 열처리는 되지 않는다.
마르텐사이트계	• 크롬함유량은 약 18% 정도이다. 이 강은 • 강의 대부분은 니켈을 포함하지 않으며 열처리에 의해 경화된다. • 자성을 가지며 높은 강도, 경도, 피로 저항성, 좋은 연성 등을 갖지만 내식성은 떨어진다.
석출경화계 (PH)	• 크롬, 니켈 등과 함께 구리, 알루미늄, 티타늄, 몰리브덴 등을 포함한다. • 내부식성, 연성이 좋고 고온에서 높은 강도를 갖는다.
이중구조계	• 오스테나이트와 페라이트의 혼합물로서 강도가 높고 내부식성이 우수하다. • 응력부식균열에 대한 저항이 좋다.

05 회전운동을 병진운동으로 변환시키는 기구로 옳지 않은 것은?

① 원통캠과 종동절
② 크랭크 - 슬라이더 기구
③ 크랭크 - 로커 기구
④ 랙 - 피니언 기구

해설

① 캠은 일반적으로 캠축의 회전운동을 종동 절(Follower)의 병진(직선)운동으로 변환시키는 장치이다.
② 크랭크-슬라이더 기구는 크랭크의 회전운동을 슬라이더의 병진운동으로 변환시키는 기구이다.
③ 크랭크-로커 기구는 크랭크가 회전운동을 하는 경우 연결 링크를 통해 로커는 회전각운동을 한다.
④ 고정된 축을 중심으로 피니언이 회전운동하면 랙은 병진운동을 한다.

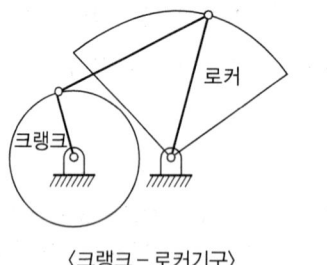

〈크랭크-로커기구〉

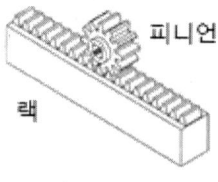

〈랙과 피니언〉

정답 05 ③

06 키(key)에 대한 설명으로 옳지 않은 것은?

① 축과 보스(풀리, 치차)를 결합하는 기계요소이다.
② 원주방향과 축방향 모두를 고정할 수 있지만 축방향은 고정하지 않아 축을 따라 미끄럼운동을 할 수도 있다.
③ 축방향으로 평행한 평행형이 있고 구배진 테이퍼형이 있다.
④ 키홈은 깊이가 깊어서 응력집중이 일어나지 않는 좋은 체결기구이다.

해설

① 키는 치차(기어), 벨트풀리, 커플링등의 회전체(보스)를 축에 고정시켜서 회전운동을 전달시키는 기계요소이다.
② 미끄럼키는 축방향을 고정하지 않고, 키와 보스의 홈사이에 약간의 틈새를 만들어 보스가 축방향으로 자유롭게 미끄럼운동을 할 수 있게 한 키이다.
③ 묻힘키(sunk key)는 가장 널리 사용되는 키로, 평행키와 경사키(테이퍼형)가 있다.

종류	내용
평행형	• 축과 보스에 모두 홈을 파는 가장 많이 쓰이는 종류이다. • 키는 축심에 평행으로 끼우고 보스를 밀어 넣는다. • 풀리가 축에서 빠지지 않도록 하는 장치가 필요하다.
테이퍼형	• 윗면에 1/100정도의 기울기를 가진 구배진 경사키이다. • 축과 보스를 맞추고 키를 때려박는 머리달린 경사키와 축에 키를 끼운다음 보스를 때려 맞추는 경사키가 있다.

④ 키홈처럼 깊이가 깊거나 구조물 부재에 단면형상 등의 급격한 변화(구멍, 홈, 노치 등)가 있는 경우, 이곳에 외력이 작용하여 응력집중이 잘 일어난다.

07 구성인선(built-up edge)에 대한 설명으로 옳지 않은 것은?

① 구성인선은 일반적으로 연성재료에서 많이 발생한다.
② 구성인선은 공구 윗면경사면에 윤활을 하면 줄일 수 있다.
③ 구성인선에 의해 절삭된 가공면은 거칠게 된다.
④ 구성인선은 절삭속도를 느리게 하면 방지할 수 있다.

해설

절삭속도를 크게 하면 방지할 수 있다.

참고 구성인선(built-up edge)

1. 의의 : 연성이 큰 연강, 스테인레스강, 알루미늄 등과 같은 재료를 절삭할 때 절삭열에 의해 절삭공구의 날 끝에 칩의 일부가 녹아붙거나 압착되어 칩이 조금씩 응착하여 단단해진 것으로 공구의 날과 같은 역할을 하는 것을 말한다.
2. 특징
   • 발생 → 성장 → 분열 → 탈락의 주기를 반복한다.

정답 06 ④ 07 ④

- 구성인선이 탈락할때 공구의 일부가 떨어져 나간다.
- 구성인선이 공구보다 아래에 있기 때문에 예정된 절삭깊이보다 깊게 절삭된다.
- 구성인선에 의해 절삭된 가공면은 거칠게 되므로 표면정도와 치수정도를 해친다.

3. 구성인선의 발생방지법
   - 바이트의 윗면경사각(공구와 수직축이 이루는 각으로 30°까지)을 크게 한다.
   - 윤활성이 좋은 효과적인 절삭유를 사용한다(공구 윗면경사면에 윤활을 하여 칩과 공구경사면간의 마찰을 감소시킨다).
   - 마찰 계수가 작은 절삭 공구를 사용한다.
   - 공구반경을 작게 한다.
   - 절삭속도를 크게 한다(120m/min에서는 구성인선이 없어진다 : 임계속도).
   - 절삭전 칩의 두께를 작게 한다.
   - 절삭깊이를 작게 한다.
   - 이동속도를 줄인다.

08 공구수명을 단축시키는 요인 중 하나인 치핑(chipping)에 대한 설명으로 옳은 것은?

① 절삭 중 칩이 연속적으로 흐르는 현상이다.
② 칩과 공구의 마찰에 의해 공작물에 열이 발생하는 현상이다.
③ 절삭공구 끝이 절삭저항에 견디지 못해 떨어지는 현상이다.
④ 절삭저항이 증가하여 절삭공구가 떨리는 현상이다.

 해설

① 절삭 중 칩이 연속적으로 흐르는 것을 유동형칩이라 한다. 유동형 칩은 공작물에 감겨 표면에 흠집을 내고, 절삭을 방해하고, 작업자의 안전을 위협한다. 따라서 칩브레이커에 의하여 인위적으로 끊어지도록 한다.
② 칩과 공구의 마찰에 의해 공작물에 열이 발생하는 현상을 절삭열이라고 한다.

발생원인	절삭열 분산비율
칩과 공구 경사면이 마찰할 때 생기는 열	30%
전단면에서 전단소성변형이 일어날 때 생기는 열	60%
공구여유면과 공작물 표면이 마찰할 때 생기는 열	10%

③ 절삭공구 끝이 절삭저항에 견디지 못해 미세하게 떨어지는 현상을 치핑(chipping)이라고 한다.
④ 채터링(chattering)현상으로 가공 품질을 떨어뜨리고, 공구 수명을 단축시킨다. 뿐만 아니라 공작기계의 스핀들에도 악영향을 끼친다. 이 경우에는 부등분할을 통해 절삭력 감소 및 절삭력의 변동폭을 감소시켜야 떨림현상이 줄어든다.

09 주조법의 특성에 대한 비교 설명으로 옳지 않은 것은?

① 일반적으로 석고주형 주조법은 다이캐스팅에 비해 생산 속도가 느리다.
② 일반적으로 인베스트먼트 주조법은 사형 주조법에 비해 인건비가 저렴하다.

③ 대량생산인 경우에는 사형 주조법보다 다이캐스팅 방법을 사용하는 것이 바람직하다.
④ 일반적으로 석고주형 주조법은 사형 주조법에 비해 치수정밀도와 표면정도가 우수하다.

해설
① 일반적으로 석고주형 주조법은 크기와 생산량에 제한을 받으며, 주형제작시간이 긴 편이다.
② 인베스트먼트 주조법은 복잡한 형상의 공업제품이나 미술공예품등 기계가공이 곤란한 제품의 주조에 많이 사용되므로, 인건비가 높고, 생산성이 낮다.
③ 소모성 주형과 영구성주형으로 구분할 수 있는데, 영구주형은 대량의 주물을 생산하기 위해 계속해서 사용할 수 있다. 즉 영구주형인 다이캐스팅 방법이 소모성주형인 사형주조법보다 대량생산에 유리하다.
④ 석고주형주조법은 비교적 표면정도가 좋고, 주물이 천천히 냉각되어 뒤틀림이 적고 기계적 성질이 양호하며, 치수의 정확도가 높은 정밀주조법이다

보충 주조법

종류		내용
소모성 주형	사형주조법 (모래주조법)	• 주형을 모래로 만들고, 여기에 용융 금속을 주입하여 굳히는 방법이다. • 모래를 반복사용할 수 있기 때문에 주형제작비가 저렴하다.
	인베스트먼트 주조법(로스트 왁스 주조법)	• 용융점이 낮은 왁스나 합성수지로 만드는 방법이다. • 제트엔진이나 디젤엔진의 부품처럼 복잡한 형상의 공업제품이나 미술공예품 등 기계가공이 곤란한 제품의 주조에 많이 사용되므로, 인건비가 높고, 생산성이 낮다.
	석고주형 주조법	• 주형을 파리스(Paris, 황산칼슘) 반죽으로 만들며, 석고주형을 굳히는 시간조절과 강도강화를 위해 활석과 실리카 분말을 사용한다 • 비교적 표면정도가 좋고, 주물이 천천히 냉각되어 뒤틀림이 적고 기계적 성질이 양호하며, 치수의 정확도가 높은 정밀주조법이다
영구성 주형	다이캐스팅 주조법	• 용융금속에 압력을 가해 금형에 밀어넣으면 재질이 균일하고 치밀하게 되며, 탕구에서 짧은 시간내에 용융금속이 주형의 구석까지 주입되어 주물이 만들어진다. • 주물표면이 아름답다. • 소형주물을 대량생산할 수 있다. • 마무리 공정이나 추가의 기계가공 등이 거의 필요하지 않다.
	원심주조법	• 주형을 고속으로 회전시키면서 쇳물을 주입하여 원심력에 의하여 속이 빈 주물을 만드는 주조법이다. • 제조공정이 간편하고 생산성이 높다.

10 딥드로잉된 컵의 두께를 더욱 균일하게 만들기 위한 후속 공정은?
① 아이어닝
② 코이닝
③ 랜싱
④ 허빙

해설

① 아이어닝은 <u>딥드로잉된 컵의 두께를 더욱 균일하게 만들기 위한 후속 공정으로</u>, 간극을 조절하여 일정한 벽 두께를 만들고 귀생김 현상을 교정하는 공정이다.
② 비교적 부드러운 재료를 조각된 형판이 붙은 한 조의 다이(die) 사이에 재료를 넣고 압력을 가하여 표면에 조각 도형을 성형시키는 가공법으로, 메달과 화폐 등의 제작에 사용된다.
③ 판재를 일부 자르고 남겨두는 가공으로, 스크랩이 전혀 발생하지 않는 공정이다.
④ 특정 형상으로 경화 처리된 펀치로 소재 표면을 압입하여 공동부를 만드는 작업이다.

 보충 딥드로잉

속이 깊은 제품을 제작한다는 뜻으로, 얇은 판의 중심부에 큰 힘을 가하여 원통형이나 원뿔형 등의 이음매 없는 용기모양을 성형하는 가공법으로, 음료캔, 주방기구, 모든 종류 및 크기의 용기, 싱크대, 자동차 패널등의 성형에 사용된다.

11 표면거칠기에 대한 설명으로 옳지 않는 것은?

① 표면거칠기에 대한 의도를 제조자에게 전달하는 경우 삼각기호를 일반적으로 사용한다.
② Rmax, Ra, Rz의 표면거칠기 표시 중에서 Ra 값이 가장 크다.
③ 표면거칠기는 공작물 표면의 임의 위치의 기준길이 L내에서 채취한 데이터로부터 평가한다.
④ 표면거칠기 검사법으로는 접촉식과 비접촉식 방법 모두 사용된다.

 해설

① 다듬질 기호는 표면거칠기를 크게 구분하는 것으로 삼각 기호(▽)와 파형 기호(∼)로 표시하며, KS 규격에서는 삼각 기호를 4종류로 구분하고 있으며, 삼각형의 수가 많을수록 다듬질 면이 정밀한 것을 나타내며, 파형 기호(∼)는 기계가공하지 않은 표면에 표시한다.
② <u>Ra값은 Rmax, Rz 의 1/4정도의 값이다.</u>
③ 거칠기곡선에서 표면거칠기를 산출할 때 기준이 되는 단일 측정 길이를 기준길이 L이라 하고, 기준길이 L은 컷오프값과 같게 설정한다.
④ 표면 거칠기 측정 방법에는 스타일러스의 팁이 직접 샘플의 표면에 닿는 방식인 접촉식과 측정장비에서 나온 빛의 반사를 읽어내 샘플에 닿지 않고 측정하는 비접촉식 방법 모두 사용된다.

12 다음 설명에 해당하는 현상은?

성형품의 냉각이 비교적 높은 부분에서 발생하는 성형수축으로 표면에 나타나는 오목한 부분의 결함을 말한다. 이를 제거하기 위해서는 성형품의 두께를 균일하게 하고, 스프루, 러너, 게이트를 크게 하여 금형 내의 압력이 균일하도록 하며, 성형온도 를 낮게 억제한다. 두께가 두꺼운 위치에 게이트를 설치하여 성형온도를 낮게 억제한다.

① 플래시 현상   ② 싱크 마크 현상
③ 플로 마크 현상   ④ 제팅 현상

해설 사출성형에 있어서 성형불량의 원인과 대책

구 분	내 용	대 책
플래시	• 금형의 파팅면 등의 틈에 수지가 흘러 정상 성형물보다 면적이 넓어지거나 중량이 늘어나는 것 또는 필요없는 부분이 함께 성형된 것	• 사출 압력과 사출 속도를 낮춘다. • 금형 파팅 면을 보수한다.
싱크마크	• 성형품의 냉각이 비교적 높은 부분에서 발생하는 성형수축으로 표면에 나타나는 오목한 부분의 결함을 말한다.	• 성형품의 두께를 균일하게 한다. • 스프루, 러너, 게이트를 크게 하여 금형 내의 압력이 균일하도록 한다. • 성형온도를 낮게 억제한다. • 두께가 두꺼운 위치에 게이트를 설치하여 성형온도를 낮게 억제한다.
플로 마크	• 수지의 유동불량에 기인하여 발생한 불량 현상	• 점도가 높으면 금형 내에서의 유동성이 극히 불량하므로 수지온도와 금형온도 그리고 사출압력을 올려주는 쪽으로 성형조건을 변경한다. • 금형을 살두께가 완만하도록 수정해 주거나 콜드 슬러그 웰을 크게 하여 성형기 노즐의 굳은 수지가 캐비티에 유입되는 것을 처음부터 차단시켜 준다.
제 팅	• 성형물 표면에 게이트로 부터 리본 모양의 흐름자국	• 수지유입 속도를 천천히 해주거나 게이트 단면적을 증대한다. • 금형과 노즐온도를 높여 성형을 한다.
충전 부족	• 수지가 캐비티에 완전히 충전되지 않고 냉각 고화하는 현상	• 게이트 밸런스 불량인 경우 게이트 밸런스 보정한다. • 사출온도를 높이거나 사출압력 또는 속도를 높임, 유동성이 높은 수지를 선정한다. • 사출기 용량이 큰것으로 교체한다. • 사출속도를 낮춤으로써 공기가 빠져나갈 시간을 준다.
흑 줄	• 성형물에 흑갈색의 흐름모양이 나타나는 현상	• 금형 표면에 기름, 그리이스가 묻어있거나 이젝터 편에서 기름, 그리이스 등이 나오는 경우로 금형 표면을 깨끗한 상태로 유지하도록 한다. • 호퍼부의 냉각수 양을 늘리고, 호퍼다음의 실린더 온도를 낮춘다.
은 줄	• 재료의 유동방향으로 은백색의 줄이 생기는 현상	• 수지 중의 수분(습기), 휘발분이 원인일 때, 충분히 건조시킨 후에 성형한다. • 수지온도를 적정온도로 내리거나 금형면의 수분 및 휘발분을 깨끗이 제거한다.
크랙, 크레이징	• 크랙 : 성형물 표면에 금이 가는 현상 • 크레이징 : 틈과 같은 결함이 아니라 가해진 응력과 평행 방향으로 배열된 고분자 자체이다. 그 때문에 응력을 제거하면 크레이징이 없는 상태로 돌아간다.	• 대부분 잔류응력이 원인이다. 금형 제작시 급격한 살두께나 날카로운 코너를 피하고 특히 모서리 부분에는 충분한 곡률(R)을 취해서 응력발생을 막고 크레이징을 억제한다. (용융수지의 유로)
변 형	• 오목휨과 볼록휨, 구부러짐, 뒤틀림 등이 있다.	• 냉각 라인은 게이트 부근에서 먼 곳으로 향하게 하여, 냉각을 균일하게 한다.

웰드라인	• 캐비티내에서 2개 이상의 분류된 수지의 흐름이 합류할 때 완전히 융합되지 않고 실모양의 가는 선으로 나타나는 현상	• 성형조건을 웰드라인까지 고온·고압의 수지가 흐를 수 있도록 변경시켜 준다. • 이형제, 착색제 사용에 유의한다.

13 다음과 같이 지름이 D_1인 A 피스톤에 F_1의 힘이 작용하였을 때, 지름이 D_2인 B 실린더에 작용하는 유압은?(단, $D_2 = 4D_1$이다)

① $\dfrac{4F_1}{\pi D_1^2}$ ② $\dfrac{F_1}{\pi D_1^2}$

③ $\dfrac{F_1}{2\pi D_1^2}$ ④ $\dfrac{F_1}{4\pi D_1^2}$

 해설

파스칼의 원리에 의하여 B실린더에 작용하는 유압은 A실린더에 작용하는 유압과 같다. 따라서 A의 실린더 유압을 구하면 된다.

유압(P) = $\dfrac{F_1}{A_1} = \dfrac{F_2}{A_2}$

유압(P) = $\dfrac{\text{힘}(F_1)}{\text{실린더 단면적}[\pi \times (D_1/2)^2]} = \dfrac{4F_1}{\pi D_1^2}$

14 통계적 품질관리에 사용되는 용어에 대한 설명으로 옳지 않은 것은?

① 모집단은 표본을 통한 조사의 대상이 되는 어떤 특성을 가진 모든 개체들의 전체 집합이다.
② 표본크기는 전체 모집단에 관한 정보를 얻기 위하여 표본의 성질을 조사할 때 표본으로 추출되어 검사되는 개체의 수량이다.
③ 계량법은 기계가공, 성형가공 또는 용접 가공된 부품의 내부와 외부 결함이나 판금제품의 표면 흠집 등 정성적인 특성의 존재 여부를 조사하는 방법이다.
④ 도수분포는 각 조건에 맞는 개체의 수를 곡선으로 나타낸 분포도이다.

 해설

③은 정성법에 대한 설명이다.
계량법은 연속적으로 측정될 수 있는 품질특성(길이, 중량, 인장강도, 온도 등) 정량적인 특성의 존재여부를 조사하는 방법이다.

15 다음 설명에 해당하는 것은?

> 판재가공에서 모양과 크기가 다른 판재 조각을 레이저 용접한 후, 그 판재를 성형하여 최종 형상으로 만드는 기술이다.

① 테일러 블랭킹
② 전자기성형
③ 정밀 블랭킹
④ 하이드로포밍

해설
① 예문 참조
② 저장된 전기 에너지를 순간적으로 코일에 방전할 때 코일 주변에서 형성되는 자기장과 금속 판재(또는 관재)에 유도되는 전류의 상호 작용의 의해서 발생하는 전자기력을 이용하여 금속 판재를 고속으로 가공하는 기술이다.
③ 일반적인 블랭킹보다 더 높은 품질의 블랭크를 제작할 때 사용되며, 매끈하고 정확한 치수가 가능한 기술이다. 또한 복합성형이 가능해 제작 비용을 줄일수 있다는 것이다.
④ 복잡한 형상의 부품을 만들 때 여러 형태의 프레스로 따로 가공한 후 용접하지 않고, 강판을 튜브형태로 만들어 튜브 안으로 물 같은 액체에 강한 압력(유체압력)을 주어 가공하는 공법이다. 이 공법은 형태가 복잡하더라도 액압이 고르게 작용하기 때문에 두께와 강도가 균일한 부품을 생산할 수 있다.

16 개수로를 흐르는 유체의 유량 측정에 사용되는 것은?

① 벤투리미터(venturimeter)
② 오리피스(orifice)
③ 마노미터(manometer)
④ 위어(weir)

해설
① 벤투리미터(Venturi Meter)는 관내의 유량을 측정하는 데 이용된다.
② 오리피스(orifice)는 수조에서 나가는 유량이나 혹은 파이프를 통과하는 유량을 측정하는 데 사용된다.
③ 마노미터(manometer)는 액위차로서 압력을 측정하는 데 사용된다.
④ <u>개수로를 흐르는 유체는 수로를 횡단하여 설치된 단면 위를 넘쳐 흐르게 함으로써 유량을 측정하도록 만든 위어(weir)에 의해 측정된다.</u>

17 내연기관에 사용되는 윤활유가 갖추어야 할 조건으로 옳지 않은 것은?

① 산화 안정성이 클 것
② 기포 발생이 많을 것
③ 부식 방지성이 좋을 것
④ 적당한 점도를 가질 것

정답 15 ① 16 ④ 17 ②

해설 윤활유가 갖추어야 할 조건

1. 산화 안정성이 좋아야 한다. 윤활유는 고온으로 가열되고 산소와 계속적으로 교반 접촉되므로 산소와 결합하여 쉽게 산화된다. 윤활유가 산화되면 각종의 유해물질을 생성하여 엔진 베어링을 부식시키거나, 각 부분에 타르 등을 부착시켜 엔진의 작동을 어렵게 하거나 고착시키므로 산화에 대한 저항력이 큰 윤활유가 요구된다.
2. <u>기포발생에 대한 저항력이 커야 하고 또 불순물의 퇴적을 방지하는 청정작용이 커야 한다.</u>
3. 금속은 공기중의 산소나 습기(수분)에 의해 녹이 발생되기가 쉬우며 부식성 가스와 접촉 하기도 하고 윤활유의 열화에 의해 생성된 산성물질과 접하게 되므로 금속이 부식된다. 그러므로 윤활부분에 녹이나 부식의 발생을 방지하는 성능이 윤활유에 요구된다.
4. 적당한 점도를 유지해야 한다. 윤활유의 점도는 유막의 두께와 밀접한 관계가 있다. 유막이 필요 이상 두꺼우면 윤활유 자신의 내부마찰로 열이 발생 되며, 얇으면 약간의 충격하중에도 유막이 파손되어 마모나 파손을 초래한다. 또한 점도는 온도에 따라 변화하므로 가능한 한 온도에 따른 점도의 변화가 적은 것이 요구된다.
5. 유동점이 낮아야 한다. 유동점이란 윤활유의 스스로의 무게에 대해 유동이 가능한 최저온도를 말한다. 윤활유는 이 유동점이 낮아야만 저온에서 시동을 걸때 쉽게 마찰부위로 흐를 수 있게 된다.

18 캐비테이션(cavitation) 현상이 일어날 때 관계가 없는 것은?

① 소음과 진동 발생
② 펌프의 효율 증가
③ 가동날개에 부식 발생
④ 심한 충격 발생

 해설 캐비테이션(cavitation : 공동현상)

유체의 속도 변화에 의한 압력변화(포화증기압 이하로)로 인해 유체 내에 공동이 형성되고 기포가 발생하는 현상을 말한다.
특히, 펌프의 경우에는 펌프내부로 기포가 유입되거나 흡입측에서 기포가 발생되어, 펌프내에서 이 기포가 압력을 받아 붕괴되면서 발생하는 충격파로 인해 임펠러나 케이싱 등 펌프를 파손시키는 현상을 의미한다. 캐비테이션(cavitation) 현상이 일어나면 소음과 진동을 발생시키며, 기계적인 피해와 가동날개 등의 부식 및 침식, 발생으로 펌프의 성능저하를 가져온다.

19 인벌류트 치형을 갖는 평기어의 백래쉬(backlash)에 대한 설명으로 옳은 것은?

① 피치원둘레상에서 측정된 치면 사이의 틈새이다.
② 피치원상에서 측정한 이와 이 사이의 거리이다.
③ 피치원으로부터 이끝원까지의 거리이다.
④ 맞물린 한쌍의 기어에서 한 기어의 이끝원에서 상대편 기어의 이뿌리원까지의 중심선상 거리이다.

18 ② 19 ①

해설
① 백래쉬란 기어를 맞물리게 했을 때 피치원둘레상에서 측정된 치면 사이의 틈새로, 기어를 부드럽게 무리없는 회전을 위해서는 적절한 백래쉬가 필요하다.
② 이홈
③ 이끝높이
④ 이끝의 틈새

20 평벨트의 접촉각이 θ, 평벨트와 풀리 사이의 마찰계수가 μ, 긴장측 장력이 T_t, 이완측 장력이 T_s일 때, $\dfrac{T_t}{T_s}$의 비는?(단, 평벨트의 원심력은 무시한다)

① $e^{\mu\theta}$
② $\dfrac{1}{e^{\mu\theta}}$
③ $1 - e^{\mu\theta}$
④ $1 - \dfrac{1}{e^{\mu\theta}}$

 해설
아이텔바인식을 이용할 경우, 벨트의 장력은 벨트의 속도 V≦10m/s에서 원심력을 무시하면
$T_t = \dfrac{e^{\mu\theta}}{e^{\mu\theta}-1} T_e$, $T_s = \dfrac{1}{e^{\mu\theta}-1} T_e$, 이므로 $\dfrac{T_t}{T_s} = e^{\mu\theta}$(장력비)

 보충 초장력과 유효장력
T_o (초장력) $= \dfrac{T_t + T_s}{2}$
T_e (유효장력) $= T_t - T_s$
$T_e = T_t(\dfrac{e^{\mu\theta}-1}{e^{\mu\theta}}) = T_s(e^{\mu\theta}-1)$

2011년 4월 9일 시행 국가직 9급

01 항온 열처리 방법이 아닌 것은?

① 오스템퍼링(austempering)
② 마래징(maraging)
③ 마퀜칭(marquenching)
④ 마템퍼링(martempering)

 해설 열처리

방법	유형	내용
일반열처리	담금질(quenching)	• 재료를 일정온도로 가열하여 (오스테나이트화 온도)일정시간 유지한 후에 물이나 기름중에 급냉시켜 재료의 경도를 높이는 방법
	뜨임(tempering)	• 담금질 처리 후 굉장히 경도가 높아져 있기 때문에 인성이 전혀 없는 강에 인성을 회복시켜 주는 방법
	불림(normalizing)	• 재료를 일정온도로 가열하여(오스테나이트화 온도) 공기 중에 냉각하여 (강제송풍냉각) 재료의 표준조직을 얻기 위한 방법
	풀림(annealing)	• 소성가공된 강을 연하게 하거나 전연성을 향상시키기 위하여 일정온도이상으로 가열하고, 노 안에서 또는 공기중에 서서히 냉각시키는 방법
특수 열처리	항온 열처리 / 오스템퍼링(austempering)	• Ar'와 Ar"사이의 온도로 유지된 열욕에 담금질하고 과냉각의 오스테나이트(Austenite) 변태가 끝날 때까지 항온유지해 주는 방법이며 이때에 얻어지는 조직이 베이나이트(Bainite)이다. • 뜨임이 불필요하며, 담금균열과 변형이 없다.
	항온 열처리 / 마퀜칭(marquenching)	• 담금질 온도까지 가열된 강을 Ar"(Ms)점보다 다소 높은 온도의 열욕에 담금질한 후 마텐사이트로 변태를 시켜서 담금질 균열과 변형을 방지하는 방법 • 복잡하고, 변형이 많은 강재에 적합하다.
	항온 열처리 / 마템퍼링(martempering)	• 담금질 온도로 가열한 강재를 Ms와 Mf점 사이의 열욕 (100~200℃)에 담금질하여 과냉 오스테나이트의 변태가 거의 완료할 때까지 항온 유지한 후에 꺼내어 공냉하는 열처리방법 • 마텐사이트와 베이나이트의 혼합조직이며, 경도와 인성이 크다.
	가공열처리	• 소성 가공과 열처리를 짝지어서 어느 방법으로도 단독으로는 얻을 수 없었던 우수한 기계적 성질을 가진 재료를 제조하는 방법
	마래징(Maraging)	• 마텐사이트 조직에 시효경과를 일으켜서, 마텐사이트 시효의 두 개의 효과에 의해 강을 강화하는 처리법
	표면경화법	• 강이 충분한 내마멸성과 강도, 인성을 가질 수 있도록 하는 열처리 방법 • 화학적 방법 : 침탄법, 질화법 • 물리적 방법 : 고주파경화법, 화염경화법

01 ②

02 보일러 효율을 향상시키는 부속장치인 절탄기(economizer)에 대한 설명으로 옳은 것은?

① 연도에 흐르는 연소가스의 열을 이용하여 급수를 예열하는 장치이다.
② 석탄을 잘게 부수는 장치이다.
③ 연도에 흐르는 연소가스의 열을 이용하여 연소실에 들어가는 공기를 예열하는 장치이다.
④ 연도에 흐르는 연소가스의 열을 이용하여 고온의 증기를 만드는 장치이다.

해설
①, ② 절탄기는 연도(연통)에 흐르는 연소가스의 폐열을 이용해 급수를 예열하는 설비이다.
③ 은 공기예열기에 대한 설명이다.
④ 보일러에 대한 설명이다.

03 클러치를 설계할 때 유의할 사항으로 옳지 않은 것은?

① 균형상태가 양호하도록 하여야 한다.
② 관성력을 크게 하여 회전 시 토크 변동을 작게 한다.
③ 단속을 원활히 할 수 있도록 한다.
④ 마찰열에 대하여 내열성이 좋아야 한다.

해설 클러치 설계할 때 유의할 사항
• 균형상태가 양호하도록 하여야 한다.
• 회전시 관성모멘트가 적고 동력 전달 토크가 커야 한다.
• 단속이 원활하고, 동력을 끊을 때에는 차단이 신속하고 확실해야 한다.
• 마찰로 인한 발열에 대해서 방열이 좋고 과열되지 않는 내열성이 좋아야 한다.
• 구조가 간단하고 취급이 쉬우며 고장이 적어야 한다.

04 산업설비 자동화의 장점에 대한 설명으로 옳지 않은 것은?

① 생산속도를 향상시키고 생산량을 증대시킬 수 있다.
② 위험한 작업환경에서 작업자의 안정성을 높인다.
③ 생산품의 품질이 균일해지고 향상된다.
④ 자동화라인은 단위 기계 별 고장 대처 및 유지 보수에 유리하다.

해설
설비의 일부 고장(단위 기계 별 고장)이 발생하여도 전 공정에 영향을 미치므로 대처 및 유지보수에 불리하다.

정답 02 ① 03 ② 04 ④

보충 산업설비 자동화의 장점 및 단점

장 점	단 점
• 생산제품의 균일화, 표준화를 시킬 수 있으며 품질의 향상과 대량 생산이 된다. • 원자재의 절약 및 인건비를 절약하고 생산성을 상승, 생산량이 증가된다. • 노동조건의 향상과 직업의 편리성 및 위험한 환경을 안전화할 수 있다. • 위험한 작업환경에서 작업자의 안정성을 높인다.	• 자동화 설비의 신규 투자비용이 크다. • 고도화된 기술이 필요하다. 조작에 있어서 능숙한 기술이 필요하다. • 설비의 운전, 수리, 보관에 있어서 고도화된 지식이 필요하다. • 설비의 일부 고장이 발생하여도 전 공정에 영향을 미친다.

05 주물에 사용하는 주물사가 갖추어야 할 조건으로 옳지 않은 것은?

① 열 전도도가 낮아 용탕이 빨리 응고되지 않도록 한다.
② 주물표면과의 접합력이 좋아야 한다.
③ 열에 의한 화학적 변화가 일어나지 않도록 한다.
④ 통기성이 좋아야 한다.

 해설 주물사가 갖추어야 할 조건
• 열전도율이 낮고, 열에 의한 화학적 변화가 일어나지 않도록 할 것
• 주물표면에 고착이 잘 일어나지 않을 것(주물표면으로부터의 제거가 용이할 것)
• 통기성을 확보하여 용탕 및 주형내 발생 가스의 배출이 용이할 것
• 보온성(내열성)이 좋을 것
• 성형성이 좋고 적당한 강도를 가질 것
• 용탕과의 반응이 적고 고온특성이 우수할 것
• 주입 완료 후 용탕의 응고와 수축에 대하여 수축성을 보유할 것
• 경제성 및 재생성이 고려될 것
• 쉽게 용해되지 않을 것
• 가열될 때 기체(수증기, 반응성기체 등)의 발생이 기준치 이하일 것
• 제조 후 경화가 용이하고 모형의 접착성이 적을 것
• 모양을 유지할 수 있도록 적당한 결합력을 지닐 것

06 특정한 온도영역에서 이전의 입자들을 대신하여 변형이 없는 새로운 입자가 형성되는 재결정에 대한 설명으로 가장 부적절한 것은?

① 재결정 온도는 일반적으로 약 1시간 안에 95%이상 재결정이 이루어지는 온도로 정의한다.
② 금속의 용융 온도를 절대온도 Tm이라 할 때 재결정 온도는 대략 0.3Tm ~0.5Tm 범위에 있다.
③ 재결정은 금속의 연성을 증가시키고 강도를 저하시킨다.
④ 냉간 가공도가 클수록 재결정온도는 높아진다.

해설

소성가공에는 재결정 온도이상으로 가열하여 가공하는 열간가공과 재결정온도이하에서 가공하는 냉간가공이 있다. 따라서 냉간가공도가 클수록 재결정온도는 낮아진다.
① 재결정 온도는 약 1시간 안에 95%이상 재결정이 이루어지는 온도로 정의한다.
② 재결정은 0.3Tm에서 0.5Tm사이에서 발생 (절대온도로 말하자면 450k~750k)한다.
③ 재결정은 가공경화되었던 금속의 연성을 증가시키고 강도를 저하시킨다.

 보충

동일 금속이라 해도 ㉠ 그 금속의 순도가 높을수록, ㉡ 가공도가 클수록, ㉢가공 전의 결정 입자가 미세할수록, ㉣ 가공 시간이 길수록 재결정 온도는 낮아진다.

07 단인공구가 사용되는 공정으로만 묶인 것은?

① 외경선삭, 형삭, 평삭
② 리밍, 브로칭, 밀링
③ 밀링, 드릴링, 형삭
④ 드릴링, 브로칭, 외경선삭

 해설 절삭가공의 분류

절삭가공은 절삭인(cutting edge)의 수에 따라 주절삭인이 1개인 단인가공와 2개 이상인 다인가공으로 나뉜다.

구 분	내 용
단인가공	• 선삭(turning) : 바이트 사용하는 가공법으로, 공작물의 회전절삭운동과 공구의 직선이송운동으로 이루어 진 가공 – 외경, 내경, 테이퍼, 단면 등 가공 • 평삭(planing) : 공구의 직선이송운동과 공작물의 직선 절삭운동을 조합하여 단면 절삭(플레이너, 슬로터)가공 • 형삭(shaping) : 공구의 직선절삭운동과 공작물의 직선 이송 운동을 조합시켜서 평면을 깎는 가공
다인가공	• 밀링(milling) : 하나 이상의 날을 가진 공구를 사용하여 이송하며 평면을 절삭하거나 홈(구멍)등을 절삭하는 가공 • 드릴링(drilling) : 드릴을 사용하여 구멍이 없는 곳에 구멍을 뚫는 가공 • 리밍 (reaming) : 드릴로 뚫은 구멍을 리머로 정밀 다듬질하는 작업 • 브로칭(broaching) : 여러 개의 절삭날이 길이방향으로 배치된 공구를 직선운동시켜 일정한 단면형상의 공작물을 가공하는 방법

08 절삭속도 628m/min, 밀링커터의 날수를 10, 밀링커터의 지름을 100mm, 1날당 이송을 0.1mm로 할 경우 테이블의 1분간 이송량 [mm/min]은?(단, π는 3.14이다)

① 1,000
② 2,000
③ 3,000
④ 4,000

정답 07 ① 08 ②

해설

테이블의 1분간 이송량[mm/min] = $fz \times z \times n$ = $0.1 \times 10 \times 2{,}000$ = 2,000

커터의 회전수(n) = $\dfrac{1{,}000 \times 절삭속도}{\pi D}$ = $\dfrac{1{,}000 \times 628}{3.14 \times 100}$ = 2,000

(fz = 1날 당 이송(mm), z = 밀링커터의 날 수, D = 밀링커터의 지름)

09 산화철 분말과 알루미늄 분말의 혼합물을 이용하는 용접방법은?
① 플러그 용접　　　　　　② 스터드 용접
③ TIG 용접　　　　　　　④ 테르밋 용접

해설
① 플러그 용접 : 접합하고자 하는 모재의 한쪽에 구멍을 뚫고 용접
② 스터드 용접 : 볼트나 환봉(지름 10mm 정도까지) 등의 선단과 모재 사이에 아크를 발생시켜 가압하여 접합하는 용접
③ TIG 용접 : 비소모성인 텅스텐(T) 전극과 용접모재 사이에서 아크가 발생되어 용접에 필요한 열을 발생시키고 별도의 용가재(용접 시 용착금속이 되도록 용융시킨 금속)를 용해하면서 용접한다.
④ 테르밋 용접 : 산화철 분말과 알루미늄 분말의 혼합물에 과산화바륨, 마그네슘혼합물로 된 점화제에 의한 발열반응을 이용한 용접이다.

10 스테인레스강(stainless steel)의 구성 성분 중에서 함유율이 가장 높은 것은?
① Mo　　　　　　　　　② Mn
③ Cr　　　　　　　　　④ Ni

해설
스테인리스강(Stainless Steel)은 철(Fe)에 보통 12% 이상의 크롬(Cr)을 넣어서 녹이 잘 슬지 않도록 만들어진 강이다.

11 알루미늄 재료의 특징에 대한 설명으로 옳지 않은 것은?
① 열과 전기가 잘 통한다.
② 전연성이 좋은 성질을 가지고 있다.
③ 공기 중에서 산화가 계속 일어나는 성질을 가지고 있다.
④ 같은 부피이면 강보다 가볍다.

해설 **알루미늄재료의 특징**
- 전기, 열전도도가 높아 일생생활에 철 다음으로 많이 사용된다.
- 전연성이 좋다.
- 대기중에 내산화성이 크다. Al_2O_3막 생겨서 방식력이 강한 표면으로 된다.
- 비중이 강에 비해 1/3이다.
- 구리, 마그네슘, 아연, 규소, 철, 주석, 니켈, 망간 등 다른 금속과 합금이 용이하다.
- 순도가 높을수록 인장강도가 떨어진다.

12 미끄럼 베어링의 장점이 아닌 것은?

① 충격 흡수력이 크다.   ② 고속 회전에 적당하다.
③ 시동할 때 마찰저항이 작다.   ④ 진동과 소음이 작다.

 해설 미끄럼 베어링과 구름베어링의 비교 (국가직 2015년 문제7번 참조)

구 분	미끄럼(sliding) 베어링	구름(rolling) 베어링
충격흡수	• 충격흡수력이 우수하다.	• 감쇠력이 작아 충격흡수력이 낮다.
회전속도	• 고속회전에 적합하다.	• 저속회전에 적합하다.
마 찰	• 유체마찰이며, 마찰계수가 크다. • **시동시 마찰저항이 크다.**	• 구름마찰이며, 마찰계수가 작다. • 마찰저항이 적고, 동력이 절약된다.
진동 및 소음	• 진동 및 소음이 적다.	• 진동 및 소음이 발생하기 쉽다.
규격성	• 자체 제작하는 경우가 많다.	• 표준형 양산품이다.

13 공작물을 양극으로 하고 공구를 음극으로 하여 전기화학적 작용으로 공작물을 전기분해시켜 원하는 부분을 제거하는 가공공정은?

① 전해가공   ② 방전가공
③ 전자빔가공   ④ 초음파가공

 해설
① 공작물을 양극(+)으로 하고 공구를 음극(-)으로 하여 전해액속에 넣고 전류를 통하면, 전기에 의해 화학적 용해작용이 일어나 공작물을 전기분해시켜 원하는 부분을 제거하는 가공공정으로, 전기분해를 이용하기 때문에 일감의 경도에 관계없이 가공할 수 있다.
② 등유등의 절연액 안에 전극을 음극(-)으로 공작물을 양극(+)으로 하여 전극에 전기를 통전시켜, 방전현상의 열에너지를 이용해 가공물을 용융,증발시켜 가공을 진행하는 비접촉식 가공법이다.
③ 진공속에서 높은 에너지의 전자 빔을 일감에 집중투사하면 전자가 가진 운동에너지가 열에너지로 변환되어 국부적인 가열이 되는데, 이 열을 이용하여 그 부분을 용해 또는 증발시켜 제거하는 가공법이다.
④ 공구와 일감사이에 미세한 입자를 혼합시킨 가공액을 넣고 가벼운 압력을 가한 상태로, 전기적 에너지를 기계적 에너지로 변환시켜 공구에 진동을 주어 가공하는 방법이다.

정답 12 ③ 13 ①

14 미끄럼을 방지하기 위하여 안쪽 표면에 이가 있는 벨트로 정확한 속도가 요구되는 경우에 사용되는 전동벨트는?

① 링크(link) 벨트 ② V 벨트
③ 타이밍(timing) 벨트 ④ 레이스(lace) 벨트

 해설 벨트의 유형

종류	유형	내용
평벨트	레이스벨트 (끈벨트)	• 가죽에서 지름 2~10mm의 원형단면의 끈을 끊어서 이것을 맞대어 만든 벨트 • 전달마력이 작은 소형 공작기계에 많이 사용한다.
	링크벨트 (체인벨트)	• 수많은 가죽조각을 핀과 같은 체결요소로 연결하여 만든 벨트 • 축간거리가 짧고, 속도비가 클 때 사용하며, 고속운전에는 부적합하다
V 벨트		• 사다리꼴 단면의 이음매가 없는 고리모양의 벨트 • V풀리의 V홈에 걸어 쐐기작용을 통해 마찰력으로 동력이 전달된다. • 축간거리 5m이하, 속도비 1 : 7, 속도 10~15m/s에 사용된다. • 미끄럼이 적고, 전동회전비가 크다. • 충격흡수가 뛰어나며, 소음이 적다.
타이밍벨트 (치형벨트)		• 미끄럼방지를 위하여 이(치)가 만들어져 있는 벨트 • 미끄러짐이 없고, 전동효율이 좋다. • 정확한 속도가 요구되고, 고속전동에 적합하다.

15 유압회로에서 접속된 회로의 압력을 설정된 압력으로 유지시켜 주는 밸브는?

① 릴리프(relief) 밸브 ② 교축(throttling) 밸브
③ 카운터밸런스(counter balance) 밸브 ④ 시퀀스(sequence) 밸브

 해설 유압제어밸브의 기능 (국가직 2014년 제 10번 문제 참조)

종류	유형	내용
압력제어밸브	릴리프 밸브	• 과도한 압력으로부터 시스템을 보호하는 안전밸브역할 • 최고압력 및 회로압력을 설정된 압력으로 항상 일정하게 유지
	감압밸브	• 입구측 압력을 설정된 최대 출구측압력까지 감압시키는 밸브
	시퀀스밸브	• 회로압력에 따라 액추에이터의 작동순서를 전기를 사용하지 않고 순차적으로 제어하는 밸브
	카운터밸런스 밸브	• 한쪽 방향의 유동에 대해서는 설정한 배압을 부여하고, 반대방향의 유동은 자유 유동하는 밸브
유량제어밸브	니들밸브	• 스템(Stem;원뿔모양의 밸브체 끝)이 유로를 막는 정도에 따라 유량이 조절되거나 유체나 기체의 흐름을 개폐하는 밸브
	교축밸브 (스로틀밸브)	• 교축현상(유체가 좁은 곳을 통과할 때, 유속이 빨라지고 압력이 감소하는 현상)을 통하여 유량을 조절하는 밸브

방향제어밸브	체크밸브	• 한쪽 방향으로만 유체의 흐름을 허용하고, 반대방향의 흐름을 차단하는 밸브 • 보일러의 급수관이나 펌프 등과 같이 역류를 방지할 필요가 있을 때 사용
	셔틀밸브	• 두 개 이상의 입구와 한 개의 출구가 설치되어 있으며, 출구가 최고 압력의 입구를 선택하는 기능을 가진 밸브

16 동일 재질로 만들어진 두 개의 원형단면 축이 같은 비틀림 모멘트 T를 받을 때 각 축에 저장되는 탄성에너지의 비 ($\frac{U_1}{U_2}$)는?(단, 두 개의 원형 단면 축 길이는 L_1, L_2이고, 지름은 D_1, D_2이다)

① $\frac{U_1}{U_2} = (\frac{D_1}{D_2})^4 \frac{L_2}{L_1}$ ② $\frac{U_1}{U_2} = (\frac{D_1}{D_2})^4 \frac{L_1}{L_2}$

③ $\frac{U_1}{U_2} = (\frac{D_2}{D_1})^4 \frac{L_2}{L_1}$ ④ $\frac{U_1}{U_2} = (\frac{D_2}{D_1})^4 \frac{L_1}{L_2}$

 해설

탄성에너지의 비 $\frac{U_1}{U_2} = (\frac{D_2}{D_1})^4 \frac{L_1}{L_2}$

변형에너지의 비 $\frac{U_1}{U_2} = (\frac{D_2}{D_1})^4$

17 선반을 이용한 가공으로 옳지 않은 것은?

① 나사깎기(threading)
② 보오링(boring)
③ 구멍뚫기(drilling)
④ 브로칭(broaching)

 해설

브로칭(broaching)작업은 다수의 절삭날을 일직선상에 배치한 브로치라는 공구를 사용해서, 공작물 구멍의 내면이나 표면을 여러 가지 모양으로 절삭하는 작업이다.

보충 가공작업의 유형

종류	내용	
선반작업	• 원통깎기(turning) • **구멍뚫기(drilling)** • 절단(cut off) • 특수가공 : 탭핑, 초정밀가공, 연삭, 기어가공, **보오링**	• 정면 깎기(facing) • 나사깎기(threading)

16 ④ 17 ④

밀링작업	• 평면절삭 • 절단 • 정면가공 • 기어가공 • 총형가공	• 홈가공 • 각도가공(각파기) • 윤곽가공 • 나선홈가공
드릴링작업	• 드릴링 • 보링 • 카운터 보링 • 스폿페이싱	• 리밍 • 태핑 • 카운터 싱킹
세이퍼작업	• 평면절삭 • 각도절삭 • 곡면절삭	• 수직절삭 • 홈절삭 • 키홈파기

18 펌프의 송출유량이 Q[m³/s], 양정이 H[m], 액체의 밀도가 1,000[kg/m³]일 때 펌프의 이론동력 L을 구하는 식으로 옳은 것은?(단, 중력가속도는 9.8m/s²이다)

① L= 9,800QH(kW)

② L= 980QH(kW)

③ L= 98QH(kW)

④ L= 9.8QH(kW)

 해설

이론동력 L = 밀도(kg/m³) × 펌프의 송출유량(m³/s) × 펌프의 전양정(m)
= 1,000QH[(kg/m³) × (m³/s) × m] = 1,000QH(kg · m/s)

1KW = 102(kg · m/s)이므로

이론동력 L = $\frac{1{,}000QH(kg \cdot m/s)}{102(kg \cdot m/s)}$ (kW) = 9.8QH(kW)

19 다음 중 옳지 않은 것은?

① 아공석강의 서냉조직은 페라이트(ferrite)와 펄라이트(pearlite)의 혼합조직이다.

② 공석강의 서냉조직은 페라이트로 변태종료 후 온도가 내려가도 조직의 변화는 거의 일어나지 않는다.

③ 과공석강의 서냉조직은 펄라이트와 시멘타이트(cementite)의 혼합조직이다.

④ 시멘타이트는 철과 탄소의 금속간 화합물이다.

해설 탄소강의 변태

종류	내용
아공석강	• 0.02~0.8%C 이하의 공석강 • A3 변태(912℃) : 아공석강이 γ 오스테나이트 단상으로 변태 • 775℃까지 서냉시키면 오스테나이트 결정립계에서 초석페라이트가 생성 • 723℃ 직하인 일정한 점에 도달되면 남아있는 오스테나이트는 공석반응에 의해서 펄라이트로 변태 • 펄라이트를 구성하고 있는 페라이트는 초석 페라이트와 구별하여 공석페라이트라고 함 • 서냉조직은 페라이트(ferrite)와 펄라이트(pearlite)의 혼합조직이 됨
공석강	• 0.8%C를 함유하는 조성의 탄소강 • 평형에 가까운 냉각속도로 서냉시킬 때 공석온도 직상(723℃ 이상)에서는 아직까지 조직은 오스테나이트 상태로 존재 • 723℃ 이하로 냉각될 때 오스테나이트가 α 페라이트와 시멘타이트로 분해되는 공석반응 • A1 변태(723℃ : 펄라이트 변태) : 서냉조직은 **페라이트와 시멘타이트가 교대로 반복**되어지는 층상조직을 형성하고 있으며, 형태가 진주(pearl)와 비슷하기 때문에 펄라이트(Pearlite)라고 함
과공석강	• 0.8~2.11%C의 탄소강 • 950℃에서 오스테나이트화한 후에 일정한 온도로 서냉되면 오스테나이트 결정립계에서 초석시멘타이트가 생성 • 723℃ 이하로 냉각되면서 공석반응에 의한 펄라이트로 변태 • 펄라이트를 구성하고 있는 시멘타이트는 초석시멘타이트와 구별하기 위해서 공석시멘타이트라고 함 • 따라서 과공석강의 서냉조직은 펄라이트와 시멘타이트의 혼합조직임 • 시멘타이트는 6.68%의 탄소와 철의 금속간 화합물로 침상조직을 형성함

20 기어의 설계시 이의 간섭에 대한 설명으로 옳지 않은 것은?

① 이에서 간섭이 일어난 상태로 회전하면 언더컷이 발생한다.
② 전위기어를 사용하여 이의 간섭을 방지할 수 있다.
③ 압력각을 작게 하여 물림길이가 짧아지면 이의 간섭을 방지할 수 있다.
④ 피니언과 기어의 잇수 차이를 줄이면 이의 간섭을 방지할 수 있다.

 해설 이의 간섭

한쌍의 기어가 물려서 회전 할 때, 한쪽 기어의 이끝이 상대쪽의 이뿌리에 부딪혀서 회전하지 않는 경우를 말한다. 이에서 간섭이 일어난 상태로 회전하면 언더컷이 발생한다.
이의 간섭을 막는 방법은 다음과 같다.
1. 이의 높이를 줄인다.
2. <u>압력각을 증가시킨다(20° 이상으로 크게 한다).</u>
3. 치형의 이끝면을 깎아 낸다.
4. 피니언의 반지름 방향의 이뿌리면을 파낸다.
5. 피니언과 기어의 잇수 차이를 줄인다.
6. 피니언의 잇수를 최소치수 이상으로 한다.
7. 기어의 잇수를 한계치수 이하로 한다.

2010년 4월 10일 시행 국가직 9급

01 길이가 3m, 단면적이 0.01m²인 원형 봉이 인장하중 100 kN을 받을 때 봉이 늘어난 길이[m]는? (단, 봉의 영계수(Young's Modulus) E=300 GPa이다)

① 1×10^{-7}
② 0.001
③ 0.002
④ 0.0001

해설 Hook's 의 법칙(인장하중을 받는 경우)을 이용한다.

$$\sigma = E\epsilon = E \times \frac{\triangle \ell}{\ell}, \quad \triangle \ell = \frac{\sigma \ell}{E} = \frac{F\ell}{A \cdot E} = \frac{\text{인장하중} \times \text{길이}}{\text{단면적} \times \text{영계수}} = \frac{100kN \times 3m}{0.01 m^2 \times 300 GPa}$$

$$= \frac{100kN \times 3m}{0.01 m^2 \times 300,000,000 kN/m^2} = 0.0001 m$$

(σ : 응력, ϵ : 변형률, E = 비례계수 = 종탄성계수 = 세로탄성계수 = 영계수)

02 펀치(punch)와 다이(die)를 이용하여 판금재료로부터 제품의 외형을 따내는 작업은?

① 블랭킹(blanking)
② 피어싱(piercing)
③ 트리밍(trimming)
④ 플랜징(flanging)

해설 펀치(punch)와 다이(die)를 이용하여 판금재료로부터 제품의 외형을 따내는 작업을 블랭킹(blanking : 외형뽑기)이라고 한다.

보충 프레스 가공

종류	유형	내용
전단가공 (Shearing : 한쌍의 공구에 힘을 가해 그 사이에 끼어있는 판재를 자르는 가공)	블랭킹 (Blanking)	• 펀치(punch)와 다이(die)를 이용하여 판금재료로부터 정해진 형상대로 제품의 외형을 따내고 그것을 제품으로 사용하는 작업
	파인블랭킹 (Fine blanking)	• 한번의 블랭킹 공정에서 제품의 전체 두께에 걸쳐 필요로 하는 고운 전단면과 양호한 제품 정밀도를 얻는 프레스 가공 공정
	피어싱 (Piercing)	• 제품으로 사용하려는 소재에 필요한 구멍을 뚫는 작업 • 슬로팅(Slotting) : 판재의 중앙부에서 가늘고 긴 홈을 뚫는 작업 • 퍼퍼레이팅 (Perforating) : 판재상에 많은 구멍을 규칙적인 배열로 피어싱하는 작업

정답 01 ④ 02 ①

한쌍의 공구 (펀치와 다이, 아랫날과 윗날, 상하 커터 등)	트리밍 (Trimming)	• 성형된 제품의 불규칙한 가장자리부위를 절단하는 작업
	노칭 (Notching)	• 소재의 가장자리로부터 원하는 형상을 절단하는 것으로 전단선 윤곽이 폐곡선을 이루지 않음
	슬리팅 (Slitting)	• 판재의 일부에 가는 절입선을 가공하는 작업 또는 넓은 판재를 일정한 간격의 좁은 코일 또는 스트립으로 가공하는 작업
	세퍼레이팅 (Separating)	• 성형된 제품을 2개 이상으로 분리하는 작업
	셰이빙 (Shaving)	• 앞 공정에서 전단된 블랭크재의 전단면을 평평하게 가공하기 위해 다시 한번 전단하는 작업
굽힘가공 (Bending : 판재를 굽히는 가공)	플랜징 (Flanging)	• 소재의 단부를 직각으로 굽히는 작업
	컬링 (Curling)	• 판 또는 용기의 가장자리부에 원형 단면의 테두리를 만드는 가공
	시밍 (Seaming)	• 2장의 판재의 단부를 굽히면서 겹쳐 눌러 접합하는 가공
드로잉 : 펀치 모양의 용기를 성형하는 가공)	디프드로잉 (Deep drawing)	• 얇은 판의 중심부에 큰 힘을 가하여 원통형이나 원뿔형 등의 이음매 없는 용기모양을 성형하는 가공
	재드로잉 (Redrawing)	• 지름에 비하여 깊이가 깊은 용기는 1회의 드로잉으로 되지 않으므로 몇 번에 나누어 만드는 가공

03 지름이 50mm인 공작물을 절삭속도 314m/min으로 선반에서 절삭할 때, 필요한 주축의 회전수[rpm]는?(단, π는 3.14로 계산하고, 결과 값은 일의 자리에서 반올림한다)

① 1,000
② 2,000
③ 3,000
④ 4,000

해설

회전수(N) = $\dfrac{1,000 \times V}{\pi D}$ = $\dfrac{1,000 \times 3.14}{3.14 \times 50}$ = 2,000

(D : 지름, V : 절삭속도)

04 측정기에 대한 설명으로 옳은 것은?

① 버어니어 캘리퍼스가 마이크로미터보다 측정정밀도가 높다.
② 사인 바(sine bar)는 공작물의 내경을 측정한다.
③ 다이얼 게이지(dial gage)는 각도 측정기이다.
④ 스트레이트 에지(straight edge)는 평면도의 측정에 사용된다.

정답 03 ② 04 ④

해설

① 버니어캘리퍼스는 0.05mm, 0.02mm 두가지 최소 눈금 단위가 사용되며, 마이크로미터의 경우, 일반적으로 사용되는 것은 0.01mm 단위이므로 <u>마이크로미터가 측정정밀도가 높다</u>.
② 사인 바(sine bar)는 3각함수의 사인(sine)을 이용한 <u>각도 측정기</u>이다. 공작물의 내경을 측정하는 것은 내경퍼스이다.
③ 다이얼 게이지는 <u>길이측정기</u>이다.
④ 스트레이트 에지는 판금 작업에서 금긋기 작업을 할 때 또는 실린더 블록, 실린더 헤드의 변형도를 검사할 때 쓰는 곧은자로 진직도를 재서 평면도를 측정한다.

 보충 측정기의 종류

구 분	종 류				
각도 측정	• 분도기(직각자, 콤비네이션 세트) • 수준기		• 사인바 • 광학식 각도계		• 각도게이지 • 오토콜리미터
평면 측정	• 스트레이트에지 • 오토콜리미터 • 투영기		• 나이프에지 • 옵티컬 플랫		• 정밀정반 • 공구현미경
길이 측정	선측정 (눈금이 있는 측정)	전장 측정기	• 버니어캘리퍼스 • 마이크로미터 • 측장기		• 하이트 게이지 • 퍼스
		비교 측정기	• 다이얼게이지 • 미니미터 • 옵토미터 • 공기마이크로미터		• 측미현미경 • 오도테스터 • 패시미터 • 전기마이크로미터
	단면측정		• 표준게이지 • 간극게이지 • 드릴게이지 • 피치(나사)게이지		• 한계게이지 • 반지름게이지 • 와이어게이지
테이퍼 측정	• 링게이지 • 각도게이지		• 플러그게이지 • 접촉자		• 사인바 • 공구현미경

05 브레이크 블록이 확장되면서 원통형 회전체의 내부에 접촉하여 제동되는 브레이크는?

① 블록 브레이크
② 밴드 브레이크
③ 드럼 브레이크
④ 원판 브레이크

 해설 브레이크

종 류	내 용
블록 브레이크	회전축에 고정시킨 브레이크 드럼에 브레이크 블록을 눌러 그 마찰력으로 제동하는 브레이크
밴드 브레이크	브레이크 드럼주위에 강철밴드를 감아 놓고 레버로 밴드를 잡아당겨 밴드와 브레이크 드럼사이에 마찰력을 발생시켜서 제동하는 브레이크

05 ③

드럼 브레이크	회전하는 드럼의 안쪽에 있는 브레이크 슈(브레이크 블록)를 캠이나 유압실린더를 이용하여 회전체의 원통형 드럼에 접촉하여 제동하는 브레이크
원판 브레이크	축과 일체로 회전하는 원판의 한면 또는 양면을 유압피스톤 등에 의해 작동되는 마찰패드로 눌러서 제동시키는 브레이크

06 컴퓨터에 의한 통합 제조라는 의미로 제조 부문, 기술 부문 등의 제조 시스템과 경영 시스템을 통합 운영하는 생산시스템의 용어로 옳은 것은?

① CAM(computer aided manufacturing)
② FMS(flexible manufacturing system)
③ CIM(computer integrated manufacturing)
④ FA(factory automation)

 해설

① CAM(computer aided manufacturing : 컴퓨터 지원 제조) : CAD(computer aided design : 컴퓨터 지원 설계)로 최적 설계된 정보에 의해 가공과 조립의 우선순위를 결정하고 공작기계를 사용하여 자동적으로 가공하는 시스템
② FMS(flexible manufacturing system : 유연생산시스템) : 고도로 자동화된 GT 셀이며, 자동 자재취급 및 보관시스템과 연결되어 있는 작업장 그룹(일반적으로 CNC 공작기계)으로 구성되어 있고, 분산 컴퓨터 시스템으로 제어된다. FMS가 유연하다고 하는 이유는 다양한 작업장에서 동시에 다양한 여러 부품유형을 처리할 수 있으며, 부품유형의 혼합 비율과 생산량이 수요 패턴이 변화함에 따라 조정될 수 있기 때문이다. FMS는 제품 다양성과 생산량이 중간 정도인 환경에 적합한 시스템
③ CIM(computer integrated manufacturing : 컴퓨터에 의한 통합 제조)
④ FA(factory automation : 공장자동화) : 공장의 자동화 기계화로 설계단계에서부터 생산, 검사, 하역 단계까지를 전체적으로 자동화하는 시스템

07 다음 중 큰 회전력을 전달할 수 있는 기계요소 순으로 나열된 것은?

① 안장 키 > 경사 키 > 스플라인 > 평 키
② 스플라인 > 경사 키 > 평 키 > 안장 키
③ 안장 키 > 평 키 > 경사 키 > 스플라인
④ 스플라인 > 평 키 > 경사 키 > 안장 키

 해설 전달 회전력이 큰 순서
세레이션 > 스플라인 > 접선키 > 묻힘키(성크키,경사키) > 반달키 > 평키 > 안장키

08 스프링에 대한 설명으로 옳지 않은 것은?

① 병렬 연결의 경우 스프링 상수는 커진다.
② 직렬 연결의 경우 스프링 상수는 작아진다.
③ 같은 하중에서 처짐이 커지면 스프링 상수는 작아진다.
④ 선형 스프링의 경우 하중이 한 일은 처짐과 스프링 상수의 곱과 같다.

 해설 스프링 상수 K_1, K_2의 2개를 접속시켰을 경우

① 병렬연결의 경우 스프링상수 $K = K_1 + K_2$ 이므로 스프링 상수는 커진다.
② 직렬연결의 경우 스프링상수 $\dfrac{1}{K} = \dfrac{1}{K_1} + \dfrac{1}{K_2}$ 이므로 스프링 상수는 작아진다. 예컨대 K_1, K_2 가 각각 10일 경우 스프링 상수는 5로 작아지게 된다.
③ 스프링상수 $K = \dfrac{W(하중)}{\delta(처짐량)}$ 이므로 처짐이 커지면, 스프링 상수는 작아진다.
④ 하중이 한 일 $U = \dfrac{1}{2}W\delta = \dfrac{1}{2}K\delta^2$ (처짐의 제곱과 스프링상수 곱의 절반과 같다)

09 유압 작동유의 점도가 지나치게 높을 때 발생하는 현상이 아닌 것은?

① 기기류의 작동이 불활성이 된다.
② 압력유지가 곤란하게 된다.
③ 유동저항이 커져 에너지 손실이 증대한다.
④ 유압유 내부 마찰이 증대하고 온도가 상승된다.

 해설 유압 작동유의 점도

점도가 지나치게 높을 때	점도가 지나치게 낮을 때
• 기기류의 작동의 불활성 • 유동저항이 커져 에너지 손실이 증대 • 내부마찰 증가와 온도상승 • 유압펌프의 동력손실 증가로 기계효율 저하 • 마찰손실 증가로 동력손실이 많아 체적효율 저하 • 유압펌프의 흡입저항 증가로 캐비테이션(공동현상) 발생 • 밸브나 액추에이터 응답성이 떨어지고 작동이 원활하지 못함	• 기기의 마모증가로 늘어붙음(seizure) 현상 발생 • 정밀한 조정과 압력유지가 곤란 • 내부오일의 누설증가 • 유압펌프 누설 증가로 체적효율 저하 • 액추에이터의 작동속도가 늦어짐

10 가솔린기관과 디젤기관에 대한 비교 설명으로 옳지 않은 것은?

① 가솔린기관은 압축비가 디젤기관보다 일반적으로 크다.
② 디젤기관은 혼합기 형성에서 공기만 압축한 후 연료를 분사한다.

③ 열효율은 디젤기관이 가솔린기관보다 상대적으로 크다.
④ 디젤기관이 저속 성능이 좋고 회전력도 우수하다.

 해설 가솔린 기관가 디젤기관 (국가직 2016년 문제17번, 2013년 12번 참조)

구 분	가솔린 기관	디젤기관
사용연료	휘발유(연료비가 비싸다)	경유, 중유
연료소비량	200~300g/PS·h	150~240g/PS·h
열효율	25~32%	32~38%
압축비	7~13 : 1	15~20 : 1
회전력	고속성능이 좋고 회전력은 디젤기관에 비해 떨어진다.	저속성능이 좋고 회전력(토크)도 우수하다.
회전수	2000~6500rpm	1600~4000rpm

11
일반적으로 큰 하중을 받거나 고속회전을 하는 축에 사용되는 합금의 성분이 아닌 것은?
① 베릴륨　　　　　　　　　② 니켈
③ 몰리브덴　　　　　　　　④ 크롬

 해설 축의 재료
1. 원칙 : 탄소가 0.1~0.4% 함유된 탄소강을 많이 사용
2. 큰 하중을 받거나 고속회전을 하는 축 : 니켈-크롬-몰리브덴 등의 합금강을 사용
3. 크랭크 축과 같이 복잡한 형상을 가지고 높은 하중을 받는 축 : 단조강, 미하나이트 주철 등을 사용

12
연강용 아크 용접봉에서 그 규격을 나타낼 때, E4301에서 43이 의미하는 것은?
① 피복제의 종류　　　　　　② 용착 금속의 최저 인장강도
③ 용접 자세　　　　　　　　④ 아크 용접시의 사용 전류

 해설 E4301의 의미

표 시	의 미
E	전기 용접봉(Electrode)의 첫 글자
43	용착 금속의 최저 인장강도
0	용접 자세(0.1 : 전자세, 2 : 아래보기 자세 및 수평 필립 용접, 3 : 용접보기, 4 : 전자세 또는 특정자세)
1	피복제의 종류

13 열영향부(HAZ)를 가장 좁게 할 수 있는 용접은?
① 마찰 용접
② TIG 용접
③ MIG 용접
④ 서브머지드 용접

해설
마찰 용접법의 특징은 국부적인 마찰열에 의해 접합부에서만 열이 발생하기 때문에 타 용접에 비해 용접온도가 낮아 금속간 화합물, 고온균열, 열영향부(HAZ)가 작게 나타난다.

보충 열영향부(HAZ)
용접열, 가스절단열 등 각종 열원의 영향을 받아 현미경 조직, 기계적성질, 내식성과 같은 특성들이 변화하나 용융하지 않은 모재부를 총칭하는 것으로, 통상 용접열영향부의 의미로 사용되기도 한다.
열에 의한 경화로 인해 취약해지기 쉬우며 인성의 저하 등 용접부의 주 균열발생 지역으로 매우 중요하다.

14 홈이 깊게 가공되어 축의 강도가 약해지는 결점이 있으나 가공하기 쉽고, 60mm 이하의 작은 축에 사용되며, 특히 테이퍼 축에 사용하면 편리한 키는?
① 평행 키
② 경사 키
③ 반달 키
④ 평 키

해설 키의 종류 (국가직 2016년 11번 문제참조)

종 류		내 용
묻힘키 (평행키, 경사키)		• 전달 토크가 크고 정밀도가 높아 가장 널리 사용되는 키 • 벨트풀리와 축에 모두 홈을 파서 때려 박는 키
	경사키	• 윗면에 1/100정도의 기울기를 가진 키 • 축과 보스를 맞추고 키를 때려박는 머리달린 경사키(드라이빙키) • 축에 키를 끼운 다음 보스를 때려 맞추는 경사키(셋트키) • 축과 보스가 미끄러지는 구조에서는 사용하지 않음
	평행키	• 위아래가 모두 평행한 키 • 축의 키홈에 억지 끼워 맞춤한 후 보스를 조립하거나, 또는 스크류로 키와 축을 고정하고 보스를 조립 • 보스가 축을 따라 미끄러지는(sliding) 작용을 하고자 할 때 사용
안장키		• 축은 절삭치 않고 보스에만 홈을 판 키 • 마찰력으로 고정시키며 축의 임의의 부분에 설치 가능 • 극 경하중에 사용
반달키		• 축에 원호상의 홈을 파고, 홈에 키를 끼워넣은 다음 보스를 밀어넣어 만든 키 • 축의 강도가 약해지는 결점이 있으나, 가공 및 분해조립이 용이 • **테이퍼축이나 60mm 이하의 작은 축에 사용**
평 키		• 축은 자리만 편편하게 다듬고 보스에 홈을 파서 만든 키 • 경하중에 쓰임

접선키	• 축과 보스에 축의 접선방향으로 홈을 파서 서로 반대의 테이퍼(1/60~1/100)를 가진 2개의 키를 조합하여 끼워넣은 키 • 중하중용으로 아주 큰 회전력 또는 힘의 방향이 변화하는 곳에 사용
미끄럼키 (페더키)	• 키와 보스의 홈사이에 약간의 틈새를 만들어 보스가 축방향으로 자유롭게 이동할 수 있게 한 것
스플라인축	• 큰 힘(회전력)을 전달할 수 있도록 축의 둘레에 많은 키를 깎은 것 • 중요한 공작기계, 자동차, 항공기 등에 널리 이용
세레이션	• 축의 둘레에 스플라인보다 작은 삼각형의 이를 많이 만들고, 보스를 압입하여 고정하도록 만든 것 • 자동차의 핸들 고정용, 전동기나 발전기의 전기축 등에 이용

15 강의 열처리에서 생기는 조직 중 가장 경도가 높은 것은?

① 펄라이트(pearlite) ② 소르바이트(sorbite)
③ 마르텐사이트(martensite) ④ 트루스타이트(troostite)

  해설 각 조직의 경도 순서

시멘타이트 > 마르텐사이트 > 트루스타이트 > 소르바이트 > 펄라이트 > 오스테나이트 > 페라이트

16 철판에 전류를 통전하며 외력을 이용하여 용접하는 방법은?

① 마찰 용접 ② 플래쉬 용접
③ 서브머지드 아크 용접 ④ 전자 빔 용접

  해설 용접의 종류(서울시 2017년 문제 19번 참조)

종류		내용
용접(두 모재의 접합할 부분을 용융상태가 되게 하여 접합하는 방법)	가스 용접	• 접합할 두 모재를 가스불꽃으로 가열하여 용융시키고, 여기에 모재와 거의 같은 금속(용접봉)을 녹여 접합시키는 방법 • 산소-아세틸렌 용접, 공기-아세틸렌 용접, 산소-수소용접
	아크 용접	서브머지드 아크용접	• 용접선에 뿌려진 용제속에서 아크를 발생시켜, 이열로 모재와 와이어를 용융시켜 용접하는 방법
		불활성가스 아크용접	• 모재와 전극봉 사이에서 아크를 발생시키고, 그 주위에 아르곤, 헬륨 등의 불활성가스를 분출시켜 용접하는 방법 • MIG용접(시일드아크용접) : 나심선(필러재)의 전극와이어를 일정한 속도로 토치에 공급하여 와이어와 모재 사이에 아크를 발생시켜 용접하는 방법
			• TIG용접 : 텅스텐전극과 모재 사이에 아크를 발생시킨다. 이 경우 텅스텐전극의 앞끝은 용융하지 않고 옆면에서 삽입된 막대모양 용가재의 앞 끝과 모재가 용융하여 용접이 이루어지는 방법

정답 15 ③ 16 ②

압 접(실온이나 가열한 두 모재 접합부에 큰 힘을 가해 접합하는 방법)		이산화탄소 아크용접	• 불활성가스대신에 이산화탄소, 또는 이산화탄소와 혼합한 가스로 용접부를 둘러싸서 접합하는 방법
	테르밋 용접		• 테르밋 혼합재료 [알루미늄(Al)과 산화철(Fe_2O_3)을 혼합한 것]와 그 위에 점화재료(과산화바륨, 마그네슘 등 혼합분말)을 놓고 점화하여 얻은 3,000℃의 고열로 용융된 철을 용접부분에 주입하여 모재를 용접하는 방법
	저항 용접	점(spot) 용접	• 두 개의 모재를 겹쳐 아래 전극위에 놓고, 위 전극을 아래로 내려 모재에 접촉시켜 전류를 통해 접촉부의 온도가 용융상태에 가깝게 되었을 때 위 전극을 눌러 용접하는 방법
		프로젝션 용접	• 모재의 반쪽에 돌기(프로젝션)을 만들고, 이것에 평행한 모재를 겹쳐서 놓고 전류를 통하여 용융 온도에 가깝게 되었을 때, 위 전극에 힘을 가해 돌기를 용융시켜 접합하는 방법
		심(seam)용접	• 전극으로 롤러를 사용하며, 그 사이에 모재를 겹쳐 놓고 전류를 통하여 연속적으로 가열, 가압하여 접합하는 용접
		맞대기 용접 / 업셋 용접	• 봉모양을 맞대기 용접할 때 사용하는 방법으로, 정당한 압점온도에 달했을 때 압력을 가하여 업셋(국부소성변형)을 일으켜 접합하는 방법
		맞대기 용접 / 플래시용접	• 철판에 전류를 통전하며 외력을 이용하여 용접하는 방법으로 접합면이 국부적으로 과열용융되어 불꽃(flash)이 비산하기 때문에 플래시용접이라 함
	마찰 용접		• 고체상태(비용해방식)에서 진행되는 방식으로, 열투입을 최소화함으로써 비틀림을 최소화하고, 스패터나 흄이 생성되지 않는 용접
	단 접		• 금속을 가열한 후 타격 또는 압력을 가하여 접합하는 고상용접 방법
납땜(모재보다 용융점이 낮은 금속을 접합부에 흘려넣어 접합하는 방법)	경 납		• 접착제의 역할을 하는 땜납의 용융점이 450℃이상인 납땜
	연 납		• 땜납의 용융점이 450℃이하인 납땜

17 소성변형의 전위에 대한 설명으로 옳지 않은 것은?

① 전위의 움직임에 따른 소성변형 과정이 슬립이다.
② 슬립은 결정면의 연속성을 파괴한다.
③ 전위의 움직임을 방해할수록 재료는 경도와 강도가 증가한다.
④ 혼합전위는 쌍정과 나사전위가 혼합된 전위를 말한다.

해설

① 소성변형은 수많은 전위(dislocation)의 움직임(slip)에 의한 결과물이다. 즉, 슬립은 전위의 움직임에 따른 소성변형과정이다.
② 슬립은 특정한 결정면(슬립면)에서 특정한 결정방향으로 연속성을 파괴한다.
③ 소성변형은 전위움직임의 용이성에 의존하며, 전위움직임이 용이하게 되면 소성변형은 쉽게 일어난다. 따라서 전위움직임을 방해할수록 재료는 소성변형이 어려우므로 더 단단하고 강해진다. 금속의 강도가

비교적 낮은 이유는 전위들이 금속 내를 쉽게 활주할 수 있기 때문이다. 따라서 전위들이 금속 내에서 활주하는 것을 어렵게 만든다면 금속의 강도를 증가시킬 수 있다. 이러한 개념에 따라 여러 가지 강화기구가 개발되었으며 이는 전위를 금속 내에서 아예 제거하거나 전위의 움직임을 방해함으로써 실현된다. 후자의 강화기구로서는 용질 원자 첨가, 가공경화, 결정립 미세화, 석출경화 등이 있다.

④ 혼합전위는 칼날전위와 나사(나선)전위가 혼합된 전위를 말한다.

칼날전위	• 결정의 어느 슬립면에 따라서 슬립이 생길 경우 이미 미끄러진 부분과 미끄러지지 않은 경계부분사이의 경계선인 전위가 선상으로 존재하는 전위이다. • 잉여반평면이 존재한다. • 전위선의 방향이 수직이다. • 버거스벡터는 전위선에 수직한다.
나사전위	• 결정에 전단응력이 작용하여 생기는 전위로 전위선의 방향이 평행이다. • 전체 결정이 움직이지 않고 일부만이 전위되는 것이다. • 잉여반평면이 존재하지 않는다. • 칼날전위보다 변형이 더욱 쉽다.

보충 잉여반평면

칼날전위는 완벽한 격자 사이에 여분의 삽입된 절반의 면이 존재하는 형태이며, 이때 여분의 삽입된 절반의 면을 말한다.

18 금속의 파괴 현상 중 하나인 크리프(creep)현상에 대한 설명으로 적절한 것은?

① 응력이 증가하여 재료의 항복점을 지났을 때 일어나는 파괴 현상
② 반복응력이 장시간 가해졌을 때 일어나는 파괴 현상
③ 응력과 온도가 일정한 상태에서 시간이 지남에 따라 변형이 연속적으로 진행되는 현상
④ 균열이 진전되어 소성변형 없이 빠르게 파괴되는 현상

해설

① 연성파괴현상 ② 피로파괴현상
③ 크리프 현상 ④ 취성파괴현상

19 원통 코일 스프링의 스프링 상수 k에 대한 설명으로 적절하지 않은 것은?

① 유효감김 수 n에 반비례한다.
② 소선의 전단 탄성계수 G에 비례한다.
③ 소선의 지름 d의 네제곱에 비례한다.
④ 스프링의 평균 지름 D의 제곱에 비례한다.

정답 18 ③ 19 ④

해설

스프링상수 $K = \dfrac{W(하중)}{\delta(처짐량)} = \dfrac{Gd^4}{8nD^3} = \dfrac{GD}{8nC^4} = \dfrac{Gd^4}{64nR}$

④ 스프링의 평균 지름 D에 비례하는 경우도 있고, D의 세제곱에 반비례하는 경우도 있다.

20 절삭가공에 대한 일반적인 설명으로 옳은 것은?

① 경질재료일수록 절삭저항이 감소하여 표면조도가 양호하다.
② 절삭깊이를 감소시키면 구성인선이 감소하여 표면조도가 양호하다.
③ 절삭속도를 증가시키면 절삭저항이 증가하여 표면조도가 불량하다.
④ 절삭속도를 감소시키면 구성인선이 감소하여 표면조도가 양호하다.

 해설

① 경질재료일수록 절삭저항이 증가하여 표면조도가 불량하다.
② 절삭깊이를 감소시키면 절삭면적(절삭깊이 × 이송량)이 감소하므로 구성인선과 절삭저항이 감소하여 표면조도가 양호하다.
③ 절삭속도를 증가시킬수록 절삭저항과 구성인선은 감소하여 표면조도가 양호하다.
④ 절삭속도를 감소시킬수록 절삭저항과 구성인선은 증가하여 표면조도가 불량하다.

보충 구성인선의 방지책

1. 30°이상 바이트의 전면 경사각을 크게 한다.
2. 120m/min(절삭임계속도 : 구성인선이 소멸되는 속도)이상 절삭속도를 크게 한다
3. 윤활성이 좋은 윤활제를 사용한다.
4. 절삭깊이를 감소시킨다.

20 ②

2009년 4월 11일 시행 국가직 9급

01 탄소강(SM30C)을 냉간가공하면 일반적으로 감소되는 기계적 성질은?

① 연신율 ② 경도
③ 항복점 ④ 인장강도

해설

① 냉간가공은 가공경화로 연성과 연신율이 감소한다.
② 냉간가공하게 되면 경도, 강도가 증가하므로 가공도는 떨어지게 된다.
③ 전위밀도의 증가에 따라 항복강도는 증가한다.
④ 인장강도는 증가한다.

02 Fe-C 평형상태도에 표시된 S, C, J 점에 대한 설명으로 옳은 것은?

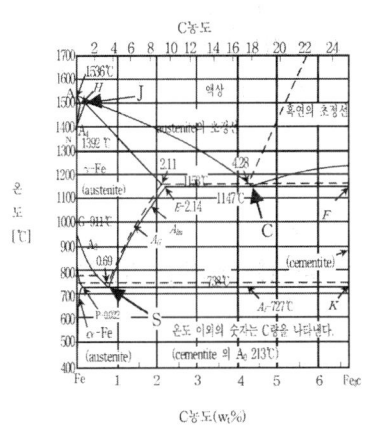

Fe-C계 상태도(실선 : Fe-Fe₃C계, 점선 : Fe-흑연계)

	S	C	J
①	포정점	공정점	공석점
②	공정점	공석점	포정점
③	공석점	공정점	포정점
④	공정점	포정점	공석점

정답 01 ① 02 ③

해설 합금되는 금속 반응
- S : 공석반응(공석점 : Fe – 0.77%C, 727℃) : γ(오스테나이트) ⇔ 펄라이트(P)
- C : 공정반응(공정점 : Fe – 4.28%C, 1147℃) : L(액상) ⇔ 레데뷰라이트(L)
- J : 포정반응(포정점 : Fe – 0.16%C, 1495℃) : L(액상) + δ(페라이트) ⇔ γ(오스테나이트)

03 철강에 포함된 탄소 함유량의 영향에 대한 설명으로 옳지 않은 것은?
① 탄소량이 증가하면 연신율이 감소한다.
② 탄소량이 감소하면 경도가 증가한다.
③ 탄소량이 감소하면 내식성이 증가한다.
④ 탄소량이 증가하면 단면수축률이 감소한다.

 해설
탄소량이 감소하면 <u>경도가 감소한다.</u>

 보충 탄소량의 영향

종류	비례하는 것	반비례하는 것
물리적 성질	비열, 전기저항(고유저항), 항자력	비중, 선팽창률, 온도계수, 열전도율, 단면수축률
기계적 성질	인장강도, **경도**, 강도, 내마멸성, 항복점	**연신율**, 용접성, 인성(충격값)
화학적 성질		내식성

04 탄소강 판재로 이음매가 없는 국그릇 모양의 몸체를 만드는 가공법은?
① 스피닝
② 컬링
③ 비딩
④ 플랜징

 해설
① 이음매 없이 용기모양으로 성형하는 가공법을 디프 드로잉 가공이라고 하고, 스피닝은 디프드로잉 가공의 일종으로 <u>원통모양의 몸체를 만드는 회전가공법</u>이다.
② 컬링 : 판 또는 용기의 가장자리부에 원형 단면의 테두리를 만드는 가공
③ 비딩 : 드로잉된 용기에 홈을 내는 가공
④ 플랜징 : 소재의 단부를 직각으로 굽히는 작업

보충 프레스 가공

구 분	종 류	방 법
전단가공 (절단가공)	블랭킹	소재로부터 절단해 낸 부분이 제품이 되는 가공
	펀칭(피어싱)	소재로부터 구멍등을 절단해 내고 남은 부분(scrap)이 제품이 되는 가공
	슬로팅	판재의 중앙부에서 가늘고 긴 홈을 절단하는 작업으로 피어싱과 유사
	트리밍	펀치와 다이(die)로 소요의 형상과 치수에 맞게 가장자리를 잘라내는 가공(2차 가공)
	브로칭	브로치에 의한 절삭 가공
	노 칭	소재의 한 쪽 끝에서 다른 쪽 끝까지 직선 또는 곡선상으로 절단하는 가공
	분단 (세퍼레이팅)	성형된 제품을 2개 이상으로 분리하는 작업(2차 가공)
	세이빙	완성된 제품단면의 불필요한 부분을 제거하여 매끈하게 마무리 하는 가공
	슬리팅	판재의 일부에 가는 절입선을 가공 하는 작업 또는 넓은 판재를 일정한 간격의 좁은 코일 또는 스트립으로 가공하는 작업
굽힘가공 (벤딩)	시 밍	2장의 판재의 단부를 굽히면서 겹쳐 눌러 판과 판을 잇는 작업
	컬 링	용기의 가장자리를 둥글게 말아 붙이는 가공
	버 링	트럼펫같은 악기작업시 재료판에 미리 뚫어 놓은 구멍을 넓히기 위해 구멍 가장자리를 원통 모양으로 플랜지를 만드는 가공
	플랜징	소재의 단부를 직각으로 굽히는 작업
압축가공 (냉간단조)	압 인 (coining)	주로 메달이나 동전등의 작업시 재료를 필요한 모양이나 무늬가 새겨진 금형 속에서 강하게 눌러 금형과 같은 모양을 재료의 표면에 만드는 가공
	스웨이징	튜브나 속이 찬 금속소재 공작물의 직경을 줄이는 데 사용되는 단조 공정으로 공작물이 금형으로 들어오면 회전하는 금형이 공작물을 안쪽 반경방향으로 타격해 직경을 줄이는 가공
	업세팅	단조물 또는 그 일부를 축선상의 길이를 눌러서 줄이면서 횡단면으로 원하는 모형을 만드는 작업
성형가공	엠보싱	요철이 있는 다이와 펀치로 판재를 눌러 판에 요철을 내는 가공 (넓은 판재에 무늬를 돌기처럼 새기는 가공)
	비 딩	보강이나 장식이 목적으로 드로잉된 용기에 홈을 내는 가공
	벌 징	드로잉한 용기에 고무 또는 유체를 넣고 압축하여 배모양의 볼록한 형상을 만드는 작업
	네 킹	원통형 부품의 직경을 감소시키는 가공
	익스팬딩	원통의 단부 내경을 확대시키는 가공
	플래팅 (스트레이트닝)	소재의 표면을 평평하게 하는 가공
드로잉	커 핑	단일 공정으로 제작되는 컵형상의 제품을 만드는 과정 (1차 드로잉)
	스피닝	선반의 주축에 다이를 고정하고, 블랭크(blank)를 다이와 함께 회전시켜 이음매 없는 원통형의 제품을 만드는 가공
	리스트라이킹	전 공정에서 만들어진 제품의 형상 이나 치수를 정확하게 하기 위해 변형된 부분을 밀어 교정하는 마무리 작업
	아이어닝	제품의 측벽두께를 얇게 하면서 제품의 높이를 높게 하는 가공

05 속이 찬 봉재로부터 길이방향으로 이음매가 없는 긴 강관(鋼管)을 제조하는 방법은?

① 프레스가공 ② 전조가공
③ 만네스맨가공 ④ 드로잉가공

해설 제관법

구 분	종 류	방 법
이음매가 없는 관 제조법	천공법	만네스맨가공, 압출법, 에르하르트법, stifel법
	밀어내기법	
이음매 있는 관 제조법	단접법	단접롤러로 단접하는 방법
	용접법	맞대기법, 겹치기법, 저항용접법

④ 드로잉가공은 이음매가 없는 '용기' 모양의 제품을 만드는 가공이다.

06 다음 중 정밀 입자가공에 해당하지 않는 것은?

① 호빙(hobbing) ② 래핑(lapping)
③ 슈퍼 피니싱(super finishing) ④ 호닝(honing)

해설
호빙은 특수 유형의 밀링기계인 호빙 기계에서 기어 커팅, 스플라인 절단 및 톱니 절단을 위한 가공 방법이다

보충
정밀입자가공법 : 래핑, 슈퍼 피니싱, 호닝, 액체호닝, 초음파가공, 숏피닝 등

07 허용할 수 있는 부품의 오차 정도를 결정한 후 각각 최대 및 최소 치수를 설정하여 부품의 치수가 그 범위 내에 드는지를 검사하는 게이지는?

① 블록 게이지 ② 한계 게이지
③ 간극 게이지 ④ 다이얼 게이지

해설
① 면과 면, 선과 선의 길이의 기준으로 사용되고 있는 평면 단도기이다.
② 한계 게이지는 제품이 합격규격으로 정해진 최대 허용치수와 최소 허용치수의 범위내에 드는지를 조사하기 위해 사용되는 게이지로서 최대 허용치수를 가지는 통과측(go gauge)과 최소 허용치수를 가지는 정지측(no-go gauge)이 있음 제품이 통과측을 통과하고 정지측을 통과하지 못하면 합격품으로 판정한다.
③ 기계조립시 부품 사이의 틈새 또는 좁은 홈 등의 간극을 측정하는데 사용되는 게이지이다.
④ 측정자의 직선 또는 원호운동을 기계적으로 확대하여 그 움직임을 지침의 회전변위로 변환시켜 눈금으로 읽을 수 있는 길이비교측정기이다.

08 가솔린 기관의 노크 현상에 대한 설명으로 옳은 것은?

① 공기 – 연료 혼합기가 어느 온도 이상 가열되어 점화하지 않아도 연소하기 시작하는 현상
② 흡입공기의 압력을 높여 기관의 출력을 증가시키는 현상
③ 가솔린과 공기의 혼합비를 조절하여 혼합기를 발생시키는 현상
④ 연소 후반에 미연소가스의 급격한 연소에 의한 충격파로 실린더 내 금속을 타격하는 현상

 해설 가솔린 기관과 디젤기관의 노크 현상

구 분	가솔린 기관	디젤 기관
의 의	• 연소 후반에 미연소가스가 압축되어 온도가 높아지면서 자기착화온도에 도달하게 되면 미연소가스의 급격한 연소에 의한 충격파로 실린더 내 금속을 타격하는 현상	압축행정시에 연료가 분사되고 점화시기까지의 시간이 길어지게 되면 (착화지연) 증가된 연료가 일시에 점화되면서 연소실내에서 급격한 압력상승으로 발생하는 엔진소음
방지책	• 엔티노크성이 큰 연료(옥탄가가 높은 연료)를 사용한다. • 화염의 전파속도를 빠르게 하고 전파거리를 짧게 한다. • 엔드가스의 온도,압력을 낮춘다. • 흡기온도를 낮춘다 • 실린더 벽의 온도를 낮게한다. • 회전수를 증가시킨다. • 점화시기를 지연시킨다.	• 세탄가가 높고 착화성이 좋은 연료를 사용하여 착화지연을 짧게 한다. • 실린더 벽의 온도를 높인다. • 흡기온도, 흡기압력을 높게 한다. • 회전속도나 분사속도를 낮춘다. • 드로트 노즐을 사용한다. • 압축비를 크게하고 압축온도, 압축압력을 높인다 • 흡기공기에 와류가 발생되어 많은 양의 공기가 흡입될 수 있도록 한다. • 착화기간 중에는 분사량을 적게하고 착화 후 많은 연료가 분사되며 분무를 양호하게 한다.

09 리벳작업에서 코킹을 하는 목적으로 가장 옳은 것은?

① 패킹재료를 삽입하기 위해
② 파손재료를 수리하기 위해
③ 부식을 방지하기 위해
④ 기밀을 유지하기 위해

 해설 코킹과 풀러링
• 코킹 : 고압탱크, 보일러 등과 같이 기밀을 필요로 할 때에는 리베팅이 끝난 뒤에 리벳머리 주위 또는 강판의 가장자리를 끌로 때려 그 부분 밀착시켜 틈을 없애는 작업을
• 풀러링 : 기밀을 더욱 완전하게 하기 위해서 끝이 넓은 끌로 때려 붙이는 작업

정답 08 ④ 09 ④

10 다음 중에서 탄소강의 표면경화 열처리법이 아닌 것은?

① 어닐링법 ② 질화법
③ 침탄법 ④ 고주파경화법

해설
어닐링법(풀림)은 소성가공으로 절삭성이 나빠진 강을 연하게 하거나 또는 전연성을 향상시키기 위한 조작을 말한다.

해설 탄소강의 표면경화 열처리법

방법	종류
화학적 방법(첨가원소의 확산에 의한 방법)	• 침탄법 : 강의 표면에 탄소를 침투시키는 방법 • 질화법 : 암모니아 가스로 표면을 질화시키는 방법
물리적 방법(강의 화학적 성분은 그대로 두고 표면만을 단단하게 하는 방법)	• 고주파 경화법 : 고주파열로 표면을 열처리하는 방법 • 화염경화법 : 산소아세틸렌 화염으로 표면만 가열하여 냉각시키는 방법

11 다음 용접의 방법 중 고상용접이 아닌 것은?

① 확산용접(diffusion welding)
② 초음파용접(ultrasonic welding)
③ 일렉트로슬래그용접(electroslag welding)
④ 마찰용접(friction welding)

해설
일렉트로슬래그용접은 아크 및 저항 용접을 병용한 용접법이다. 즉 용제를 아크로 녹여서 슬래그로 만들고, 용융 슬래그 속에서 전극 와이어를 연속적으로 공급하여 슬래그의 안에서 흐르는 전류의 저항열에 의하여 와이어와 모재를 용융시켜 접합하는 방법이다.

보충 고상 용접(압접)

2개의 깨끗하고 매끈한 금속 면을 원자와 원자의 인력이 작용할 수 있는 거리에 접근시키고 밀착하여 용가재 없이 하는 용접.
• 로울 압접 : 압연기 로울러의 압력에 의한 접합
• 냉간 압접 : 외부에서 기계적인 힘을 가하여 접합
• 열간 압접 : 접합부를 가열하고 압력 또는 충격을 가하여 하는 접합
• 마찰 압접 : 접촉면의 기계적 마찰로 가열된 것을 압력을 가하여 접합
• 폭발 압접 : 폭발의 충격파에 의한 용접
• 초음파 압접 : 접합면을 가압하고 고주파 진동에너지를 그 부분에 가하여 용접
• 확산 압접 : 접합면에 압력을 가하여 밀착시키고 온도를 올려 확산으로 하는 용접

12 다음 기계 가공 중에서 표면거칠기가 가장 우수한 것은?

① 내면연삭가공 ② 래핑가공
③ 평면연삭가공 ④ 호닝가공

해설
래핑(lapping)가공은 여러 표면 처리 가공 중에서 표면 거칠기의 정도가 가장 매끄러운 단계까지 가공할 수 있는 정밀 입자 가공법이다.

13 그림과 같이 지름이 d_1에서 d_2로 변하는 축에 인장력 P가 작용하고 있다. 직경비가 $d_1 : d_2 = 1 : 2$일 때 두 단면에서 발생하는 인장응력의 비인 $\sigma_1 : \sigma_2$는?

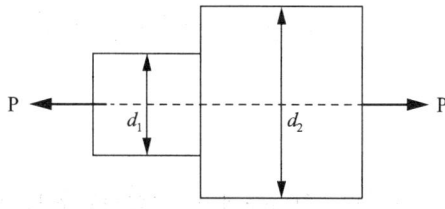

① 1 : 2 ② 1 : 4
③ 2 : 1 ④ 4 : 1

해설 인장하중을 받을 때 응력 공식

$$\sigma_1 = \frac{P}{\frac{\pi}{4}(d_1)^2}, \quad \sigma_2 = \frac{P}{\frac{\pi}{4}(d_2)^2} = \frac{P}{\frac{\pi}{4}(2d_1)^2}$$

$$\sigma_1 : \sigma_2 = \frac{P}{\frac{\pi}{4}(d_1)^2} : \frac{P}{\frac{\pi}{4}(2d_1)^2} = 4 : 1$$

14 3줄 나사에서 수나사를 고정하고 암나사를 1회전시켰을 때 암나사가 이동한 거리는?

① 나사 피치의 1/3배 ② 나사 리드의 1/3배
③ 나사 피치의 3배   ④ 나사 리드의 3배

해설
- 나사를 1회전시켰을 때 나사가 이동한 거리를 리드라고 한다.
- 나사의 리드(ℓ) = n(줄수) × p(피치) = 3p
- 한줄나사의 경우에는 리드와 피치가 같지만, 3줄나사의 경우에는 리드는 나사 피치의 3배가 된다.

정답 12 ② 13 ④ 14 ③

2009년 4월 11일 시행

15 연삭숫돌에 눈메움이나 무딤이 발생하였을 때 이를 제거하기 위한 방법으로 가장 옳은 것은?

① 드레싱(dressing)
② 폴리싱(polishing)
③ 연삭액의 교환
④ 연삭속도의 변경

 해설

드레싱(dressing)은 눈메움(로딩)이나 무딤(글레이징)이 발생하였을 때 강판드레서 또는 다이아몬드 드레서로 숫돌표면을 정형하거나 칩을 제거하는 작업을 말한다.

보충 눈메움, 무딤, 자생작용

구 분	의 의
눈메움(로딩 : loading)	• 숫돌입자의 표면이나 기공에 칩이 끼어 연삭성이 나빠지는 현상
무딤(글레이징 : glazing)	• 자생작용이 잘되지 않아 입자가 납작해지는 현상
자생작용	• 연삭시 숫돌의 마모된 입자가 탈락되고 새로운 입자가 나타나는 현상

16 SM35C, SC350으로 표현된 재료규격의 설명으로 옳지 않은 것은?

① SM35C에서 SM은 기계구조용 탄소강재라는 것이다.
② SM35C에서 35C는 탄소함유량이 3.5%라는 것이다.
③ SC350에서 SC는 탄소강 주강품이라는 것이다.
④ SC350에서 350은 인장강도 350N/mm² 이상을 나타낸다.

 해설

①, ② 기계구조용 탄소강재(SM재)
기계구조용 탄소강재는 C(탄소) 0.6% 이하의 강을 압연한 채로 혹은 담금질·뜨임하여 기계를 구조적으로 지탱할 수 있는 탄소가 함유된 강을 말한다.
이 강종(鋼種)의 기호 표시법은 평균 탄소량을 나타내는 숫자를 S(steel)와 C(carbon) 사이에 써서 표시한다. 그러므로 SM35C란 탄소의 평균 함유량이 0.35%인 강재라는 것을 의미하고 있다.
③, ④ 강(steel)으로 주조한 주물을 주강이라 하며, 탄소강주강품은 Carbon을 주성분으로 하고 Si(실리콘), Mn(망간), P(인), S(황) 5대 원소로 구성된다. ③, ④는 모두 옳은 설명이다.

17 제품과 같은 모양의 모형을 양초나 합성수지로 만든 후 내화재료로 도포하여 가열경화시키는 주조 방법은?

① 셸몰드법
② 다이캐스팅
③ 원심주조법
④ 인베스트먼트 주조법

해설 특수주조법 (서울시 2017년 문제 20번 참조)

주조법	방법
셀몰드법	금속으로 만든 모형을 가열로에 넣고 가열한 다음, 모형위에 규사와 페놀제 수지를 배합한 가루를 뿌려 경화시켜 주형을 만드는데, 이때 주형은 상하 두 개의 얇은 조개껍데기 모양의 셀을 만들므로 셀몰드 주조법이라고 부른다.
다이캐스팅	용융금속에 압력을 가해 금형에 밀어넣으면 재질이 균일하고 치밀하게 되며, 탕구에서 짧은 시간내에 용융금속이 주형의 구석까지 주입되어 주물을 만드는 방법으로, 얇고 복잡한 형상의 비철금속 제품 제작에 적합한 주조법이다.
원심주조법	주형을 고속으로 회전시키면서 쇳물을 주입하면 쇳물은 원심력에 의하여 주형을 따라 응고하게 되는데, 이처럼 원심력을 이용하여 속이 빈 주물을 만드는 방법을 말한다.
인베스트먼트 주조법	제품과 같은 모양의 모형을 용융점이 낮은 양초(왁스)나 합성수지로 만든 후 내화재료로 도포하여 가열경화시키는 주조 방법이다.

18 절삭가공에서 공구 수명을 판정하는 방법으로 옳지 않은 것은?

① 공구날의 마모가 일정량에 달했을 때
② 절삭저항이 절삭개시 때와 비교해 급격히 증가하였을 때
③ 절삭가공 직후 가공표면에 반점이 나타날 때
④ 가공물의 온도가 일정하게 유지될 때

 해설 공구 수명 판정 방법
1. 공구날 끝의 마모가 일정량에 달했을 때 (①)
2. 절삭저항이 절삭개시 값보다 급격히 증가하였을 때 (②)
3. 절삭가공 직후 가공표면에 광택이 있는 반점이 나타날 때(백휘둔화) (③)
4. 완성가공된 다듬질 치수에 기준 이상의 변화가 발생하였을 때

19 사각나사의 축방향 하중이 Q, 마찰각이 ρ, 리드각이 α일 때 사각나사가 저절로 풀리는 조건은?

① $Q \tan(\rho+\alpha) > 0$ ② $Q \tan(\rho+\alpha) < 0$
③ $Q \tan(\rho-\alpha) < 0$ ④ $Q \tan(\rho-\alpha) > 0$

 해설
나사를 풀 때 회전력 P'는 나사를 조일 때 접선력 P의 반대방향이며, 공식은 $P' = Q \tan(\rho-\alpha)$이다.
1. $P' > 0$ 이면, 나사를 풀 때 힘이 소요된다. $\rho > \alpha$
2. $P' = 0$ 이면, 저절로 풀리다 임의 지점에서 정지한다. ($\rho = \alpha$)
3. $P' < 0$ 이면, 저절로 풀린다. $\rho < \alpha$

20. 직각인 두 축 간에 운동을 전달하고, 잇수가 같은 한 쌍의 원추형 기어는?

① 스퍼기어 ② 마이터기어
③ 나사기어 ④ 헬리컬기어

 해설 기어의 유형

종류		방법
축이 평행할 때 사용되는 기어	스퍼기어 (평기어)	• 이가 축에 나란한 원통형기어이며, 평행한 두 축사이의 동력전달에 가장 널리 사용되는 일반적인 기어이다.
	헬리컬기어	• 이가 헬리컬 곡선(톱니 줄기가 비스듬히 경사져 있는 곡선)으로 된 기어로 스퍼기어에 비하여 이의 물림이 원활하나, 축방향으로 스러스트(추력)가 발생한다. • 진동과 소음이 적어 큰 하중과 고속의 전동에 쓰인다.
	내접기어	• 원통의 안쪽에 이가 있는 기어로, 이것과 맞물려 회전하는 기어를 외접기어 • 내접기어는 두 축의 회전방향이 같으며, 높은 속도비가 필요한 경우에 사용된다.
	래크와 피니언	• 래크는 기어의 피치원지름이 무한대로 큰 경우의 일부분이라고 볼 수 있으며, 피니언의 회전에 대하여 래크는 직선운동한다.
두 축이 만날 때 (직각일 때)사용되는 기어	베벨기어	• 축이 교차하는 두 원뿔면에 이를 낸 것으로서, 이가 원뿔의 꼭지점을 향하는 것을 직선베벨기어라고 한다.
	마이터 기어	• **베벨기어의 피니언과 기어의 잇수가 같은 기어를 말한다.**
	헬리컬베벨기어	• 이가 원뿔면에 헬리컬 곡선으로 된 베벨기어이다.
	크라운 기어	• 피치면이 평면인 베벨기어로, 스퍼기어에서 래크에 해당한다.
두 축이 만나지도 평행하지도 않을 때 사용하는 기어	하이포이드기어	• 베벨기어의 축을 엇갈리게 한 것으로, 자동차의 차동기어장치의 감속기어로 많이 사용된다.
	웜기어	• 웜과 웜기어로 이루어진 한 쌍의 기어로, 두 축이 직각을 이루며, 큰 감속비를 얻고자 하는 경우에 사용된다.
	스크루기어 (나사기어)	• 헬리컬기어와 같은 형상으로 엇갈린 축간에 운동을 전달할 때 사용한다.

20 ②

지방직 12개년 기출문제

2020년 6월 13일 시행
지방직 9급

01 최소 측정 단위가 0.05 mm인 버니어 캘리퍼스를 이용한 측정 결과가 그림과 같을 때 측정값[mm]은? (단, 아들자와 어미자 눈금이 일직선으로 만나는 화살표 부분의 아들자 눈금은 4이다)

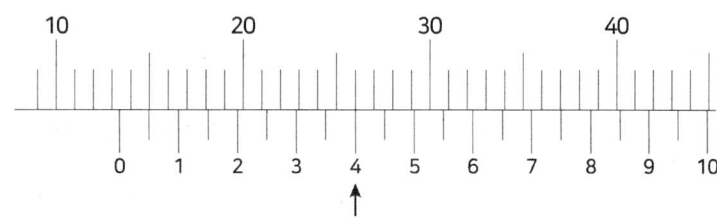

① 13.2　　② 13.4　　③ 26.2　　④ 26.4

 버니어 캘리퍼스 읽는법
1. 아들자의 0점 눈금에서의 어미자 눈금의 mm 단위를 읽는다. : 13mm
2. 어미자와 아들자의 눈금이 일치하는 위치에서 1mm 이하의 값을 읽는다. : 0.4mm
3. 위에서 읽은 두 값을 더하면 측정값이 된다. 13 + 0.4 = 13.4mm이다.

02 한쪽 방향으로만 힘을 받는 바이스(Vice)의 이송나사로 가장 적합한 것은?
① 삼각 나사　　　　　　　② 사각 나사
③ 톱니 나사　　　　　　　④ 관용 나사

 나사의 종류

종류	특징
삼각나사	• 정삼각형에 가까운 단면형의 나사산을 가진 나사로, 체결용 나사로 주로 사용된다. • 미터나사와 유니파이 나사가 있다
사각나사	• 축방향의 큰 하중을 받는 운동에 적합하도록 나사산을 사각모양으로 만든 나사 • 단면이 사각형이므로 가공이 어려워 높은 정밀도를 요하는 부품에는 사용되지 않는다.
톱니나사	• 힘을 받는 쪽에는 사각나사, 반대쪽에는 삼각나사를 깎아서 양 나사의 장점을 구비한 나사 • 한 방향으로 큰 힘을 전달받는 바이스, 압착기 등의 이송나사로 사용된다.
볼나사	• 수나사와 암나사의 나사산 사이에 여러 개의 볼을 넣어서 마찰을 적게하고 백래시를 최소화한 나사 • 효율이 좋으므로 NC 공작기계의 정밀 이송나사나 자동차의 조향장치에 사용된다.
사다리꼴 나사	• 축방향의 힘이 전달되는 부품의 나사로 적합하다. • 가공이 쉽고, 맞물림상태가 좋아 공작기계의 이송나사로 널리 사용된다.
둥근나사	• 쇳가루, 먼지, 모래 등이 많은 곳에 사용되며, 진동이 심한 부분에도 널리 사용된다.

정답　01 ②　02 ③

03 물체에 가한 힘을 제거해도 원래 형태로 돌아가지 않고 변형된 상태로 남는 성질은?

① 탄성(Elasticity)
② 소성(Plasticity)
③ 항복점(Yield point)
④ 상변태(Phase transformation)

해설 물체에 가한 힘을 제거한 경우 원래 형태로 돌아가는 성질을 탄성이라 하고, 원래 형태로 돌아가지 않고 변형된 상태로 남는 성질을 소성이라고 한다.
③ 물체는 외력을 받으면 탄성변형을 하다가 탄성한계를 넘어서는 힘을 받으면 소성변형을 하는데, 이때 탄성한계를 넘어서는 지점을 항복점이라고 한다.
④ 상변태(Phase Transformation)는 물질이 하나의 상(phase)에서 다른 상으로 변태(Transformation) 되는 현상을 의미한다

04 연삭 작업 중 공작물과 연삭숫돌 간의 마찰열로 인하여 공작물의 다듬질면이 타서 색깔을 띠게 되는 연삭 버닝의 발생 조건이 아닌 것은?

① 숫돌입자의 자생 작용이 일어날 때
② 매우 연한 공작물을 연삭할 때
③ 공작물과 연삭숫돌 간에 과도한 압력이 가해질 때
④ 연삭액을 사용하지 않거나 부적합하게 사용할 때

해설 연삭 버닝(연삭 과열)의 발생조건
- loading(눈메움: 숫돌입자의 표면이나 기공에 칩이 끼어 연삭성이 나빠지는 현상) 및 glazing (무딤: 숫돌의 입자가 자생작용이 잘되지 않아 입자가 납작해 지는 현상) 현상일 때
- 매우 연한 공작물을 연삭할 때
- 연삭속도(숫돌의 원주속도)가 커서 공작물과 연삭숫돌 간에 과도한 압력이 가해질 때
- 습식연삭보다 건식연삭일 때, 즉 연삭액을 사용하지 않거나 부적합하게 사용할 때
- 공작물의 열적성질이 클 때
- 절삭깊이가 클 때
- 입도가 작고 결합도가 높을 때 (거친 입도와 낮은 결합도의 연삭숫돌을 사용해야 한다)

05 선삭의 외경절삭 공정 시 공구의 온도가 최대가 되는 영역에서 발생하는 공구 마모는?

① 플랭크 마모(Flank wear)
② 노즈반경 마모(Nose radius wear)
③ 크레이터 마모(Crater wear)
④ 노치 마모(Notch wear)

 해설 마모의 종류

마 모	특 징
크레이터 마모 (경사면마모)	• 공구 경사면에 대해 칩의 미끄럼 운동으로 오목하게 형성되면서 성장 • 공구와 칩 경계에서 원자들의 상호 이동이 주요 원인 – 확산 (diffusion): 밀착된 접촉면을 따라 원자들이 상호 이동하는 현상. 공구면의 원자들이 고갈되면서 크레이터 마모를 일으키는 주요 원인이 됨. • 공구와 칩 경계의 온도가 어떤 범위 이상이면 마모는 급격하게 증가 • 윗면 경사각이 크면 마모의 발생과 성장이 지연
플랭크 마모 (여유면 마모)	• 공구 여유면에 형성되며 새롭게 생성된 공작물 표면과 절삭날 근처 여유면의 마찰로 발생 • 절삭공구의 옆면이 평행하게 마모현상 발생 – 연마 마모(abraision): 플랭크 마모의 주요 원인으로, 공작물에 존재하는 경한 입자가 공구 표면을 미세하게 파내고 제거하는 기계적 마모 작용
노즈반경 마모	• 절삭날 선단 부분(루트면)에 보이는 기계적 또는 열적 마모.
노치 마모	• 공작물이 가공 경화된 상태이거나, 주조에서 표면에 모래입자가 남은 경우, 공작물의 표면 경도가 증가함에 따라 절삭날의 마모가 가속화되는 현상

정답 05 ③

06. 보통의 주철 쇳물을 금형에 넣어 표면만 급랭시켜 내열성과 내마모성을 향상시킨 것은?

① 회주철　　　　　　　　② 가단주철
③ 칠드주철　　　　　　　④ 구상흑연주철

 해설　주철(약 2% 이상의 탄소를 함유한 것)의 분류

1. 파단면의 색에 따른 분류

구 분	내 용
회주철	• 주철을 느리게 냉각시키면 흑연이 나타나 회색을 띄는 주철
백주철	• 회주철을 급랭시키면 탄소는 시멘타이트의 형태로 나타나며 백색을 띄는 주철
반주철	• 백주철과 회주철이 반반씩 섞인 것으로, 시멘타이트와 흑연이 혼합돼 있는 주철

2. 특수주철

구 분	내 용
구상흑연 주철	• 큐폴라 또는 전기로에서 용해한 다음, 주입직전에 마그네슘합금, Ce(세슘), Ca(칼슘) 등을 첨가해서 처리하여 흑연을 구상화한 주철 • 주조성, 가공성, 강도, 내마멸성 우수 • 인성, 연성, 경화 등이 강과 비슷 • 불스 아이 조직 ; 구상흑연 주위에 페라이트(Ferrite)가 둘러싸고, 외부는 펄라이트(Pearlite) 조직으로, 마치 그 모양이 마치 황소의 눈과 같다고 하여 소눈 조직(bull's eye structure)이라고 함
가단주철	• 주철의 단점인 여리고 약한 인성을 개선하기 위하여 백주철을 고온에서 장시간 열처리하여 시멘타이트 조직을 분쇄하거나 소실시켜 인성 또는 연성을 개선한 주철
칠드(냉경) 주철	• Si(규소)가 적은 용융주철에 소량의 Mn(망간)을 첨가하여 금형에 주입하면 접촉면이 급랭되어 백주철로 된 것 • 내부는 서냉되어 연하고 강인한 성질의 주철이 되므로 전체가 백주철로 된 거 보다 잘 파손되지 않아 각종 롤, 기차바퀴등에 사용

06　③　정답

07 양쪽 끝에 플랜지(Flange)가 있는 대형 곡관을 주조할 때 사용하는 모형은?

① 회전 모형
② 분할 모형
③ 단체 모형
④ 골격 모형

해설 주조의 모형(pattern)

주조의 모형은 주형의 공간을 만들기 위한 형으로 목형과 금형이 널리 쓰이며, 종류에는 다음과 같은 것이 있다.

구 분	내 용		
골격모형	• 주조품의 수량이 적고 양쪽 끝에 플랜지(Flange)가 있는 대형 곡관을 주조할 때 사용 • 재료와 공사비를 절약하기 위해 골격만 목재로 만들고 공간은 점토 등을 채워 현형의 대용(代用)이 되는 모형		
현 형	제품과 동일한 모양을 갖고 주물 치수에 수축여유 및 가공여유를 부여하고, 필요에 따라 코어프린트 (core print : 주물은 되지 않으면서 주물을 주형속에서 지지하기 위해 마련된 돌출부)까지 붙인 모형	단체모형	• 단일체인 모형
		분할모형	• 2편이 조합되어 이루어진 모형 • 일반적이고 복잡한 주물에 사용 (예 : 아령)
		조립모형	• 3편이상이 조합된 모형 • 아주 복잡한 주물 제작시, 대형주형 제작시 사용 (예 : 상수도관용 밸브류의 주조용)
회전모형	• 주물의 형상이 어느 축에 대하여 회전 대칭일 경우, 축을 통한 단면의 반쪽 판을 축주위로 회전시켜 주형사를 긁어내어 주형을 제작 • 회전체로 되어 있는 물체 (예 : 풀리, 단차제작시 사용)		
잔 형	• 주형을 제작함에 있어 주형에서 뽑기 곤란한 목형부분만을 별도로 만들어 두었다가 이것을 조립하여 주형을 제작할 때 목형을 먼저 뽑고 잔형은 주형속에 남겨두었다가 다시 뽑는 모형		
부분모형	• 형상의 일부분이 연속되어 전체를 이룰 때 그 일부분에 해당하는 모형을 만들어 주형을 제작 • 주형이 대형, 대칭인 경우 (예 : 대형기어나 프로펠러, 톱니바퀴 제작시)		
고르개 (긁기) 모형	• 목재와 가공비를 절약하기 위하여, 모래를 긁기판으로 고르게 해서 주형을 제작 • 주형제작에 많은 시간이 소요되므로 주물 수량이 적을 때 사용 (예 : 가늘고 긴 굽은 파이프 제작시 사용)		
매치 플레이트	• 분할모형을 판의 양면에 부착하여 이것을 주형상자 사이에 놓고 상형과 하형을 각각 다져서 주형제작을 하는 데 편리하게 사용 • 여러 개의 주형을 한 플레이트로 소형제품을 대량 생산할 때 (예 : 아령)		
코어모형	• 코어(core)는 주물에 중공부(中孔部)를 두기 위하여 주형의 공동부에 삽입하는 주형으로서 코어제작시 사용되는 모형 (예 : 파이프)		

정답 07 ④

08 주로 대형 공작물의 길이방향 홈이나 노치 가공에 사용되는 공정으로, 고정된 공구를 이용하여 공작물의 직선운동에 따라 절삭행정과 귀환행정이 반복되는 가공법은?

① 브로칭(Broaching) ② 평삭(Planning)
③ 형삭(Shaping) ④ 보링(Boring)

해설 ① 여러 개의 절삭날이 길이방향으로 배치된 공구(브로치)를 직선운동시켜 일정한 단면형상의 공작물을 가공하는 방법이다.
② 평면이나 길이방향 홈이나 노치의 가공에 사용된다.(비교적 단순한 절삭작업). 주로 대형공작물에 행해지며 직선왕복운동(절삭행정과 귀환행정)을 하는 대형 작업대 위에 공작물이 설치되는 작업법이다.
③ 공구의 직선운동과 공작물의 직선 이송 운동을 조합시켜서 평면을 깎는 작업이다. 평삭작업과 매우 유사하나, 평삭이 플레이너(planer)를 사용하는 반면, 형삭은 셰이퍼(spaper)로 작업한다. 일반적으로 피삭재의 모서리, 측면 또는 둘레의 회전삭에 의한 절삭등에 사용된다.
④ 드릴작업 등으로 미리 만든 구멍 내면을 후속가공하여 확장하거나 마무리 가공하는 작업이다.

09 마찰이 없는 관속 유동에서 베르누이(Bernoulli) 방정식에 대한 설명으로 옳은 것은?

① 압력수두, 속도수두, 온도수두로 구성된다.
② 벤추리미터(Venturimeter)를 이용한 유량 측정에 사용되는 식이다.
③ 가열부 또는 냉각부 등 온도 변화가 큰 압축성 유체에도 적용할 수 있다.
④ 각 항은 무차원 수이다.

해설 ① 유선에 따라 압력과 위치가 변할 때, 속도의 변화를 보여주는 식으로, 압력수두, 속도수두, 위치수두로 구성된다.
② 오리피스미터에서 유속 수식을 이용해 수축계수와 배출계수의 관계를 유도, 피토관을 이용한 유속측정, 벤추리미터를 이용한 유량측정, 기타 펌프와 터빈등에 응용된다.
③ 비압축성 유체이어야 한다.
④ 각 항의 차원은 L이고 단위는 m이다.

참고 베르누이 방정식과 제한조건

$$\frac{V^2}{2g} + \frac{p}{\gamma} + Z = H$$

$\frac{V^2}{2g}$: 속도 수두 : 단위중량당 운동에너지
$\frac{p}{\gamma}$: 압력수두 : 단위중량당 압력에너지
Z : 위치수두 : 단위중량당 위치에너지
H : 총수두 (단위중량당 총기계에너지)

유선에 따라 압력과 위치가 변할 때, 속도의 변화를 보여주는 식으로 다음과 같은 적용제한조건이 있다.
1. 정상유동(정상흐름)
2. 비압축성 유체
3. 마찰이 없는 유동(비점성 유동)
4. 유선에 따라 움직이는 유동(유선을 가로지르지 않음)

10 형단조(Impression die forging)의 예비성형 공정에서 오목면을 가지는 금형을 이용하여 최종 제품의 부피가 큰 영역으로 재료를 모으는 단계는?

① 트리밍(Trimming)
② 풀러링(Fullering)
③ 에징(Edging)
④ 블로킹(Blocking)

해설 형단조 과정

형단조 : 소재가 한 쌍의 금형에 의해 압축되면서 금형 공동부(cavities)의 형태로 변형되는 가공법

구 분	내 용
예비성형공정	• 재료가 쉽게 다이의 공동부를 채울 수 있도록 미리 시행하는 작업 • 풀러링(fullering)이나 에징(edging)과 같은 예비 성형 작업(preforming)을 하면 재료를 여러 구역으로 미리 분산시킬 수 있다. • 풀러링 작업 : 재료를 특정 부분에서부터 분산시키는 작업 • 에징 작업 : 특정 부분으로 재료를 모으게 작업
블로킹공정 (Blocking)	• 블로커 금형(blocker-die)을 사용하는 블로킹(blocking)작업으로 대략적인 모양이 만들어 지는 작업
피니셔금형	• 단조품에 최종 형상을 주는 작업
트리밍 (Trimming)	• 일부의 재료는 밖으로 유출되어 플래시(flash)를 형성하는데, 단조 후 트리밍 작업으로 절단한다. • 내부의 얇은 부분은 펀칭으로 제거된다.

11 프란츠 뢸로(Franz Reuleaux)가 정의한 기계의 구비 조건에 해당하지 않는 것은?

① 물체의 조합으로 구성되어 있을 것
② 각 부분의 운동은 한정되어 있을 것
③ 구성된 조립체는 저항력이 없을 것
④ 에너지를 공급받아서 유효한 기계적 일을 할 것

해설 프란츠 뢸로(Franz Reuleaux)가 정의한 기계의 구비 조건
• 저항력 있는 많은 물체의 조합으로 구성되어 있을 것
• 각 부분의 운동은 서로 한정된 상대운동을 할 것
• 외부로부터 에너지를 공급받아서 유효한 기계적 일을 할 것

참고 기계의 구성
• 외부에서 에너지를 받는 부분인 구동절
• 받은 에너지를 전달 또는 변환하는 부분인 중간절
• 필요한 일을 행하는 피동절
• 기계 전체를 유지 및 고정하는 고정절

정답 10 ③ 11 ③

12 결합용 기계요소인 나사에 대한 설명으로 옳은 것은?

① 미터보통나사의 수나사 호칭 지름은 바깥지름을 기준으로 한다.
② 원기둥의 바깥 표면에 나사산이 있는 것을 암나사라고 한다.
③ 오른나사는 반시계방향으로 돌리면 죄어지며, 왼나사는 시계방향으로 돌리면 죄어진다.
④ 한줄나사는 빨리 풀거나 죌 때 편리하나, 풀어지기 쉬우므로 죔나사로 적합하지 않다.

해설 나사의 개요

구 분		내 용
수나사와 암나사	수나사	원통 또는 원뿔의 바깥표면에 나사산이 있는 나사
	암나사	속이 빈 원통이나 원뿔의 안쪽에 나사산이 있는 나사
오른나사와 왼나사	오른나사	오른쪽 방향(시계방향)으로 돌리면 죄어지는 나사
	왼나사	반시계방향으로 돌리면 죄어지는 나사
한줄나사와 여러줄 나사	한줄나사	한줄의 나사산을 감아서 만든 나사
	여러줄 나사	1회전에 대하여 리드가 피치의 몇배가 되는 나사 큰 장력을 가지며, 빨리 풀거나 죌 때 편리하나, 풀어지기 쉬우므로 죔나사로 적합하지 않다.
호칭지름	원 칙	수나사 바깥지름을 기준으로 한다.
	관용나사	관의 호칭 방법에 따라 표시하며, 관의 호칭은 관의 안지름의 크기를 나타낸다 (예) 1인치 관에 만든 나사는 1인치 관용나사라 한다.

13 가공공정에 대한 설명으로 옳지 않은 것은?

① 리밍(Reaming)은 구멍을 조금 확장하여, 치수 정확도를 향상할 때 사용한다.
② 드릴 작업 시 손 부상을 방지하기 위하여 장갑을 끼고 작업한다.
③ 카운터 싱킹(Counter sinking)은 원뿔 형상의 단이 진 구멍을 만들 때 사용한다.
④ 탭핑(Tapping)은 구멍의 내면에 나사산을 만들 때 사용한다.

해설 드릴작업 안전수칙

1. 시동전에 드릴이 올바르게 고정되어 있는지 확인할 것.
2. 면장갑 착용을 금할 것.
3. 드릴을 회전후 테이블을 고정시키지 말 것.
4. 드릴 회전중에 칩을 입으로 불거나 손으로 털지 말 것.
5. 큰구멍을 뚫을 때는 먼저 작은 구멍을 뚫은 후 작업할 것.
6. 얇은 판을 뚫을 때는 나무판을 밑에 받치고 작업할 것.
7. 이송레바에 파이프를 걸고 작업하지 말 것.
8. 칩이 비산되는 작업에는 반드시 보안경을 착용후 작업할 것.
9. 전기드릴을 사용할때는 반드시 접지를 할 것.

정답 12 ① 13 ②

14 실린더 행정과 안지름이 각 10 cm이고, 연소실 체적이 250 cm³인 4행정 가솔린 엔진의 압축비는? (단, π = 3으로 계산한다)

① $\dfrac{4}{3}$ ② 2   ③ 3   ④ 4

해설 압축비 = $\dfrac{\text{행정체적 + 연소실체적}}{\text{연소실 체적}}$ = $\dfrac{750 + 250}{250}$ = 4

행정체적 = $\dfrac{\pi}{4} \times D^2 \times L = \dfrac{3}{4} \times 10^2 \times 10 = \dfrac{3}{4} = 750 \text{cm}^3$

15 카르노(Carnot) 사이클의 $P-v$ 선도에서 각 사이클 과정에 대한 설명으로 옳은 것은? (단, q_1 및 q_2는 열량이다)

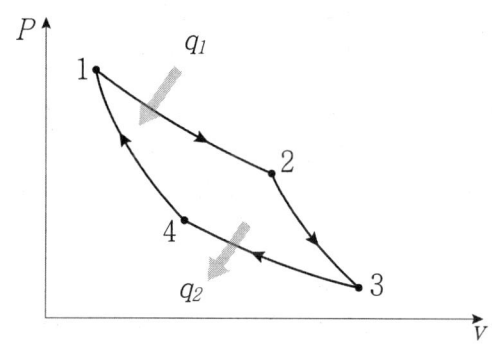

① 상태 1 → 상태 2: 가역단열팽창과정
② 상태 2 → 상태 3: 등온팽창과정
③ 상태 3 → 상태 4: 등온팽창과정
④ 상태 4 → 상태 1: 가역단열압축과정

해설 카르노 사이클 과정
① 상태 1 → 상태 2 : 등온팽창과정
② 상태 2 → 상태 3 : 가역단열팽창과정
③ 상태 3 → 상태 4 : 등온압축과정
④ 상태 4 → 상태 1 : 가역단열압축과정

16 일반적으로 CAD에 사용되는 모델링 가운데 솔리드 모델링(Solid modeling)의 특징이 아닌 것은?

① 숨은선 제거와 복잡한 형상 표현이 가능하다.
② 표면적, 부피 및 관성모멘트 등을 계산할 수 있다.
③ 실물과 근접한 3차원 형상의 모델을 만들 수 있다.
④ 간단한 자료구조를 갖추고 있어 처리해야 할 데이터양이 적다.

 해설   CAD에 사용되는 모델링

구분	와이어 프레임 모델링 (Wire Frame Modeling)	서페이스(곡면) 모델링 (Suface-basedModeling)	솔리드 모델링 (Solid Modeling)
의의	• 점, 선, 원, 호 등의 기본적인 요소로 물체를 표현하던 도면과 같은 방식을 3차원으로 그대로 가져온 모델링 • 2차원 도면 출력을 위한 용도와 평면가공에 적합한 방식	• 면을 중심으로 하여 물체를 표현하며, 주로 곡선과 곡면을 통해 물체의 외형만을 표현하는 방법. • 표면의 랜더링을 위한 목적으로 애니메이션 필름용이나 화면용 데이터를 출력하는 용도로 사용	• 2D의 평면 스케치를 통해 두께, 높이가 있는 솔리드를 생성하는 것으로 이 솔리드에 새로운 특징을 첨가해서 원하는 조형물을 만들어내는 방식
장점	• 모델 작성이 쉽다. • 처리 속도가 빠르다. • 메모리의 용량이 적어 가벼운 모델링에 사용된다. • 간단한 자료구조를 갖추고 있어 처리해야 할 데이터양이 적다. • 3면 투시도 작성이 용이하다.	• 숨은선 처리가 가능하다. • 단면도 작성을 할 수 있다. • 음영처리가 가능하다. • NC가공이 가능하다. • 간섭체크가 가능하다. • 2개면의 교선을 구할 수 있다. • 표면만 존재하는 모델링기법으로 인식되어 컴퓨터의 속도와 메모리를 적게 사용한다.	• 숨은선 제거가 가능하다. • 물리적 특정 계산이 가능하다. (체적, 중량, 모멘트 등) • 간섭체크가 가능하다. • 단면도 작성을 할 수 있다. • 실물과 근접한 3차원 형상의 모델을 만들 수 있어, 가공하기 전의 상태를 미리 예측하거나, 정확한 형상을 파악할 수 있다.
단점	• 물리적 성질을 계산할 수 없다. • 숨은선 제거가 불가능하다. • 간섭체크가 어렵다. • 단면도 작성이 불가능하다. • 실체감이 없다. • 형상을 정확히 판단하기 어렵다.	• 실제 물체와 같이 물체의 내부 정보를 제공하지 못하기 때문에 물체의 체적이나 용적을 구할 수 없다. • 유한요소법적용(FEM)을 위한 요소분할이 어렵다.	• 데이터 구조가 복잡하다. • 컴퓨터 메모리를 많이 차지한다. ※ 간섭체크 : 모델링이나 공사를 진행 시, 각 파트별로 중복되거나 충돌이 일어나는지 확인하는 작업.
대표적 프로그램	• Auto CAD 등	• 3D MAX, Maya, Cinema 4D 등.	• Rhino, SoldWorks, Catia, Inventor, Fusion 360 등

16 ④

17 다음은 탄소강에 포함된 원소의 영향에 대한 설명이다. 이에 해당하는 원소는?

> 고온에서 결정 성장을 방지하고 강의 점성을 증가시켜 주조성과 고온가공성을 향상시킨다.
> 탄소강의 인성을 증가시키고, 열처리에 의한 변형을 감소시키며, 적열취성을 방지한다.

① 인(P)
② 황(S)
③ 규소(Si)
④ 망간(Mn)

해설 탄소강의 5대원소

원 소	특 징
탄소(C)	• 탄소량이 많을수록 용접성, 전기전도도, 인성, 충격치, 연성, 전성이 나빠짐 • 강도, 경도, 소입성(담금질성,경화능)이 증가.
황(S)	• 탄소강에 황(S)이 함유되면 강도, 연신율, 충격치를 감소시키며 적열취성 (고온취성)의 원인이 되는 물질
인(P)	• 상온취성(저온취성, 청열취성)의 주된 원인(상온에서 충격치가 현저히 저하)이 되는 물질
망간(Mn)	보기 참조
규소(Si)	• 편석의 원인, 연신율과 충격치감소 • 경도, 탄성한도 및 강도를 증가시킴
수 소(H)	• 5대 원소는 아니지만 탄소강에서 헤어크랙발생에 가장 큰 영향을 주는 원소

18 실온에서 탄성계수가 가장 작은 재료는?

① 납(Lead)
② 구리(Copper)
③ 알루미늄(Aluminum)
④ 마그네슘(Magnesium)

해설 탄성계수의 크기

납 (0.17) < 마그네슘 (0.41) < 알루미늄 (0.72) < 구리(1.25)

정답 17 ④ 18 ①

19 구름 베어링의 호칭번호가 6208 C1 P2일 때, 옳은 것은?

① 안지름이 8 mm이다.
② 단열 앵귤러 콘택트 볼베어링이다.
③ 정밀도 2급으로 매우 우수한 정밀도를 가진다.
④ 내륜과 외륜 사이의 내부 틈새는 가장 큰 것을 의미한다.

해설 ① 안지름이 08 mm × 5 = 40 mm이다.
② 단열홈형 베어링이다.
④ C1은 특수레이디얼 틈새를 표시하며 내부틈새는 T1보다 크지만 C2보다는 작다.

참고 구름베어링 호칭번호

형식번호 (첫번째숫자)	치수번호 (2번째 숫자)	안지름 번호 (3,4번째 숫자)	래이디얼 내부틈새	등급기호 (5번째 이후)
1. 자동조심형 2.3 자동조심형(큰나비) 5. 스러스트형 6. 단열홈형 7. 단열 앵귤러 콘택트 형 N. 원통롤러형	0,1 : 특별경하중형 2 : 경하중형 3 : 중간하중형	1~9mm이하 한자 리수 : 그대로 표시 00 : 안지름 10mm 01 : 안지름 12mm 02 : **안지름 15mm** 03 : 안지름 17mm 05 : 안지름 25mm	C2 : 보통보다 작다 CN : 보통이다 C3 : 보통보다 크다 C4 : C3보다 크다 C5 : C4보다 크다 〈특수레이디얼틈새〉 T1 〈 C1 〈 C2	무기호 : 보통급 H : 상급 P : **정밀급** SP : 초정밀급

주) 안지름 번호 04 이상은 5를 곱하여 베어링 내경을 구함
〈주요 예〉

6	3	8	C2	P6
단열깊은홈 볼베어링	중간하중형	베어링내경 8mm	내부 틈새	정밀도 6급

7	2	20	A	DB	C3
단열 앵귤러 볼 베어링	경하중형	베어링내경 100mm	표준 접촉각 30° 〈보충〉 A5 : 표준접촉각 25° B : 표준접촉 40° C : 표준접촉각 15°	배면조합 〈참고〉 정면 조합 : DF형, 병렬조합 : DT형	내부틈새 C3

정답 19 ③

20 반도체 제조공정에서 기판 표면에 코팅된 양성 포토레지스트(Positive photoresist)에 마스크(Mask)를 이용하여 노광공정(Exposing)을 수행한 후, 자외선이 조사된 영역의 포토레지스트만 선택적으로 제거하는 공정은?

① 현상(Developing)　　　② 식각(Etching)
③ 에싱(Ashing)　　　　　④ 스트립핑(Stripping)

 해설 웨이퍼 가공공정 순서

웨이퍼 산화(oxidation) → 감광액 도포(photoresist application) → 노광 (exposing)
→ 현상(developing)→ 식각(etching) → 스트립핑 (stripping 또는 Ashing)
→ 이온주입(ion implantation) → 박막증착 (thin film) → 금속증착(metallization)

 참고 웨이퍼 4대 가공공정 순서

구 분		내 용
회로 패턴	산 화	• 불순물을 제거하기 위해 산화막을 형성하는 과정
	포토리소그래피 (노광공정)	• 산화막 위에 PR을 얇게 코팅하고, 마스크에 설계된 회로 패턴 위로 자외선을 노출시켜 회로패턴을 웨이퍼로 전사하는 공정
	현 상	• 보기 참조
	식 각	• 산화막으로 코팅된 실리콘 웨이퍼에 다른 물질을 주입하거나 증착하기 위하여 웨이퍼 표면의 물질전체 또는 특정부위를 제거하는 공정
	스트립핑 (에싱)	• 산화막 위에 남아 있는 PR층을 제거하는 공정
회로 접합공정		• 패턴공정을 거친 반도체기판에 특정 불순물을 넣어 전류가 흐르도록 하는 공정 • 불순물을 실리콘 웨이퍼에 주입시키는 방법은 확산과 이온주입방식이 있음 • 확산 : 고온의 전기로 속에서 불순물을 웨이퍼 내부로 확산시켜 주입하는 방식 • 이온주입 : 이온주입장치(ion implanter)를 이용하여 불순물을 고속으로 가속시킴으로써 웨이퍼 기판 속으로 주입시키는 방법으로 최근에 주로 사용하는 방식
박막증착		• 불순물이 들어간 웨이퍼(불순물 반도체)위에 또 다른 실리콘과 산화막을 입히는 증착 공정 • 패턴공정에서 형성된 구조물들을 보호하고 고정시키거나 절연막을 쌓는 공정
금속증착		• 실리콘 웨이퍼 위에 전도성 금속(알루미늄,은, 니켈, 금, 크롬, 티타늄 등)을 증착하여 회로의 각 부분을 전기적으로 연결하는 배선공정

2019년 6월 15일 시행 지방직 9급

01 사형주조법에서 주형을 구성하는 요소로 옳지 않은 것은?
① 라이저(riser)
② 탕구(sprue)
③ 플래시(flash)
④ 코어(core)

해설 ③ 플래시(Flash) : 금형의 파팅라인이나 이젝터 핀 등의 틈새로 삐져나온 여분의 성형재료를 말하며, 주물 결함의 하나이다. 이는 금형 형채압의 조정, 금형 맞춤간의 재조정, 공급량의 조절로 해결한다.

참고 주형을 구성하는 요소

요소	내용
주형의 구성	▪ 주형은 두 부분으로 나누어진다: 　- 상형 (Cope) = 주형의 위쪽부분 　- 하형 (Drag) = 주형의 아래부분 ▪ 주형의 두 부분은 플라스크 (flask)라 불리는 주형상자에 담겨져 있다 ▪ 두 부분은 분리선(parting line)으로 나누어져 있다
코어 (core)	▪ 구멍같은 주물의 내부형상을 만들기 위해 주형에 삽입하는 모래형상
패턴 (pattern)	▪ 부품형상을 갖는 패턴(pattern)주위에 모래를 채움으로써 주형 공동이 형성된다 ▪ 패턴이 제거되면 원하는 주물 부품형상의 빈 공간이 된다
탕구계 (gating system)	주형의 외부에서 공동 안으로 용탕(molten metal)이 흘러들어 갈 수 있도록 해준다. ▪ 주입컵 (pouring cup): 용융금속이 제일 먼저 부어지는 곳으로 탕구입구에 있는 확대된 지역. ▪ 탕구(sprue): 용융금속이 탕구계의 여러 부분에 흘러가는 수직통로. ▪ 탕구저(sprue base): 탕구바닥에 있는 넓은 원통형이나 장방형 부분. ▪ 탕도(runner): 금속이 흘러 지나가는 중요수평통로. ▪ 주입구, 탕구(gate): 탕도와 주형공간을 연결하는 짧은 입구. ▪ 탕도연장 : 탕도가 막힌 끝부분으로 마지막 주입구를 지나 연장된 부분. ▪ 초우크(choke): 주물 본체에 슬래그나 잡물이 들어가는 것을 막거나, 주입속도를 조절하기 위해 탕구를 조인부분. ▪ 이외에도 슬래그, 잡물의 혼합을 막기 위한 스키머코어(skimmer core), 스트레이너(strainer), 스크린(screen), 스푸루플러그(sprue plug)등을 사용하며, 대량의 용탕을 주입하는 경우 탕구계의 침식을 막기 위해 주입컵 밑과 탕구 밑에 스플래시코어 (splash core)를 사용하기도 한다.
라이저 (riser: 압탕)	▪ 응고과정에서 발생하는 부품의 수축을 보상하기 위하여 용탕(liquid metal)을 주형 내에 저장하는 곳(추가 저장고)
가열노 (heating furnaces)	▪ 주조하기에 충분한 용융온도까지 금속을 가열하기 위하여 사용된다.

01 ③

02 소성가공에 대한 설명으로 옳지 않은 것은?

① 열간가공은 냉간가공보다 치수 정밀도가 높고 표면상태가 우수한 가공법이다.
② 압연가공은 회전하는 롤 사이로 재료를 통과시켜 두께를 감소시키는 가공법이다.
③ 인발가공은 다이 구멍을 통해 재료를 잡아당김으로써 단면적을 줄이는 가공법이다.
④ 전조가공은 소재 또는 소재와 공구를 회전시키면서 기어, 나사 등을 만드는 가공법이다.

해설 냉간가공은 재결정온도이하에서 가공하는 것으로 치수가 정확하고 표면이 깨끗한 제품을 얻을 수 있어 마무리 작업에 많이 사용된다. 반면에 재결정온도 이상에서 가공하는 열간가공의 경우에는 가공물의 치수 정밀도가 상대적으로 낮고 표면이 거칠어질 수 있다

03 TIG 용접에 대한 설명으로 옳지 않은 것은?

① 불활성 가스인 아르곤이나 헬륨 등을 이용한다.
② 소모성 전극을 사용하는 아크 용접법이다.
③ 텅스텐 전극을 사용한다.
④ 용제를 사용하지 않으므로 후처리가 용이하다.

해설 비소모성 전극을 사용하는 아크 용접법이다.

참고 TIG 용접

TIG 용접은 비소모성 텅스텐 용접봉과 모재간의 아크열에 의해 모재를 용접하는 방법으로서, 용접부 주위에 불활성가스를 공급하면서 텅스텐전극봉과 모재와의 사이에 아크를 발생시켜 용접하는 원리이다.

장 점	단 점
▪ 용접 입열의 조정이 용이하기 때문에 박판 용접에 매우 좋다. ▪ 텅스텐 전극봉이 비소모성이므로 용가재의 첨가 없이도 아크열에 의해 모재를 녹여 용접할 수 있다. ▪ 거의 모든 금속의 용접에 이용할 수 있다. 그러나 용융점이 낮은 금속 즉, 납, 주석 또는 주석의 합금 등의 용접에는 이용하지 않는다. ▪ 용접부의 기계적 성질이 우수하다. ▪ 내부식성이 우수하다. ▪ 용제(fiux)를 사용하지 않으므로 슬래그 제거가 불필요하며, 깨끗하고 아름다운 비드를 얻을 수 있다. ▪ 용접부 변형이 적다.	▪ 소모성 용접봉을 쓰는 용접 방법보다 용접 속도가 느리다. ▪ 용접 잘못으로 텅스텐 전극봉이 용접부에 녹아들어가거나 오염될 경우 용접부가 취화되기 쉽다. ▪ 부적당한 용접 기술로 용가재의 끝부분이 공기에 노출되면 용접금속이 오염된다. ▪ 불활성 가스와 텅스텐 전극봉은 다른 용접 방법과 비교해 볼 때 비용이 많이 든다.

정답 02 ① 03 ②

04 드릴 가공에서 회전당 공구 이송(feed)이 1mm/rev, 드릴 끝 원추 높이가 5mm, 가공할 구멍 깊이가 95mm, 드릴의 회전 속도가 200rpm일 때, 가공 시간은?

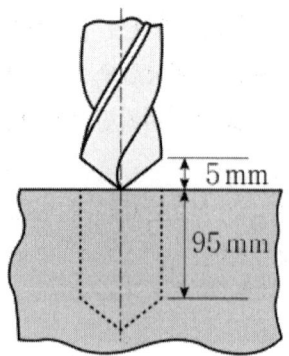

① 10초
② 30초
③ 1분
④ 0.5시간

해설 드릴작업 소요시간

$$\text{가공시간(min)} = \frac{t+h}{nf} = \frac{95+5}{200 \times 1} = 0.5\text{min} = 30초$$

t : 드릴의 깊이 [mm]	
h : 드릴의 원뿔 높이 [mm]	
n : 드릴의 회전속도 [rpm]	
D : 드릴의 지름 [mm]	
f : 드릴의 이송 [mm/rev]	

05 플라스틱 사출성형공정에서 수축에 대한 설명으로 옳지 않은 것은?

① 동일한 금형으로 성형된 사출품이라도 고분자재료의 종류에 따라 제품의 크기가 달라진다.
② 사출압력이 증가하면 수축량은 감소한다.
③ 성형온도가 높으면 수축량이 감소한다.
④ 제품의 두께가 두꺼우면 수축량이 감소한다.

해설 수축량이 감소하는 요인

1. 사출압력이 증가할수록 수축량은 감소한다
2. 수지온도, 성형온도가 높을수록 수축량은 감소한다.
3. 냉각시간이 길수록 성형수축률은 감소한다.
4. 제품의 두께가 얇을수록 수축량이 감소한다.
5. 게이트의 단면적이 클수록 성형수축률은 작게된다.

06 관용나사에 대한 설명으로 옳지 않은 것은?

① 관용 테이퍼나사의 테이퍼 값은 $\frac{1}{16}$이다.

② 관용 평행나사와 관용 테이퍼나사가 있다.

③ 관 내부를 흐르는 유체의 누설을 방지하기 위해 사용한다.

④ 관용나사의 나사산각은 60°이다.

해설 나사의 종류

구 분	미터 나사	유니파이 나사(ABC나사)	관용나사
나사산각	60°	60°	55°
단 위	mm	inch	inch
호칭기호	M5 : 보통 나사 M5×1 : 가는 나사	UNC : 보통 나사 UNF : 가는 나사	PT : 관용 테이퍼 나사 PF : 관용 평행 나사
용 도	가는 나사는 항공기, 자동차, 정밀기계, 공작기계 등의 이완방지용으로 사용	가는 나사는 항공기의 작은 나사에 사용	두께가 얇은 파이프의 결합에 이용되며, 관 내부를 흐르는 유체의 누설을 방지하고, 기밀을 유지하는데 사용

① 관용 평행 나사는 직선의 평행 나사를 말하는 것이고 관용 테이퍼 나사는 나사중심선을 기준으로 1/16 기울어졌다는 차이가 있다

07 절삭가공에 대한 설명으로 옳지 않은 것은?

① 초정밀가공(ultra-precision machining)은 광학 부품 제작 시 단결정 다이아몬드 공구를 사용하여 주로 탄소강의 경면을 얻는 가공법이다.

② 경식선삭(hard turning)은 경도가 높거나 경화처리된 금속재료를 경제적으로 제거하는 가공법이다.

③ 열간절삭(thermal assisted machining)은 소재에 레이저빔, 플라즈마아크 같은 열원을 집중시켜 절삭하는 가공법이다.

④ 고속절삭(high-speed machining)은 강성과 회전정밀도가 높은 주축으로 고속 가공함으로써 공작물의 열팽창이나 변형을 줄일 수 있는 이점이 있는 가공법이다.

 해설 단결정 다이아몬드는 주로 동, 알루미늄등의 비철금속과 마모성 비금속 재료를 가공하는데 사용된다. 담금질강이나 탄소강의 경면을 얻는 가공법은 초음파 가공법이다.

 참고 초정밀가공(ultra-precision machining)

대략 0.1~1μm 정도까지의 치수 정밀도를 실현하는 가공법을 정밀가공이라 하고 그 이하 0.001~0.1μm의 치수 정밀도를 실현하는 가공법은 초정밀가공이라고 한다.

08

다음과 같은 수치제어 공작기계 프로그래밍의 블록 구성에서, ㉠ ~ ㉤에 들어갈 내용을 바르게 연결한 것은?

N_	G_	X_. Y_. Z_.	F_	S_	T_	M_	;
전개번호	㉠	좌표어	㉡	㉢	㉣	㉤	E O B

    ㉠   ㉡   ㉢   ㉣   ㉤
① 준비기능 이송기능 주축기능 공구기능 보조기능
② 준비기능 주축기능 이송기능 공구기능 보조기능
③ 준비기능 이송기능 주축기능 보조기능 공구기능
④ 보조기능 주축기능 이송기능 공구기능 준비기능

해설 수치제어 공작기계 프로그래밍의 블록

어드레스	기 능	어드레스	기 능	어드레스	기 능
O	프로그램 번호	T	공구기능	X, Y, Z	좌표어
G	준비기능	D, H	공구보정번호	S	가공조건의 호출
M	보조기능	L	반복횟수	U, V, W	직선 부가축
F, E	이송기능	S	주축기능	P, U, X	일시정지
R	원호의 반경	P	보조프로그램	A, B, C	회전 부가 축
N	전개번호	P, Q	전개번호 지정	I, J, K	원호중심 지령

09

벨트 전동의 한 종류로 벨트와 풀리(pulley)에 이(tooth)를 붙여서 이들의 접촉에 의하여 구동되는 전동 장치의 일반적인 특징으로 옳지 않은 것은?

① 효과적인 윤활이 필수적으로 요구된다.
② 미끄럼이 대체로 발생하지 않는다.
③ 정확한 회전비를 얻을 수 있다.
④ 초기 장력이 작으므로 베어링에 작용하는 하중을 작게 할 수 있다.

해설 ① 금속인 풀리에 고무 제품의 타이밍 벨트가 접촉함으로 윤활유는 불필요하며, 윤활유로 인한 제품의 오염이나, 작업장의 환경 오염이 없고, 윤활유 급유 장치가 불필요하다.
②, ③ 타이밍 벨트는 마찰력을 이용하는 V 벨트와는 달리 자전거 체인처럼 벨트의 이(TOOTH, 齒)와 풀리의 홈이 서로 맞물려 회전하기 때문에 미끄럼(SLIP)이 있을 수 없어, 정확한 회전수를 얻을 수 있다.
④ 타이밍 벨트는 벨트의 이와 풀리의 홈이 맞물려 회전하기 때문에 벨트의 측면 마찰로 회전하는 V 벨트와 달리 작은 벨트 장력만으로도 전동이 가능하여 샤프트의 직경을 줄일 수 있고, 초기 장력이 작으므로 베어링에 작용하는 하중을 작게 할 수 있어, 베어링의 마모도 줄일 수 있다.

10 다음 설명에 해당하는 경도시험법은?

> ○ 끝에 다이아몬드가 부착된 해머를 시편의 표면에 낙하시켜 반발 높이를 측정한다.
> ○ 경도값은 해머의 낙하 높이와 반발 높이로 구해진다.
> ○ 시편에는 경미한 압입자국이 생기며, 반발 높이가 높을수록 시편의 경도가 높다.

① 누우프 시험(Knoop test)
② 쇼어 시험(Shore test)
③ 비커스 시험(Vickers test)
④ 로크웰 시험(Rockwell test)

해설 경도 시험법

시험법	내용
누우프 시험	• 한쪽 대각선이 긴 피라미드 형상의 다이아몬드 압입자를 이용해서 경도를 평가하는 시험
쇼어 시험	• 선단에 작은 다이아몬드를 붙인 압입자를 낙하시켰을 때 반발되어 튀어 올라오는 높이로 경도를 나타내는 방법
비커스 시험	• 다이아몬드 4각추로 된 압입자에 하중을 작용시켜 시험. • 경도는 하중을 압흔의 대각선의 길이로부터 구한 압흔의 표면적으로 나눈 값으로 표시되며, 단단한 강이나, 정밀가공부품, 박판 등의 시험에 사용
로크웰 시험	• 다이아몬드 원추나 강구 압입자에 초(처음)하중을 작용시켜 발생한 압흔의 깊이와 초하중에 하중을 증가시키고 시험한 시험하중으로 인한 압흔의 깊이차로 경도를 측정하는 방법.
브리넬 시험	• 강구 압입자에 하중을 걸어 자국의 크기로 경도를 측정하는 방법
모스 시험	• 어떤 재료가 다른 재료를 긁어 흠집을 낼 수 있는 능력으로 경도를 평가하는 방법

정답 10 ②

11 다음 설명에 해당하는 스프링은?

> ○ 비틀었을 때 강성에 의해 원래 위치로 되돌아가려는 성질을 이용한 막대 모양의 스프링이다.
> ○ 가벼우면서 큰 비틀림 에너지를 축적할 수 있다.
> ○ 자동차와 전동차에 주로 사용된다.

① 코일 스프링(coil spring)
② 판 스프링(leaf spring)
③ 토션 바(torsion bar)
④ 공기 스프링(air spring)

 해설 스프링

시험법	내 용
코일스프링	▪ 단면이 둥글거나 각이 진 봉재를 코일형으로 감은 스프링 ▪ 용도에 따라 인장, 압축, 토션용으로 분류된다. ▪ 스프링의 강도는 단위 길이를 늘이거나 압축시키는데 필요한 힘(스프링 상수)으로 표시된다. ▪ 스프링상수가 클수록 강한 스프링이다.
판 스프링	▪ 길고 얇은 판으로 하중을 지지하도록 한 스프링 ▪ 판을 여러 장 겹친 것을 겹판 스프링이라고 한다. ▪ 겹판 스프링은 에너지 흡수능력이 크고, 스프링 작용이외에 구조용 부재로서의 기능도 가지고 있으며, 재료 가공이 쉬우므로 자동차 현가용으로 사용된다
토션 바	보기 참조
공기스프링	▪ 공기의 탄성을 이용한 스프링 ▪ 다른 스프링에 비하여 스프링 상수를 작게 설계할 수 있고, 공기의 압력을 이용하여 스프링의 길이를 조정하는 것이 가능하다. ▪ 내구성이 좋고 공기가 출입할 때의 저항에 의해 충격을 흡수하는 것이 우수하다. ▪ 차량용으로 많이 쓰이고, 프레스 작업에서 소재를 누르는데 사용하기도 하며, 기계의 진동방지에도 이용된다.

11 ③

12 디젤 기관에 대한 설명으로 옳지 않은 것은?

① 공기만을 흡입 압축하여 압축열에 의해 착화되는 자기착화방식이다.
② 노크를 방지하기 위해 착화지연을 길게 해주어야 한다.
③ 가솔린 기관에 비해 압축 및 폭발압력이 높아 소음, 진동이 심하다.
④ 가솔린 기관에 비해 열효율이 높고, 연료소비율이 낮다.

해설 가솔린 기관과 디젤 기관

구 분	가솔린 기관	디젤기관
사용연료	휘발유	경 유
점화방법	전기 점화 (강제착화)	고압의 연료분사착화 (자연착화)
연료공급	기화기에서 공기와 연료혼합	공기만 흡입한 후 연료분사
열효율	25~32%	32~38%
연료소비율	연료소비율이 높아 연료비가 많이 든다.	연료소비율이 낮다.
인화점	인화점이 낮아 화재의 위험성이 있다.	인화점이 높아 화재위험성이 낮다.
소음진동	가속성이 좋고 운전이 정숙하다	소음 및 진동이 크다.
노크방지책	엔티노크성이 큰 연료(옥탄가가 높은 연료)를 사용한다.	세탄가가 높고 착화성이 좋은 연료를 사용하여 착화지연을 짧게 한다.

13 프레스 가공에 해당하지 않는 것은?

① 블랭킹(blanking)
② 전단(shearing)
③ 트리밍(trimming)
④ 리소그래피(lithography)

해설 프레스 가공의 종류

구 분	종 류		
전단가공 (절단가공)	■ 블랭킹 ■ 슬로팅 ■ 브로칭 ■ 분단 (세퍼레이팅)	■ 펀칭 (피어싱) ■ 트리밍 ■ 노칭 (귀떼기)	■ 커팅 (절단) ■ 슬리팅 ■ 셰이빙
굽힘가공 (벤딩)	■ 시 밍 ■ 컬 링	■ 버 링 ■ 플랜징	
압축가공 (냉간단조)	■ 압 인 (coining) ■ 스웨이징	■ 압 입 ■ 업세팅	
성형가공	■ 엠보싱 ■ 비 딩	■ 네 킹 ■ 익스팬딩	■ 플래팅 (스트레이트닝) ■ 벌 징
드로잉	■ 커 핑 ■ 스피닝	■ 리스트라이킹 ■ 아이오닝	■ 재드로잉 ■ 역드로잉

정답 12 ② 13 ④

14 방전가공에 대한 설명으로 옳지 않은 것은?

① 소재제거율은 공작물의 경도, 강도, 인성에 따라 달라진다.
② 스파크방전에 의한 침식을 이용한 가공법이다.
③ 전도체이면 어떤 재료도 가공할 수 있다.
④ 전류밀도가 클수록 소재제거율은 커지나 표면거칠기는 나빠진다.

> **해설**
> ①,④ 방전가공은 전기적 에너지를 이용하므로 소재제거율은 기계적 성질인 경도, 강도, 인성과는 무관하며, 전류밀도, 방전주파수와 관련이 있다. 즉 전류밀도가 크고 방전주파수가 작을수록 소재제거율은 커지고 표면거칠기는 나빠진다.
> ② 방전가공이란 스파크 가공(spark machining)이라고도 하는데, 그 이름에서 보는 것처럼 전기의 양극과 음극이 부딪칠 때 일어나는 스파크로 가공하는 방법이다. 스파크로 일어난 열 에너지는 가공하고자 하는 재료를 녹이거나 기화시켜 제거함으로써 원하는 모양으로 만들어 준다.
> ※ 일반적으로 양극이 음극보다 침식이 많으므로 일반적으로 공작물은 양극으로 한다.
> ③ 이 방전가공의 절대조건은 스파크를 일으키기 위해 양극 역할을 하는 시편이 전기적으로 전도성을 띄어야 한다는 것이다. 전도체이면 어떤 재료도 가공할 수 있다.

15 합성 수지에 대한 설명으로 옳지 않은 것은?

① 합성 수지는 전기 절연성이 좋고 착색이 자유롭다.
② 열경화성 수지는 성형 후 재가열하면 다시 재생할 수 없으며 에폭시 수지, 요소 수지 등이 있다.
③ 열가소성 수지는 성형 후 재가열하면 용융되며 페놀 수지, 멜라민 수지 등이 있다.
④ 아크릴 수지는 투명도가 좋아 투명 부품, 조명 기구에 사용된다.

> **해설** 합성수지 (플라스틱)의 종류
> 합성수지는 가볍고 강하며, 내약품성, 전기절연성이 좋고 투명하고 착색이 자유로워 아름다운 제품을 만들 수 있다.

구 분	의 의	종 류	
열경화성 수지 (축합형)	• 성형 후 재가열하면 다시 재생할 수 없는 수지 • 내열성, 내약품성, 기계적 성질, 전기절연성이 좋아 섬유강화플라스틱을 만드는데 사용	• 페놀수지 • 요소수지 • 멜라민수지 • 알키드수지 • 폴리에스테르수지	• 에폭시수지 • 우레탄수지 • 키실렌수지 • 실리콘수지 • 프탈수지
열가소성 수지 (중합형)	• 열을 가하여 성형한 뒤에도 다시 열을 가하면 용융되어 형태를 변형시킬수 있는 수지 • 압출성형, 사출성형에 의해 능률적으로 가공이 가능	• 염화비닐수지 • 아세트산비닐수지 • 폴리비닐 • 알코올 • 메타아크릴수지	• 폴리아미드수지 • 플루오르수지 • 스티롤수지 • 폴리에틸렌수지 • 아크릴 수지

16 기계제도에서 사용하는 선에 대한 설명으로 옳지 않은 것은?

① 외형선은 굵은 실선으로 표시한다.
② 지시선은 가는 실선으로 표시한다.
③ 가상선은 가는 2점 쇄선으로 표시한다.
④ 중심선은 굵은 1점 쇄선으로 표시한다.

해설 기계제도 선의 종류 및 용도

종류	선의 종류	용도
외형선	굵은 실선	▪ 물체의 보이는 부분의 형상을 나타내는 선
숨은선	가는 파선 또는 굵은 파선	▪ 물체의 보이지 않는 부분의 형상을 표시한 선
치수선	가는 실선	▪ 치수를 기입하기 위하여 쓰는 선
치수 보조선		▪ 치수를 기입하기 위하여 도형으로부터 끌어내는 데 쓰는 선
지시선		▪ 기술, 기호 등을 표시하기 위하여 끌어내는 선
중심선	가는 1점 쇄선	▪ 도형의 중심을 표시하는 선
기준선		▪ 위치결정의 근거가 된다는 것을 명시할 때 쓰는 선
피치선		▪ 되풀이 하는 도형의 피치를 취하는 기준을 표시하는 선
절단선	가는 1점쇄선으로 하고 그 양끝 및 굴곡에는 굵은선으로 표시	▪ 단면을 그리는 경우, 그 절단 위치를 표시하는 선
특수지정선	굵은 일점쇄선	▪ 특수한 가공을 하는 부분 등 특별한 요구사항을 적용할 수 있는 범위를 표시하는데 사용
가상선	가는 2점 쇄선	▪ 도시된 물체의 앞면을 표시하는 선 ▪ 인접부분을 참고로 표시하는 선 ▪ 가공전이나 후의 모양을 표시하는 선 ▪ 이동하는 부분의 이동위치를 표시하는 선 ▪ 공구, 지그 등의 위치를 참고로 표시하는 선 ▪ 반복을 표시하는 선 ▪ 도면 내에 그 부분의 단면형을 회전하여 나타내는 선
무게중심선		▪ 단면의 중심을 연결한 선을 표시
파단선	불규칙한 파형의 가는 실선 또는 지그재그선	▪ 물품 일부의 파단한 곳을 표시하는 선 또는 끊어낸 부분을 표시하는 선
해칭선	가는 실선으로 규칙적으로 줄을 늘어 놓음	▪ 절단면 등을 명시하기 위하여 쓰는 선
특수한 용도의 선	가는 실선	▪ 외형선과 은선의 연장선 ▪ 평면이라는 것을 표시하는 선
	아주 굵은 실선	▪ 얇은 부분의 단면을 도시하는 데 사용

※ 겹치는 선의 우선순위
외형선 - 숨은선 - 절단선 - 중심선 - 무게중심선 - 치수보조선

정답 16 ④

17 측정 대상물을 지지대에 올린 후 촉침이 부착된 이동대를 이동하면서 촉침(probe)의 좌표를 기록함으로써, 복잡한 형상을 가진 제품의 윤곽선을 측정하여 기록하는 측정기기는?

① 공구 현미경　　　　　② 윤곽 투영기
③ 삼차원 측정기　　　　④ 마이크로미터

 해설　측정기

종류	내용
측정현미경	광학 현미경과 정밀 가동 테이블을 조합하여 대상 물체를 측정하는 장치 • 공구 현미경 : 측정 현미경의 기본으로, 공구측정에 이용 • 공장용 측정 현미경 : 작은 가공 부품 등의 측정에 이용 • 만능 측정 현미경 : 공구 현미경보다 다양한 용도에 대응하며 큰 대상 물체의 측정이 가능
윤곽투영기	피측정물의 확대실상(擴大實像)을 screen상에 나타나게 하여 윤곽을 검사하거나 치수를 측정하는 광학식 측정기
삼차원 측정기	보기 참조
마이크로미터	대상 물체를 끼워 정밀한 기계의 치수나 종이의 두께, 철사의 지름 등 미소한 길이를 재는 기구
버니어 캘리퍼스	길이(외형) 측정을 비롯하여 내경이나 단차 등을 계측할 수 있는 측정기

18 물리량과 단위의 연결로 옳지 않은 것은?

① 일률 － $N \cdot m/s$　　　　② 압력 － N/m^2
③ 힘 － $kg \cdot m/s^2$　　　④ 관성모멘트 － $kg \cdot m/s$

 해설　관성모멘트는 I로 표시하고, 단위는 $kg \cdot m^2$이다.

19
담금질에 의한 잔류 응력을 제거하고, 재질에 적당한 인성을 부여하기 위해 담금질 온도보다 낮은 변태점 이하의 온도에서 일정 시간을 유지하고 나서 냉각시키는 열처리 방법은?

① 불림(normalizing)
② 뜨임(tempering)
③ 풀림(annealing)
④ 표면경화(surface hardening)

해설 열처리의 종류

구 분	종 류	의 의
일반 열처리	불림	• 강을 표준상태로 하기위해 조직의 불균일을 제거하고 결정립을 미세화시켜 기계적 성질을 향상시키는 열처리
	뜨임	• 담금질된 강에 대하여 담금질에 의한 잔류 응력을 제거하고 재질에 인성을 부여하기 위해, 불안정한 조직을 재가열하여 원자들을 좀 더 안정적인 위치로 이동시키는 열처리
	풀림	• 강 속에 있는 내부 응력을 완화시켜 강의 성질을 개선하는 것으로 노(爐)나 공기중에서 서냉시키는 열처리
	담금질	• 재료를 단단하게 하기 위해 가열된 재료를 수냉 또는 유냉으로 급랭하여 A1 변태를 저지함으로써 경도를 증가시켜 내마멸성을 향상시키는 열처리
항온 열처리	오스템퍼	• 오스테나이트 상태에서 Ar'와 Ar"(Ms 점) 변태점 사이의 온도에서 염욕(질산소다, 염화바륨 등)에 담금질한 후 과냉한 오스테나이트가 변태 완료할 때까지 항온으로 유지하여 점성이 큰 베이나이트를 충분히 석출시킨 후 공냉하는 열처리 • 베이나이트 조직이 되면 뜨임이 필요 없고 담금질 균열이나 변형이 없다.
	마템퍼	• 담금질 온도로 가열한 강재를 Ms와 Mf점 사이의 열욕(100~200℃)에 담금질 하여 과냉 오스테나이트의 변태가 거의 완료할 때까지 항온 유지한 후에 꺼내어 공냉하는 열처리 • 마텐자이트와 베이나이트의 혼합조직이며 경도와 인성이 크다.
	마퀜칭	• 담금질 온도까지 가열된 강을 Ar"(Ms)점보다 다소 높은 온도의 열욕에 담금질한 후 마텐자이트로 변태를 시켜서 담금질 균열과 변형을 방지하는 방법 • 복잡하고, 변형이 많은 강재에 적합하다.
	오스포밍	• 오스테나이트구역의 등온처리로서 과냉 오스테나이트 상태에서 소성가공을 하고 이후에 냉각 중에 마텐자이트화하는 열처리 방법 • 과냉 오스테나이트에 변형(deformation)을 주게 되므로 오스포밍(ausforming)이라고 한다.
	MS퀜칭	• Ms 온도 이하에서 온도를 유지해 제품내부의 변태가 완료되고 나서 냉각하는 방법 • 마텐자이트와 베이나이트를 얻을 수 있고, 균열을 방지하며 마템퍼링한 제품은 뜨임을 할 필요가 없다.

정답 19 ②

20 응력-변형률 선도에 대한 설명으로 옳은 것은?

① 탄성한도 내에서 응력을 제거하면 변형된 상태가 유지된다.
② 진응력-진변형률 선도에서의 파괴강도는 공칭응력-공칭변형률선도에서 나타나는 값보다 크다.
③ 연성재료의 경우, 공칭응력-공칭변형률 선도 상에서 파괴강도는 극한강도보다 크다.
④ 취성재료의 경우, 공칭응력-공칭변형률 선도 상에 하항복점과 상항복점이 뚜렷이 구별된다.

해설 ① 탄성한도내에서는 응력을 제거하면 원래 상태로 되돌아 간다.
② ③ 연성재료(철근)의 응력-변형률 선도

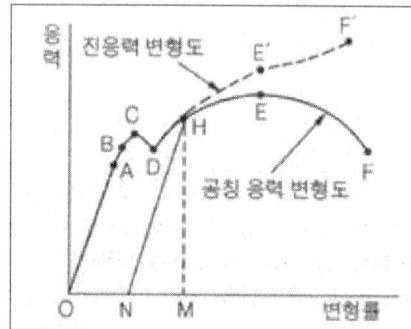

A : 비례한도
B : 탄성한도
C : 상항복강도
D : 하항복강도 (항복점)
E : 극한강도
E' : 진응력에서의 극한강도
F : 파괴강도
F' : 진응력에서의 파괴강도
N : 0.2% 영구변형률
H : 항복점이 뚜렷하게 보이지 않을 경우, 항복강도

④ 취성재료 (예 : 콘크리트)의 경우에는 항복점이 뚜렷하지 않으며, 파괴강도와 극한강도가 같이 나타난다. 따라서 항복점 직후에 파괴될 수 있고, 연성재료에서는 네킹이 발생하는 네킹영역이 존재하지만, 취성재료의 경우에는 네킹이 발생하지 않는다.

기계일반

2018년 5월 19일 시행
지방직 9급

01 다음 중 금속재료의 연성과 전성을 이용한 가공방법만을 모두 고르면?

<보 기>
ㄱ. 자유단조   ㄴ. 구멍뚫기   ㄷ. 굽힘가공
ㄹ. 밀링가공   ㅁ. 압연가공   ㅂ. 선삭가공

① ㄱ, ㄴ, ㄹ
② ㄱ, ㄷ, ㅁ
③ ㄴ, ㄷ, ㅂ
④ ㄹ, ㅁ, ㅂ

해설 금속재료의 가공성

구 분	내 용	가공법
가융성	금속재료를 용융점이상의 고온으로 가열했을 때 녹는 성질	주조, 용접
전연성	금속재료를 두드리거나 누르면 얇게 퍼지는 성질을 전성이라 하고, 잡아당기면 길게 늘어나는 성질을 연성이라고 하며 이 두가지 성질을 합하여 전연성이라 하고, 이 성질을 이용한 가공법을 소성가공이라 한다.	단조, 굽힘가공, 드로잉, 압연가공
피삭성	금속재료의 종류에 따라 깎이는 정도	자르기, 구멍뚫기, 선삭가공, 밀링 등의 절삭가공, 연삭가공

02 자동공구교환장치를 활용하여 구멍가공, 보링, 평면가공, 윤곽가공을 할 경우 적합한 공작기계는?

① 선반
② 밀링 머신
③ 드릴링 머신
④ 머시닝 센터

해설 머시닝 센터
복잡한 모양의 일감을 가공하기 위해서는 선삭, 구멍뚫기, 보링, 밀링, 평면가공, 윤곽가공 등의 가공법을 필요로 하는데, 가공의 종류에 따라 가공에 적합한 공작기계로 옮겨가면서 가공하게 되면 많은 시간이 소요되고 정밀도도 낮아지게 된다. 따라서 일감을 고정한 상태에서 여러 종류의 공작기계가 처리할 수 있는 가공을 여러 가지 공구를 자동으로 교환해가면서 가공을 하면 정밀도가 높은 제품을 가공할 수 있게 되는데, 이처럼 <u>한 대의 공작기계에 여러 종류의 공구를 설치하고 자동공구교환장치를 활용하여 자동으로 가공하는 기계를 머시닝 센터라고 한다.</u>

정답 01 ② 02 ④

03 주물의 균열을 방지하기 위한 대책으로 옳지 않은 것은?

① 각 부의 온도 차이를 될 수 있는 한 작게 한다.
② 주물을 최대한 빨리 냉각하여 열응력이 발생하지 않도록 한다.
③ 주물 두께 차이의 변화를 작게 한다.
④ 각이 진 부분은 둥글게 한다.

 해설 주물의 결함과 방지법

결함	원인	방지책
균열	• 용융금속이 응고할 때 수축이 불균일하여 내부응력이 발생함으로써 생기는 갈라짐	• 각 부의 온도 차이를 될 수 있는 한 작게 한다. • **주물을 급냉시키지 않는다.** • 주물 두께 차이의 변화를 작게 한다. • 각이 진 부분은 둥글게 한다.
기공	• 주형내의 가스가 외부에 배출되지 못하고 주물 내부에 남아 있을 때 생기는 공기구멍	• 쇳물의 주입온도를 필요이상 높게 하지 않는다. • 쇳물 아궁이를 크게 하고, 덧쇳물을 붙여 용융금속에 압력을 가한다. • 주형의 통기성을 좋게한다. • 주형의 수분을 제거한다.
수축구멍	• 용융금속이 주형내에서 응고할 때 주형에 접촉하는 부분부터 굳어지면서 내부에 이르게 되는데, 최후에 응고되는 부분에는 수축으로 인하여 쇳물이 부족하게되어 비어진 구멍	• 쇳물 아궁이를 크게 한다. • 덧쇳물을 부어 쇳물부족을 보충한다. • 냉각쇠를 사용한다.

04 회전력을 전달할 때 축방향으로 추력이 발생하는 기어는?

① 스퍼 기어
② 전위 기어
③ 헬리컬 기어
④ 래크와 피니언

 해설
① 이가 축에 나란한 원통형기어이며, 평행한 두 축사이의 동력전달에 가장 널리 사용되는 일반적인 기어이다.
② 표준 보통이기어의 치형 곡선을 비켜놓아 이끝원과 이뿌리원을 크거나 작게 만든 기어이다. 공구를 기어의 중심에 가깝게 이동하는 것을 마이너스전위(부전위), 기어 중심에서 멀리 이동하는 것을 플러스전위(정전위)라 한다.
③ 헬리컬 기어는 이가 헬리컬 곡선으로 된 원통형 기어로 스퍼기어에 비하여 이의 물림이 원활하나, <u>축방향으로 추력(thrust : 반작용의 힘)이 발생한다</u>.
④ 래크는 기어의 피치원지름이 무한대로 큰 경우의 일부분이라고 볼 수 있으며, 피니언의 회전에 대하여 래크는 직선운동한다.

05 공장자동화의 구성요소로 옳은 것만을 모두 고르면?

ㄱ. CAD/CAM ㄴ. CNC 공작기계 ㄷ. 무인 반송차
ㄹ. 산업용 로봇 ㅁ. 자동창고

① ㄱ, ㄴ, ㄹ
② ㄷ, ㄹ, ㅁ
③ ㄱ, ㄴ, ㄷ, ㅁ
④ ㄱ, ㄴ, ㄷ, ㄹ, ㅁ

 해설 공장자동화(무인화)(FA : Factory automation)
- 공장의 자동화를 완전하게 하는 요소로는 컴퓨터를 사용한 설계, 제조, 검사시스템이 있다.
- CAD(computer aided design) : 설계자가 컴퓨터를 이용하여 신속히 최적의 설계를 하는 시스템
- CAM(computer aided manufacturing) : 최적 설계된 정보에 의해 가공과 조립의 우선순위를 결정하여 공작기계를 사용하여 자동적으로 가공하는 시스템
- 무인 반송차 : 컴퓨터의 통제로 바닥에 설치된 유도로를 따라 필요한 작업장 위치로 소재를 운반하는 공장 자동화 구성요소
- 산업용 로봇 : 공장의 라인과 같은 산업현장에서 실제 사용하고 있는 로봇을 말한다.
- 자동창고 : 제한된 면적이나 공간에 최대한 많은 보관물을 안전하고 효율적으로 보관하며 여기에 자동화기능을 가진 각종 자동화설비가 연계되어 입출고 및 보관 효율을 극대화시키는 시스템
- FMS(유연생산시스템) : 수치제어공작기계(CNC 공작기계)와 산업용 로봇을 중심으로 한 생산방식으로으로 컴퓨터를 이용한 제어시스템이다.

06 정적인장시험으로 구할 수 있는 기계재료의 특성에 해당하지 않는 것은?

① 변형경화지수
② 점탄성
③ 인장강도
④ 인성

 해설
점탄성 즉 점성과 탄성을 합하여 갖는 성질의 측정은 크리프시험 또는 응력완화와 같은 정적 측정법 또는 진동 변형을 주어 그 응력 응답으로서 측정하는 동적 측정법으로 대별된다.

구 분		내 용
정적시험	인장시험	항복강도, 인장강도, 연신율, 단면감소율, 변형경화지수(소성변형을 주면 변형 정도가 늘어남에 따라 변형에 대한 저항이 증대하여 변형을 받지 않은 재료보다 단단해지는 성질), 인성, 탄성한도, 비례한도등을 측정
	경도시험	• 재료의 단단한 정도 측정 • 브르넬 경도, 비커스 경도, 로크웰 경도, 쇼어 경도, 긁힘(스크래치)시험, 진자시험, 마이어 경도 시험
	압축시험	주철·목재·시멘트·콘크리트와 같이 무른 재료의 강도를 조사할 때와 강구·용수철·타이어 등의 부재로서의 시험

정답 05 ④ 06 ②

	굽힘시험	휨 하중에 대한 파괴강도를 조사하는 항절시험과 변형능력을 시험해 가공을 조사하는 시험
	비틀림시험	축이나 관의 비틀림에 대한 강도를 조사하는 시험이며, 전단탄성계수 측정에도 사용
	크리프시험	**점탄성재료** 등의 고온강도를 알기위해 어느 일정 온도, 응력하에서 일정시간 후 크리프 변형 또는 속도를 구하는 시험
동적시험	충격시험	인성과 취성 측정 사르피식 충격시험기, 아이조드식 충격시험,
	피로시험	피로한도, S-N곡선, 강철의 반복회수
	비파괴검사	지분탐상법, 침투탐상법, 타진법, 초음파탐상법, 초음파 탐상법, 방사선투과법
	조직검사	매크로 조직시험, 마이크로조직시험,

보충 점탄성과 점소성

탄성하중 영역에서 점성변형이 탄성변형과 함께 일어나, 하중을 제거하여 시간이 경과되면 원래의 상태로 회복하는 성질을 점탄성이라 하고, 하중을 제거하여 충분한시간이 경과한 후에도 소성변형이 남는 경우, 점소성이라고 한다.

07 탄소강의 열처리에 대한 설명으로 옳지 않은 것은?

① 담금질을 하면 경도가 증가한다.
② 풀림을 하면 연성이 증가된다.
③ 뜨임을 하면 담금질한 강의 인성이 감소된다.
④ 불림을 하면 결정립이 미세화되어 강도가 증가한다.

해설

담금질한 강은 단단하게 되지만 내부응력이 생겨 여리게 되므로 그대로 사용할 수 없다. 이와같은 결점을 제거하고 강인한 성질로 개선하기 위해 담금질한 소재를 일정한 온도로 가열한 후 냉각시켜 <u>인성을 회복시키는</u> 조작을 뜨임이라고 한다.

보충 열처리 유형 및 목적

담금질	뜨 임	불 림	풀 림	표면경화법
• 탄소강의 경도와 강도를 증대	• 내부응력 제거 • 인성의 회복	• 결정조직의 균질화 (표준화) • 잔류응력 제거 • 결정립을 미세화 • 기계적 성질향상	• 재질의 연화 • 전연성의 향상	• 내마멸성 • 강도의 증대 • 인성 증가

08 유압 기기와 비교하여 공압 기기의 장점으로 옳은 것은?

① 구조가 간단하고 취급이 용이하다.
② 사용압력이 낮아 정확한 위치제어를 할 수 있다.
③ 효율이 좋아 대용량에 적합하다.
④ 부하가 변화해도 압축공기의 영향으로 균일한 작업속도를 얻을 수 있다.

해설

① 유압기기는 구조가 복잡하고, 전문지식이 필요하다. 반면에 공압기기는 구조가 간단하고 취급이 용이하다.
② 유압기기은 정확한 위치제어가 가능한 반면, 공압기기는 정확한 위치제어가 어렵다.
③ 공압기기는 효율이 낮아 대용량에 적합하지 않다.
④ 유압기기는 부하에 대한 속도변화가 작은 반면, 공압기기는 부하에 대한 속도변화가 크다.

보충 공압 기기의 장단점

장 점	단 점
• 공기의 양이 무한하므로 에너지원을 쉽게 얻을 수 있다. • 무단 변속이 가능하다. • 힘의 전달이 간단하고 증폭이 용이하다. • 작업속도가 빠르다. • 압축공기를 축적할 수 있다. • 인화 및 폭발의 위험성이 없다. • 온도의 변화에 둔감하다. • 구조가 간단하고 취급이 용이하다.	• 에너지 변환 효율이 낮다. • 위치, 속도의 제어성이 나쁘다. • 응답성이 나쁘다. • 윤활 대책이 필요하다. • 이물질에 약하다. • 큰 힘을 얻을 수 없다. • 배기와 소음이 크다 • 특히 저속에서 균일한 속도를 얻을 수 없다

09 동일한 치수와 형상의 제품을 제작할 때 강도가 가장 높은 제품을 얻을 수 있는 공정은?

① 광조형법(stereo-lithography apparatus)
② 융해용착법(fused deposition modeling)
③ 선택적레이저소결법(selective laser sintering)
④ 박판적층법(laminated object manufacturing)

해설 쾌속(신속) 조형(Rapid Prototyping : RP)방식

종류	특징
광조형법(SLM)	• 액체상태의 광경화성 수지에 레이저광선을 부분적으로 쏘아서 적층해 나가는 방법 • 레이저 광선을 이용하기 때문에 형태를 빨리, 정밀하게 만들 수 있지만 충격에 의한 파손이 일어나기 쉽다.
융해용착법(FDM)	• 필라멘트선으로 된 열가소성 소재를 노즐안에서 가열하여 용해한 후 이를 짜내어 조형면에 쌓아 올려 제품의 형상을 만드는 방법 • 레이저를 사용하지 않아 구조가 단순하나, 성형속도가 SLM에 비하여 떨어진다. • 장비가격과 유지보수비가 낮다.

정답 08 ① 09 ③

선택적레이저 소결법(SLS)	• 고분자재료나 금속분말가루를 한층씩 도포한 후 여기에 레이저광선을 쏘아서 소결시킨 후 다시 한 층씩 쌓아올려서 형상을 만드는 방법 • 속도가 가장 빠르고, 재료를 다양하게 사용할 수 있으며, 강도가 가장 높은 제품을 얻을 수 있다.
박판적층법(LOM)	• 원하는 단면에 레이저 광선을 부준적으로 쏘아서 절단한 후 종이의 뒷면에 부착된 접착제를 사용하여 아래층과 압착시켜 한 층씩 쌓아가며 형상을 만드는 방법 • 성형정밀도가 떨어져 가늘고 작은 모양보다 크고 두꺼운 부품제작에 적합하다.
3차원인쇄(3DP)	• 분말가루와 접착제를 뿌려가면서 형상을 만드는 방법으로 최근 3D 프린터기의 개발로 많이 사용되고 있는 방법 • 제조시간이 짧고 다양한 색상의 섬세한 작업이 가능하다.

10 선반의 절삭조건과 표면거칠기에 대한 설명으로 옳은 것은?

① 절삭유를 사용하면 공작물의 표면거칠기가 나빠진다.
② 절삭속도가 빨라지면 절삭능률은 향상되지만 절삭온도가 올라가고 공구수명이 줄어든다.
③ 절삭깊이를 크게 하면 절삭저항이 작아져 절삭온도가 내려가고 공구수명이 향상된다.
④ 공작물의 표면거칠기는 절삭속도, 절삭깊이, 공구 및 공작물의 재질에 따라 달라지지 않는다.

① 절삭유는 공구를 냉각시켜 공구 인선의 경도저하를 방지하고, 윤활 및 세척작용으로 표면거칠기를 좋게 하며, 공구 마모를 방지하여 공구수명을 연장한다.
② 절삭속도가 빨라질수록 표면거칠기는 좋아지고, 절삭시간도 감소되지만, 절삭온도가 높아지고 공구의 수명은 급격히 감소한다.
③ 절삭깊이가 크면, 절삭면적이 커져 절삭저항이 증가하고 절삭온도는 상승하며, 절삭률과 공구압력은 증가하고, 공구수명은 감소한다 또한 표면거칠기는 거칠어 진다.
④ 공작물의 표면거칠기는 절삭속도, 절삭깊이, 공구 및 공작물의 재질에 따라 달라진다.

11 다음 설명에 해당하는 작업은?

> 튜브형상의 소재를 금형에 넣고 유체압력을 이용하여 소재를 변형시켜 가공하는 작업으로 자동차 산업 등에서 많이 활용하는 기술이다.

① 아이어닝 ② 하이드로 포밍
③ 엠보싱   ④ 스피닝

① 딥드로잉된 컵의 두께를 더욱 균일하게 만들기 위한 후속 공정이다.
② 복잡한 형상의 부품을 만들 때 여러 형태의 프레스로 따로 가공한 후 용접하지 않고, 강판을 튜브형태로 만들어 튜브 안으로 물 같은 액체에 강한 압력(유체압력)을 주어 가공하는 공법이다.
③ 요철이 있는 다이와 펀치로 판재를 눌러 판에 요철을 내는 가공이다.
④ 선반의 회전축에 형틀을 부착하여 원형의 탄소강 판재를 누름쇠로 형틀에 밀고 회전시키면서 이음매가 없는 국그릇 모양의 몸체를 만드는 가공법이다.

12 열간압연과 냉간압연을 비교한 설명으로 옳지 않은 것은?

① 큰 변형량이 필요한 재료를 압연할 때는 열간압연을 많이 사용한다.
② 냉간압연은 재결정온도 이하에서 작업하며 강한 제품을 얻을 수 있다.
③ 열간압연판에서는 이방성이 나타나므로 2차 가공에서 주의하여야 한다.
④ 냉간압연은 치수가 정확하고 표면이 깨끗한 제품을 얻을 수 있어 마무리 작업에 많이 사용된다.

냉간압연은 재료에 매우 큰 이방성을 부여하는 특성이 있다. 따라서 냉간압연판은 이방성을 띄게 되며 방향에 따라 강도, 항복점, 연신율 등이 달라지므로 2차 가공에서 주의하여야 한다.

 보충 열간압연과 냉간압연

열간압연	냉간압연
• 금속을 재결정 온도 이상으로 가열하여 압연하는 방식이다 • 재결정이 시작되는 온도 이상에서 열간가공을 하면, 가공경화가 일어나지 않아서 한번의 열간가공으로 큰 변형을 얻을 수 있다. • 가공물의 치수 정밀도가 상대적으로 낮고 표면이 거칠어질 수 있다 • 크고 두꺼운 재료의 압연에 적용된다.	• 금속을 재결정 온도 이하에서 가열하여 압연하는 방식이다. • 소재의 변형이 어려우므로, 가공에 필요한 힘(동력)이 많이 든다. • 치수가 정확하고 표면이 깨끗한 제품을 얻을 수 있어 마무리 작업에 많이 사용된다. • 두께가 얇고 크기가 작은 판재나 형재의 압연에 적용된다.

13 4행정 사이클 기관에서 크랭크 축이 12회 회전하는 동안 흡기밸브가 열리는 횟수는?

① 3회   ② 4회   ③ 6회   ④ 12회

4행정 기관은 흡입 - 압축 - 폭발 - 배기의 4행정을 하여 1사이클이 완료되는 형식이다.
4행정 엔진의 1사이클이 완료되면 크랭크축은 2회전, 캠축은 1회전한다. 따라서 크랭크 축이 12회 회전하면 흡기밸브는 6회 열리게 된다.

14 결합에 사용되는 기계요소만으로 옳게 묶인 것은?

① 관통 볼트, 묻힘 키, 플랜지 너트, 분할 핀
② 삼각나사, 유체 커플링, 롤러 체인, 플랜지
③ 드럼 브레이크, 공기 스프링, 웜 기어, 스플라인
④ 스터드 볼트, 테이퍼 핀, 전자 클러치, 원추 마찰차

 해설 기계요소
- 결합에 사용되는 기계요소 : 나사, <u>볼트</u>, <u>너트</u>, 와셔, <u>키</u>, <u>핀</u>, 리벳, 스플라인
- 축에 관한 기계요소 : 축, 커플링, 유니버설조인트, 클러치, 베어링,
- 동력 전달용 기계요소 : 마찰차, 기어, 체인, 벨트, 로프, 링크(크랭크기구), 캠
- 완충용 기계요소 : 스프링, 토션바, 완충기, 유압댐퍼 (쇼크 업소버)
- 제동용 기계요소 : 브레이크
- 관에 관한 기계요소 : 플랜지이음, 밸브, 콕

15 폭 30mm, 두께 20mm, 길이 60mm인 강재의 길이방향으로 최대허용하중 36kN이 작용할 때 안전계수는?(단, 재료의 기준강도는 240MPa이다)

① 2 ② 4
③ 8 ④ 12

 해설

안전계수(S) = 기준강도/허용응력
허용응력 = 최대허용하중 /면적 (폭 × 두께)
    = 36kN/(30mm × 20mm) = 36,000N/600mm² = 60N/mm²
∴ 240(MPa)/60(N/mm²) = 4(1MPa = 1N/mm²)

16 다음 설명에 해당하는 주철은?

> ○ 주철의 인성과 연성을 현저히 개선시킨 것으로 자동차의 크랭크 축, 캠 축 및 브레이크 드럼 등에 사용된다.
> ○ 용융상태의 주철에 Mg합금, Ce, Ca 등을 첨가한다.

① 구상 흑연 주철   ② 백심 가단 주철
③ 흑심 가단 주철   ④ 칠드 주철

해설 특수 주철

종류		특징
구상흑연 주철		• 주조상태에서 흑연을 구상화한 주철이다. • 큐폴라 또는 전기로에서 용해한 다음, 주입 직전 Mg(마그네슘)합금, Ce(세륨), Ca(칼슘) 등을 첨가하여, 인장강도와 연신율이 탄소강에 유사한 기계적 성질을 가진다. • 자동차의 크랭크 축, 캠 축 및 브레이크 드럼 등에 사용된다.
칠드 주철 (냉경 주철)		• Si(규소)가 적은 용융주철에 소량의 Mn(망간)을 첨가하여 금형 또는 모래형에 주입하면 금형에 접촉된 부분은 급랭되므로 단단한 백주철이 되는 데 이것을 칠(chill)이라고 한다. • 내부는 서냉되어 연하고 강인한 성질의 주철이 되므로 전체가 백주철로 된 것보다 잘 파손되지 않으므로 각종 롤, 기차바퀴등에 사용된다.
가단주철 (보통 주철의 여리고 약한 인성을 개선하기 위하여 백주철을 고온에서 장시간 열처리하여 인성 또는 연성을 개선한 주철)	백심 가단주철	• 백주철을 철광석등과 같은 산화철과 함께 풀림 상자안에 넣고 900~1,000℃로 가열하여 표면에서 상당한 깊이까지 탈탄시킨 주철이다. • 자전거, 오토바이부품, 자동차, 산업기계용접용 등에 사용된다.
	흑심 가단주철	• 저탄소, 저규소의 백주철을 풀림 처리하여 Fe3C(시멘타이트)를 분해시켜 입상으로 석출시킨 주철이다. • 1단계 흑연화 : 백주철을 850~950℃가열하면 오스테나이트와 시멘타이트가 되며 이 온도에서 18~25시간을 유지하면 시멘타이트가 분해되어 흑연과 오스테나이트가 된다. • 2단계 흑연화 : 변태점에서 오스테나이트는 많은 양의 펄라이트로 변한다. 이 펄라이트 중의 시멘타이트는 A1부근의 온도 700~730도에서 10~15시간 가량 장시간 유지하면 제 2단계 흑연화가 된다 • 파이프이음쇠, 자동차, 산업기계, 기계부품에 쓰인다.
	펄라이트가 단주철	• 흑심 가단주철의 흑연화를 완전히 하지 않고 제 2단계 흑연화를 막기 위해 제 1단계 흑연화 후에 약 850~950℃에서 30~40시간 유지하고 급랭하면 펄라이트가 남는다. • 또 2단계 흑연화를 중간에서 중단하고 냉각하면 펄라이트가 남게되어 인장강도가 크고 연신율은 감소된 펄라이트 주철이 된다. • 기어, 밸브, 공구 등 큰 내마모성이 요구되는 곳에 쓰인다.

17 친환경 가공을 위하여 최근 절삭유 사용을 최소화하는 가공방법이 도입되고 있다. 이에 대한 설명으로 옳지 않은 것은?

① 건절삭(dry cutting)법으로 가공한다.
② 절삭속도를 가능하면 느리게 하여 가공한다.
③ 공기-절삭유 혼합물을 미세 분무하며 가공한다.
④ 극저온의 액체질소를 공구-공작물 접촉면에 분사하며 가공한다.

 해설
낮은 절삭속도의 적용으로 열이 적게 발생하면 냉각목적의 절삭유 사용은 줄어들 수 있지만, 공구경사면 마찰의 증가로 인하여 윤활목적의 절삭유사용은 증가하게 될 수 있다.

정답 17 ②

 보충 극청정/초정밀 가공기계 기술

극청정/초정밀 가공기계 기술은 기존 절삭 가공공정에서 과다한 절삭유 사용으로 인한 가공비용및 에너지소모 증가, 환경오염 및 낮은 효율성 등의 문제를 개선하기 위해 절삭유를 최소화하거나 절삭유를 사용하지 않으면서 가공효율을 높이는 가공기술을 말한다.

1. 건절삭(dry cutting)법으로 가공
   절삭유를 사용하지 않고 가공하는 절삭법이다.
2. 공기 - 절삭유 혼합물을 미세 분무하며 가공하는 방법(MQL : Minimum Quantity Lubrication)
   극미량 절삭유 가공이라고 불리는 MQL (Minimum Quantity Lubrication) 가공 기술은 절삭유를 공기압을 통해 미스트 형태로 분사(분무)시켜 주어 기존 Flood 분사 방식의 절삭유 사용량을 수천에서 수만분의 일로 줄일 수 있다.
3. 극저온의 액체질소를 공구 - 공작물 접촉면에 분사하며 가공(cryogenic machining)
   액체질소와 같은 극저온의 물질을 절삭유로 사용하는 친환경적인 가공 방법이다.
4. 레이저 보조가공 (LAM : Laser – Assisted Machining) 가공
   기계적 가공 시 레이저 빔으로 가공물의 절삭부위를 순간적으로 가열함으로써 세라믹 복합/혼합 재료와 같은 취성재료를 연화시켜 취성파괴를 억제하고 소성변형에 의한 절삭가공이 이루어지도록 하는 가공법이다.
5. 플라즈마 보조가공 (PAM : Plasma – Assisted Machining)가공
   아크방전 플라즈마를 대기 중에 젯모양으로 분출 시 생성되는 고온, 고속의 에너지로 재료의 절삭을 도와주는 가공법으로 반도체 제조, 합성재료, 용접, 고분자, 방식코팅, 공작기계, 금속공학,전기 및 전기장치, 유해물질 제거 및 고성능 세라믹스 등의 가공에도 응용되고 있다.

18 플라이휠(flywheel)에 대한 설명으로 옳은 것만을 모두 고르면?

> ㄱ. 회전모멘트를 증대시키기 위해 사용된다.
> ㄴ. 에너지를 비축하기 위해 사용된다.
> ㄷ. 회전방향을 바꾸기 위해 사용된다.
> ㄹ. 구동력을 일정하게 유지하기 위해 사용된다.
> ㅁ. 속도 변화를 일으키기 위해 사용된다.

① ㄱ, ㄹ   ② ㄴ, ㄷ   ③ ㄴ, ㄹ   ④ ㄷ, ㅁ

 해설 플라이 휠
- 증기 기관이나 내연 기관의 회전축에 설치하는 관성 모멘트가 큰 바퀴
- 많은 양의 운동에너지를 흡수 및 비축할 수 있기 때문에 그 에너지를 이용하여 최대 부하를 견디는 데 사용되기도 한다(ㄴ).
- 회전 속도를 일정하게 유지하거나 가스 압력의 변동이나 피스톤 및 크랭크축의 구동력의 불균형을 줄여 토크를 평균화하는 데에 사용된다(ㄹ).
  ㄱ. 회전모멘트를 증대시키기 위해 사용되는 것은 시프트 레버이다.
  ㄷ. 회전방향을 바꾸기 위해 사용되는 것은 차동기어장치이다.
  ㅁ. 속도 변화를 일으키기 위해 사용되는 것은 변속기이다.

19 화학공업, 식품설비, 원자력산업 등에 널리 사용되는 오스테나이트계 스테인리스 강재에 대한 설명으로 옳은 것은?

① STS304L은 STS304에서 탄소함유량을 낮춘 저탄소강으로 STS304보다 용접성, 내식성, 내열성이 우수하다.
② STS316은 STS304 표준조성에 알루미늄을 첨가하여 석출 경화성을 부여한 것으로 STS304보다 내해수성이 우수하다.
③ STS304는 고크롬계 스테인리스 강에 니켈을 8% 이상 첨가한 것으로 일반적으로 자성을 가진다.
④ STS304, STS316은 체심입방구조의 강재로 가공성은 떨어지지만 내부식성이 우수하다.

 해설

① STS304L(탄소함유량은 0.030이하)은 STS304(탄소함유량은 0.08이하)보다 탄소함유량을 낮춘 저탄소강으로, STS304보다 용접성, 내식성, 내열성이 우수하다.
② STS316은 STS304 표준조성에 몰리브덴(Mo)을 첨가하여 내식성, 내산성이 양호하고 고온강도가 크다.
③ STS304는 오스테나이트계로 상온과 고온에서 안전하게 존재하기 때문에 압연중에 변태현상을 동반하지 않고 <u>비자성이다.</u>
④ 페라이트계는 체심입방구조이지만, <u>오스테나이트계(STS304, STS316)는 면심입방구조이다.</u>

 보충 스테인레스강의 분류

구 분	주성분에 의한 분류		금속조직상 분류	특 징
	대표 강종	주성분		
크롬계	STS 410	13%Cr	마르텐사이트계 (체심입방)	• 상온에서 강자성이다. • 내식성은 낮은 편이나 강도가 우수하여 고강도 구조용강으로 사용된다.
	STS 430	18%Cr	페라이트계 (체심입방)	• 상온에서 강자성이다. • 열처리에 의해 경화되지 않고 냉간 가공성이 매우 우수하다.
크롬-니켈계	STS 304	18%Cr – 8%Ni	오스테나이트계 (면심입방)	• 열처리에 의해서는 경화되지 않고 가공에 의해 경화된다. • 비자성이며, 내부식성이 우수하다.
	STS 316	18%Cr – 8%Ni – 2.5%Mo		
	STS 631	16%Cr – 7%Ni – 1%Al	석출경화계	• 열처리후 시효에 의해 Cu, Al, Ti, Nb등의 금속간 화합물을 석출시켜 강도를 향상 시킨다. • 비자성이다.
	STS 329J1	25%Cr – 4.5%Ni – 2%Mo	이상계	• 상온에서 오스테나이트상과 페라이트상의 혼합조작(50%)으로 강도가 우수하고 결정립이 미세화되며, 응력부식 균열에 대한 저항성을 준다

20 다음 용접방법 중 모재의 열변형이 가장 적은 것은?
① 가스 용접법
② 서브머지드 아크 용접법
③ 플라즈마 용접법
④ 전자 빔 용접법

 해설 용접의 종류

구 분	내 용
가스용접	• 접합할 두 모재를 가스 불꽃으로 가열하여 용융시키고, 여기에 모재와 거의 같은 성분의 금속(용접봉)을 녹여 접합시키는 방법 • 용접효율과 에너지밀도가 매우 낮다.
아크용접	• 전력을 아크로 바꾸어 그 열로 용접부와 용접봉을 녹여 용접하는 방법
플라즈마용접	• 플라즈마(기체가 수천도의 온도에서 이온과 전자로 전리된 상태)를 이용하는 방법 • 각종 재질의 용접이 가능하고 발열량의 조절이 쉬우므로 아주 얇은 판도 접합할 수 있다.
전자 빔용접	• 진공속에서 높은 전압으로 가속시켜 고속 전자 빔을 모재에 충돌시켰을 때 생기는 열에너지로 모재를 녹여 접합하는 방법 • 용접효율과 에너지밀도가 가장 높고, **모재에 발생하는 열변형이 가장 적다.** • 수축틈이 매우 작기 때문에 크랙이 발생가능성이 적다. • 광범위한 이종금속의 결합에 사용될 수 있고, 광범위한 아주 얇은 것과 두꺼운 것의 용접도 가능하다.
(전기)저항용접	• 접합하려는 두 개의 모재를 접촉시켜 전류를 통하면 접촉부에는 전기 저항으로 열이 발생하는데, 이 열로 모재의 일부가 용융되거나 용융상태에 가깝에 되었을 때 압력을 가해 접합하는 방법
일렉트로슬래그용접	• 용제를 아크로 녹여서 슬래그로 만들고, 용융된 슬래그에 넣은 와이어에서 모재로 전류를 흐르게 하고, 이때 발생하는 저항열로 와이어와 모재를 녹여 접합하는 방법

기계일반

2017년 6월 17일 시행
지방직 9급

01 회전 중에 임의로 힘의 전달을 끊을 수 없는 기계요소는?
① 맞물림 클러치(jaw clutch)
② 마찰차(friction wheel)
③ 마찰 클러치(friction clutch)
④ 커플링(coupling)

해설
①, ③ 클러치는 운전중에 두 축을 결합시키거나 떼어 놓을 수 있도록 한 것이므로, 회전 중에 임의로 힘의 전달을 끊을 수 있다.
② 마찰차는 두 축 사이의 동력을 전동 중에 번번이 연결하거나 차단시킬 필요가 있는 경우, 무단변속이 필요한 경우, 속도비가 매우 커서 기어로 전동하기 어려운 경우 등에 사용된다.
④ 커플링은 운전중에 두 축의 연결상태가 풀리지 않도록 장치이므로, 회전 중에 임의로 힘의 전달을 끊을 수 없다.

02 무단 변속장치에 이용되는 마찰차가 아닌 것은?
① 원판 마찰차   ② 원뿔 마찰차
③ 원통 마찰차   ④ 구면

해설 마찰차의 종류
1. 변속마찰차 : 원판마찰차, 원뿔마찰차, 구면마찰차
2. 원뿔마찰차 : 서로 교차하는 두 축사이에 동력을 전달하는 원뿔형 바퀴로 무단변속장치의 변속기구로 많이 사용된다
3. 원통마찰차 : 평행한 두 축사이에서 접촉하여 동력을 전달하는 원통형 바퀴

03 사형주조에서 사용되는 주물사의 조건이 아닌 것은?
① 성형성이 있어야 한다.   ② 통기성이 있어야 한다.
③ 수축성이 없어야 한다.   ④ 열전도도가 낮아야 한다.

정답 01 ④ 02 ③ 03 ③

해설 　주물사의 조건
① 성형성 : 주형제작이 쉽고, 원형의 치수와 모양을 정확하게 재현할 수 있을 것
② 통기성 : 통기성이 좋아서 주형 안에 생긴 가스가 배출이 쉬울 것
③ 수축성 : <u>수축성이 좋아서 제품의 응력생성을 방지할 수 있을 것</u>
④ 낮은 열전도성 및 보온성 : 열전도성이 낮고 냉각할 때에 잔류응력의 방지를 위하여 보온성이 있을 것
⑤ 형상 : 사립(모래입자)의 모양은 구형에 가까울 것
⑥ 입도 : 알맞은 입도분포를 가질 것
⑦ 강도 : 주형의 취급이나 운반, 또는 주입할 때 용탕의 압력이나 충격에 견딜 수 있는 강도를 가질 것
⑧ 내화성 : 용탕과의 반응이 적고 고온에서 견딜 수 있을 것
⑨ 붕괴성 : 응고 후에는 주형의 파괴나 주물을 주형에서 뽑아내는 작업이 쉬울 것
⑩ 반응성 : 점결재가 용탕과 반응하여 유해가스 발생하지 않을 것
⑪ 복용성 : 값이 싸고 되풀이 하여 여러 번 사용할 수 있을 것

04 펌프에서 수격현상의 방지 대책으로 옳지 않은 것은?
① 송출관 내의 유속이 빠르도록 관의 지름을 선정한다.
② 펌프에 플라이휠을 설치한다.
③ 송출 관로에 공기실을 설치한다.
④ 펌프의 급정지를 피한다.

해설 　수격현상의 방지대책
① 관경을 크게하여 <u>유속을 낮춘다</u>
② 펌프에 플라이휠을 설치하여 펌프의 급격한 속도변화를 방지한다.
③ 송출 관로에 수격방지기(공기실형,튜브형, 브래드형, 튜브형 등)를 설치하여 충격압을 흡수한다.
④ 펌프의 급정지는 수격현상이 원인이 되므로 피한다.
⑤ 밸브를 펌프 토출구(송출구)가까이 설치하고, 조작을 서서히 한다.

보충 　수격현상
펌프에서 유체를 압송시 정전 등으로 갑자기 펌프가 정지한 경우 또는 밸브를 갑자기 폐할 경우, 배관내의 유체의 운동에너지가 압력에너지로 변하여 고압이 발생하고, 유속이 변하여 압력변화를 가져와 배관내의 벽면을 치는 현상

05 일반적인 금속재료의 온도를 증가시킬 때 나타날 수 있는 현상으로 옳지 않은 것은?
① 인성 및 연성이 증가한다.
② 강도에 대한 변형률속도의 영향이 감소한다.
③ 인장강도가 감소한다.
④ 탄성계수 및 항복응력이 감소한다.

04 ①　05 ②

해설

재료가 단위시간당 변형되는 것은 변형률 속도(strain rate)라고 하며, 온도가 증가할 경우 변형율 속도의 효과가 더욱 크게 증가한다.
①, ③, ④ 일반적으로 온도가 증가하면 탄성계수, 항복응력, 인장강도, 가공경화지수등이 감소하고, 인성 및 연성이 증가한다.

06 재료의 피로 수명에 대한 설명으로 옳지 않은 것은?

① 시편의 파손을 일으키는데 필요한 반복 응력 사이클 수를 피로수명이라 한다.
② 재료 표면에 숏피닝(shot peening) 공정을 통해 피로 수명을 증가시킬 수 있다.
③ 반복 응력의 평균값이 클수록 피로 수명이 감소한다.
④ 재료 표면에 존재하는 노치(notch)를 제거하면 피로 수명이 감소한다.

 해설

편평하게 가공한 재료에 부분적으로 오목하게 팬 곳을 노치(notch)라고 한다. 재료에 노치가 생기면, 피로나 충격과 같은 외력이 작용할 때, 집중 응력이 생겨서, 파괴되기 쉬운 성질을 갖게 되는데, 이것을 노치효과라 한다. 따라서 재료 표면에 존재하는 노치(notch)를 제거하면 피로 수명을 증가시킬 수 있다

 보충 노치(notch)

구조물의 불연속부, 용접금속과 모재와의 재질적 불연속 및 용접결함등과 같이 응력이 집중될 수 있는 원인이 되는 것을 총칭한다.

07 디젤기관의 디젤노크 저감 방법으로 옳지 않은 것은?

① 발화성이 좋은 연료를 사용한다.
② 연소실 벽의 온도를 낮춘다.
③ 발화까지의 연료 분사량을 감소시킨다.
④ 가솔린 기관과 노크 저감 방법이 정반대이다.

 해설 가솔린 기관과 디젤기관의 노크 현상

구 분	가솔린 기관	디젤 기관
방지책	• 엔티노크성이 큰 연료(옥탄가가 높은 연료)를 사용한다. • 화염의 전파속도를 빠르게 하고 전파거리를 짧게 한다. • 엔드가스의 온도, 압력을 낮춘다. • 흡기온도를 낮춘다.	• 세탄가가 높고 착화(발화)성이 좋은 연료를 사용하여 착화지연을 짧게 한다. • **연소실 벽의 온도를 높인다.** • 흡기온도, 흡기압력을 높게 한다. • 회전속도나 분사속도를 낮춘다. • 압축비를 크게 하고 압축온도, 압축압력을 높인다.

	• 실린더 벽의 온도를 낮게한다. • 회전수를 증가시킨다. • 점화시기를 지연시킨다.	• 흡기공기에 와류가 발생되어 많은 양의 공기가 흡입될 수 있도록 한다. • 발화까지의 연료 분사량을 적게 하고 착화 후 많은 연료가 분사되며 분무를 양호하게 한다.

08 플라스틱 가공 공정에 대한 설명으로 옳지 않은 것은?

① 압출 공정은 고분자 재료에 압축력을 가하여 다이 오리피스를 통과시키는 공정이다.
② 사출성형된 제품은 냉각 수축이 거의 없다.
③ 사출성형은 고분자 재료를 용융시켜 금형공동에 고압으로 주입하고 고화시키는 공정이다.
④ 압출된 제품의 단면적은 다이 구멍의 면적보다 크다.

 해설

① 압출 공정은 다이를 붙인 용기에 고분자재료(소재)를 넣고 압축력을 가하여 다이 오리피스(개구부를 통과시켜 압연으로 가공하기 곤란한 제품을 뽑아내는 공정이다.
② 사출 성형 공정에서 수지가 금형에 충진되는 순간부터 수지는 냉각되면서 동시에 수축이 발생하게 된다. 보압이나 2차 압력을 가하는 것은 용융된 수지를 금형 내부로 더 밀어 넣거나, 수축에 의해서 부족하게 된 양을 보충하기 위해서 연속적으로 힘을 가하는 것인데 게이트가 응고될 때까지 이루어 진다.
③ 사출성형은 가열에 의해 녹은 플라스틱 재료를 금형 속으로 사출시켜 고화(固化) 또는 경화(硬化)시켜 성형품을 만드는 가공방법이다.
④ 다이(die) 구멍은 제품 지름이 25~65mm의 봉일 때에는 봉 지름의 0.94배, 25mm 이하일 때에는 0.97배로 하는 등 제품의 치수보다 다소 작게 한다.

09 한줄 겹치기 리벳이음의 일반적인 파괴형태에 대한 설명으로 옳지 않은 것은?

① 리벳의 지름이 작아지면 리벳이 전단에 의해 파괴될 수 있다.
② 리벳 구멍과 판 끝 사이의 여유가 작아지면 판 끝이 갈라지는 파괴가 발생할 수 있다.
③ 판재가 얇아지면 압축응력에 의해 리벳 구멍 부분에서 판재의 파괴가 발생할 수 있다.
④ 피치가 커지면 리벳 구멍 사이에서 판이 절단될 수 있다.

 해설 파괴형태와 원인

원 인	파괴형태
• 피치에 비해 리벳의 지름이 적은 경우	• 리벳이 전단에 의해 파괴될 수 있다.
• 리벳 구멍과 판 끝 사이의 여유(마진)가 작은 경우	• 판끝이 리벳에 의해 갈라지는 파괴가 발생할 수 있다.

• 판재가 얇아지는 경우	• 리벳구멍 부분에서 판재의 압축파괴가 발생할 수 있다
• 리벳의 지름에 비해 피치가 적은 경우 발생	• 리벳구멍사이에서 판이 절단될 수 있다.

10 풀리(원판) 주위에 감겨 있는 줄에 질량 m의 블록이 연결되어 있다. 블록이 아래쪽으로 운동할 때 풀리의 각가속도 α는?(단, 줄은 늘어나지 않으며 줄의 질량은 무시한다. 점 O에 대한 풀리의 회전 관성모멘트는 I, 반지름은 r, 중력가속도는 g로 가정한다)

① $\alpha = \dfrac{mgr}{I}$ ② $\alpha = \dfrac{mgr}{(I+mr^2)}$

③ $\alpha = \dfrac{mg}{(I+mr^2)}$ ④ $\alpha = \dfrac{mgr^2}{(I+mgr)}$

 해설

- 회전운동에 관한 뉴턴의 제2법칙 : 토크 = $I\alpha$(관성모멘트 × 각가속도) $\alpha = \dfrac{\Sigma T_{ext}}{I} = \dfrac{Tr}{I}$ 이므로, $Tr = I\alpha$
- 추의 운동방정식 (뉴턴의 제2법칙) : $F = ma$(질량 × 가속도)
  $\Sigma F_y = mg - T = ma$, $a = \dfrac{mg-T}{m}$
- 줄이 미끄러지지 않을 때 $a = r\alpha$ 이므로 $a = r\alpha = \dfrac{Tr^2}{I} = \dfrac{mg-T}{m}$
  장력 $T = \dfrac{Img}{I+mr^2}$, 가속도 $a = \dfrac{mgr^2}{I+mr^2}$, 각가속도 $\alpha = \dfrac{mgr}{(I+mr^2)}$

11 공압 발생 장치에서 공기의 온도를 이슬점 이하로 낮추어 압축공기에 포함된 수분을 제거하는 공기 건조 방식은?

① 냉각식(냉동식) 건조 ② 흡수식 건조
③ 흡착식 건조 ④ 애프터 쿨러(after cooler)

해설 공기 건조 방식

① 냉각식(냉동식) 건조 : 공압 발생 장치에서 공기의 온도를 이슬점 이하로 낮추어 압축공기에 포함된 수분을 제거하는 공기 건조 방식이다.
② 흡수식 건조 : 염화리튬, 브롬화리튬 등 액상의 수용성흡수제를 이용하여, 수분을 흡수하는 방식으로 부식성이 강한 미스트의 발생과 노점이 높은 관계로 현재는 거의 사용되지 않는다.
③ 흡착식 건조: 반도체 제조 공정등의 아주 미세한 수분으로도 제품에 치명적인 문제가 될 수 있는 곳에, 화학적 흡착제(실리카겔, 활성 알루미나, 모큘러 시브 등)를 사용하여 제거하는 방법이다. 흡착타워와 재생타워로 구성되는 2타워 방식으로, 압축공기가 흡착 타워내 흡착제를 통과하면 흡착제가 압축공기중의 수분을 흡수하며, 다른 재생타워는 젖어 있는 흡착제를 건조한다. 사용수분 제거율은 통상 99.95%이다.
④ 애프터 쿨러(after cooler) : 공기압축기에서 토출된 고온의 압축공기를 1차 냉각시켜 응축수를 배출시키고, 냉동식 건조나 흡착식 건조의 부하를 감소시켜 제습성능을 향상시키는 보조 냉각장치이다.

12 백래시(backlash)가 적어 정밀 이송장치에 많이 쓰이는 운동용 나사는?

① 사각 나사
② 톱니 나사
③ 볼 나사
④ 사다리꼴 나사

해설 운동용 나사

종 류	특 징
사각나사	• 축방향의 큰 하중을 받는 운동에 적합하도록 나사산을 사각모양으로 만든 나사 • 단면이 사각형이므로 가공이 어려워 높은 정밀도를 요하는 부품에는 사용되지 않는다.
톱니나사	• 힘을 받는 쪽에는 사각나사, 반대쪽에는 삼각나사를 깎아서 양 나사의 장점을 구비한 나사 • 한 방향으로 큰 힘을 전달받는 바이스, 압착기 등의 이송나사로 사용된다.
볼나사	• 수나사와 암나사 나사산사이에 여러 개의 볼을 넣어서 마찰을 적게하고, **백래시를 최소화한 나사** • 효율이 좋으므로 NC 공작기계의 **정밀 이송나사**나 **자동차의 조향장치**에 사용된다.
사다리꼴나사	• 축방향의 힘이 전달되는 부품의 나사로 적합하다. • 가공이 쉽고, 맞물림상태가 좋아 공작기계의 이송나사로 널리 사용된다.
둥근나사	• 쇳가루, 먼지, 모래 등이 많은 곳에 사용되며, 진동이 심한 부분에도 널리 사용된다.

13 다음 설명에 가장 적합한 소재는?

○ 우주선의 안테나, 치열 교정기, 안경 프레임, 급유관의 이음쇠 등에 사용한다.
○ 소재의 회복력을 이용하여 용접 또는 납땜이 불가능한 것을 연결하는 이음쇠로도 사용 가능하다.

① 압전재료
② 수소저장합금
③ 파인세라믹
④ 형상기억합금

해설 신소재

종류	특징
압전재료	• 결정의 분극을 이용하여 전기적 에너지와 기계적 에너지의 전환(압전효과 : Piezo)을 행하는 재료 • 수정, 탈탄산 리튬, 니오브산 리튬, 티탄산 바륨등 • 압전 스피커, 압전 진동자, 압전 모터, 초정밀이동 스테이지, 압전 트랜스, 점화기용 전원 등에 사용
수소저장합금	• 냉각 또는 가압하면 수소를 흡수하여 금속 수소화물이 되고, 동시에 열을 발생하고. 반대로 가열 또는 감압하면 다시 수소를 방출하면서 열을 빼앗는 성질의 합금 • 마그네슘, 티탄계, 희토류계 합금 • 수소자동차, 히트펌프
파인세라믹	• 세라믹 제품의 단점을 보완하여, 천연원료(흙이나 모래등의 무기물)를 정제 또는 가압 소결한 자기재료 • 내마멸성이 크고, 고온에도 잘견디므로 특수타일, 인공뼈, 자동차 엔진등에 사용
형상기억합금	• 일정한 온도에서 형성된 자기 본래의 모양을 기억하고 있어서, 변형후에도 그 온도가 되면 본래의 모양으로 되돌아가는 성질을 가지고 있는 재료 • 소재의 회복력을 이용하여 용접 또는 납땜이 불가능한 것을 연결하는 이음쇠로도 사용 • **우주선의 안테나, 치열 교정기, 브레지어 와이어, 안경 프레임, 급유관의 이음쇠 등**
초전도 합금	• 아주 낮은 온도영역 이하가 되면, 전기 저항이 소실되어 0이 되는 합금 • 전기가 흐를 때 저항이 0이므로 전력손실이 없고 작은 전류로도 매우 강한 자석을 만든다. • 초전도 자석, 핵융합, 컴퓨터소자, 자기공명영상장치 등

14 필라멘트(filament) 형태의 소재를 사용하는 쾌속조형법(rapid prototyping)은?

① 융해융착모델(FDM: fused deposition modeling)
② 스테레오리소그래피(STL : stereolithography)
③ 폴리젯(polyjet)
④ 선택적 레이저 소결(SLS : selective laser sintering)

 해설 쾌속조형법(rapid prototyping)

종류	특징
융해용착법 (FDM)	• **필라멘트선으로 된 열가소성 소재**를 노즐안에서 가열하여 용해한 후 이를 짜내어 조형면에 쌓아 올려 제품의 형상을 만드는 방법 • 레이저를 사용하지 않아 구조가 단순하나, 성형속도가 SLM에 비하여 떨어진다. • 장비가격과 유지보수비가 낮다.
스테레오리소그 래피(STL)	• 광경화성 액체 수지가 담긴 수조에 레이저 빔을 통해 레진(고점도 광경화성 플라스틱)을 경화시킨 후 층층이 쌓아 조형을 하는 방법 • 정밀도가 높아 표면을 매끄럽고 정교하게 만들수 있고, 필라멘트를 녹이지 않아 냄새가 적으며, 소비전력이 좋다. • 내구성과 내열성이 약하고 제작단가가 비싸다.

14 ①

폴리젯 (polyjet)	• 잉크젯 프린팅과 유사하지만, 종이에 잉크 방울을 분사하는 대신 조형 트레이에 경화되는 액상 포토폴리머 레이어를 분사하여 조형하는 방법 • 완제품에 가까운 매끄럽고 디테일한 시제품 제작이 가능하다. • 소재가 제한되고, 내구성이 약하다.
선택적레이저소결법 (SLS)	• 고분자재료나 금속분말가루를 한층씩 도포한 후 여기에 레이저광선을 쏘아서 소결시킨 후 다시 한 층씩 쌓아올려서 형상을 만드는 방법 • 속도가 가장 빠르고, 재료를 다양하게 사용할 수 있으며, 강도가 가장 높은 제품을 얻을 수 있다.
박판적층법 (LOM)	• 원하는 단면에 레이저 광선을 부준적으로 쏘아서 절단한 후 종이의 뒷면에 부착된 접착제를 사용하여 아래층과 압착시켜 한 층씩 쌓아가며 형상을 만드는 방법 • 성형정밀도가 떨어져 가늘고 작은 모양보다 크고 두꺼운 부품제작에 적합하다.
3차원인쇄 (3DP)	• 분말가루와 접착제를 뿌려가면서 형상을 만드는 방법으로 최근 3D 프린터기의 개발로 많이 사용되고 있는 방법 • 제조시간이 짧고 다양한 색상의 섬세한 작업이 가능하다.

15 소성가공에 대한 설명으로 옳지 않은 것은?

① 절삭가공에 비하여 생산율이 낮다.
② 절삭가공 제품에 비하여 강도가 크다.
③ 취성인 재료는 소성가공에 적합하지 않다.
④ 절삭가공과 비교하여 칩(chip)이 생성되지 않으므로 재료의 이용률이 높다.

해설 소성가공과 절삭가공
1. 소성가공은 금형의 직선운동이나 롤(roll)의 회전운동을 이용해 제품을 연속해서 생산할 수 있어서 절삭가공에 비하여 생산성이 높다.
2. 금속의 결정 조직을 개량하므로 주조, 절삭가공에 비해 강한 성질을 얻는다
3. 취성은 어떤 재료에 외력을 가했을 때 작은 변형만 나타나도 곧 파괴되는 성질로 취성인 재료는 소성가공에 적합하지 않다.
4. 소성가공은 절삭 가공처럼 칩이 생성되지 않아 재료의 이용률이 높다.
5. 가공에 드는 시간도 짧으므로 경제적인 가공법이다.

16 딥 드로잉 공정에서 나타나는 결함에 대한 설명으로 옳지 않은 것은?

① 플랜지가 컵 속으로 빨려 들어가면서 수직 벽에서 융기된 현상을 이어링(earing)이라고 한다.
② 플랜지부에 방사상으로 융기된 형상을 플랜지부 주름(wrinkling)이라고 한다.
③ 펀치와 다이 표면이 매끄럽지 못하거나 윤활이 불충분하면 제품 표면에 스크래치(scratch)가 발생한다.
④ 컵 바닥 부근의 인장력에 의해 수직 벽에 생기는 균열을 파열(tearing)이라고 한다.

해설
- ①, ② 주름(wrinkle) : 융기된 현상을 통틀어서 주름이라고 말한다.
- 귀생김(earing) : 판재의 평면 이방성으로 인하여 드로잉된 컵 형상의 벽면 끝에 발생할 수 있는 파도 모양의 구조
- ③, ④ 모두 옳은 설명이다.

17 드릴링 머신 작업에 대한 설명으로 옳지 않은 것은?

① 드릴 가공은 드릴링 머신의 주된 작업이다.
② 카운터 싱킹은 드릴로 뚫은 구멍의 내면을 다듬어 치수정밀도를 향상시키는 작업이다.
③ 스폿 페이싱은 볼트 머리나 너트 등이 닿는 부분을 평탄하게 가공하는 작업이다.
④ 카운터 보링은 작은 나사나 볼트의 머리가 공작물에 묻히도록 턱이 있는 구멍을 뚫는 작업이다.

 해설
드릴로 뚫은 구멍의 내면을 다듬어 치수정밀도를 향상시키는 작업은 리밍작업이다.

 보충 드릴작업의 종류

종류	내용
드릴링	드릴을 사용하여 구멍을 뚫는 작업
리 밍	드릴을 사용하여 뚫은 구멍의 내면을 리머로 다듬어 치수정확도와 표면정도를 향상시키는 작업
태 핑	드릴을 사용하여 뚫은 구멍의 내면에 탭을 사용하여 암나사를 가공하는 작업
보 링	드릴을 사용하여 뚫은 구멍이나 이미 만들어져 있는 구멍을 넓히는 작업
스폿페이싱	너트 또는 볼트머리와 접촉하는 면을 고르게 하기 위하여 깎는 작업
카운터보링	작은 나사나 볼트의 머리가 공작물에 묻히도록 턱이 있는 구멍을 뚫는 작업
카운터싱킹	접시머리나사의 머리가 들어갈 부분을 원추형으로 가공하는 작업

18 Fe – Fe₃C 상태도에 대한 설명으로 옳지 않은 것은?

① 오스테나이트는 공석변태온도보다 높은 온도에서 존재한다.
② 0.5%의 탄소를 포함하는 탄소강은 아공석강이다.
③ 시멘타이트는 사방정계의 결정구조를 가지고 있어 높은 경도를 나타낸다.
④ 공석강은 공정반응을 보이는 탄소 성분을 가진다.

 해설

① 오스테나이트는 공석변태온도보다 높은 온도에서 존재하며, 공석변태온도 이하로 되면, 오스테나이트는 α 페라이트와 시멘타이트(Fe_3C)의 혼합조직으로 변태하게 된다.
② 아공석강은 0.8%C 이하인 페라이트와 펄라이트의 공석강이므로, 0.5%의 탄소를 포함하는 탄소강은 아공석강이다.

종류	내용
아공석강	• 0.8%C 이하인 페라이트와 펄라이트의 공석강
공석강	• 0.8 %C인 펄라이트 조직
과공석강	• 0.8%C 이상의 시멘타이트와 펄라이트의 공석강

③ 시멘타이트는 사방정계의 결정구조를 가지고 있어 높은 경도를 나타낸다. 참고로 오스테나이트는 FCC(면심입방구조), 페라이트는 BCC(체심입방구조)로 둘다 모두 매우 연하다.
④ 공석강은 공석반응을 보이는 탄소 성분을 가진다. 공석반응은 하나의 고상이 두개의 고상으로 되는 현상을 공석반응이라고 한다.

19 알루미늄 합금인 두랄루민에 대한 설명으로 옳지 않은 것은?

① Cu, Mg, Mn을 성분으로 가진다.
② 비중이 연강의 약 1/3 정도로 경량재료에 해당된다.
③ 주물용 알루미늄 합금이다.
④ 고온에서 용체화 처리 후 급랭하여 상온에 방치하면 시효경화한다.

 해설

두랄루민은 단련용 알루미늄합금에 속한다.
④ 용체화 처리(담금질처리)란 알루미늄합금을 500℃전후로 가열하여 시효경화에 관계되는 첨가원소를 충분히 고용시킨 후 상온에 유지시키는 조작을 말한다. 이 과포화 고용체를 상온 혹은 약간 높은 온도로 유지함으로써 용질원자를 금속간화합물로서 석출시켜 매트릭스를 강화하여 기계적 성질을 향상시키는 처리를 시효처리라고 한다.

보충 알루미늄 합금의 분류

종류	성분	특징
주물용	Cu, Si, Mn	• 자동차 부품에 널리 사용
단련용	Cu, Mg, Mn	• 두랄루민이 대표적임 • 비중이 연강의 약 1/3 정도로 경량재료에 해당 • 기계적성질이 탄소강과 비슷 • 무게를 중시하고 강도가 큰 것을 요구하는 항공기,자동차, 유람선등에 사용

20 초소성 성형의 특징에 해당하지 않는 것은?

① 높은 변형률속도로 성형이 가능하다.
② 성형 제품에 잔류응력이 거의 없다.
③ 복잡한 제품을 일체형으로 성형할 수 있어 2차 가공이 거의 필요 없다.
④ 다른 소성가공 공구들보다 낮은 강도의 공구를 사용할 수 있어 공구 비용이 절감된다.

해설 초소성 성형

초소성 성형기술은 일반적으로 재료가 특정한 조건에서 본래 길이의 수백에서 수천%까지 늘어나는 초소성현상을 이용한 기술이다. 장점 및 단점은 다음과 같다.

구분	특징
장점	• 성형후 부품에 잔류응력이 남지 않음 • 복잡한 제품을 일체형으로 성형할 수 있어 2차 가공이 불필요 • 다른 소성가공 공구들보다 낮은 강도의 공구를 사용할 수 있어 공구 비용이 절감 • 높은 가공성 및 높은 가공 정밀도 • 높은 설계 자유도 • 스프링백 효과가 없음 • 성형 다이(forming die) 비용의 감소 • 조립공정생략으로 인한 생산비 절감 • 볼트(bolt), 구멍(hole) 및 sealing의 수가 감소함에 따른 유지비 절감
단점	• 초소성 재료 제한 : 초소성 재료는 일반적으로 $10\mu m$ 이하의 미세한 결정립을 가져야 하며 또한 고온에서 높은 열적 안정성을 가져야 함 • **낮은 성형 속도** : 초소성 변형은 특징 변형율 속도 및 온도에서만 발생하는 특성을 가지고 있는데 일반적으로 Al합금의 경우 450~530℃, Ti합금의 경우 900~950℃의 고온이 요구되며 성형 속도도 고전적인 초소성 합금의 경우 $10^{-2} \sim 10^{-5}$ /sec정도로 속도가 낮아 기존판재 성형법에 비교할 경우 생산성은 상당히 낮아지게 됨

정답 20 ①

2016년 6월 18일 시행 지방직 9급

01 재료의 원래 성질을 유지하면서 내마멸성을 강화시키는 데 가장 적합한 열처리 공정은?

① 풀림(annealing)
② 뜨임(tempering)
③ 담금질(quenching)
④ 고주파 경화법(induction hardening)

해설 표면경화법
- 금속을 적당한 방법으로 열처리하여 그 표면층을 내부보다 경화시키는 방법이다.
- 표면층만을 경화시킴으로 내마멸성 및 피로강도를 높이고, 그 내부는 재료 고유의 인성을 그대로 유지한다.
- 표면경화법에는 침탄법, 질화법 청화법, 금속침투법, 화염경화법, <u>고주파경화법</u> 등이 있다.

02 응고수축에 의한 주물제품의 불량을 방지하기 위한 목적으로 주형에 설치하는 탕구계 요소는?

① 탕구(sprue)
② 압탕구(feeder)
③ 탕도(runner)
④ 주입구(pouring basin)

해설 모래주조법 주형 각부의 역할

구 분	특 징
탕구(sprue)	제품인 부분에 쇳물이 흘러들어가도록 하는 수직 통로
압탕구(feeder)	주형 내의 쇳물에 압력을 가하여 가스를 제거하거나 **쇳물이 응고할 때 수축에 의한 부피의 감소를 보충**하기 위하여 설치
탕도(runner)	수평으로 마련한 쇳물안내통로/홈
주입구(쇳물받이)(pouring basin)	쇳물을 주입하는 부분

정답 01 ④ 02 ②

03
금속 판재의 가공 공정 중 가장 매끈하고 정확한 전단면을 얻을 수 있는 전단공정은?

① 슬리팅(slitting)
② 스피닝(spinning)
③ 파인블랭킹(fine blanking)
④ 신장성형(stretch forming)

 해설

① 슬리팅(slitting) : 판재의 일부에 가는 절입선을 가공하는 작업 또는 넓은 판재를 일정한 간격의 좁은 코일 또는 스트립으로 가공하는 작업이다.
② 스피닝(spinning) : 판재를 고속으로 회전하는 성형 블록에 부착하여 놓고 직경이 작은 롤 혹은 맨드렐에 의해서 점진적으로 블록 위로 성형해 나가는 공정으로 도자기작업과 유사하다. 탱크헤드(tank head), 텔레비전 콘, 축대칭의 깊은 부품을 가공하는데 이용된다.
③ 파인블랭킹(fine blanking) : 한번의 블랭킹 공정에서 제품의 전체 두께에 걸쳐 필요로 하는 고운 전단면과 양호한 제품 정밀도를 얻는 프레스 가공 공정이다.
④ 신장성형(stretch forming) : 판재가장자리의 유입이 없도록 판재의 가장자리를 완전히 구속시킨 상태에서 금형으로 가공하는 방법이다.

04
다음 중 소성가공이 아닌 것은?

① 인발(drawing) ② 호닝(honing)
③ 압연(rolling) ④ 압출(extrusion)

 해설 기계가공의 종류

구 분		종 류
비절삭 가공	주 조	목형·주형·주조·특수 주조·플라스틱 모울딩·분말야금
	소성가공	단조·압연·프레스가공·인발·압출·판금가공·전조
	용 접	납땜·경납땜·단접·전기용접·가스용접·고주파 용접
	특수비절삭 가공	전해연마·화학연마·방전가공·버니싱·레이저가공·숏 블래스트(shot blast)·진공증착
절삭 가공	절삭공구 가공	고정공구	선삭·평삭·형삭·브로우칭·줄칼작업(filing)
		회전공구	밀링·드릴링·보링·호빙·소오잉(sawing)
	연삭공구 가공	고정입자	연삭·호닝·슈퍼피니싱·버핑·샌더링
		분말입자	래핑·액체 호닝·배럴 가공·초음파가공

05 각종 용접법에 대한 설명으로 옳은 것은?

① TIG용접(GTAW)은 소모성인 금속전극으로 아크를 발생시키고, 녹은 전극은 용가재가 된다.
② MIG용접(GMAW)은 비소모성인 텅스텐 전극으로 아크를 발생시키고, 용가재를 별도로 공급하는 용접법이다.
③ 일렉트로 슬래그 용접(ESW)은 산화철 분말과 알루미늄 분말의 반응열을 이용하는 용접법이다.
④ 서브머지드 아크 용접(SAW)은 노즐을 통해 용접부에 미리 도포된 용제(flux) 속에서, 용접봉과 모재 사이에 아크를 발생시키는 용접법이다.

 해설

① MIG용접(GMAW), ② TIG용접(GTAW), ③ 테르밋 용접에 대한 설명이다.
일렉트로슬래그용접은 아크 및 저항 용접을 병용한 용접법이다. 즉 용제를 아크로 녹여서 슬래그로 만들고, 용융 슬래그 속에서 전극 와이어를 연속적으로 공급하여 슬래그의 안에서 흐르는 전류의 저항열에 의하여 와이어와 모재를 용융시켜 접합하는 방법이다.

06 금속의 결정격자구조에 대한 설명으로 옳은 것은?

① 체심입방격자의 단위 격자당 원자는 4개이다.
② 면심입방격자의 단위 격자당 원자는 4개이다.
③ 조밀육방격자의 단위 격자당 원자는 4개이다.
④ 체심입방격자에는 정육면체의 각 모서리와 각 면의 중심에 각각 1개의 원자가 배열되어 있다.

 해설 금속결정 (국가직 2012년 제1번 문제 참조)

종 류	단위격자에 속하는 원자의 수	배위수
단순입방격자	1개(꼭지점에 1개의 원자가 위치)	6
체심입방격자	2개(입방체의 각 꼭짓점과 입방체의 중심에 1개의 원자가 배열된 결정구조)	8
면심입방격자	4개(꼭지점과 각 면의 중심에 각각 1개의 원자가 위치해 있는 구조)	12
조밀육방격자	2개(작은 단위정) 또는 6개(큰 단위정)	12

07 다음 ㉠, ㉡에 해당하는 것은?

㉠ 압력을 가하여 용탕금속을 금형공동부에 주입하는 주조법으로, 얇고 복잡한 형상의 비철금속 제품 제작에 적합한 주조법이다.
㉡ 금속판재에서 원통 및 각통 등과 같이 이음매 없이 바닥이 있는 용기를 만드는 프레스가공법이다.

	㉠	㉡
①	인베스트먼트주조(investment casting)	플랜징(flanging)
②	다이캐스팅(die casting)	플랜징(flanging)
③	인베스트먼트주조(investment casting)	딥드로잉(deep drawing)
④	다이캐스팅(die casting)	딥드로잉(deep drawing)

해설

- 인베스트먼트주조 : 제품과 같은 모양의 모형을 양초나 합성수지로 만든 후 내화재료로 도포하여 가열경화시키는 주조 방법
- 플랜징 : 제품의 강도를 보강하기 위하여 또는 성형 그자체를 목적으로 판금의 가장 자리를 굽혀서 플랜지(테두리)를 만드는 작업
- 다이캐스팅 : 용융금속에 압력을 가해 금형에 밀어넣으면 재질이 균일하고 치밀하게 되며, 탕구에서 짧은 시간내에 용융금속이 주형의 구석까지 주입되어 주물을 만드는 방법으로, 얇고 복잡한 형상의 비철금속 제품 제작에 적합한 주조법이다.
- 딥드로잉 : 속이 깊은 제품을 제작한다는 뜻으로, 얇은 판의 중심부에 큰 힘을 가하여 원통형이나 원뿔형 등의 이음매없는 용기모양을 성형하는 가공법으로, 음료캔, 주방기구, 모든 종류 및 크기의 용기, 싱크대, 자동차 패널등의 성형에 사용된다.

08 레이저 용접에 대한 설명으로 옳지 않은 것은?

① 좁고 깊은 접합부를 용접하는 데 유리하다.
② 수축과 뒤틀림이 작으며 용접부의 품질이 뛰어나다.
③ 반사도가 높은 용접 재료의 경우, 용접효율이 감소될 수 있다.
④ 진공 상태가 반드시 필요하며, 진공도가 높을수록 깊은 용입이 가능하다.

해설

진공 상태가 반드시 필요한 용접은 전자 빔 용접이다.

보충 레이저 용접의 특징

1. 레이저 빔이 소재의 깊게 침투하는 깊고 가는 용접이므로, 좁고 깊은 접합부를 용접하는 데 유리하다.
2. 수축과 뒤틀림이 최소화 되어 용접 품질이 뛰어나다.
3. 알루미늄이나 동과 같은 전기전도도가 높은 금속 재료는 반사율이 매우 크기때문에 레이저 조사에 의한 가열 효율이 나쁘고 이들 재료의 레이저가공을 곤란하게 하고 있다.
4. 레이저 빔을 이용하여 용접에너지의 집중도가 높아 열영향부가 적은 용접이 가능하다.
5. 이종금속의 용접이 가능하다.
6. 비접촉식 용접방식으로 모재에 손상이 없다.
7. 서로 두께가 다른 판끼리의 용접(TWB: Tailor Welded Blanks)이 가능하다.
8. 전자빔용접으로 용접이 어려운 자성금속과 비전열성 금속용접도 가능하다.
9. 용접봉과 진공로가 필요 없다.
10. 용접부는 강도와 연성이 양호하고 미세기공이 없다.

09 윤곽투영기(optical comparator)에 대한 설명으로 옳은 것은?

① 빛의 간섭무늬를 이용해서 평면도를 측정하는 데 사용한다.
② 측정침이 물체의 표면 위치를 3차원적으로 이동하면서 공간좌표를 검출하는 장치이다.
③ 피측정물의 실제 모양을 스크린에 확대 투영하여 길이나 윤곽 등을 검사하거나 측정한다.
④ 랙과 피니언 기구를 이용해서 측정자의 직선운동을 회전운동으로 변환시켜 눈금판에 나타낸다.

해설 윤곽투영기

나사·게이지·기계부품 등의 피검물을 광학적으로 정확한 배율로 확대·투영하여 스크린에서 그 형상·치수·각도 등을 측정하는 장치이다.
① 빛의 간섭을 이용하여 길이나 길이의 변화를 측정하도록 고안된 장치를 간섭계라고 한다.
② 3차원 측정기는 측정점의 위치, 즉 물체의 측정표면 위치를 검출할 수 있는 측정침(Probe)이 3차원 공간으로 운동하면서 각 측정점의 공간좌표를 검출하고, 그 데이터를 컴퓨터가 처리함으로써 3차원적인 위치나 크기, 방향 등을 측정하는 만능 측정기라 할 수 있다.
④ 다이얼 게이지는 피측정물의 치수 변화에 따라 움직이는 스핀들의 직선 운동을 스핀들의 한쪽 면에 가공된 래크와 피니언에 의해 회전운동으로 변환되며, 이 회전 운동은 피니언과 같은 축에 고정된 피니언 기어와 지침 피니언에 의해 확대되어 지침 피니언 축에 붙은 지침에 의해 눈금상에 지시된다.

10 금속 재료의 파손에 대한 설명으로 옳지 않은 것은?

① 연성 금속이라도 응력부식 균열이 발생하면 취성 재료처럼 파단된다.
② 파단면에 비치마크(beach mark)가 발견되면 피로에 의한 파괴로 추정할 수 있다.
③ 재료 내부에 수소 성분이 침투하면 연성이 저하되어 예상보다 낮은 하중에서 파단될 수 있다.
④ 숏피닝이나 롤러버니싱 같은 공정은 표면에 인장잔류응력을 발생시키기 때문에 제품 수명을 향상시킨다.

해설

① 금속은 일반적으로 연성재료로 분류되지만 용접이나 열처리를 하게 되면 취성이 증가한다. 이때 부식환경에 노출된 부식 감수성이 있는 금속에 인장응력이 주어졌을 때 응력과 부식의 협동 작용에 의해 취성 균열이 발생되는 것을 응력부식균열이라고 하고 응력부식 균열이 발생하면 취성 재료처럼 파단된다.
② 피로 파괴면은 반복하중에 기인한 균열의 전파특성 때문에 독특한 형상을 나타내어 비교적 파손 양상의 판정이 용이하다. 즉 피로 파괴면은 균열이 균열면을 따라 전파할 때 반복하중에 의한 균열면 여닫힘에 따른 평활한 마찰면과 어느 정도 균열이 전파된 후 단면이 하중을 더 이상 지탱할 수 없을 때 단일 인장하중으로 파괴를 일으킨 거친 영역으로 구성된다. 또한 균열면 여닫힘으로 생기는 평활한 균열전파지역에는 파괴 시작점으로부터 내부로 진행하는 일련의 Beach mark(해안선 자국)이 형성되는데, 이러한 Beach mark는 장비 가동 시 부하의 변화, 진동수의 변화 또는 부품의 단속적 사용으로 인하여 균열정지

기간 동안에 생긴 파면의 산화 부식 정도 차이에 의하여 발생하는 것으로써 육안으로 구별할 수 있는 피로파손의 중요한 특징이 된다.
③ 취성파괴의 원인으로는 다른 개재물 혼입, 과열처리, 청열취성 및 적열취성, 수소 혼입 등에 의한 수소취성에 의한 것등이 있으며, 이 경우 연성이 저하되어 예상보다 낮은 하중에서 파단될 수 있다.
④ 숏 입자의 충격은 부품 표면에 소성 흐름을 일으키고 <u>잔류 압축 응력(잔류인장응력×)을 남긴다. 이 잔류 압축 응력이 인장 응력에 저항함으로써 제품 수명을 향상시킨다.</u>

보충 연성재료와 취성재료

유리나 도자기와 같은 물질은 힘을 받게 되면 변형이 거의 발생하지 않다가 힘이 일정 기준 이상으로 커지게 되면 갑자기 파손된다. 이러한 거동은 일반 플라스틱이나 금속과는 뚜렷이 구별되는 특성이며, 응력 – 변형률 선도로 표현하자면 하중의 증가와 더불어 거의 수직에 가까운 기울기로 응력이 증가한다. 다시 말해, 탄성계수가 플라스틱이나 금속에 비해 거의 무한대의 값을 가진다. 이러한 특성을 지닌 재료를 취성재료라고 부르며 이와 상반되는 재료를 연성재료로 분류하고 있다. 연성재료의 경우에는 물체 내 특정한 지점에서의 응력이 항복응력(yieldstress)을 초과하였는지의 여부가 파괴의 기준이 되지만, 취성재료의 경우에는 파단응력에 도달하였는지가 파괴의 기준이 된다.

11 두 축의 중심선을 일치시키기 어려운 경우, 두 축의 연결 부위에 고무, 가죽 등의 탄성체를 넣어 축의 중심선 불일치를 완화하는 커플링은?

① 유체 커플링
② 플랜지 커플링
③ 플렉시블 커플링
④ 유니버설 조인트

해설 커플링 (국가직 2013년 19번 참조)

구 분	용 도
유체 커플링	• 구동축에 고정된 펌프날개차의 회전에 의하여 에너지를 받은 물 또는 기름과 같은 유체가 피동축에 고정된 터빈 날개차에 들어가서 피동축을 회전시켜 동력을 전달하는 커플링 • 시동이 쉽고, 진동과 충격이 유체에 흡수되어 피동축에 전달되지 않으므로, 힘의 변동이 크고 기동할 때 저항이 큰 컨베이어, 크레인, 차량용 등으로 널리 사용
플랜지 커플링	• 양축의 끝에 각각 플랜지를 붙이고 볼트로 체결하는 방식(가장 일반적으로 사용) • 지름이 큰 회전축이나 고속회전축에 사용
플렉시블 커플링	• 두 축의 중심선을 일치시키기 어렵거나, 엔진이나 공작기계 등과 같이 진동이 발생되기 쉬운 경우 사용 • 고무, 가죽 또는 금속판 등과 같이 유연성이 있는 것을 매개로 하는 커플링
유니버설조인트	• 두 축이 만나는 각이 수시로 변화하는 경우 사용 • 공작기계, 자동차 등의 축이음에 사용

정답 11 ③

12 자동차에 사용되는 판 스프링(leaf spring)이나 쇼크 업소버(shock absorber)의 역할은?

① 클러치 ② 완충 장치
③ 제동 장치 ④ 동력 전달 장치

 해설 기계요소 (지방직 2018년 14번 참조)
- 결합에 사용되는 기계요소 : 나사, 볼트, 너트, 와셔, 키, 핀, 리벳, 스플라인
- 축에 관한 기계요소 : 축, 커플링, 유니버설조인트, 클러치, 베어링
- 동력 전달용 기계요소 : 마찰차, 기어, 체인, 벨트, 로프, 링크(크랭크기구), 캠
- 완충용 기계요소 : <u>스프링</u>, 토션바, 완충기, <u>유압댐퍼 (쇼크 업소버)</u>
- 제동용 기계요소 : 브레이크
- 관에 관한 기계요소 : 플랜지이음, 밸브, 콕

13 4행정 기관과 2행정 기관에 대한 설명으로 옳은 것은?

① 배기량이 같은 가솔린 기관에서 4행정 기관은 2행정 기관에 비해 출력이 작다.
② 배기량이 같은 가솔린 기관에서 4행정 기관은 2행정 기관에 비해 연료 소비율이 크다.
③ 4행정 기관은 크랭크축 1회전 시 1회 폭발하며, 2행정 기관은 크랭크축 2회전 시 1회 폭발한다.
④ 4행정 기관은 밸브 기구는 필요 없고 배기구만 있으면 되고, 2행정 기관은 밸브 기구가 복잡하다.

해설 4행정기관과 2행정기관

구 분	4행정 기관	2행정 기관
발생동력 (출력)	배기량이 같은 엔진에서 발생동력은 2행정사이클에 비하여 떨어진다.	배기량이 같은 기관에서 동력은 4행정사이클 기관에 비하여 더 얻을 수 있다.
연료소비율	가솔린 기관의 경우 연료소비율은 2행정사이클보다 적다.	연료소비량이 많고, 대형가솔린기관으로는 부적합하다.
폭발 횟수	크랭크축 2회전 시 1회 폭발	크랭크축 1회전 시 1회 폭발
밸브기구	밸브기구를 필요로 하므로, 구조가 복잡하다.	밸브기구가 없거나 배기를 위한 기구만 있어 구조가 간단하다.
효 율	4개의 행정이 각각 독립적으로 이루어져 각 행정마다 작용이 확실하며 효율이 좋다.	유효행정이 짧고, 흡배기구가 동시에 열려있는 시간이 길어서 소기를 위한 새로운 혼합기 체의 손실이 많으며, 효율이 나쁘다.
윤활유 소비량	윤활방법이 확실하고, 윤활유 소비량이 적다.	소형가솔린기관의 경우, 윤활을 하기 위하여 처음부터 연료에 윤활유를 혼합시켜서 넣어야 하는 불편이 많기 때문에 윤활유의 소비량이 많다.

14 한 쌍의 기어가 맞물려 회전할 때 이의 간섭을 방지하기 위한 방법으로 옳지 않은 것은?

① 압력각을 작게 한다.
② 기어의 이 높이를 줄인다.
③ 기어의 잇수를 한계 잇수 이하로 감소시킨다.
④ 피니언의 잇수를 최소 잇수 이상으로 증가시킨다.

해설 이의 간섭 (국가직 2010년 20번 참조)
한 쌍의 기어가 물려서 회전 할 때, 한쪽 기어의 이끝이 상대쪽의 이뿌리에 부딪혀서 회전하지 않는 경우를 말한다. 이에서 간섭이 일어난 상태로 회전하면 언더컷이 발생한다. 이의 간섭을 막는 방법은 다음과 같다.
1. 압력각을 증가시킨다(20° 이상으로 크게 한다).
2. 이의 높이를 줄인다.
3. 피니언의 잇수를 최소잇수 이상으로 한다.
4. 기어의 잇수를 한계잇수 이하로 한다.
5. 치형의 이끝면을 깎아 낸다.
6. 피니언의 반지름 방향의 이뿌리면을 파낸다.
7. 피니언과 기어의 잇수 차이를 줄인다.

15 감기 전동기구에 대한 설명으로 옳지 않은 것은?

① 벨트 전동기구는 벨트와 풀리 사이의 마찰력에 의해 동력을 전달한다.
② 타이밍 벨트 전동기구는 동기(synchronous)전동을 한다.
③ 체인 전동기구를 사용하면 진동과 소음이 작게 발생하므로 고속 회전에 적합하다.
④ 구동축과 종동축 사이의 거리가 멀리 떨어져 있는 경우에도 동력을 전달할 수 있다.

해설 감기 전동기구(체인, 벨트, 로프)

기구		내용
체인		• 체인을 스프로킷 힐에 걸어 체인과 휠의 이가 서로 물리면서 동력을 전달하는 장치 • 정확한 전동을 원하거나 축간 거리가 다소 멀어서 기어를 사용할 수 없을 때 사용한다. • 미끄럼 없이 일정한 속도를 얻을 수 있고, 큰 동력을 전달할 수 있다. • **진동과 소음이 나기 쉬우므로, 고속회전에는 적합하지 않다.**
벨트	평벨트	• 벨트의 난년이 식사각형인 벨트 • 안쪽면과 바깥쪽 면이 균일한 평면인 벨트로 잘 굽혀져 풀리지름이 작거나 고속전동일 때 사용된다.
	V벨트	• V벨트를 V홈이 있는 풀리에 걸어서 평행한 두 축사이에 동력을 전달하고 회전수를 바꿔주는 장치 • 쐐기작용에 의하여 마찰력이 커지므로 축사이의 거리가 짧고 속도비가 클 때에도 미끄럼이 적게 일어나며, 운전할 때 조용하고 충격을 완화시키는 작용도 한다.

벨트 설명 (좌측 병합): 가죽, 직물 또는 고무통으로 만든 벨트로, 두 개의 바퀴(풀리)를 감아 이들 사이의 마찰에 의하여 동력을 전달하는 장치 / 충격하중을 흡수하여 진동을 감소시키고, 갑자기 하중이 커질 때에는 미끄럼에 의하여 무리한 진동을 방지하는 안전장치의 역할도 한다.

정답 14 ① 15 ③

	• 구조가 간단하고 제작비가 적게 들며, 전동효율이 높다. • 정확한 속도비를 얻지 못한다.	타이밍 (치형) 벨트	• 기어나 체인처럼 동기(synchronous)구동이 가능한 벨트로서, 기어보다 중량이 훨씬 가볍고(소형) 체인 사용시 고속에서 발생되는 동력저하를 방지(고속에 적합)하는 벨트 • 이가 만들어져 있는 벨트로 이와 풀리에 만들어진 이가 서로 맞물려 전동하기 때문에 미끄러짐이 없고, 전동효율이 좋다.
	로프	• 섬유 또는 와이어 등으로 만든 로프를 두 개의 바퀴에 감아 이들 사이의 마찰력으로 동력을 전달하는 장치	

④ 구동축의 회전을 종동축(피동축)의 회전으로 전달하는 데 있어서 두축간의 거리가 가까운 경우에는 마찰차나 기어 등을 사용하는 것이 좋고, 거리가 멀리 떨어진 경우에는 감기 전동기구(체인, 벨트 및 로프) 등을 이용하여 전동시키는 것이 좋다.

16 냉매의 구비 조건에 대한 설명으로 옳지 않은 것은?

① 응축 압력과 응고 온도가 높아야 한다.
② 임계 온도가 높고, 상온에서 액화가 가능해야 한다.
③ 증기의 비체적이 작아야 하고, 부식성이 없어야 한다.
④ 증발 잠열이 크고, 저온에서도 증발 압력이 대기압 이상이어야 한다.

 해설 냉매의 구비조건

1. <u>응축압력이 낮을 것</u> : 응축압력이 너무 높으면 장치의 파열이 일어날 수 있다.
2. <u>응고 온도가 낮을 것</u> : 저온에서 냉매가 쉽게 응고하여 버리면 냉매로서의 기능을 못한다.
3. 임계온도가 충분히 높을 것 : 임계온도가 낮은 증기는 임계온도 이상에서 압력을 아무리 높여도 응축되지 않으므로 다시 냉매로 사용할 수가 없다
4. 상온에서 비교적 저압으로도 액화할 수 있을 것
5. 증기의 비체적이 적을 것 ; 압축기 흡입증기의 비체적이 적을수록 피스톤 토출량은 적어도 되므로 장치를 소형화할 수 있다.
6. 부식성이 적을 것
7. 증발잠열이 커서 냉동효과가 크고, 액체 비열이 적을 것 : 액체 비열이 크면 팽창밸브 통과시 프레쉬가스 발생이 많아 냉동효과가 적어진다.
8. 온도가 낮아도 대기압 이상의 압력에서 증발할 것 : 증발온도가 낮을 때, 냉매의 압력이 대기압 이하가 되면 공기가 냉동장치 내에 침입하게 된다.
9. 점도가 적고, 전열작용이 양호하며, 표면장력이 적을 것
10. 비열비 작을 것 : 비열비가 작으면 압축하여도 가스의 온도상승이 적어 압축비를 크게 할 수 있다.
11. 절연내력이 크고, 절연물을 침식하지 않을 것.
12. 비점이 적당히 낮을 것 : 일반적으로 비점이 너무 높은 냉매를 저온용으로 사용하면 압축기의 흡입압력이 극도의 진공이 되어 효율이 나쁘게 된다.
13. 압축기 토출가스의 온도가 낮을 것 : 압축기 토출가스 온도가 높으면 체적효율이 저하될 뿐만 아니라, 윤활작용의 저해도 일어날 수 있기 때문에 낮을수록 좋다.

17 축 방향의 압축하중이 작용하는 원통 코일 스프링에서 코일소재의 지름이 d일 때 최대 전단응력이 τ_1이고, 코일 소재의 지름이 $d/2$일 때 최대 전단응력이 τ_2일 경우 τ_2/τ_1는?(단, 응력 수정계수는 1로 하고, 다른 조건은 동일하다)

① 2 ② 4 ③ 8 ④ 16

 해설 코일의 전단응력

$$\tau_1 = \frac{8P(하중)D(코일의 지름)K(응력수정계수)}{\pi d^3} = \frac{8PDK}{\pi d^3}$$

$$\tau_2 = \frac{8P(하중)D(코일의 지름)K(응력수정계수)}{\pi (d/2)^3} = \frac{8PDK}{\pi d^3/8} \quad \therefore \tau_2/\tau_1 = 8$$

18 유압 작동유의 점도 변화가 유압 시스템에 미치는 영향으로 옳지 않은 것은?(단, 정상 운전 상태를 기준으로 한다)

① 점도가 낮을수록 작동유의 누설이 증가한다.
② 점도가 낮을수록 운동부의 윤활성이 나빠진다.
③ 점도가 높을수록 유압 펌프의 동력 손실이 증가한다.
④ 점도가 높을수록 밸브나 액추에이터의 응답성이 좋아진다.

 해설 유압 작동유의 점도 변화가 유압 시스템에 미치는 영향

점도가 너무 낮을 때	점도가 너무 높을 때
• 작동유 누설 증가 • 운동부의 윤활성이 열악하여 이상마모 늘어붙음 (seizure) 현상 발생 • 유압펌프 누설 증가로 체적효율 저하 • 제어밸브 누설 증가로 제어 성능 저하	• 유압펌프의 흡입저항 증가로 캐비테이션 발생 • 유압펌프의 동력손실 증가로 기계효율 저하 • 마찰손실 증가로 동력손실이 많아 체적효율 저하 • **밸브나 액추에이터 응답성이 떨어지고 작동이 원활하지 못함**

정답 17 ③ 18 ④

19 그림과 같이 폭 b, 높이 h인 직사각 단면의 보에 휨모멘트 M이 작용하고 있다. 이 모멘트에 의해 발생되는 최대 휨응력을 σ_1, 이 단면을 90°회전하여 폭 h, 높이 b로 하였을 때 동일한 휨모멘트 M이 작용할 때의 최대 휨응력을 σ_2라 한다면 σ_2/σ_1는? (단, 다른 조건은 동일하다)

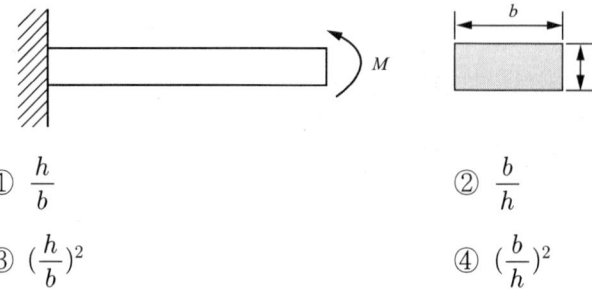

① $\dfrac{h}{b}$
② $\dfrac{b}{h}$
③ $\left(\dfrac{h}{b}\right)^2$
④ $\left(\dfrac{b}{h}\right)^2$

해설 최대 휨응력(직사각 단면의 보)

$$\sigma_1 = \frac{6M}{bh^2} \qquad \sigma_2 = \frac{6M}{b^2h}$$

$$\therefore \sigma_2/\sigma_1 = \frac{6M}{b^2h} \Big/ \frac{6M}{bh^2} = \frac{h}{b}$$

20 금속의 결정 구조에서 결정립에 대한 설명으로 옳은 것은?
① 피로현상은 결정립계에서의 미끄러짐과 관계있다.
② 일반적으로 결정립의 크기는 용융금속이 급속히 응고되면 커지고, 천천히 응고되면 작아진다.
③ 결정립 자체는 등방성(isotropy)이지만, 다결정체로 된 금속편은 평균적으로 이방성(anisotropy)이 된다.
④ 결정립이 작을수록 단위 체적당 결정립계의 면적이 넓기때문에 금속의 강도가 커진다.

해설
① 결정립계에서의 미끄러짐과 관계있는 것은 고온 크리프 현상이다.
② 급속히 응고되면 (냉각속도가 빠르면) 결정핵의 생성속도가 결정립의 성장속도보다 빠르게 되어 결정립의 크기가 작고 단위체적당 수가 많아진다.
③ 하나의 결정립은 이방성(anisotropic)을 가지지만, 그 결정립들이 모여 결정체를 이루면 각각의 결정의 이방성으로 결국 등방성(isotropic)을 가지게 된다.
④ 결정립이 작을수록 단위체적에 존재하는 결정립계 및 결정립의 수가 많아져서 전위의 장애물이 증가하는 효과가 생기고, 이에따라 변형에 대한 저항이 증가하여 강도가 증가한다.

2015년 6월 27일 시행
지방직 9급

01 알루미늄에 대한 설명으로 옳지 않은 것은?
① 비중이 작은 경금속이다.
② 내부식성이 우수하다.
③ 연성이 높아 성형성이 우수하다.
④ 열전도도가 작다.

> **해설** 알루미늄의 특징
> ① 비중(2.7)은 철(7.8)의 약 1/3로 작다.
> ② 표면에 치밀하고 단단한 산화알루미나의 얇은 보호피막이 있어 내부식성이 우수하다. 단, 황산, 염산 등에는 내식성이 매우 약하다. 이 때문에 양극 산화피막처리로 표면의 산화피막을 두껍게 하여 내식성을 개선하고 있다.
> ③ 가볍고, 전연성이 풍부하여, 성형성이 우수하다.
> ④ 열전도도가 커서 전기와 열을 잘 전하고, 열과 빛을 방사하므로, 전선이나 원자로의 핵연료 피복제로 사용된다.

02 두 축이 평행하지도 만나지도 않을 때 사용하는 기어를 모두 고른 것은?

<보 기>
ㄱ. 나사 기어   ㄴ. 헬리컬 기어
ㄷ. 베벨 기어   ㄹ. 웜 기어

① ㄱ, ㄴ   ② ㄴ, ㄷ
③ ㄷ, ㄹ   ④ ㄱ, ㄹ

> **해설** 기어의 용도와 종류
>
> | 용 도 | 종 류 |
> |---|---|
> | 축이 평행할 때 사용되는 기어 | 스퍼기어, 헬리컬기어, 내접기어, 래크와 피니언 |
> | 두축이 만날 때 (직각일 때)사용되는 기어 | 베벨기어, 마이터 기어, 헬리컬베벨기어, 크라운 기어 |
> | 두 축이 만나지도 평행하지도 않을 때 사용하는 기어 | **나사(스크루)기어**, **웜기어**, 하이포이드기어 |

정답 01 ④ 02 ④

03 용융금속을 금형에 사출하여 압입하는 영구주형 주조 방법으로 주물 치수가 정밀하고 마무리 공정이나 기계가공을 크게 절감시킬 수 있는 공정은?

① 사형 주조 ② 인베스트먼트 주조
③ 다이캐스팅 ④ 연속 주조

해설
① 주형을 모래로 만들고, 여기에 용융 금속을 주입하여 굳히는 소모성 주형방법이다.
② 왁스나 합성수지 등 용융점이 낮은 재료로 모형을 만든 후 모형주위에 내화성 재료를 뿌리거나 매몰하고 가열하여 주형을 만들고 주조하는 소모성 주형방법이다.
③ 주물이 주형에서 쉽게 이탈되어 주형을 재사용할 수 있도록 설계한 것이 영구주형이다. 다이캐스팅은 압력을 가하여 용탕금속을 금형공동부에 주입하는 주조법으로, 주물치수가 정밀하여 얇고 복잡한 형상의 비철금속 제품 제작에 적합한 영구주형 주조법이다.
④ 철광석이나 고철을 녹인 용강(쇳물)을 일정한 형상의 수냉주형에 연속하여 주입하고, 반응고된 강편을 주형의 하부에서 연속하여 빼내어 Billet(빌렛), Bloom(블룸), Slab(슬래브)등의 중간소재를 얻는 영구주형 주조법이다. 오염으로부터 보호되므로 품질이 매우 우수하며, 제품은 연속된 스트랜드(strand)를 단순히 잘라서 만들 수 있으므로 많은 수를 만들 수 있다.

04 밀링 작업을 할 때 안전 수칙에 대한 설명으로 옳지 않은 것은?

① 절삭 중에는 손을 보호하기 위해 장갑을 끼고 작업한다.
② 칩을 제거할 때에는 브러시를 사용한다.
③ 눈을 보호하기 위해 보안경을 착용한다.
④ 상하 좌우의 이송 장치 핸들은 사용 후 풀어 둔다.

해설 주요 안전수칙
① 밀링커터에 작업복의 소매나 작업모가 말려들어가지 않도록 단정히 하고, 장갑을 착용하지 않는다.
② 칩은 기계를 완전히 정지시킨 다음에 브러시로 제거한다.
③ 칩이 튀어 날아오기 쉬운 재료는 커터 부분에 방호덮개를 설치하거나 보안경을 착용한다.
④ 상하좌우의 이송장치의 핸들은 사용후 풀어둔다.
⑤ 공작물 또는 부속장치 등을 설치하거나 제거시킬 때 또는 공작물을 측정할 때에는 반드시 정지시킨 다음에 한다.
⑥ 강력절삭을 할 때에는 일감을 바이스에 깊게 물린다.
⑦ 기계를 가동중에 변속시키지 않는다.
⑧ 절삭공구 설치 및 공작물, 커터 또는 부속장치 등을 제거할 때에는 시동레버와 접촉하지 않도록 한다.
⑨ 가공중에 손으로 가공면을 점검하지 않는다.(고온)
⑩ 커터를 교환할 때는 반드시 테이블 위에 목재 등을 받쳐놓고 한다.
⑪ 절삭공구에 절삭유를 공급할 때는 커터 위에서부터 주유한다.
⑫ 일감은 테이블 또는 바이스에 안전하게 고정한다.
⑬ 테이블 위에 측정공구나 공구를 놓지 않도록 한다.

05 금속결정의 격자결함에 대한 설명으로 옳은 것은?

① 실제강도가 이론강도보다 일반적으로 높다.
② 기공(void)은 점 결함이다.
③ 전위밀도는 소성변형을 받을수록 증가한다.
④ 항복강도에 영향을 미치지 않는다.

해설

① 결함으로 인하여 실제강도가 이론강도보다 일반적으로 낮게 된다.
② 기공은 체결함이다.
④ 항복 강도란 소성 변형, 즉 슬립(slip)이 일어나기 시작하는 응력을 말한다. 따라서, 항복 강도는 그 재료의 탄성 변형과 소성 변형을 구분하는 응력으로 간주된다. 격자결함은 항복강도에도 영향을 미친다.

보충

금속 재료의 내부에 결정 구조가 파괴된 부분을 금속의 결함이라고 부르며 이는 점결함, 선결함, 면결함으로 나누어진다.

유 형		내 용
0차원적 결함	점결함 (공극)	• 결정 구조를 이루고 있는 입자들의 일부에 이상이 있는 경우이다. 　- 입자가 있어야 할 위치에 입자가 비어 있는 경우(공극) 　- 입자가 있어야 할 자리에 다른 종류의 입자가 들어가 있는 경우(치환형 불순물) 　- 입자가 없어야 할 자리에 입자가 들어가 있는 경우(침입형 불순물) • 불순물들은 종류에 따라서 금속을 단단하게 만들거나 혹은 취약하게도 만든다. 따라서 유용한 성분만을 선택적으로 들어가게 하는 것이 중요하다.
1차원적 결함	선결함 (전위)	• 전위는 일부 원자들의 정렬이 어긋난 선결함 또는 1차원 결함이다. • 전위의 이동으로 결정면 사이의 슬립이 일어나며 영구적인 소성변형을 일으킨다. • 선결함이 존재하면 재료의 강도는 감소하고, 재료의 연성은 증가한다. • 소성변형은 수많은 전위의 움직임에 의한 결과물이며, 전위밀도는 소성변형을 받을수록 증가한다.
2차원적 결함	면결함 (결정입계)	• 결정은 단결정과 다결정으로 구성된다. 　- 단결정 : 하나의 결정으로 구성, (예) 수정, 다이아몬드 　- 다결정 : 단결정들이 여러개 모여서 형성, (예) 알루미늄, 철 • 결정립계는 전위의 이동에 영향을 준다. • 결정립의 크기가 작을수록 결정립계 면의 크기가 증가하여 일반적으로 강도가 증가한다.
3차원적 결함	체결함 (기공)	• 기공은 수십에서 수만개의 원자들이 한꺼번에 빠져나간 상태이다. • 균열 전파를 용이하게 해서 재료의 강도를 저하시킨다. • 전자나 빛의 흐름을 산란시켜 전기전도도를 저하시키거나 유리를 불투명하게 한다.

06 신속조형(RP) 공정과 적용 가능한 재료가 바르게 연결되지 않은 것은?

① 융해용착법(FDM) - 열경화성 플라스틱
② 박판적층법(LOM) - 종이
③ 선택적레이저소결법(SLS) - 열 용융성 분말
④ 광조형법(STL) - 광경화성 액상 폴리머

정답 05 ③ 06 ①

해설 신속조형법(Rapid Prototyping)

종류	적용가능한 재료
융해용착법 (FDM)	• 필라멘트선으로 된 열가소성 소재를 노즐안에서 가열하여 용해한 후 이를 짜내어 조형면에 쌓아 올려 제품의 형상을 만드는 방법
박판적층법 (LOM)	• 원하는 단면에 레이저 광선을 주사하여 절단한 후 종이의 뒷면에 부착된 접착제를 사용하여 아래층과 압착시켜 한 층씩 쌓아가며 형상을 만드는 방법
선택적레이저 소결법(SLS)	• 고분자재료나 금속분말가루(열용융성분말)를 한 층씩 도포한 후 여기에 레이저광선을 쏘아서 소결시킨 후 다시 한 층씩 쌓아올려서 형상을 만드는 방법
광조형법(SLM)	• 액체상태의 광경화성 수지(폴리머)에 레이저광선을 부분적으로 쏘아서 적층해 나가는 방법
3차원인쇄 (3DP)	• 분말가루와 접착제를 뿌려가면서 형상을 만드는 방법으로 최근 3D 프린터기의 개발로 많이 사용되고 있는 방법

보충 열가소성 소재 및 열경화성 소재
- 열가소성 소재 : 열에 대하여 가역반응이 있는 소재이다. 열을 가하여 이 소재를 액체로 만들고 다시 냉각하여 고체로 만들 수 있다. 이러한 반응이 반복적으로 될 수 있다.
- 열경화성 수지: 열이 가해지면 영구적으로 경화되어 다시 가열하여도 연화되지 않는다.

07 NC 프로그램에서 보조 기능인 M 코드에 의해 작동되는 기능만을 모두 고른 것은?

```
ㄱ. 주축 정지        ㄴ. 좌표계 설정
ㄷ. 공구반경 보정    ㄹ. 원호 보간
```

① ㄱ
② ㄱ, ㄴ
③ ㄱ, ㄴ, ㄷ
④ ㄱ, ㄴ, ㄷ, ㄹ

해설 NC 프로그램의 코드 표시

구분	코드	기능	
준비기능	G코드	• 위치결정 • 원호보간 • 자동가속 및 자동감속 • 평면선택 • 원점으로 자동 복귀 • 제2, 제3, 제4 원점 복귀 • 가변리드 나사절삭 • 인선R보정 취소,좌측, 우측 • 좌표계 설정 • 매크로(서브 프로그램) 호출 • 자동감속 및 취소	• 직선보간 • 원통보간, 원통보간 취소 • 위치결정 • 축 간섭 체크 원점복귀 체크 • 원점으로부터 자동 복귀 • 스킵기능 • 공구(반)경 보정 • 좌표계설정/주축최대회전수 설정 • 기계좌표계 위치지정 • 한방향 위치 결정 • 축 간섭 체크

07 ①

		• 공구 미러 이미지 ON, OFF • 드릴고정 사이클 • 각종 지령 • 극좌표 보간	• 선삭용 복합사이클(정삭사이클) • 주속일정 제어 OFF • 매초 드웰, 매회전 드웰 • 스케일링
가공조건기능	F 코드	• 분당 이송속도	• 회전당 이송속도
	S 코드	• 원주속도	• 주축회전수
보조기능	M코드	• 프로그램 정지 및 선택 프로그램 정지 • 주축 정지 • 주프로그램 및 보조 프로그램 호출	• 주축 정회전 및 역회전 • 절삭유 ON, OFF • 프로그램 끝 & Rewind

08 응력-변형률 선도에 대한 설명으로 옳지 않은 것은?

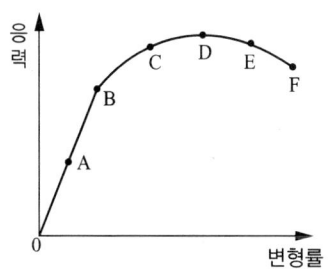

① A점은 후크의 법칙이 적용된다.
② C점에서 하중을 제거하면 영구변형이 발생한다.
③ D점은 인장강도이고 진응력-진변형률 선도에서 나타난다.
④ E점에서 네킹(necking)이 진행된다.

 해설

D점은 인장강도이고 공칭응력-변형률 선도에서 나타난다. 응력을 물체의 변형 전 단면적으로 계산한 공칭응력으로 표현한 선도를 공칭응력-변형률 선도라고 부르고, 변형된 실제 단면적으로 계산한 진응력으로 표현한 선도를 진응력-진변형률 선도라고 부른다.

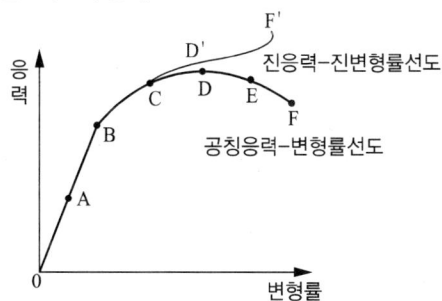

해설 응력 – 변형률 선도

구 분	기 능
0 – A (비례한도)	• 비례한도라 불리는 응력값까지 변형률과 응력은 직선적인 관계를 유지하며(후크의 법칙), 이 직선의 기울기를 탄성계수라고 부른다. • 이 지점 이내로 물체에 힘을 가하면 물체는 탄성변형을 일으켜 힘을 제거하면 물체는 원래 모양 그대로 복원된다.
B(탄성한도)	• 응력을 서서히 제거할 때, 변형이 없어지는 성질을 탄성이라 하며, 그 한계점에서의 응력을 탄성한도라 한다. • B점 이상으로 응력이 증가하면 소성 변형 혹은 영구 변형이 발생하여 응력을 제거하여도 변형이 완전히 없어지지 않고 남으며 잔류 변형이라 한다.
C (항복점)	• 하중을 증가시키지 않아도 변형이 연속적으로 갑자기 커지는 상태의 응력을 말한다 • C점에서 하중을 제거하면 영구변형이 발생한다.
D(극한강도, 인장강도)	• 극한강도라 불리는 응력값에 도달하게 되고 이 응력값이 바로 물체가 지탱할 수 있는 최대 강도를 나타낸다.
E	• 네킹(necking)이 진행된다. 네킹은 마치 엿가락을 양쪽에서 잡아당기면 엿의 가운데 부분이 점점 가늘게 되어 끊어지기 전의 상태처럼 되는 것이다.
F(파괴점)	• 극한강동 이상으로 물체에 힘을 가하면 물체가 끊어지는 파단점에 도달하게 된다.

09 가스 용접에 대한 설명으로 옳지 않은 것은?

① 전기를 필요로 하며 다른 용접에 비해 열을 받는 부위가 넓지 않아 용접 후 변형이 적다.
② 표면을 깨끗하게 세척하고 오염된 산화물을 제거하기 위해 적당한 용제가 사용된다.
③ 기화용제가 만든 가스 상태의 보호막은 용접할 때 산화작용을 방지할 수 있다.
④ 가열할 때 열량 조절이 비교적 용이하다.

해설 가스 용접의 장단점

장 점	단 점
• 응용범위가 넓으며 운반이 편리하다. • 가열할 때 열량 조절이 비교적 자유롭기 때문에 박판 용접에 적당하다. • **전기를 필요로 하지 않으므로**, 전원 설비가 없는 곳에서도 쉽게 설치할 수 있고 설치 비용이 저렴하다. • 아크 용접에 비하여 유해광선의 발생이 적다. • 기화용제가 만든 가스 상태의 보호막은 용접할 때 산화작용을 방지할 수 있다.	• **용접 변형이 크고** 금속의 종류에 따라서 기계적 강도가 떨어진다. • 아크 용접에 비해서 불꽃의 온도가 낮다. • 폭발의 위험성이 크고 금속이 탄화 및 산화될 가능성이 많다. • 아크 용접에 비해 가열 범위가 커서 용접 응력이 크고 가열시간이 오래 걸린다. • 아크 용접에 비해 일반적으로 신뢰성이 적다. • 열 집중력이 나빠서 효율적인 용접이 어렵다.

09 ①

10 재료의 성질에 대한 설명으로 옳지 않은 것은?

① 경도 - 영구적인 압입에 대한 저항성
② 크리프 - 동하중이 가해진 상태에서 시간의 경과와 더불어 변형이 계속되는 현상
③ 인성 - 파단될 때까지 단위 체적당 흡수한 에너지의 총량
④ 연성 - 파단 없이 소성변형 할 수 있는 능력

해설
크리프(creep) - 금속이 정하중에서 시간이 경과할수록 변형이 증가하는 현상을 말한다. 저온조건에서는 거의 볼 수 없고 고온에서 변형이 커지는 현상을 볼 수 있다.

11 연마공정에 대한 설명으로 옳지 않은 것은?

① 호닝(honing)은 내연기관 실린더 내면의 다듬질 공정에 많이 사용된다.
② 래핑(lapping)은 공작물과 래핑공구 사이에 존재하는 매우 작은 연마입자들이 섞여 있는 용액이 사용된다.
③ 슈퍼피니싱(superfinishing)은 전해액을 이용하여 전기화학적 방법으로 공작물을 연삭하는 데 사용된다.
④ 폴리싱(polishing)은 천, 가죽, 펠트(felt) 등으로 만들어진 폴리싱 휠을 사용한다.

해설
전해액을 이용하여 전기화학적 방법으로 공작물을 연삭하는 데 사용되는 것은 전해가공 중 전해 연삭에 해당한다.

보충 연마가공

구 분	방 법
호 닝	내연기관 실린더 같은 원통면의 정밀 다듬질의 일종으로, 혼(hone)이라고 하는 공구를 회전과 왕복 운동을 시켜 공작물의 원통 내면을 유압 또는 스프링으로 압력을 주어 가공하는 방법
래 핑	마모 현상을 가공에 응용한 것으로, 공작물과 래핑공구 사이에 미분말 상태의 랩제와 윤활제를 넣고 이들 사이에 상대 운동을 시켜 표면을 매끈하게 가공하는 방법
슈퍼피니싱	입도가 적고 연한 숫돌을 작은 압력으로 가공물의 표면에 가압하면서 가공물에 피드를 주고, 숫돌을 진동시키면서 가공물을 완성 가공하는 방법
폴리싱	목재, 가죽, 캔버스, 직물 등 탄성이 있는 재료로 된 바퀴(폴리싱 휠) 표면에 부착시킨 미세한 연삭입자로 연삭 작용을 하게 하여 공작물 표면을 다듬는 방법
버 핑	모, 직물 등으로 원반을 만들고 이것을 여러 장 겹쳐서 바퀴를 만들고, 윤활제를 섞은 미세한 연삭 입자의 작용으로 공작물 표면을 매끈하게 광택을 내는 작업
배 럴	회전하는 상자에 공작물과 숫돌 입자, 공작액, 콤파운드 등을 함께 넣어 공작물이 입자와 충돌하는 동안에 그 표면의 요철을 제거하며, 매끈한 가공면을 얻는 다듬질 방법
숏피닝	경화된 철의 작은 볼을 공작물의 표면에 분사하여 그 표면을 매끈하게 하는 동시에 공작물의 피로 강도나 기계적 성질을 향상시키는 방법

정답 10 ② 11 ③

볼 버니싱	• 필요한 형상을 한 공구로 공작물의 표면을 누르며 이동시켜, 표면에 소성 변형을 일으키게 하여 매끈하고 정도가 높은 면을 얻는 가공법
초음파가공	• 공구와 일감사이에 미세한 입자를 혼합시킨 가공액을 넣고 가벼운 압력을 가한 상태로 공구에 초음파 진동을 주어 가공하는 방법

12 구멍의 치수가 $10^{+0.012}_{-0.012}$mm이고, 축의 치수가 $10^{+0.025}_{+0.005}$mm으로 가공되었을 때 최대 죔새[μm]는?

① 7　　　　② 13　　　　③ 17　　　　④ 37

 해설

죔새 : 구멍의 치수가 축의 치수보다 작을 때
최대 죔새 : 축의 최대허용치수 – 구멍의 최소허용치수 = 10.025mm – 9.988mm = 0.037mm = 37μm

 보충

틈새 : 구멍의 치수가 축의 치수보다 클 때
최대 틈새 : 구멍의 최대허용치수 – 축의 최소허용치수 = 10.012mm – 10.005mm = 0.007mm = 7μm
1μm = 0.001mm

13 절삭공구의 날 끝에 칩(chip)의 일부가 절삭열에 의한 고온, 고압으로 녹아 붙거나 압착되어 공구의 날과 같은 역할을 할 때 가공면에 흠집을 만들고 진동을 일으켜 가공면이 나쁘게 되는 것을 구성인선(Built-up Edge)이라 하는데, 이것의 발생을 감소시키기 위한 방법이 아닌 것은?

① 효과적인 절삭유를 사용한다.
② 절삭깊이를 작게 한다.
③ 공구반경을 작게 한다.
④ 공구의 경사각을 작게 한다.

해설 구성인선의 발생방지법
• 바이트의 윗면경사각(공구와 수직축이 이루는 각으로 30°까지)을 크게 한다.
• 윤활성이 좋은 효과적인 절삭유를 사용한다(공구 윗면경사면에 윤활을 하여 칩과 공구경사면간의 마찰을 감소시킨다)
• 공구반경을 작게 한다.
• 절삭속도를 크게 한다.(120m/min에서는 구성인선이 없어진다 : 임계속도)
• 절삭전 칩의 두께를 작게 한다.
• 절삭깊이를 작게 한다.
• 이동속도를 줄인다.

14 내연기관에 대한 설명으로 옳지 않은 것은?

① 디젤 기관은 공기만을 압축한 뒤 연료를 분사시켜 자연착화시키는 방식으로 가솔린 기관보다 열효율이 높다.
② 옥탄가는 연료의 노킹에 대한 저항성, 세탄가는 연료의 착화성을 나타내는 수치이다.
③ 가솔린 기관은 연료의 옥탄가가 높고, 디젤 기관은 연료의 세탄가가 낮은 편이 좋다.
④ EGR(Exhaust Gas Recirculation)은 배출 가스의 일부를 흡입 공기에 혼입시켜 연소 온도를 억제하는 것으로서, NO_X의 발생을 저감하는 장치이다.

해설 가솔린 기관과 디젤기관

구 분	가솔린 기관	디젤기관
사용연료	휘발유	경 유
점화방법	전기 점화	분사착화(자연착화)
연료공급	기화기에서 공기와 연료혼합	공기만 흡입한 후 연료분사
열효율	25~32%	32~38%
노크방지책	엔티노크성이 큰 연료(옥탄가가 높은 연료)를 사용한다.	세탄가가 높고 착화성이 좋은 연료를 사용하여 착화지연을 짧게 한다.

④ 내연기관 특히 디젤기관에서 배기가스 재순환(EGR)기술은 연소용 신공기(흡입공기)에 배기가스의 일부를 대체하므로서 연소용 공기의 산소 농도를 감소시키는 역할을 하며, 이로 인해 연소온도가 낮아져 NO_X(질소산화물)가 감소한다.

15 단열 깊은 홈 볼 베어링에 대한 설명으로 옳지 않은 것은?

① 내륜과 외륜을 분리할 수 없다.
② 전동체가 접촉하는 면적이 크다.
③ 마찰저항이 적어 고속 회전축에 적합하다.
④ 반경 방향과 축 방향의 하중을 지지할 수 있다.

해설 단열 깊은 홈 볼 베어링(구름베어링의 일종)
① 내륜, 외륜, 전동체(볼), 리테이너로 구성되어 있으며, 내륜과 외륜을 분리할 수 없다.
② 전동체와 내, 외륜이 좁은 면에서 접촉하므로 충격이나 큰 하중에는 약하다.
③ 시동할 때 마찰저항이 극히 적고 동력손실이 적고, 고속회전과 저소음, 저진동이 요구되는 용도에 가장 적합하다.
④ 반경방향(중심에서 외부로 향하는 방향)하중 이외에 양방향, 축방향 하중도 지지할 수 있다.

정답 14 ③ 15 ②

16 선삭 가공에서 공작물의 회전수가 200rpm, 공작물의 길이가 100mm, 이송량이 2mm/rev일 때 절삭 시간은?

① 4초　　　　② 15초　　　　③ 30초　　　　④ 60초

해설

$$절삭시간 = \frac{공작물의\ 길이(mm)}{공작물의\ 회전수(rpm) \times 공구의\ 이동속도(mm/rev)} = \frac{100mm}{200rpm \times 2mm/rev} = 1/4(min) = 15초$$

17 인벌류트 치형과 사이클로이드 치형의 공통점에 대한 설명으로 옳은 것은?

① 원주피치와 구름원의 크기가 같아야 호환성이 있다.
② 전위기어를 사용할 수 있다.
③ 미끄럼률은 이끝면과 이뿌리면에서 각각 일정하다.
④ 두 이의 접촉점에서 공통법선 방향의 속도는 같다.

해설　카뮤(camus)의 정리(치형이 맞물리기 위한 기구학적 필요조건)

기어의 정밀도나 형상에 두개의 기어가 물릴 때 치형곡선 한 점에서 항상 접하고 있고, 치형이 서로 떨어지지 않고 파고 들어가지도 않기 위해서는 접촉점에 있어서 법선방향(Normal Direction)의 속도 성분이 항상 같아야 한다. 즉 "접촉점에 있어서 치형에 세운 공통법선은 피치점을 통과한다"라 할 수 있으며, 이것을 카뮤(camus)의 정리라고 한다. 위 조건을 만족하는 곡선은 무수히 많으며, 그 중 대표적인 것이 인볼류트(Involute) 곡선과 사이클로이드(Cycloid) 곡선이다.

보충　인벌류트 치형과 사이클로이드 치형

구 분	인벌류트 치형	사이클로이드 치형
의 의	인벌류트곡선(기초원에 감은 실을 잡아당기면서 풀어나갈 때 실의 한 점이 그리는 곡선)을 이용하여 치형을 설계한 기어	치형의 윤곽에 사이클로이드 곡선(기초원 위에 구름원을 굴렸을 때 구름원의 한 점이 그리는 곡선)을 사용한 기어
호환성	호환이 가능하다	호환성이 없다.
전위기어	전위절삭이 가능하므로 전위기어를 사용할 수 있다.	전위절삭이 불가능하므로, 전위기어를 사용할 수 없다
미끄럼률	미끄럼률은 치면의 모든 곳에서 변하고 특히 미끄럼이 큰 이끝과 이뿌리면에서 치형이 무너지기 쉽다.	치면사이의 모든 곳에서 미끄럼률이 일정하고 균일한 마모로 되기 쉽다.
응 력	치면에 걸리는 압력이 크다	응력집중이 상대적으로 적다

18 양단지지형 겹판 스프링에 대한 설명으로 옳지 않은 것은?

① 조립 전에는 길이가 달라도 곡률이 같은 판자(leaf)를 사용한다.
② 모판(main leaf)이 파단되면 사용할 수 없다.
③ 판자 사이의 마찰은 스프링이 진동하였을 때 감쇠력으로 작용한다.
④ 철도차량과 자동차의 현가장치로 사용한다.

해설
① 판을 여러 장 겹친 것을 겹 판스프링이라고 하는데, 길이가 길수록 큰 곡률의 판자를 사용하여야 한다.
② 모판(main leaf)은 스프링판 중, 양끝에 하중지지를 위한 귀 또는 붙일 곳을 가진 스프링을 말하며, 모판이 파단되면 사용할 수 없다.
③ 판자 사이의 마찰은 스프링이 진동하였을 때 감쇠력으로 작용하므로, 에너지 흡수능력이 크다.
④ 스프링작용이외에 구조용 부재로서의 겸하고 있으며, 재료가공이 쉬우므로 철도차량과 자동차의 현가장치로 사용한다.

19 전조가공에 대한 설명으로 옳지 않은 것은?

① 나사 및 기어의 제작에 이용될 수 있다.
② 절삭가공에 비해 생산 속도가 높다.
③ 매끄러운 표면을 얻을 수 있지만 재료의 손실이 많다.
④ 소재 표면에 압축잔류응력을 남기므로 피로수명을 늘릴 수 있다.

해설 전조가공
둥근 소재를 다이사이에 넣고 회전시키면서 누르면 소재의 바깥쪽이 다이에 의해 필요한 모양으로 만들어지는데, 이 가공법을 전조라 한다.
① 나사나 기어가공에 널리 사용된다.
② 가공시간이 매우 짧아 절삭가공에 비해 생산 속도가 높다.
③ 절삭가공에 비하여 절삭칩이 나오지 않으므로 재료가 절약된다.
④ 재료 표면에 압축잔류응력을 가하여 피로 한도를 상승시켜 강한 하중을 받거나 진동에 의해. 생기는 응력에 보다 효과적으로 견딜 수 있다.

20 방전가공에 대한 설명으로 옳지 않은 것은?

① 절연액 속에서 음극과 양극 사이의 거리를 접근시킬 때 발생하는 스파크 방전을 이용하여 공작물을 가공하는 방법이다.
② 전극 재료로는 구리 또는 흑연을 주로 사용한다.
③ 콘덴서의 용량이 적으면 가공 시간은 빠르지만 가공면과 치수 정밀도가 좋지 못하다.
④ 재료의 경도나 인성에 관계없이 전기 도체이면 모두 가공이 가능하다.

해설
① 일감과 공구사이의 스파크방전을 이용하여, 금속을 녹이거나 증발시켜 재료를 제거하는 방법으로, 전극이 마멸되어 가는 현상을 이용하여 구멍파기·절단 및 연삭 등이 이루어진다.
② 절연액(가공액)은 기름, 물, 황화유 등이며, 공구 전극의 재료로 구리, 황동, 흑연등이 있다.
③ 콘덴서 용량이 클수록 가공 시간은 빠르지만 가공면과 치수 정밀도가 좋지 못하다.
④ 가공물의 강도나 경도에 무관하게 가공할 수 있는 장점이 있다.

정답 19 ③ 20 ③

2014년 6월 21일 시행 지방직 9급

01 두 축의 중심이 일치하지 않는 경우에 사용할 수 있는 커플링은?

① 올덤 커플링(Oldham coupling)
② 머프 커플링(muff coupling)
③ 마찰원통 커플링(friction clip coupling)
④ 셀러 커플링(Seller coupling)

 해설 커플링의 종류 및 용도

종류			용도
올덤 커플링			• 두 축의 거리가 짧고 평행이며, **중심이 일치하지 않는 경우** 사용한다. • 진동과 마찰이 많아서 고속에는 부적당하며, 윤활이 필요하다
고정 커플링	원통형	머프	• 저속이고 축의 지름(30mm정도)과 하중이 비교적 작을 때 사용된다.
		마찰원통	• 설치 및 분해가 용이하고 축상의 임의의 위치에 고정할 수 있다. • 긴 전동축의 연결에 편리하나, 큰 토크의 전달에는 부적당하다.
		셀러	• 축에 결합하기가 비교적 용이하다. • 두 축이 자유로 일직선위에 조정된다(자동조심성).
		분할원통 (클램프)	• 긴 전동축에 연결에 적합하고, 상하로 분해할 수 있다. • 축자체를 축방향으로 밀어붙이지 않고 설치할 수 있다.
		반중첩	• 축단을 약간 크게하여 경사지게 중첩시켜 공통의 키로 고정한 커플링이다. • 축방향의 인장력이 작용하는 경우에 적용된다.
	플랜지형		• 양축의 끝에 각각 플랜지를 붙이고 볼트로 체결하는 방식이다. • 큰축과 고속도 정밀회전축에 적당하고 전동축 또는 일반기계의 커플링으로 널리 사용된다. • 단을 만들고 끼워맞춤을 하여 두축의 축선을 일치시킨다.
플렉시블 커플링			• 회전축이 자유롭게 이동 가능하게 만들어진 커플링이다. • 두 축의 중심을 정확히 일치하기 어려운 경우나, 엔진, 공작기계 등과 같이 진동이 발생하기 쉬운 경우에 고무, 가죽 또는 금속판 등과 같이 유연성이 있는 것을 매개로 한다.
유체커플링			• 유체를 매개로 하여 동력을 전달하는 장치로 유체를 가득 채운 케이싱 내부에 임펠러(impeller)를 서로 마주보게 세워두고 회전력을 전달하는 장치이다. • 시동이 쉽고, 진동과 충격이 유체에 흡수되어 피동축에 전달되지 않으므로, 힘의 변동이 크고 기동할 때 저항이 큰 컨베이어, 크레인, 차량용 등으로 널리 사용된다.

01 ① **정답**

유니버설 조인트	• 두 축의 축선이 어느 각도로 교차되고, 그 사이의 각도가 운전 중 다소 변하여도 자유로이 운동을 전달할 수 있도록 구조가 되어있는 커플링이다. • 공작기계, 자동차 등의 축이음에 사용된다. • 경사각 30°에서 사용하는 것이 보통이고, 경사각이 45°가 넘으면 사용이 불가능하다.

02 연삭가공 방법의 하나인 폴리싱(polishing)에 대한 설명으로 옳은 것은?

① 원통면, 평면 또는 구면에 미세하고 연한 입자로 된 숫돌을 낮은 압력으로 접촉시키면서 진동을 주어 가공하는 것이다.
② 알루미나 등의 연마 입자가 부착된 연마 벨트에 의한 가공으로 일반적으로 버핑 전 단계의 가공이다.
③ 공작물과 숫돌 입자, 콤파운드 등을 회전하는 통 속이나 진동하는 통 속에 넣고 서로 마찰 충돌시켜 표면의 녹, 흠집 등을 제거하는 공정이다.
④ 랩과 공작물을 누르며 상대 운동을 시켜 정밀 가공을 하는 것이다.

해설
① 슈퍼피니싱, ② 폴리싱, ③ 베럴, ④ 래핑

03 피복금속 용접봉의 피복제 역할을 설명한 것으로 옳지 않은 것은?

① 수소의 침입을 방지하여 수소기인균열의 발생을 예방한다.
② 용융금속 중의 산화물을 탈산하고 불순물을 제거하는 작용을 한다.
③ 아크의 발생과 유지를 안정되게 한다.
④ 용착금속의 급랭을 방지한다.

해설 **용접봉의 피복제의 역할**
• 용착금속을 탈산하고 불순물을 제거하는 탈산정련작용을 한다.
• 아크전압을 낮게하고 아크의 발생과 유지를 안정되게 한다.
• 용융점이 낮은 점성의 가벼운 슬래그를 만들어, 용융 금속표면을 덮어 산화나 질화를 방지하고, 용착금속의 응고와 냉각속도를 느리게 하여(급랭방지), 기포나 불순물의 섞임을 방지한다.
• 중성 또는 환원성 분위기를 만들어 용융금속을 보호한다.
• 용착금속에 적당한 합금원소를 첨가한다.
• 용적을 미세화하고 용착효율을 높인다.
• 슬래그를 제거하기 쉽다.
• 심선(core wire)에 피복제를 고착시키는 역할을 한다.

04. 비철금속에 대한 설명으로 옳지 않은 것은?

① 비철금속으로는 구리, 알루미늄, 티타늄, 텅스텐, 탄탈륨 등이 있다.
② 지르코늄은 고온강도와 연성이 우수하며, 중성자 흡수율이 낮기 때문에 원자력용 부품에 사용한다.
③ 마그네슘은 공업용 금속 중에 가장 가볍고 진동감쇠 특성이 우수하다.
④ 니켈은 자성을 띠지 않으며 강도, 인성, 내부식성이 우수하다.

해설 비철금속

금속	특징
지르코늄	• 티타늄과 성질, 용도, 화합물이 매우 비슷하며, 고온강도와 연성이 우수하다. • 중성자 흡수율이 낮기 때문에 원자력용 부품에 사용한다.
마그네슘	• 공업용 금속 중에 가장 가볍고 진동감쇠 특성이 우수하다. • 열전도율은 구리, 알루미늄보다 낮고, 선팽창계수는 철의 2배이상으로 크다. • 산소에 대한 친화력이 강하여 고온에서 발화되기 쉬우므로, 분말이나 얇은 판으로 하여 사진용 플래시로 사용하기도 한다.
니 켈	• 은백색으로 인성이 우수하고, 상온에서 강자성체이다. • 강도, 내식성이 우수하고 열전도율이 좋으며, 전연성이 풍부하여 스테인리스강, 내열강, 구조용강 등의 합금원소나 도금용으로 많이 사용된다.

05. 금속의 가공경화에 대한 설명으로 옳지 않은 것은?

① 가공에 따른 소성변형으로 강도 및 경도는 높아지지만 연성은 낮아진다.
② 가공경화된 금속이 일정 온도 이상 가열되면 강도, 경도 및 연성이 가공 전의 성질로 되돌아간다.
③ 가공경화된 금속을 가열하면 새로운 결정립이 생성되고 성장하는 단계를 거친 후 회복 현상이 나타난다.
④ 냉간가공된 금속은 인장강도가 높으며, 정밀도 및 표면 상태를 향상시킬 수 있다.

해설 가공경화(변형경화)

가공경화는 냉간가공에 의하여 변형이 진행되면 결정에 변형이 생기면서 단단하게 되어 가공하기 어렵게 되는 현상을 말한다.
① 재료가 가공경화를 일으키면, 인장, 압축, 굽힘등에 대한 강도 및 경도가 증가하고 연성(늘어남)이 감소된다.
② 가공경화된 재료를 적당한 온도로 풀림을 하면 가공전의 상태로 되돌아가서 다시 가공을 계속할 수 있게 되는 데 이를 어닐링공정이라고 한다.
③ 어닐링공정은 회복 – 새로운 결정립이 생성 – 성장하는 단계의 순으로 진행된다.
④ 냉간가공은 가공면이 아름답고 정밀하지만, 가공경화로 강도가 증가하므로 가공도는 크게 떨어진다.

06 전기저항 용접 방법 중 맞대기 이음 용접에 해당하지 않는 것은?

① 플래시 용접(flash welding)
② 충격 용접(percussion welding)
③ 업셋 용접(upset welding)
④ 프로젝션 용접(projection welding)

 해설 전기저항 용접

구 분	겹치기 저항 용접	맞대기 저항용접
의 의	피용접재를 서로 겹친 상태에서 가압, 통전하면서 저항발열로 용접하는 방법	금속의 선, 봉, 판의 단면을 서로 맞대고 용접하는 방법
종 류	• 스폿(점) 용접 • 프로젝션 용접 • 심 용접	• 업셋 용접 • 플래시 용접 • 맞대기 심 용접 • 충격(퍼커션) 용접

07 아래의 TTT곡선(Time-Temperature-Transformation diagram)에 나와 있는 화살표를 따라 강을 담금질할 때 얻게 되는 조직은?(단, 그림에서 A_1은 공석온도, Ms는 마르텐사이트 변태 개시점, Mf는 마르텐사이트 변태 완료점을 나타낸다)

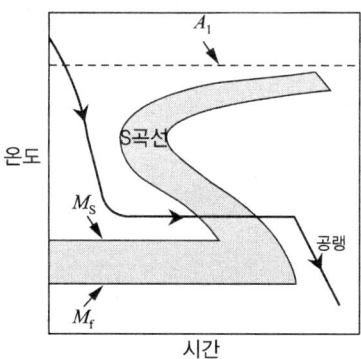

① 베이나이트(bainite)
② 마르텐사이트(martensite)
③ 페라이트(ferrite)
④ 오스테나이트(austenite)

 해설
항온열처리의 유형은 오스템퍼, 마템퍼, 마퀜칭이 있는 데 설문은 그 중 오스템퍼에 해당하며, 담금질하여 점성이 큰 베이나이트 조직을 얻을 수 있다. 뜨임이 불필요하고 담금균열과 변형이 없다.

보충 기타 항온 열처리

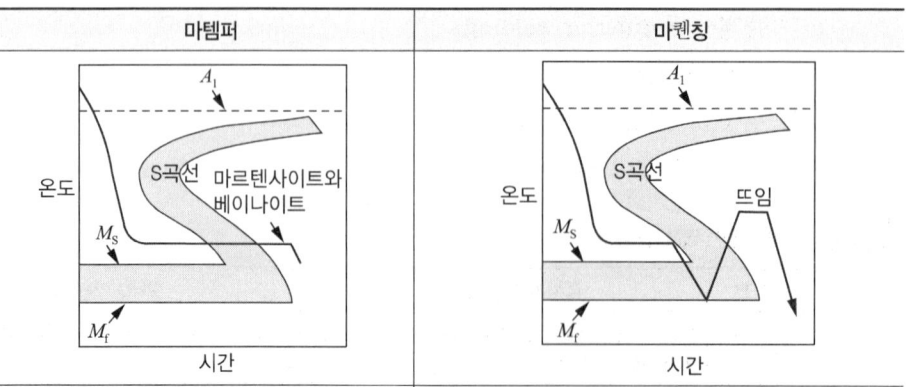

마템퍼	마퀜칭
• 오스테나이트 상태에서 MS점과 Mf점 사이에서 항온 변태 후 열처리하여 얻은 마르텐사이트와 베이나이트의 혼합조직이다. • 경도가 크고 인성이 있지만, 항온유지시간이 너무 길어서 공업적으로 거의 사용되지 않는다.	• 담금질 온도로 가열한 강재를 MS(Ar")점보다 다소 높은 온도의 열에 담금질 한후 강재의 내부, 외부와 동일한 온도가 될 때까지 항온유지하고 서서히 냉각시켜 마르텐사이트변태를 완료시킨 후 뜨임하는 방법이다. • 담금질 균열이나 변형이 적어 복잡한 물건의 담금질에 사용된다.

08 절삭가공에서 발생하는 크레이터 마모(crater wear)에 대한 설명으로 옳지 않은 것은?

① 공구와 칩 경계에서 원자들의 상호 이동이 주요 원인이다.
② 공구와 칩 경계의 온도가 어떤 범위 이상이면 마모는 급격하게 증가한다.
③ 공구의 여유면과 절삭면과의 마찰로 발생한다.
④ 경사각이 크면 마모의 발생과 성장이 지연된다.

 해설 공구의 마모

마 모	특 징
크레이터 마모 (Crater Wear)	• 칩(Chip)에 의해 공구의 경사면이 움푹 패이는 마모 • 공구와 칩 경계에서 원자들의 상호 이동이 주요 원인 • 공구와 칩 경계의 온도가 어떤 범위 이상이면 마모는 급격히 증가 • 윗면 경사각이 크면 마모의 발생과 성장이 지연
플랭크 마모 (Flank Wear)	• 절삭면과 공구의 여유면사이의 마찰작용으로 발생 • 절삭공구의 옆면이 평행하게 마모현상 발생
치 핑 (Chippin)	• 절삭공구 인선의 일부가 미세하게 탈락되는 현상

09 단면이 직사각형이고 길이가 ℓ인 외팔보형 단판 스프링에서 최대 처짐이 δ_0이고, 스프링의 두께를 2배로 하였을 때 최대 처짐이 δ일 경우 δ/δ_0는?(단, 다른 조건은 동일하다)

① 1/16 ② 1/8 ③ 1/4 ④ 1/2

해설

단순보는 중앙 (x = l/2)인 곳에서, 외팔보는 자유단 (x = l)에서 각각 최대 처짐이 생기므로,

• 단순보 : $\delta_{\max} = \dfrac{P\ell^3}{48EI}$

• 외팔보 : $\delta_{\max} = \dfrac{P\ell^3}{3EI}$ 이다.

 (P : 하중, ℓ : 길이, E : 탄성계수, I : 관성모멘트)

• $I = \dfrac{b(\text{폭}) \times h(\text{두께})^3}{12}$이므로, 외팔보의 최대 처짐 $\delta_{\max} = \dfrac{P\ell^3}{3EI} = \dfrac{4P\ell^3}{Ebh^3}$ 이다.

• 여기에서 $\delta_0 = \dfrac{4P\ell^3}{Ebh^3}$, $\delta = \dfrac{4P\ell^3}{Eb(2h)^3}$ 이므로, $\delta/\delta_0 = 1/8$이 된다.

10 지름 피치가 4이고, 압력각은 20°이며 구동기어에 대한 종동기어의 속도비는 1/3, 중심거리는 10인치인 한 쌍의 스퍼 기어가 물려있는 경우 구동기어의 잇수는?

① 10개 ② 20개 ③ 30개 ④ 60개

해설

• 지름 피치(D) = $\dfrac{\text{잇수}}{\text{피치원의 지름}} = 4$

• 모듈(M) = $\dfrac{\text{피치원의 지름}}{\text{잇수}} = \dfrac{1}{4}$

• 중심거리(10) = $(Z_1 + Z_2) \times (M/2)$ 이므로 $Z_1 + Z_2 = 80$ (①식)

• 속도비 = $(Z_1/Z_2) = 1/3$ (②식)

• ①식과 ②식을 정리하면, 구동기어 잇수(Z_1) : 20, 종동기어 잇수(Z_2) : 60

11 열가소성 플라스틱 제품의 대량 생산공정에 가장 적합한 방법은?

① 압축성형(compression molding)
② 다이캐스팅(die casting)
③ 전이성형(transfer molding)
④ 사출성형(injection molding)

해설

① 압축성형은 열가소성과 열경화성 수지 모두에 적용된다. 열가소성 수지는 재활용하기 위한 수단으로 많이 활용되며, 대형 화분이나 물탱크, 농약통 등을 만든다. 열경화성 수지는 원하는 수지에 충전재, 강화재, 경화제, 이형제, 안료 등을 배합하여 가열하면서 냉각성형한다.
② 열경화성 용융금속에 압력을 가해 금형에 밀어넣으면 재질이 균일하고 치밀하게 되며, 탕구에서 짧은 시간내에 용융금속이 주형의 구석까지 주입되어 주물을 만드는 방법으로, 얇고 복잡한 형상의 비철금속 제품 제작에 적합한 주조법이다.
③ 전이성형은 열경화성 수지의 성형법의 하나로 원료를 가열실내에서 일단 가열 연화시키고 닫혀져 있는 캐비티에 밀어 넣어 가압 경화하는 것이다.
④ 사출성형은 <u>열가소성 수지와 열경화성 수지 모두 가능</u>하며, 성형재료를 가열용융시켜 미리 닫힌 금형의 캐비티에 사출충전한 후 고화 또는 경화시켜 성형품으로 하는 방법이다. <u>복잡한 형상의 제품을 대량 생산하는데 적합</u>하여 압출성형법과 함께 성형가공의 대분야를 이루고 있다.

 보충 플라스틱 성형(열가소성 성형과 열경화성 성형)

열가소성 성형		열경화성 성형	
• 압축성형	• 사출성형	• 압축성형	• 사출성형
• 중공성형(블로우성형)	• 진공성형	• 전이(이송)성형	• 적층성형
• 카렌다성형	• 압출성형	• 주형성형	• FRP성형
• 회전성형			

12 미끄럼 베어링에 대한 설명으로 옳지 않은 것은?

① 오일 휩(oil whip)에 의한 진동이 발생하기도 한다.
② 재료로는 오일 흡착력이 높고 축 재료보다 단단한 것이 좋다.
③ 회전축과 유막 사이의 두께는 윤활유 점도가 높을수록, 회전속도가 빠를수록 크다.
④ 구름 베어링에 비해 진동과 소음이 적고 고속 회전에 적합하다.

해설

① 오일 휩(oil whip)에 의한 진동은 미끄럼 베어링을 사용한 고속회전기계에서 많이 발생하는 진동으로, 축수(베어링)의 유막에 의한 자려진동이다.
② 재료의 오일 흡착력이 높아 유막형성이 우수해야 하고, <u>축재료보다 연하나 압축성이 커야한다.</u>
③ 유막두께 = (윤활유의 점도×속도)/하중
④ 미끄럼 베어링은 전동체를 사용하지 않고 축과 베어링이 직접 미끄러져 회전하는 베어링으로, 볼이나 롤러와 같은 전동체를 매개로 회전하는 구름베어링에 비하여 진동과 소음이 적고 고속 회전에 적합하다.
(국가직 2015년 기출 7번 문제 참조)

보충 미끄럼 베어링의 재료 특성

1. 마찰계수가 적을 것
2. 저어널에 잘 융화하기 위해 붙임성이 좋고 적당한 점도도 있을 것
3. 열전도율이 좋을 것
4. 주조와 다듬질 등의 공작이 쉬울 것

12 ②

5. 재료의 오일 흡착력이 높아야 한다(유막형성이 우수해야 한다).
6. 축에 눌어붙지 않는 내열성을 가질 것
7. 축의 처짐과 미소 변형에 대하여 유연성이 좋을 것

13 재료의 마찰과 관련된 설명으로 옳지 않은 것은?

① 금형과 공작물 사이의 접촉면에 초음파 진동을 가하여 마찰을 줄일 수 있다.
② 접촉면에 작용하는 수직 하중에 대한 마찰력의 비를 마찰계수라 한다.
③ 마찰계수는 일반적으로 링압축시험법으로 구할 수 있다.
④ 플라스틱 재료는 금속에 비하여 일반적으로 강도는 작지만 높은 마찰계수를 갖는다.

해설

① 초음파 진동이 금형과 공작물 사이의 접촉면간의 마찰을 감소시킨다.
② 마찰계수는 마찰력을 수직 접촉력으로 나눈 상대적인 비율로 정의되며, 두 물체의 재질과 접촉하고 있는 물체 표면의 상태에 따라 크게 영향을 받는다.
③ 링압축시험법은 마찰계수 또는 마찰상수를 측정하는 가장 보편적인 방법이다.
④ 플라스틱 재료는 금속에 비하여 일반적으로 강도와 마찰계수가 모두 낮다.

14 서냉한 공석강의 미세조직인 펄라이트(pearlite)에 대한 설명으로 옳은 것은?

① α – 페라이트로만 구성된다.
② δ – 페라이트로만 구성된다.
③ α – 페라이트와 시멘타이트의 혼합상이다.
④ δ – 페라이트와 시멘타이트의 혼합상이다.

해설 펄라이트(Pearlite)의 특징

- 진주(Pearl)와 같은 광택이 나타나므로 펄라이트라 이름이 붙었다.
- 페라이트(Ferrite)와 시멘타이트(Cementite)의 공석징이다.
- 공석반응은 723°이상에서 오스테나이트가 서냉하면서 순수 철인 α – 페라이트와 철과 탄소의 화합물인 시멘타이트(cementite : Fe3C)를 각각 생성하는 반응이다.
- 철의 동소체는 α, γ, δ 3가지가 있다.

구분(1기압 기준)	특 징	구분(1기압 기준)	특 징
상온~약 912°	α상으로 존재	1394°~1538°	δ상으로 존재
912°~1394°	γ상으로 존재	1539° 이상	액체화상태로 존재

정답 13 ④ 14 ③

15 밀링 절삭 중 상향 절삭에 대한 설명으로 옳지 않은 것은?

① 공작물의 이송 방향과 날의 진행 방향이 반대인 절삭 작업이다.
② 이송나사의 백래시(backlash)가 절삭에 미치는 영향이 거의 없다.
③ 마찰을 거의 받지 않으므로 날의 마멸이 적고 수명이 길다.
④ 칩이 가공할 면 위에 쌓이므로 시야가 좋지 않다.

해설 상향절삭과 하향절삭

상향절삭 (날의 진행방향과 이송방향이 반대)	하향절삭 (날의 진행방향과 이송이 같을 때)
• 칩이 잘 빠져나와 절삭을 방해하지 않는다. • 백래시가 제거되어 절삭에 미치는 영향이 거의 없다. • 공작물이 날(커터)에 의하여 끌려 올라오므로 확실히 고정해야 한다(고정이 불편하다). • **날의 수명이 짧다.** • 점점 칩이 두꺼워지므로 동력 소비가 크다. • 표면 가공면이 거칠다. • 칩이 가공할 면 위에 쌓이므로 시야가 좋지 않다. • 절삭열에 의한 치수정밀도의 변화가 적다.	• 칩이 잘 빠지지 않아 가공면에 흠집이 생기기 쉽다. • 백래시 제거 장치가 필요하다. • 날이 공작물을 누르므로 공작물 고정이 간편하다. • 날의 마모가 적고 수명이 길다. • 점점 칩이 얇아지므로 동력소비가 적다. • 가공면이 깨끗하다. • 칩이 가공된 면위에 쌓이므로 가공할 면을 잘 볼 수 있다. • 가공물이 열팽창으로 치수정밀도에 영향을 줄 수 있다.

16 선삭 가공에 사용되는 절삭 공구의 여유각에 대한 설명으로 옳지 않은 것은?

① 공구와 공작물 접촉 부위에서 간섭과 미끄럼 현상에 영향을 준다.
② 여유각을 크게 하면 인선강도가 증가한다.
③ 여유각이 작으면 떨림의 원인이 된다.
④ 여유각이 크면 플랭크 마모(flank wear)가 감소된다.

해설

여유각(Clearance angle) : 공작물과 바이트의 마찰을 적게하기 위해 주는 각이다.
②, ③ 여유각을 작게 하면 인선강도가 증가하지만, 떨림(chattering)의 원인이 되며 여유면 마모가 단시간에 커지게 되고 공구수명이 짧아진다.
④ 플랭크 마모는 새로운 가공면(절삭면)과 공구의 여유면사이의 마찰작용으로 발생하며, 여유각이 크면 플랭크 마모가 감소된다.

보충 여유각

여유각이 큰 경우	여유각이 작은 경우
• 인성강도가 약해진다. • 여유면의 플랭크마모가 감소한다. • 연질의 피삭제, 가공경화되기 쉬운 피삭제에 사용된다.	• 인성강도가 증가한다. • 여유면 마모가 단시간에 커지게 되고 공구수명이 짧아진다. • 떨림(chattering)의 원인이 된다. • 단단한 피삭제에 사용된다.

17 나사를 1회전을 시켰을 때 축 방향 이동거리가 가장 큰 것은?

① M48×5
② 2줄 M30×2
③ 2줄 M20×3
④ 3줄 M8×1

해설

① 바깥지름 48mm, 피치 5mm인 한줄 오른 미터 가는 나사, 이동거리 = 1줄 × 5mm = 5mm
② 바깥지름 30mm, 피치 2mm인 두줄 오른 미터 가는 나사, 이동거리 = 2줄 × 2mm = 4mm
③ 바깥지름 20mm, 피치 3mm인 두줄 오른 미터 가는 나사, 이동거리 = 2줄 × 3mm = 6mm
④ 바깥지름 8mm, 피치 1mm인 세줄 오른 미터 가는 나사, 이동거리 = 3줄 × 1mm = 3mm

18 유체 토크 컨버터(fluid torque converter)에 대한 설명 중 옳지 않은 것은?

① 유체 커플링과 달리 안내깃(stator)이 존재하지 않는 구조이다.
② 입력축의 토크보다 출력축의 토크가 증대될 수 있다.
③ 자동차용 자동변속기에 사용된다.
④ 출력축이 정지한 상태에서 입력축이 회전할 수 있다.

해설

유체 토크 컨버터는 유체커플링과 구조가 같지만, 펌프(임펠러)와 터빈이외에 안내깃(stator)이 추가된구조이다.

구 분	내 용
펌프(임펠러)	임펠러가 회전하면 오일이 터빈으로 흐르게 된다.
터빈러너	오일의 흐름이 터빈의 러너에 부딪쳐 터빈을 회전시켜 동력을 전달한다.
안내깃 (스테이터)	터빈에서 되돌아오는 오일의 회전방향을 펌프의 회전방향과 같도록 방향을 바꾸어, 펌프의 토크를 증가시킨다. 스테이터가 없으면 토크가 증가되지 않으며 단순한 유체커플링이 된다.

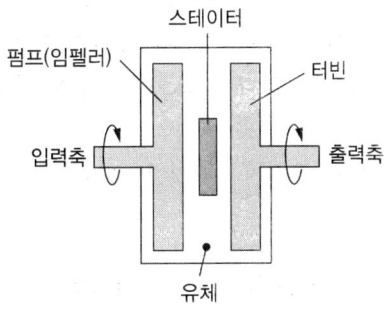

보충 토크컨버터(Torque converter)

1. 토크컨버터는 오일을 이용하여 동력을 전달시키는 유체클러치로서 동력의 단속을 자동적으로, 그리고 매우 원활하게 할 수 있으며 또한 감속과 토크를 증가시킬 수 있다.
2. 출력축의 회전 속도는 입력축의 속도보다 크거나 작을 수 있고, 두 축의 회전 속도 차이는 전달 토크의 크기와 다르고, 양호한 자동 변속 성능을 가진다.
3. 입력과 출력이 유체로 연결되어 있기 때문에 토크 컨버터의 출력축을 정지시켜도(브레이크로 잡아도) 입력축은 회전할 수 있고, 이것이 자동 변속기 차량에서 브레이크를 잡아도 엔진 시동이 꺼지지 않는 이유이다.

19 고압 증기터빈에서 저압 증기터빈으로 유입되는 증기의 건도를 높여 상대적으로 높은 보일러 압력을 사용할 수 있게 하고, 터빈 일을 증가시키며, 터빈 출구의 건도를 높이는 사이클은?

① 재열 사이클(reheat cycle)
② 재생 사이클(regenerative cycle)
③ 과열 사이클(superheat cycle)
④ 스털링 사이클(Stirling cycle)

해설 랭킨사이클(증기사이클)

구 분	특 징
재열 사이클	• 랭킨 사이클의 열효율을 향상시키고 터빈 출구의 건도(수분의 감소)를 높이기 위하여 과열 증기를 2단의 터빈(고압증기터빈과 저압증기터빈)으로 팽창시키고 두 단 사이의 증기를 재열시키는 사이클
재생 사이클	• 증기터빈에서 팽창도중 증기의 일부를 추기(기체를 뽑아냄)하여 보일러에 공급되는 물을 예열하고 복수기(□□□, 컨덴서)에서 폐기되는 일부 열을 급수에 재생하는 사이클
재생재열사이클	• 터빈에 의해 어느 압력까지 팽창한 증기를 다시 보일러에 복귀시켜 재열기로 재열한 다음 다시 터빈으로 보내 팽창시키는 사이클
스털링 사이클	• 등온과정과 등적과정으로 이루어진 열역학사이클 • 등적과정의 냉각과정에서 방출한 열을 열재생기에 축적한 후 등적과정의 가열과정에서 이 열을 재생한다. 따라서 이사이클의 이론열효율은 열역학사이클 중 제일 높은 카르노 사이클(Carnot Cycle)과 같다

20 소성가공법 중 압연과 인발에 대한 설명으로 옳지 않은 것은?

① 압연 제품의 두께를 균일하게 하기 위하여 지름이 작은 작업롤러(roller)의 위아래에 지름이 큰 받침롤러(roller)를 설치한다.
② 압하량이 일정할 때, 직경이 작은 작업롤러(roller)를 사용하면 압연 하중이 증가한다.
③ 연질 재료를 사용하여 인발할 경우에는 경질 재료를 사용할 때보다 다이(die) 각도를 크게 한다.
④ 직경이 5mm 이하의 가는 선 제작 방법으로는 압연보다 인발이 적합하다.

해설
① 압연은 열간 혹은 냉간에서 금속을 회전하는 두 개의 롤러사이를 통과시켜 두께나 지름을 줄이는 가공법으로, 압연 제품의 두께를 균일하게 하기 위하여 지름이 작은 작업롤러(working roller)의 위아래에 지름이 큰 받침롤러(support roller)를 설치한다.
② 압하량(=압연전 두께−압연후 두께)이 일정할 때, 직경이 작은 작업롤러(roller)를 사용하거나, 마찰을 줄이면, 압연 하중을 감소시킬 수 있다.
③ 연질소재에 대하여는 다이(die) 각을 크게 하여 단면감소율(파단 시까지의 시편 단면의 감소 정도)을 높이고, 경질 소재에 대하여는 다이(die) 각을 작게 한다
④ 선, 금속 봉이나 관 등을 다이를 통해 축방향으로 잡아당겨 지름을 줄이는 가공법으로, 직경이 5mm 이하의 가는 선 제작 방법으로는 압연보다 인발이 적합하다.

2013년 8월 24일 시행 지방직 9급

01 환경친화형 가공기술 및 공작기계 설계를 위한 고려 조건으로 옳지 않은 것은?
① 절삭유를 많이 사용하는 습식 가공의 도입
② 공작기계의 소형화
③ 주축의 냉각 방식을 오일 냉각에서 공기 냉각으로 대체
④ 가공시간의 단축

해설
친환경 가공을 위하여 최근에는 절삭유 사용을 최소화하는 건식가공방법이 도입되고 있다.

보충
기타 환경친화형 가공기술
• 마찰계수를 줄이기 위한 친환경 가공용 코팅피막 절삭공구
• MQL(Minimum Quantity Lubrication : 극미량 윤활)

02 20mm 두께의 소재가 압연기의 롤러(roller)를 통과한 후 16mm로 되었다면, 이 압연기의 압하율[%]은?
① 20
② 40
③ 60
④ 80

해설
$$압하율 = \frac{입측두께 - 출측두께}{입측두께} \times 100 = \frac{20-16}{20} \times 100 = 20\%$$

03 금속의 결정구조 분류에 해당하지 않는 것은?
① 공간입방격자
② 체심입방격자
③ 면심입방격자
④ 조밀육방격자

정답 01 ① 02 ① 03 ①

해설 금속의 결정구조 분류

구 분	내 용	특 징
체심 입방 (BCC)	• 입방체의 각 모서리에 1개씩의 원자와 입방체의 중심에 1개의 원자가 존재하는 매우 간단한 결정격자	• 전연성이 적다 • 융점이 높고, 강도가 크다
면심 입방 (FCC)	• 입방체의 각 모서리와 면의 중심에 각각 1개씩의 원자가 있고, 이것들이 정연하게 쌓이고 겹쳐져서 만들어진 격자	• 전연성과 전기전도가 크다 • 가공이 우수하다.
조밀 육방 (HCP)	• 육각 기둥 상하 면의 각 꼭짓점과 그 중심에 1개씩의 원자가 존재하며, 또한 육각기둥을 구성하는 6개의 삼각 기둥 중에서 1개씩 띄워서 삼각 기둥의 중심에 1개의 원자가 배열된 결정 격자	• 전연성이 불량하다. • 접착성이 적다 • 가공성이 좋지 않다.

04 체결된 나사가 스스로 풀리지 않을 조건(self – locking condition)으로 옳은 것만을 모두 고른 것은?

```
ㄱ. 마찰각 > 나선각(lead angle)
ㄴ. 마찰각 < 나선각(lead angle)
ㄷ. 마찰각 = 나선각(lead angle)
```

① ㄱ　　　　　　　　　　　　② ㄴ
③ ㄱ, ㄷ　　　　　　　　　　④ ㄴ, ㄷ

해설 체결된 나사가 스스로 풀리지 않을 조건(자립조건)
• 마찰 각(ρ)이 나선각(α)보다 커야하는 관계 즉 $\rho > \alpha$ 를 말하며, 나사가 스스로 풀리지 않는 자립 상태의 한계는 $\rho = \alpha$ 이어야 한다.
• 나사가 자립상태를 유지하는 나사의 효율은 50%이하여야 한다.

05 연삭숫돌의 입자가 무디어지거나 눈메움이 생기면 연삭능력이 떨어지고 가공물의 치수 정밀도가 저하되므로 예리한 날이 나타나도록 공구로 숫돌 표면을 가공하는 것을 나타내는 용어는?

① 트루잉(truing)
② 글레이징(glazing)
③ 로딩(loading)
④ 드레싱(dressing)

해설

드레싱(dressing)은 눈메움(로딩)이나 무덤(글레이징)이 발생하였을 때 강판드레서 또는 다이아몬드 드레서로 숫돌표면을 정형하거나 칩을 제거하는 작업을 말한다.
① 트루잉 : 연삭하려는 부품의 형상으로 연삭 숫돌을 성형하거나, 연삭으로 인하여 숫돌 형상이 무디어지거나 변화된 것을 바르게 고치는 가공을 말한다. 숫돌면의 입자를 일정한 양만큼 깎아내는 것이므로, 결과적으로 드레싱도 이루어진다.

 보충 눈메움, 무덤, 자생작용

현 상	의 의
눈메움(로딩 : loading)	• 숫돌입자의 표면이나 기공에 칩이 끼어 연삭성이 나빠지는 현상
무덤(글레이징 : glazing)	• 자생작용이 잘되지 않아 입자가 납작해지는 현상
자생작용	• 연삭시 숫돌의 마모된 입자가 탈락되고 새로운 입자가 나타나는 현상

06 열간 가공에 대한 설명으로 옳지 않은 것은?

① 냉간 가공에 비해 가공 표면이 거칠다.
② 가공 경화가 발생하여 가공품의 강도가 증가한다.
③ 냉간 가공에 비해 가공에 필요한 동력이 작다.
④ 재결정 온도 이상으로 가열한 상태에서 가공한다.

 해설

가공 경화가 발생하여 가공품의 강도가 증가하는 것은 냉간 가공의 특징이다.

 보충 냉간가공과 열간가공

구 분	냉간가공	열간가공
의 의	• 재결정온도 이하에서의 가공	• 재결정온도 이상에서의 가공
장 점	• 가공면이 아름답고, 정밀하다. • 가열하지 않기 때문에 표면에 스케일(철의 산화물)이 발생하지 않는다. • 정확한 치수로 가공할 수 있어 마무리 가공에 이용된다 • 어느 정도 기계적 성질을 개선시킬 수 있다.	• 소재의 변형저항이 적어 소성가공이 용이하다. • 가공도를 크게 할 수 있다 • 동력 소모가 적으며, 작은 동력으로 커다란 변형을 줄 수 있다 • 가공으로 파괴되었던 결정립이 다시 생성되어 재질의 균일화가 이루어진다.
단 점	• 가공경화로 강도가 증가하므로 가공도는 떨어진다.	• 표면이 가열되기 때문에 산화되기 쉬워 정밀가공은 곤란하다 • 가공면이 거칠다. • 표면에 산화물이 많이 생기기 때문에 품질의 균일성이 떨어진다.

정답 06 ②

07 알루미늄에 많이 적용되며 다양한 색상의 유기 염료를 사용하여 소재 표면에 안정되고 오래가는 착색피막을 형성하는 표면처리방법으로 옳은 것은?

① 침탄법(carburizing)
② 화학증착법(chemical vapor deposition)
③ 양극산화법(anodizing)
④ 고주파경화법(induction hardening)

① 0.2% 이하의 저탄소강으로 만든 제품의 표층부에 탄소를 투입시킨 후, 담금질을 하여 표층부만을 경화하는 방법이다.
② 서로 다른 성질을 갖는 기체-고체, 기체-액체의 화학 반응을 이용하여 기판의 표면에 층을 생성하는 공정이다.
③ 양극산화란 양극(Anode, +극)과 산화(Oxidizing)의 합성어(Anodizing)로, 금속부품을 양극에 걸고 전해액에 전해하면 산소가 발생하여 부품에 산화피막이 형성되는 현상을 말한다. 양극산화의 가장 대표적인 소재는 알루미늄이며, 알루미늄을 양극에서 산화하면 알루미늄표면이 반은 침식되고, 반은 산화알루미늄(Al_2O_3) 피막이 형성되어 소재표면이 안정되고 오래간다.
④ 고주파열로 표면을 열처리하는 표면처리방법이다.

08 소재에 없던 구멍을 가공하는 데 적합한 것은?

① 브로칭(broaching)
② 밀링(milling)
③ 셰이핑(shaping)
④ 리이밍(reaming)

① 브로칭(broaching) : 여러 개의 절삭날이 길이방향으로 배치된 공구를 직선운동시켜 일정한 단면형상의 공작물을 가공하는 방법
② 밀링(milling) : 원통 또는 원판의 둘레에 많은 날을 가진 밀링커터라는 공구를 회전시키고 일감에 이송운동과 절삭깊이를 주어 평면을 절삭(절삭수평형)하거나 소재에 없던 구멍을 가공(절삭수직형)하는 방법
③ 셰이핑(shaping) : 절삭공구가 공작물에 대해 왕복운동하며 공작물의 수평방향의 이송을 주어서 평면을 절삭하는 가공
④ 리이밍(reaming) : 드릴로 뚫은 구멍을 리머로 정밀 다듬질하는 작업

09 안지름이 d_1, 바깥지름이 d_2, 지름비가 $x = \dfrac{d_1}{d_2}$인 중공축이 정하중을 받아 굽힘모멘트(bending moment) M이 발생하였다. 허용굽힘 응력을 σ_a라 할 때, 바깥지름 d_2를 구하는 식으로 옳은 것은?

① $d_2 = \sqrt[3]{\dfrac{64M}{\{\pi(1-x^4)\sigma_a\}}}$
② $d_2 = \sqrt[3]{\dfrac{32M}{\{\pi(1-x^4)\sigma_a\}}}$
③ $d_2 = \sqrt[3]{\dfrac{64M}{\{\pi(1-x^3)\sigma_a\}}}$
④ $d_2 = \sqrt[3]{\dfrac{32M}{\{\pi(1-x^3)\sigma_a\}}}$

해설 중공축의 바깥지름 d_2를 구하는 식

구 분			공 식
정하중을 받는 경우	굽힘 모멘트만 받는 축		$\sqrt[3]{\dfrac{32M}{\{\pi(1-x^4)\sigma_a\}}}$
	비틀림 모멘트만 받는 축		$\sqrt[3]{\dfrac{16T}{\{\pi(1-x^4)\tau_a\}}}$ ※ τa : 허용 전단응력
	굽힘 모멘트와 비틀림 모멘트를 동시에 받는 축	연성재료의 경우	$\sqrt[3]{\dfrac{16T_e}{\{\pi(1-x^4)\tau_a\}}}$ ※ T_e : 상당비틀림 모멘트
		취성재료의 경우	$\sqrt[3]{\dfrac{32M_e}{\{\pi(1-x^4)\sigma_a\}}}$ ※ M_e : 상당굽힘모멘트
동하중을 받는 경우	연성재료로 된 축이 동하중을 받는 경우		$\sqrt[3]{\dfrac{16T_e}{\{\pi(1-x^4)\tau_a\}}}$
	취성재료로 된 축이 동하중을 받는 경우		$\sqrt[3]{\dfrac{32M_e}{\{\pi(1-x^4)\sigma_a\}}}$

10 절삭 가공에서 구성인선(built-up edge)에 대한 설명으로 옳지 않은 것은?

① 구성인선을 줄이기 위해서는 공구 경사각을 작게 한다.
② 발생 → 성장 → 분열 → 탈락의 주기를 반복한다.
③ 바이트의 절삭 날에 칩이 달라붙은 것이다.
④ 마찰 계수가 작은 절삭 공구를 사용하면 구성인선이 감소한다.

 해설 구성인선(built-up edge)

1. 의의 : 연성이 큰 연강, 스테인레스강, 알루미늄 등과 같은 재료를 절삭할 때 절삭열에 의해 절삭공구의 날 끝에 칩의 일부가 녹아붙거나 압착되어 공구의 날과 같은 역할을 하는 것을 말한다.
2. 특징
   - 구성인선은 발생, 성장, 분열, 탈락을 반복한다.
   - 구성인선이 탈락할때 공구의 일부가 떨어져 나간다.
   - 구성인선이 공구보다 아래에 있기 때문에 예정된 절삭깊이보다 깊게 절삭된다.
   - 구성인선에 의해 절삭된 가공면은 거칠게 되므로 표면정도와 치수정도를 해친다.
3. 구성인선의 발생방지법
   - 바이트의 윗면경사각(공구와 수직축이 이루는 각으로 30°까지)을 크게 한다.
   - 윤활성이 좋은 효과적인 절삭유를 사용한다(공구 윗면경사면에 윤활을 하여 칩과 공구경사면간의 마찰을 감소시킨다)
   - 마찰 계수가 작은 절삭 공구를 사용한다.

정답 10 ①

- 공구반경을 작게 한다.
- 절삭속도를 크게 한다.(120m/min에서는 구성인선이 없어진다 : 임계속도)
- 절삭전 칩의 두께를 작게 한다.
- 절삭깊이를 작게 한다.
- 이동속도를 줄인다.

11 고무 스프링에 대한 설명으로 옳지 않은 것은?

① 충격흡수에 좋다.
② 다양한 크기 및 모양 제작이 어려워 용도가 제한적이다.
③ 변질 방지를 위해 기름에 접촉되거나 직사광선에 노출되는 것을 피해야 한다.
④ 방진효과가 우수하다.

 해설 고무스프링의 장단점

구 분	내 용
장 점	• 충격흡수에 좋다 • 형상을 자유로이 선택할 수 있어, 다양한 크기 및 모양 제작이 가능하다. • 금속과 용이하게 강력하게 접착할 수 있고, 비틀림, 압축 등에도 사용할 수 있으며, 몇 개의 조합도 가능하다. • 내부마찰이 있기 때문에 큰 감쇠력을 얻을 수 있어 방진효과가 우수하고, 고주파진동의 차단에도 큰 효과가 있다. • 방음효과도 우수하다. • 소형, 경중량으로 할 수 있고, 지지장치 전체도 간단하게 할 수 있다.
단 점	1. 노화현상이 발생한다. 2. 내유성이 적으므로 변질 방지를 위해 기름에 접촉되지 않도록 해야한다. 3. 직사광선에 노출되는 것을 피해야 하며, 특히 오존에 접촉되지 않도록 해야 한다. 4. 압축과 굽힘, 비틀림 등에 비하여 인장력이 약하므로, 작용하중은 인장하중의 방향은 피해야 한다.

12 소성가공에서 이용하는 재료의 성질로 옳지 않은 것은?

① 가소성 ② 가단성
③ 취성   ④ 연성

 해설 소성가공에서 이용하는 재료의 성질
- 가소성 : 재료에 힘을 가하여 마음대로 그 모양을 변화시킬 수 있는 성질
- 가단성 : 망치로 두드리거나 롤러로 압연하거나 프레스 기계로 눌러도 부서지거나 갈라지지 않는 성질
- 전성 : 금속재료를 두드리거나 누르면 얇게 퍼지는 성질
- 연성 : 잡아당기면 가늘게 늘어나는 성질

13 용접 안전사고를 예방하기 위한 것으로 옳지 않은 것은?

① 작업 공간 안의 가연성 물질 및 폐기물 등은 사전에 제거한다.
② 용접할 때에 작업 공간을 지속적으로 환기하여야 한다.
③ 용접에 필요한 가스 용기는 밀폐 공간 내부에 배치한다.
④ 몸에 잘 맞는 작업복을 입고 방진마스크를 쓰며 작업화를 신는다.

해설
용접에 필요한 가스용기, 가스실린더나 전기동력원은 밀폐공간 외부의 안전한 곳에 배치한다.

14 생산 능력과 납품 기일 등을 고려하여 제품 제작 순서와 생산일정을 계획하는 기계 공장 부서로 옳은 것은?

① 품질 관리실
② 제품 개발실
③ 설계 제도실
④ 생산 관리실

해설 기계제작 공정

1. 제품(연구) 개발실 : 제품 개발실에서는 성능과 모양 및 품질 등을 연구 개발하여 새로운 제품을 만들어 내는 일을 한다. 신제품을 개발할 경우에는 새로운 아이디어를 창출하여 제품을 구상하고, 이를 설계하여 시제품을 제작한다.
2. 설계 제도실 : 설계 제도실에서는 생산할 기계 및 장치를 설계하고, 제작도를 작성하는 일을 한다. 기계를 제작할 때에는 제작하려는 제품의 용도와 목적에 따라 구조와 기능을 고안하고, 재료의 선택과 강도의 계산, 부품의 모양과 치수의 결정, 기계 가공 방법 등을 확정한다. 이러한 일을 하는 과정을 기계 설계라고 한다.
3. 생산 관리실 : 설계 제도실에서 제작도가 완성되면 공정의 생산 능력과 제품의 납기 등을 고려하여 제품 제작 순서와 생산일정을 계획한다. 그리고 재료를 준비하고, 기계 및 공구 등의 설비를 선정하여 작업을 할 수 있도록 정비한다. 이와 같이, 생산에 필요한 일을 계획하고 준비하는 것을 생산 계획이라 한다. 생산 계획이 수립되면 제조 공정에 따라 작업에 들어가며, 규정된 수량을 기일 내에 생산할 수 있도록 통제, 조정하면서 계획한 대로 제품이 생산될 수 있도록 생산 공정을 관리하여야 한다.
4. 품질관리실 : 생산된 제품에 대하여 표준에 맞는 적합한 품질유지 및 개선하는 업무를 수행한다.

15 흙이나 모래 등의 무기질 재료를 높은 온도로 가열하여 만든 것으로 특수 타일, 인공 뼈, 자동차 엔진 등에 사용하며 고온에도 잘 견디고 내마멸성이 큰 소재는?

① 파인 세라믹
② 형상기억합금
③ 두랄루민
④ 초전도합금

정답 13 ③ 14 ④ 15 ①

해설 신소재 (지방직 2017년 13번 참조)

종류		특징
파인세라믹		• 세라믹 제품의 단점을 보완하여, 천연원료를 정제 또는 가압 소결한 자기재료 • 내마멸성이 크고, 고온에도 잘견디므로 **특수타일, 인공뼈, 자동차 엔진**등에 사용
형상기억합금		• 일정한 온도에서 형성된 자기 본래의 모양을 기억하고 있어서, 변형후에도 그 온도가 되면 본래의 모양으로 되돌아가는 성질을 가지고 있는 재료 • 소재의 회복력을 이용하여 용접 또는 납땜이 불가능한 것을 연결하는 이음쇠로도 사용 가능 • 우주선의 안테나, 치열 교정기, 브레지어 와이어, 안경 프레임, 급유관의 이음쇠 등
알루미늄합금	주조용	• 알루미늄 + 구리 + 마그네슘 + 규소 • 자동차 부품에 널리 사용
	단련용 (두랄루민)	• 알루미늄 + 구리 + 마그네슘 + 망간 • 비중이 강에 비해 1/3이고, 기계적 성질이 탄소강과 비슷 • 무게를 중시하고 강도가 큰 것을 요구하는 항공기, 자동차, 유람선 등에 사용
초전도 합금		• 아주 낮은 온도영역 이하가 되면, 전기 저항이 소실되어 0이 되는 합금 • 전기가 흐를 때 저항이 0이므로 전력손실이 없고 작은 전류로도 매우 강한 자석을 만듬 • 초전도 자석, 핵융합, 컴퓨터소자, 자기공명영상장치 등

16. 용접에 대한 설명으로 적절하지 않은 것은?

① 기밀이 요구되는 제품에 사용한다.
② 열영향으로 용접 모재가 변형된다.
③ 용접부의 이음효율이 높다.
④ 용접부의 결함 검사가 쉽다.

해설 용접

1. 기밀이 우수하여 기밀이 요구되는 제품에 사용된다
2. 모재을 용해하여 접합하는 방법이므로 열영향으로 영접모재가 변형되고, 내부응력이 발생한다.
3. 접합시간이 짧고, 용접부의 이음효율이 높다.
4. <u>용접부의 검사에는 비파괴검사와 파괴검사가 있으며, 미세한 결함들이 존재할 확률이 높고 이들 결함들은 용접이 끝난후 시험을 통한 확인 또한 매우 힘들다.</u>

17. 회주철을 급랭하여 얻을 수 있으며 다량의 시멘타이트(cementite)를 포함하는 주철로 옳은 것은?

① 백주철
② 주강
③ 가단주철
④ 구상흑연주철

해설 주철(약 2% 이상의 탄소를 함유한 것)의 분류

1. 파단면의 색에 따른 분류

구 분	내 용
회주철	• 주철을 느리게 냉각시키면 대부분 흑연이 나타나 회색을 띠는 주철
백주철	• 회주철을 급랭시키면 탄소는 대부분 시멘타이트의 형태로 나타나며 백색을 띠는 주철
반주철	• 백주철과 회주철이 반반씩 섞인 것으로, 시멘타이트와 흑연이 혼합돼있는 주철

2. 특수주철

구 분	내 용
구상흑연주철	• 큐폴라 또는 전기로에서 용해한 다음, 주입직전에 마그네슘합금, Ce(세슘), Ca(칼슘) 등을 첨가해서 처리하여 흑연을 구상화 한 주철 • 주조성, 가공성, 강도, 내마멸성 우수 • 인성, 연성, 경화 등이 강과 비슷 • 불스 아이 조직 ; 구상흑연 주위에 Ferrite가 둘러싸고, 외부는 Pearlite 조직
가단주철	• 주철의 결정인 여리고 약한 인성을 개선하기 위하여 백주철을 고온에서 장시간 열처리 하여 시멘타이트 조직을 분쇄하거나 소실시켜 인성 또는 연성을 개선한 주철
칠드(냉경) 주철	• Si(규소)가 적은 용융주철에 소량의 Mn(망간)을 첨가하여 금형에 주입하면 접촉면이 급랭되어 백주철로 된 것 • 내부는 서랭되어 연하고 강인한 성질의 주철이 되므로 전체가 백주철로 된거 보다 잘 파손되지 않아 각종 롤, 기차바퀴등에 사용

18 레이디얼 저널 베어링(radial journal bearing)에 관한 설명으로 옳지 않은 것은?

① 베어링은 축 반경 방향의 하중을 지지한다.
② 베어링이 축을 지지하는 위치에 따라 끝저널과 중간저널로 구분한다.
③ 베어링 평균압력은 하중을 압력이 작용하는 축의 표면적으로 나눈 것과 같다.
④ 베어링 재료는 열전도율이 좋아야 한다.

 해설 미끄럼베어링

① 베어링의 유형

구 분	레이디얼 저널 베어링	스러스트 저널 베어링
지지	축 반경 방향의 하중을 지지	축 방향의 하중을 지지
저 널	끝저널(end journal), 중간저널(neck journal)	피벗저널, 칼라저널

② 레이디얼 저널(가로 저널)은 힘이 축에 직각으로 작용하는 저널이며, 저널의 종류에는 축의 끝 부분이 저널로 되는 엔드 저널(end journal)과 축의 중간을 지지하는 중간저널로 구분된다.
③ 베어링 평균압력은 하중을 압력이 작용하는 <u>축의 투영단면적으로 나눈 것과 같다.</u>

$$평균압력 = \frac{P(하중)}{축의 \ 투영면적} = \frac{P(하중)}{2r(저널의 \ 반지름) \times l(저널의 \ 길이)}$$

④ 베어링 재료는 마찰계수가 작고, 마찰열을 잘 제거하기 위하여 열전도율이 좋아야 한다.

19 기어에 대한 설명으로 옳지 않은 것은?

① 한 쌍의 원형 기어가 일정한 각속도비로 회전하기 위해서는 접촉점의 공통법선이 일정한 점을 지나야 한다.
② 인벌류트(involute) 치형에서는 기어 한 쌍의 중심거리가 변하면 일정한 속도비를 유지할 수 없다.
③ 기어의 모듈(module)은 피치원의 지름(mm)을 잇수로 나눈 값이다.
④ 기어 물림률(contact ratio)은 물림길이를 법선피치(normal pitch)로 나눈 값이다.

해설
① 기어가 물리는 점에서 수직으로 세운 공통법선은 피치점(두 기어의 회전수비로 내분되는 점)을 통과한다 (Camus의 정리). 이를 통하여 한 쌍의 원형 기어가 일정한 각속도비로 회전하기 위해서는 접촉점의 공통법선이 일정한 점(피치점)을 지나야 한다는 공식이 성립한다.
② 인벌류트(involute) 치형에서는 기어 한쌍의 물림에서 중심거리가 다소 변하여도 속도비에 영향이 없다.
③ 이의 크기를 표시하는 기준

원주피치 $= \dfrac{\text{피치원의 둘레}(\pi D)}{\text{잇수}(Z)}$, 모듈 $= \dfrac{\text{피치원의 지름}(D)}{\text{잇수}(Z)}$, 지름피치 $= \dfrac{\text{잇수}(Z)}{\text{피치원의 지름}(D)}$

④ 기어 물림률(contact ratio)은 물림길이를 법선피치(normal pitch)로 나눈 값이며, 기어가 연속적으로 회전하기 위해서는 물림률은 1보다 커야 한다.

20 컴퓨터의 통제로 바닥에 설치된 유도로를 따라 필요한 작업장 위치로 소재를 운반하는 공장 자동화 구성요소는?

① 자동 창고시스템　　② 3차원 측정기
③ NC 공작기계　　④ 무인 반송차

해설 공장자동화(무인화)(FA : Factory automation)
① 자동창고시스템 : 제한된 면적이나 공간에 최대한 많은 보관물을 안전하고 효율적으로 보관하며 여기에 자동화기능을 가진 각종 자동화설비가 연계되어 입출고 및 보관 효율을 극대화시키는 시스템
② 3차원 측정기 : 피측정물의 위치를 검출할 수 있는 측정침이 3차원 공간을 운동하면서 각 측정점의 공간좌표를 검출하고 그 데이터를 컴퓨터가 처리함으로써 3차원적인 위치나 크기, 방향 등을 알아내는 측정기
③ NC 공작기계 : 수치와 기호로서 구성된 수치정보를 매개수단으로 하여 공작기계의 테이블 또는 절삭공구 등의 구동부분을 자동적으로 움직여서 가공물을 가공시키는 제어장치
④ 무인 반송차 : 자체의 동력으로 컴퓨터의 통제하에 동작하고 정의된 경로(유도로)를 따라 이동하는 자재, 운반시스템

2012년 5월 12일 시행
지방직 9급

01 펄라이트(pearlite) 상태의 강을 오스테나이트(austenite) 상태까지 가열하여 급랭할 경우 발생하는 조직은?

① 시멘타이트(cementite)
② 마르텐사이트(martensite)
③ 펄라이트(pearlite)
④ 베이나이트(bainite)

해설

담금질은 강을 강도 및 경도를 증가시킬 목적으로 아공석강인 경우 A3 + 50℃, 공석강과 과공석강인 경우는 A1 + 50℃로 높은 온도로 일정 시간 가열한 후 물 또는 기름과 같은 담금질제 중에서 급냉시키는 조작이다. 즉 펄라이트(pearlite) 상태의 강을 오스테나이트(austenite) 상태까지 가열하여 오스테나이트 조직에서 급냉함에 따라 강의 변태를 정지시키고 <u>마르텐사이트 조직을 얻는 방법</u>이다.
①, ③ 강을 변태점 이상으로 가열하여 서랭시킨 서랭조직에 해당한다.
④ 페라이트와 시멘타이트의 2상으로 이루어진 조직으로, 강을 250~500도씨 사이에서 A1(공석)변태를 일어나게 할 경우 나타난다. 페라이트 및 펄라이트와 마르텐사이트의 중간온도구간에서 생성되는 조직이라고 하여 중간단계조직이라고도 한다.

02 강(steel)의 재결정에 대한 설명으로 옳지 않은 것은?

① 냉간가공도가 클수록 재결정 온도는 높아진다.
② 냉간가공도가 클수록 재결정 입자크기는 작아진다.
③ 재결정은 확산과 관계되어 시간의 함수가 된다.
④ 선택적 방향성은 재결정 후에도 유지된다.

해설 재결정

1. **의의** : 냉간가공에 의해 내부응력이 생긴 결정입자를 어떤 온도 부근에서 적당한 시간 동안 가열하면, 내부응력이 없는 새로운 결정핵이 생겨 점차 성장하여 새로운 결정입자가 생성되는 것을 말한다.
2. **재결정온도** : 재결정이 생기도록 가열하는 온도를 재결정 온도라고 한다. 금속의 순도가 높을수록, <u>냉간가공도가 클수록</u>, 가공전의 결정입자가 미세할수록, 가공시간이 길수록 <u>재결정 온도는 낮아진다.</u>
3. **재결정시간** : 가열온도가 동일하면 가공도가 높을수록 재결정시간이 줄어든다.

정답 01 ② 02 ①

4. 결정립 : 재결정온도 이상에서 결정립이 더 성장하여 본래의 결정립보다 크기가 커지고, 냉간가공도가 클수록 재결정 입자크기는 작아진다.
5. 선택적 방향성(이방성) : 냉간가공에 의한 선택적 방향성은 재결정후에도 유지되며(재결정이 선택적 방향성에 영향을 끼치지 못함), 선택적 방향성을 제거하기 위해서는 재결정온도보다 더 높은 온도에서 가열하여야 등방성이 회복된다.

03
서로 맞물려 돌아가는 기어 A와 B의 피치원의 지름이 각각 100mm, 50mm이다. 이에 대한 설명으로 옳지 않은 것은?

① 기어 B의 전달 동력은 기어 A에 가해지는 동력의 2배가 된다.
② 기어 B의 회전각속도는 기어 A의 회전각속도의 2배이다.
③ 기어 A와 B의 모듈은 같다.
④ 기어 B의 잇수는 기어 A의 잇수의 절반이다.

 해설

① A와 B의 피치원의 지름이 각각 100mm, 50mm이므로 A와 B의 잇수는 2 : 1이고, 토크도 2 : 1이지만 회전속도는 1 : 2가 된다. 동력 = 토크 × 회전속도이므로, 결국 기어 B의 전달 동력은 기어 A에 가해지는 동력과 같게 된다.
② 서로 맞물려 돌아가는 기어 A와 B의 각속도비는 피치원의 지름비에 반비례하고 잇수비와도 반비례한다.
③ 서로 크기가 다른 기어가 맞물려 돌아가도록 하려면 각각의 모듈값이 같아야 한다.
④ 모듈(M) = $\dfrac{\text{피치원의 지름}}{\text{잇수}}$ 이다. 따라서 B의 피치원의 지름이 A의 절반이므로, 기어 B의 잇수는 기어 A의 잇수의 절반이다.

04
전위기어(profile shifted gear)를 사용하는 목적이 아닌 것은?

① 두 기어 간 중심거리의 자유로운 변화
② 이의 강도 증가
③ 물림률 증가
④ 최소잇수 증가

 해설 전위기어

1. 의 의 : 기준 래크의 기준 피치선이 기준 피치원에 접하지 않는 기어
2. 목 적
   ① 두 기어 간 중심거리의 자유로운 변화
   기어의 중심거리가 일정하게 정해져 있을 경우, 기어의 잇수와 비틀림 각 만으로는 중심거리를 조정하기가 어려울 때가 있다. 즉 표준 기어로는 두 기어의 피치원이 서로 맞물리지 않을 때 전위를 주어 피치원의 크기를 조정한다.

② 이의 강도 증가
  기어 이의 두께를 넓히면 기어 이의 굽힘 강도가 증가하게 된다.
③ 절하(언더컷, undercut) 방지를 통한 물림률 증가
  기어에 있어 이를 절삭할 때 공구압력각 20°의 경우는 14개, 14.5°의 경우에는 25개 이하로 되면 이뿌리가 공구 끝에 의하여 먹어 들어가는 언더컷 현상이 생겨 유효한 물림길이 감소되므로 이를 방지하기 위해 사용한다.

05
강관이나 알루미늄 압출튜브를 소재로 사용하며, 내부에 액체를 이용한 압력을 가함으로써 복잡한 형상을 제조할 수 있는 방법은?

① 롤포밍(roll forming)
② 인베스트먼트 주조(investment casting)
③ 플랜징(flanging)
④ 하이드로포밍(hydroforming)

해설
① 일렬로 배치된 여러쌍의 롤 사이로 판재를 통과시켜 성형하는 방법으로, 순차적으로 행하기 때문에 제품의 외관 및 정도가 좋으며 대량생산이 가능하므로 경제성이 뛰어난 가공 방법이다
② 제품과 같은 모양의 모형을 양초나 합성수지로 만든 후 내화재료로 도포하여 가열경화시키는 주조 방법이다.
③ 제품의 강도를 보강하기 위하여 또는 성형 그자체를 목적으로 판금의 가장 자리를 굽혀서 플랜지를 만드는 작업이다.
④ 복잡한 형상의 부품을 만들 때 여러 형태의 프레스로 따로 가공한 후 용접하지 않고, 강판을 튜브형태로 만들어 튜브 안으로 물 같은 액체에 강한 압력(유체압력)을 주어 가공하는 공법이다. 이 공법은 형태가 복잡하더라도 액압이 고르게 작용하기 때문에 두께와 강도가 균일한 부품을 생산할 수 있다.

06
가단주철에 대한 설명으로 옳지 않은 것은?

① 가단주철은 연성을 가진 주철을 얻는 방법 중 시간과 비용이 적게 드는 공정이다.
② 가단주철의 연성이 백주철에 비해 좋아진 것은 조직 내의 시멘타이트의 양이 줄거나 없어졌기 때문이다.
③ 조직 내에 존재하는 흑연의 모양은 회주철에 존재하는 흑연처럼 날카롭지 않고 비교적 둥근 모양으로 연성을 증가시킨다.
④ 가단주철은 파단시 단면감소율이 10% 정도에 이를 정도로 연성이 우수하다.

해설 가단주철
① 보통 주철의 여리고 약한 인성을 개선하기 위하여 백주철을 고온에서 장시간 열처리하여 인성 또는 연성을 개선한 주철로, 제조 공정상 열처리하는 데에 시간과 경비가 많이 드는 문제가 따른다.

② 가단주철을 만들기 위해서는 먼저 백선화 과정이 필요하다. 백선화란 주철에 포함된 탄소가 흑연 전단계인 시멘타이트(Fe3C)까지 분해되는 것으로, 여기에 약 900℃의 열을 가해 시멘타이트를 산화시켜 탈탄시킴으로서 표면은 탈탄하여 페라이트로 되어 연하며, 내부로 들어갈수록 강인한 조직(펄라이트조직)이 된다.
③ 흑심가단주철에 대한 설명이다.
④ 연성은 파괴가 일어날 때까지의 소성변형의 정도이고 단면감소로 나타낼 수 있으며, 가단주철은 파단시 단면감소율이 10% 정도에 이를 정도로 연성이 우수하다. 단면감소율의 공식은 다음과 같다

$$단면감소율 = \frac{처음\ 단면적 - 파단되었을\ 때\ 최소단면적}{처음\ 단면적}$$

07. 표면경화를 위한 질화법(nitriding)을 침탄경화법(carburizing)과 비교하였을 때, 옳지 않은 것은?

① 질화법은 침탄경화법에 비하여 경도가 높다.
② 질화법은 침탄경화법에 비하여 경화층이 얇다.
③ 질화법은 경화를 위한 담금질이 필요 없다.
④ 질화법은 침탄경화법보다 가열 온도가 높다.

해설 질화법과 침탄경화법

구 분	질화법	침탄경화법
경 도	상대적으로 높다.	상대적으로 낮다.
경화층	경화층은 0.5mm 이하이지만, 침탄과 같이 처리 후 담금질 등의 열처리를 행할 필요가 없기 때문에 미리 열처리를 완료한 강제품을 정확히 마무리 작업한 후 처리하면 좋다. 질화에 의한 경화층은 침탄 경화층보다 훨씬 경하고, 내식성, 내마모성에 우수하기 때문에 실린더 라이너, 각종기어, 크랭크축, 캠 등의 표면경화에 이용된다.	저탄소강으로 만든 제품의 표층부에 탄소를 투입시킨 후, 담금질을 하여 표층부만을 경화하는 방법으로 0.5~3mm 정도의 경화층을 갖는다. 주로 기어, 축, 핀, 부시, 와셔 등의 일반 부품에 많이 사용한다.
열처리	열처리(담금질)가 필요없다.	제1차 담금질, 제2차 담금질후 뜨임처리한다.
가열온도	500~550℃	액체침탄법(600 - 900℃), 고체침탄법(900 - 950℃)
소요시간	2~100시간	4~6시간
변 형	변형이 적다.	변형이 크다.

08. 동력전달축이 비틀림을 받을 때, 그 축의 반지름과 길이가 모두 두 배로 증가하였다면, 비틀림 각은 몇 배로 변하는가?

① $\frac{1}{2}$ ② $\frac{1}{4}$ ③ $\frac{1}{8}$ ④ $\frac{1}{16}$

해설

비틀림각$(\varnothing) = \dfrac{TL}{GI_P}$, $I_P = \dfrac{\pi}{2}r^4$이므로, 비틀림각$(\varnothing) = \dfrac{2(T \times L)}{G \times \pi r^4}$

(T : 비틀림 모멘트, L : 축의 길이, G : 전단탄성계수, I_P : 극단면2차모멘트, r : 반지름)

따라서 그 축의 반지름과 길이가 모두 두 배로 증가하면 비틀림각은 $\dfrac{1}{8}$배로 변한다.

09 압축코일스프링에서 스프링 전체의 평균 지름을 반으로 줄이면 축방향 하중에 대한 스프링의 처짐과 스프링에 발생하는 최대전단응력은 몇 배가 되는가?

① $\dfrac{1}{16}$, $\dfrac{1}{4}$
② $\dfrac{1}{8}$, $\dfrac{1}{2}$
③ 8, 2
④ 16, 8

 해설

- 처짐 $(\delta) = r(반지름) \times \theta(비틀림각)$

$$= \dfrac{64nPR^3}{Gd^4} = \dfrac{8nPD^3}{Gd^4}$$

(n : 감김수, P : 하중, D : 코일의 평균지름, R : 코일의 평균반지름, G : 전단탄성계수, d : 소선의 지름)

∴ 평균지름이 반으로 줄면 처짐은 1/8배가 된다.

- 최대전단응력$(\tau) = \dfrac{16PR}{\pi d^3} = \dfrac{8PD}{\pi d^3}$

∴ 평균지름이 반으로 줄면 최대전단응력은 1/2배가 된다.

10 기어를 가공하는 방법에 대한 설명으로 옳지 않은 것은?

① 주조법은 제작비가 저렴하지만 정밀도가 떨어진다.
② 전조법은 전조공구로 기어소재에 압력을 가하면서 회전시켜 만드는 방법이다.
③ 기어모양의 피니언공구를 사용하면 내접기어의 가공은 불가능하다.
④ 호브를 이용한 기어가공에서는 호브공구가 기어축에 평행한 방향으로 왕복이송과 회전운동을 하여 절삭하며, 가공될 기어는 회전이송을 한다.

해설

① 주조법은 금속을 가열하여 일정한 틀에 부어 기어를 제작하는 방법인데, 제작비가 저렴하지만 정밀도가 떨어진다.
② 전조법은 2개의 롤러로 기어소재를 압입하면서 고주파로 가열한 재료를 제3의 롤러를 회전시켜 만드는 방법이다.

정답 09 ② 10 ③

③ 피니언 공구 (피니언 커터)는 기어치절(이절삭)용 공구로, 스퍼나 헬리컬, 내접 기어뿐만 아니라 단이 있는 기어를 깎을 수 있다. 랙공구(랙커터)가 내접기어의 가공이 불가능하다.
④ 호브는 호빙머신으로 기어를 치절할 때 사용하는 것으로, 호브공구가 기어축에 평행한 방향으로 왕복이송과 회전운동을 하여 절삭하며, 가공될 기어는 회전이송을 한다. 호브를 사용한 창성 절삭 가공법은 극히 생산성이 높고 또 높은 가공 정밀도가 얻어지므로 가장 일반적으로 채용되고 있는 기어 제작법이다.

 보충 기어를 가공(절삭)하는 방법

구 분	내 용	유 형		
제거 가공법	기어의 재료를 절삭공구로 제거하여 기어의 이를 남기는 가공법	절삭 가공	성형법	• 밀링커터(앤드밀)를 사용
			창성법	• 절삭 공구와 가공물이 회전 운동할 때 서로 접촉하여 가공물을 절삭하여 기어를 만드는 방법(호브절삭법, 피니온커터법, 랙커터법)
		방전 가공		• 전극과 공작물 사이에 전기를 통해 불꽃 방전을 일으켜, 공작물을 미소량씩 용해하여 구멍을 내거나 절단하는 방법
		형판법		• 형판을 따라서 바이트를 움직여 기어를 절삭하는 방법
주조법	금속을 가열하여 일정한 틀에 부어 기어를 제작하는 방법	원심 주조법		• 원심력을 이용하여 쇳물을 주형에 주입하는 방법
		다이 캐스팅		• 금형에 쇳물을 압력을 가하여 주입하는 방법 • 치수 정밀도가 높고 기계 다듬질량이 적음 • 소량 다품종보다는 대량으로 생산되는 기어에 적합
		사출 성형법		• 플라스틱기어를 사용하는 방법
소성 가공법	재료에 열을 가하거나 또는 상온에서 재료에 하중을 가하여 기어 이를 만드는 방법	단조법		• 기어 재료를 기계로 가압하여 조직을 미세화 시켜 균일한 재질을 가진 기어로 성형하는 가공법
		전조법		• 2개의 롤러로 기어 재료를 가입하면서 고주파로 가열한 재료를 제 3의 롤러를 사용하여 가공하는 방법

11 바이트 날 끝의 고온, 고압 때문에 칩이 조금씩 응착하여 단단해진 것을 무엇이라 하는가?

① 구성인선(built – up edge)   ② 채터링(chattering)
③ 치핑(chipping)   ④ 플랭크(flank)

 해설

① 구성인선 : 연성이 큰 연강, 스테인레스강, 알루미늄 등과 같은 재료를 절삭할 때 절삭열에 의해 바이트의 날 끝에 칩의 일부가 녹아붙거나 압착되어 공구의 날과 같은 역할을 하는 것을 말한다.
② 절삭저항이 증가하여 바이트가 떨리는 현상으로, 가공 품질을 떨어뜨리고, 공구 수명을 단축시킨다.
③ 절삭공구 끝이 절삭저항에 견디지 못해 미세하게 떨어지는 현상 또는 공구인선이 급속히 파손되는 현상이다.
④ 플랭크 마모는 새로운 가공면(절삭면)과 공구의 여유면사이의 마찰작용으로 발생하며, 여유각이 크면 플랭크 마모가 감소된다.

12 유압회로에서 사용하는 축압기(accumulator)의 기능에 해당되지 않는 것은?

① 유압 회로 내의 압력 맥동 완화
② 유속의 증가
③ 충격압력의 흡수
④ 유압 에너지 축적

해설
② 유속의 증가는 유량제어밸브의 기능과 관련있다.

보충 축압기(accumulator)
1. 부하의 급작스런 변동, 충격압력, 압력맥동 등(서지압)을 흡수하여, 완화시킴으로써 기기를 보호한다.
2. 유압펌프의 작동없이 유압장치에 순간적인 유압을 공급하기 위해 유압 에너지를 일시적으로 축적하는 역할하며, 유압 에너지의 보조원으로 사용할 수 있다.
3. 대유량을 순간적으로 공급한다. 대용량펌프 대신에 용기 내에 압입한 고압유를 저부하쪽으로 순간적으로 방출한다.
4. 유압펌프 정지시 일정압력을 유지한다.
5. 유압에너지의 보조원으로 누설로 인한 압력강하나 유량변화에 대하여 보상한다.

13 다이캐스팅에 대한 설명으로 옳지 않은 것은?

① 정밀도가 높은 표면을 얻을 수 있어 후가공 작업이 줄어든다.
② 주형재료보다 용융점이 높은 금속재료에도 적용할 수 있다.
③ 가압되므로 기공이 적고 치밀한 조직을 얻을 수 있다.
④ 제품의 형상에 따라 금형의 크기와 구조에 한계가 있다.

해설
다이(Die)의 내열강도로 인하여 주형재료보다 용융점이 낮은 알루미늄합금, 아연합금, 마그네슘합금 및 동합금을 원료로 사용하는 정밀주조법의 하나이다.

보충 다이캐스팅
• 용융금속에 압력을 가해 금형에 밀어넣으면 재질이 균일하고 치밀하게 되며, 탕구에서 짧은 시간내에 용융금속이 주형의 구석까지 주입되어 주물이 만들어 진다.
• 주물표면이 아름답다.
• 소형주물을 대량생산할 수 있다.(대형주물에는 부적당하다)
• 마무리 공정이나 추가의 기계가공 등이 거의 필요하지 않다.
• 얇고 복잡한 형상의 비철금속 제품 제작에 적합한 주조법이다.

12 ② 13 ②

14 지름이 600mm인 브레이크 드럼의 축에 4,500N·cm의 토크가 작용하고 있을 때, 이 축을 정지시키는 데 필요한 최소 제동력[N]은?

① 15
② 75
③ 150
④ 300

최소 제동력[N] = $\dfrac{\text{토크}(T)}{\text{반지름}(R)}$ = $\dfrac{4,500\text{N}\cdot\text{cm}}{30\text{cm}}$ = 150N

15 아크 용접법 중 전극이 소모되지 않는 것은?

① 피복 아크 용접법
② 서브머지드(submerged) 아크 용접법
③ TIG(tungsten inert gas) 용접법
④ MIG(metal inert gas) 용접법

 소모성 전극을 사용하는 용접법과 소모성 전극을 사용하지 않는 용접법

구 분	소모성 전극을 사용하는 용접법	소모성 전극을 사용하지 않는 용접법
의 의	전극이 용접재료(용접봉)의 역할을 겸비하는 것으로 아크가 발생하는 전극 자체가 용융되어 용착금속을 형성하는 용접법	아크를 일으키는 전극과, 용융되어 용착금속을 형성하는 용접재료(용접봉)가 달라, 전극은 아크를 발생시키는 역할만 하고 용융되지 않는 용접법
종 류	• 피복아크용접 • 가스금속 아크용접(MIG용접) • 플럭스 코어드 아크용접 • 일렉트로 가스 용접 • 서브머지드 아크용접	• 플라즈마 아크 용접 • 원자 수소 용접 • 플래시 용접 • 가스텅스텐 아크용접(TIG용접) • 탄소아크용접

16 다음 공작기계에서 절삭 시 공작물 또는 공구가 회전 운동을 하지 않는 것은?

① 브로칭 머신
② 밀링 머신
③ 호닝 머신
④ 원통 연삭기

 절삭 운동

구 분	종 류	내 용
회전운동과 직선운동의 결합에 의한 가공	선반가공	회전하는 축(주축)에 공작물을 장착하고 고정되어 있는 절삭공구를 사용하여 원통형의 공작물을 가공
	밀링머신	주축에 고정된 절삭 공구의 회전 운동과 전후, 좌우, 상하로 이송되는 공작물의 상대적 운동으로 가공

	드릴링	공작물을 테이블 위에 고정시키고 주축에 장착된 드릴공구만이 회전운동과 상하의 직선운동을 하며 가공
	호닝머신	공구인 혼(hone)을 이용하여 회전운동과 직선운동을 동시에 시켜가며 숫돌에 압력을 가하면서 다량의 공작액을 주입시켜 가공하는 방법
직선운동과 직선운동의 결합에 의한 가공	셰이퍼	공구를 고정한 램(ram)이 좌우로 직선 왕복운동을 하고, 이에 직각방향으로 공작물이 이송하면서 가공
	브로칭머신	각종 브로치의 수직 직선운동을 이용하여 공작물의 표면 또는 구멍의 내면에 여러가지 형태의 절삭 가공
회전운동과 회전운동의 결합에 의한 가공	원통연삭기	공작물과 공구인 숫돌이 모두 회전운동을 하며 연삭가공

17 밀링 절삭에서 상향절삭과 하향절삭을 비교하였을 때, 하향절삭의 특성에 대한 설명으로 옳지 않은 것은?

① 공작물 고정이 간단하다. ② 절삭면이 깨끗하다.
③ 날 끝의 마모가 크다. ④ 동력 소비가 적다.

해설 상향절삭과 하향절삭

상향절삭 (절삭날의 회전방향과 이송이 반대인 절삭)	하향절삭 (절삭날의 회전방향과 이송이 같은 절삭)
1. 칩이 잘 빠져나와 절삭을 방해하지 않는다. 2. 절삭날(커터)의 절삭 방향과 공작물의 이송 방향이 서로 반대이고 따라서 서로 밀고 있으므로 이송 기구의 백래시가 자연히 제거된다. 3. 공작물이 날에 의하여 끌려 올라오므로 확실히 고정해야 한다. 4. 절삭날(커터)이 마찰 작용을 하므로 날의 마멸이 심하고 절삭날의 수명이 짧다. 5. 점점 칩이 두꺼워지므로 동력 소비가 크다. 6. 가공면이 거칠다. 7. 칩이 가공할 면 위에 쌓이므로 시야가 좁다. 8. 절삭날이 공작물을 들어 올리는 방향으로 작용하므로, 기계에 무리를 주지 않는다.	1. 칩이 잘 빠지지 않아 가공면에 흠집이 생기기 쉽다. 2. 백래시 제거 장치가 반드시 필요하다. 3. 절삭날(커터)이 공작물을 누르는 형태여서 공작물의 고정이 간단하고 안정적이다. 4. 절삭날(커터)이 마찰작용을 하지 않으므로 <u>절삭날의 마모가 작고 수명이 길다.</u> 5. 점점 칩이 얇아지므로 동력소비가 적다. 6. 날자리 간격이 짧아 가공면(절삭면)이 깨끗하다. 7. 칩이 가공면위에 쌓이므로 가공물이 열팽창으로 치수 정밀도에 영향을 줄 수 있다. 8. 마찰력은 작으나 하향으로 큰 충격력이 작용하므로 기계에 무리를 준다.

18 방전가공(EDM)과 전해가공(ECM)에 사용하는 가공액에 대한 설명으로 옳은 것은?

① 방전가공과 전해가공 모두 전기의 양도체의 가공액을 사용한다.
② 방전가공과 전해가공 모두 전기의 부도체의 가공액을 사용한다.
③ 방전가공은 부도체, 전해가공은 양도체의 가공액을 사용한다.
④ 방전가공은 양도체, 전해가공은 부도체의 가공액을 사용한다.

해설
- 방전가공 : 절연액(부도체) 속에서 음극과 양극 사이의 거리를 접근시킬 때 발생하는 일감과 공구사이의 스파크방전을 이용하여, 금속을 녹이거나 증발시켜 재료를 제거하는 방법이다.
- 전해가공 : 공구와 일감을 전극으로 하여 전해액(양도체) 속에 넣고 전류를 통하면 전기에 의해 화학적 용해작용이 일어나 일감이 원하는 모양과 치수로 가공되는 방법

19 지름이 50mm인 황동봉을 주축의 회전수 2,000rpm인 조건으로 원통 선삭할 때, 최소 절삭동력[kW]은?(단, 주절삭 분력은 60N이다)

① 0.1π ② 0.2π
③ π   ④ 2π

해설

$$절삭속도(v\ ;\ m/min) = \frac{\pi \times d(지름) \times N(회전수)}{1,000} = \frac{\pi \times 50 \times 2,000}{1,000} = 100\pi$$

$$절삭동력[kW] = \frac{Nv}{60 \times 75 \times 9.81 \times \eta}(PS) = \frac{Nv}{60 \times 75 \times 9.81 \times \eta}(kw)$$

(N : 주절삭 분력, v : 절삭속도, η : 기계효율)

기계효율(η)이 1일 때 절삭동력은 최소가 되며 $\frac{60 \times 100\pi}{60 \times 102 \times 9.81 \times 1} ≒ 0.1\pi$

20 유압기기에 사용되는 작동유의 구비조건에 대한 설명으로 옳지 않은 것은?

① 인화점과 발화점이 높아야 한다.
② 유연하게 유동할 수 있는 점도가 유지되어야 한다.
③ 동력을 전달시키기 위하여 압축성이어야 한다.
④ 화학적으로 안정하여야 한다.

해설 유압기기 작동유
- 연소되기 어려울 것(인화점과 발화점이 높을 것)
- 적당한 점도이며, 유온이 변해도 유연하게 유동할 수 있는 점도가 유지될 것
- <u>압축성이 없을 것(작동유는 대개 비압축성임)</u>
- 열, 물, 산화 및 전단에 대해 안정성이 클 것 (화학적으로 안정할 것)
- 방청능력이 있을 것
- 고무나 도료를 녹이지 않고, 금속부식성이 없을 것
- 고온에서 사용해도 변질되지 않을 것
- 흡습성이 없고 수분이 혼입시 항유화 성(수분분리성)이 좋을 것
- 소포성(거품방지기능)이 좋을 것
- 윤활성 및 내마모성이 좋을 것
- 열전달률이 높고, 열팽창계수가 작을 것

2011년 5월 14일 시행 지방직 9급

01 자기변태에 대한 설명으로 옳지 않은 것은?
① 자기변태가 일어나는 점을 자기변태점이라 하며, 이 변태가 일어나는 온도를 큐리점(curie point)이라고 한다.
② 자기변태점에서 원자배열이 변화함으로써 자기강도가 변화한다.
③ 철, 니켈, 코발트 등의 강자성 금속을 가열하여 자기변태점에 이르면 상자성 금속이 된다.
④ 순철의 자기변태점은 768°C이다.

해설 자기변태와 동소변태(철 기준)

구 분	자기변태(동형변태)	동소변태
의 의	• 원자 배열에는 변화가 생기지 않으며, 원자내부에 자기(성질)변화를 일으켜, 자기강도가 변화함 • 철, 니켈, 코발트 등의 강자성 금속을 가열하여 자기변태점에 이르면 자성이 약해져서 상자성 금속이 됨(큐리점)	• 금속이 고체 내에서 원자 배열이 변화하여 격자(상)변화가 일어나는 변태 • 같은 물질이 다른 상으로 변화
변화상태	• 일정온도에서 점진적 연속적 변화	• 일정온도에서 급격히 불연속적 변화
변태점	• A2 (768 °C)	• A3(912 °C) : α철(체심입방) – γ철(면심입방) • A4(1,400°C) : γ철(면심입방) – δ철(체심입방)
금속	• 철(Fe) 니켈(Ni), 코발트(Co)	• 철(Fe), 코발트(Co), 티타늄(Ti), 주석(Sn)

02 양쪽 끝 모두 수나사로 되어있고, 관통하는 구멍을 뚫을 수 없는 경우에 사용하며, 한쪽 끝은 상대 쪽에 암나사를 만들어 미리 반영구적으로 박음을 하고 다른 쪽 끝에는 너트를 끼워 조이는 볼트는?
① 관통볼트 ② 탭 볼트
③ 스터드 볼트 ④ 양 너트 볼트

해설 볼트의 종류

구 분	내 용
관통볼트	죄려고 하는 두 개의 부품에 구멍을 뚫고 여기에 볼트를 관통시킨 다음 너트로 죄는 볼트

정답 01 ② 02 ③

탭볼트	죄려고 하는 부품이 두꺼워서 관통구멍을 뚫을 수 없을 때, 너트를 사용하지 않고 직접 암나사를 낸 구멍에 죄어 넣은 볼트
스터드 볼트	관통하는 구멍을 뚫을 수 없는 경우에 사용하는 것으로 **볼트의 양쪽 모두 수나사로 가공되어 있는 머리 없는 볼트**
양너트볼트	머리부분이 길어서 사용할 수 없을 때 양끝 모두 바깥에서 너트로 죄는 볼트
T볼트	머리부분을 T자형으로 만들어서 공작 기계의 테이블 T홈에 끼워 일감이나 바이스 등을 고정시킬 때 사용되는 볼트
아이볼트	나사의 머리부를 고리모양으로 만들어 무거운 물체를 들어 올릴 때 로프, 체인 또는 훅 등을 걸 수 있도록 만든 볼트
나비볼트	스패너와 같은 공구를 쓰지 않고 직접 나비의 날개처럼 생긴 머리부분을 손으로 돌려서 죄거나 푸는 볼트
기초볼트	기계나 구조물을 콘크리트 기초 위에 확실하게 고정시키기 편리하게 만든 볼트

03 플라스틱 성형법 중에서 음료수병과 같이 좁은 입구를 가지는 용기의 제작에 가장 적합한 것은?

① 압축성형　　　　　　　② 사출성형
③ 블로우성형　　　　　　④ 열성형

 해설
① 열가소성과 열경화성 수지 모두에 적용되며, 대형 화분이나 물탱크, 농약통 등을 만든다
② 원료를 주사기처럼 쏘아서 성형하는 방법
③ 압출기로부터 성형 재료를 튜브상으로 압출하고 이것을 곧바로 금형에 끼워 내부에 공기를 불어넣어(Blow) 중공품(中空品 : 구멍이 있는 가운데가 빈 제품)을 성형하는 방법으로, 병, 통과 같은 용기를 생산하는 방법이었으나 최근 들어 자동차를 비롯 OA기기, 가구, 레저용품 등에 급속한 발전을 보이고 있다.
④ 열 성형은 가열 연화시킨 물렁해진 플라스틱 시트에서 외력을 가해 성형하는 방법으로, 가열(연화), 가압(성형), 냉각(고화) 공정이 필요하다.진공 성형, 프레스 성형이 대표적인 성형법으로, 다품종 소량 시대에 적합한 성형이다.

04 CNC 공작기계의 프로그램에서 G 코드가 의미하는 것은?

① 순서번호　　　　　　② 준비기능
③ 보조기능　　　　　　④ 좌표값

 해설　NC 프로그램의 코드 표시

구 분	코 드	구 분	코 드
프로그램번호	O	기본좌표축(좌표값)	X, Y, Z
순서(전개)번호	N	직선부가축(좌표값)	U, V, W

준비기능	G	회전부가축	A, B, C
이송기능	F, E	원호의 반경	R
주축기능 가공조건의 호출	S	원호중심의 축방향 성분	I, J, K
보조기능	M	공구기능	T
보조프로그램	P	공구보정번호	D, H
일시정지	P, U, X	반복횟수	L

05 두 가지 성분의 금속이 용융되어 있는 상태에서는 하나의 액체로 존재하나, 응고 시 일정한 온도에서 액체로부터 두 종류의 금속이 일정한 비율로 동시에 정출되어 나오는 반응은?

① 공정반응 ② 포정반응
③ 편정반응 ④ 포석반응

 해설 **불변반응**

구 분	내 용
공정반응	• 설문참조 • A(액상) ⇌ B(고상) + C(고상) • 1148℃의 일정한 온도에서 L(액상) ⇌ γ(오스테나이트) + 시멘타이트
포정반응	• 냉각할 때 하나의 고상이 하나의 액상과 반응하여 다른 하나의 고상으로 바뀌고, 가열할 때 역반응이 일어난다. • A(액상) + B(고상) ⇌ C(고상) • 강에서 1395℃에서 A(l) + δ(페라이트) ⇌ γ(오스테나이트)
편정반응	• 냉각할 때 A라는 액상이 E라는 액상과 B라는 고상으로 바뀌고, 가열할 때 역반응이 일어난다. • A(액상) ⇌ E(액상) + B(고상)
공석반응	• 냉각할 때 고상이 서로 다른 두 개의 고상으로 바뀌고, 가열할 때 역반응이 일어난다. • B(고상) ⇌ C(고상) + D(고상) • 723℃의 일정한 온도에서 γ(오스테나이트) ⇌ α(페라이트) + 시멘타이트
포석반응	• 냉각할 때 상이한 두 고상이 반응하여 하나의 전혀 새로운 고상을 생성하고, 가열할 때 역반응이 일어난다. • B(고상) + C(고상) ⇌ D(고상)
편석반응	• 냉각중의 고상이 처음의 고상과는 다른 조성의 두 고상으로 등온.가역적으로 변태하는 과정 • B(고상) ⇌ B'(고상) + C(고상)

06 자동차에서, 직교하는 사각구조의 차동 기어 열(differential gear train)에 사용되는 기어는?

① 평기어 ② 베벨기어 ③ 헬리컬기어 ④ 웜기어

정답 05 ① 06 ②

해설 기어의 용도	
축이 평행할 때 사용되는 기어	스퍼기어 (평기어), 헬리컬기어, 내접기어, 래크와 피니언
두 축이 만날 때 (직각일 때)사용되는 기어	베벨기어, 마이터 기어, 헬리컬베벨기어, 크라운 기어
두 축이 만나지도 평행하지도 않을 때 사용하는 기어	하이포이드기어, 웜기어, 스크루기어

07 나사에 대한 설명으로 옳은 것은?
① 나사의 지름은 수나사에서는 대문자로, 암나사에서는 소문자로 표기한다.
② 피치는 나사가 1회전할 때 축 방향으로 이동하는 거리이다.
③ 피치가 같으면 한 줄 나사와 다중 나사의 리드(lead)는 같다.
④ 나사의 크기를 나타내는 호칭은 수나사의 바깥지름으로 표기한다.

 해설
① 나사의 지름은 암나사는 대문자(D)로 표기하고 수나사는 소문자(d)로 표기한다.
② 나사가 1회전할 때 축 방향으로 이동하는 거리를 리드라고 하고, 피치는 서로 인접한 나사산(골)과 나사산(골)사이의 축방향의 거리를 말한다.
③ 피치가 같으면 다중나사의 리드가 더 길다.
④ 옳은 설명이다. 단 관용나사의 경우에는 관의 호칭방법에 따라 표시한다.

08 다음 합금 중에서 열에 의한 팽창계수가 작아 측정기 재료로 가장 적합한 것은?
① Ni – Fe
② Cu – Zn
③ Al – Mg
④ Pb – Sn – Sb

 해설
극단적으로 열팽창률이 낮은 금속은 '인바(invar, 니켈-철 합금)'이다. 온도에 따른 금속의 치수가 거의 변하지 않을 만큼 열팽창계수가 매우 작다. 정밀·광학기계나 시계 등 미세한 오차도 허용하지 않는 부품의 소재로 두루 사용되며, 측정기 재료로 가장 적합하다.

09 M – D – 100 – L – 75 – B로 표시된 연삭숫돌에서 L이 의미하는 것은?
① 결합도
② 연삭입자의 종류
③ 결합제의 종류
④ 입도지수

해설 연삭숫돌의 표시
1. 다이아몬드의 종류 : M-D (합성 다이아몬드)
2. 입 도 : 100
3. 결합도 : L
4. 집중도(다이아몬드 숫돌이므로) : 75
5. 결합제의 종류 : B(레지노이드 본드)

10 비파괴검사에 일반적으로 이용되는 것과 가장 거리가 먼 것은?
① 초음파   ② 자성
③ 방사선   ④ 광탄성

해설
"비파괴검사"라 함은 배관 등의 용접부 건전성을 확인하기 위하여 실시하는 방사선투과시험, 초음파탐상시험, 자분탐상시험 또는 침투탐상시험 등을 말한다. 광탄성시험을 통한 응력측정 시험도 비파괴시험이지만 일반적으로 이용되는 시험은 아니다.

구 분	내 용
방사선투과시험	목적물에 방사선을 투과시켜 필름에 감광시킨 후 현상하여 관찰함으로서 재료 내부 또는 외부의 불연속 유무를 검사하는 비파괴 시험방법
초음파탐상시험	초음파의 반사를 탐지하여 내부 또는 표면 불연속부의 존재와 그 위치를 확인하는 비파괴 시험방법
자분탐상시험	철 및 철 합금강의 표면 또는 그 근처에서 크랙과 유사 불연속부를 탐지하는 방법으로 주로 자성재료에 불연속부를 나타낼 수 있게 만든 자성분말을 뿌려 탐상하는 방법
침투탐상시험	침투액을 이용하여 비 다공성 비철금속과 재료표면의 불연속부의 탐지를 위한 비파괴방법

보충 광탄성시험
고체가 하중을 받을 때, 물체 내부에는 응력이 생기게 되는데, 이러한 응력은 각각의 분자들이 상대적 위치의 변화에 관계된다. 투과성이 있는 물체의 경우에는 분자의 배열의 변화가 굴절율의 차를 일으키게 되고 이로서 복굴절이 생기게 되는데 이러한 현상을 광탄성라 하고 이러한 성질을 이용한 시험을 광탄성시험이라고 한다.

11 소성가공법에 대한 설명으로 옳은 것은?
① 냉간가공은 재결정온도 이상에서 가공한다.
② 가공경화는 소성가공 중 재료가 약해지는 현상이다.
③ 압연시 압하율이 크면 롤 간격에서의 접촉호가 길어지므로 최고 압력이 감소한다.
④ 노칭(notching)은 전단가공의 한 종류이다.

① 냉간가공은 재결정온도 <u>이하에서</u> 가공한다.
② 가공경화는 냉간가공에 의하여 변형이 진행되면 결정에 변형이 생기면서 <u>단단하게 되어</u> 가공하기 어렵게 되는 현상을 말한다.
③ 압하율(두께 감소율)이 클 경우, 롤과 소재 사이의 접촉호가 증가하므로, <u>최고 압력의 증가하고</u>, 압하력도 증가한다.
④ 블랭킹, 피어싱, 트리밍, 노칭, 슬리팅, 세퍼레이팅, 셰이빙 등은 모두 전단가공에 해당한다.

12 선형 탄성재료로 된 균일 단면봉이 인장하중을 받고 있다. 선형탄성범위 내에서 인장하중을 증가시켜 신장량을 2배로 늘리면 변형에너지는 몇 배가 되는가?

① 2   ② 4
③ 8   ④ 16

변형에너지 $U = \dfrac{1}{2}P\lambda$ (kg·cm) (P : 하중, λ : 신장량)

후크의 법칙에 따라 $\lambda = \dfrac{Pl}{AE}$ 이므로, $P = \dfrac{AE\lambda}{l}$ (A : 하중, E : 신장량, l : 하중)

맨 처음식에 대입하면 $U = \dfrac{AE\lambda^2}{2l}$, 따라서 신장량을 2배늘리면 변형에너지는 4배 늘어난다.

13 판재의 굽힘가공에서 최소굽힘반지름에 대한 설명으로 옳지 않은 것은?

① 인장단면감소율이 0%에 가까워질수록 $\dfrac{굽힘반지름}{판재두께}$의 비율도 0에 접근하게 되고 재료는 완전 굽힘이 된다.
② $\dfrac{굽힘반지름}{판재두께}$의 비율이 작은 경우, 폭이 좁은 판재는 측면에 균열이 발생할 수 있다.
③ 최소굽힘반지름은 T의 배수로 표기되는데, 2T라고 하면 균열이 발생하지 않고 판재를 굽힐 수 있는 최소굽힘반지름이 판재 두께의 2배라는 것을 의미한다.
④ 굽힘의 바깥 면에 균열이 발생하기 시작하는 한계굽힘반지름을 최소굽힘반지름이라고 한다.

해설

$\dfrac{50}{r} - 1 = \dfrac{R(굽힘반지름)}{T(판재두께)}$ 이므로 인장단면감소율이 50%일 때, $\dfrac{굽힘반지름}{판재두께}$의 비율은 0에 접근하게 되고 재료는 완전 굽힘이 된다.

보충

판재 두께에 대한 굽힘 반지름 비(R/T)가 클수록 스프링백 양은 증가하며, 같은 판재 두께라면 굽힘반지름 R이 클수록 스프링백의 양이 증가한다

14 용접에서 열영향부(heat affected zone)에 대한 설명으로 가장 적절한 것은?

① 융합부로부터 멀어져서 아무런 야금학적 변화가 발생하지 않은 부분
② 용융점 이하의 온도이지만 금속의 미세조직 변화가 일어난 부분
③ 높은 온도로 인하여 경계가 뚜렷하며 화학적 조성이 모재금속과 다른 조직이 생성된 부분
④ 용가재 금속과 모재 금속이 액체 상태로 융해되었다가 응고된 부분

해설

열영향부란 용융점 이하의 온도를 받지만 열영향으로 인한 금속의 미세구조 변화로 용접 불량의 주원인이 되는 부분을 말한다.
① 비영향모재부에 해당한다.
③ 미혼합역 부분을 말한다.
④ 용착금속에 해당한다.

15 가스 터빈에 대한 설명으로 옳지 않은 것은?

① 단위시간당 동작유체의 유량이 많다.
② 기관중량당 출력이 크다.
③ 연소가 연속적으로 이루어진다.
④ 불완전 연소에 의해서 유해성분의 배출이 많다.

해설

① 가스터빈은 연료소비가 많아 단위시간당 동작유체의 유량이 디젤기관보다도 2배정도 높다.
② 대출력에 적당하고, 출력에 비하여 소형경량으로 기관중량당 출력이 크다.
③ 가스터빈은 공기를 계속적으로 압축하고, 압축된 공기 중에 연료를 분사, 연속적으로 연소시킨다.
④ 가스터빈은 왕복운동부분이 없는 회전기계이므로, 진동과 소음이 거의 없고, 연료를 완전연소시키므로 NOx 및 CO가 적어 배기가스가 깨끗하다.

16 주철에 함유된 원소 중 인(P)의 영향으로 옳은 것은?

① 스테다이트(steadite)를 형성하여 주철의 경도를 낮춘다.
② 공정온도와 공석온도를 상승시킨다.
③ 주철의 융점을 낮추어 유동성을 양호하게 한다.
④ 1wt% 이상 사용할 때 경도는 상승하지만 인성은 감소한다.

 해설

① 스테다이트(steadite)를 형성하여 주철의 경도는 높아지지만 취약해지고 인장강도도 떨어져서 해롭게 만든다.
② 인(P)은 공정온도를 내려준다. 텅스텐 (W), 몰리브덴 (Mo), 규소(Si), 크롬(cr)은 공석온도를 상승시키고, 니켈(ni), 망간(mn)은 공석온도를 내려준다.
③ P(인)이 첨가되면 주철의 용융점(953℃)이 낮아져 유동성이 매우 좋아지므로 두께가 얇은 주물이나 깨끗한 표면을 요하는 미술품등에는 P(인)의 함유량을 높인다.
④ 인은 함량이 많으면 단조시 취성이 강해지므로 0.03 wt% 이하로 사용하는 것이 좋다.

17 변형이 일어나지 않는 튼튼한 벽 사이에 길이 L은 50mm이고 지름 d는 20mm인 강철봉이 고정되어 있다. 온도를 10°C에서 60°C로 가열하는 경우 봉에 발생하는 열응력 [MPa]은?(단, 선팽창계수는 12×10^{-6}/°C, 봉 재료의 항복응력은 500MPa이고 탄성계수 E는 200GPa이다)

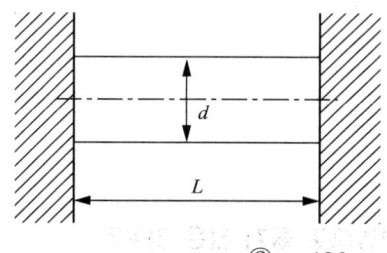

① −60
② −120
③ −240
④ −480

 해설

σ(열응력) = E(탄성계수) × α(선팽창계수) × ΔT(온도차 = 처음온도 − 나중온도)
   = 200GPa × 12×10^{-6}/°C × (10°C − 60°C)
   = −0.12GPa
∴ −0.12GPa × 1,000 = −120MPa

18 유압장치의 구성요소에 대한 설명으로 옳지 않은 것은?

① 유압 펌프는 전기적 에너지를 유압 에너지로 변환시킨다.
② 유압 실린더는 유압 에너지를 기계적 에너지로 변환시킨다.
③ 유압 모터는 유압 에너지를 기계적 에너지로 변환시킨다.
④ 축압기는 유압 에너지의 보조원으로 사용할 수 있다.

 해설 　유압장치의 구성요소

1. 유압펌프 : 원동기로부터 공급되는 회전 토크의 기계적 에너지를 밀폐된 케이싱 또는 실린더 내에서 로터 회전 또는 피스톤의 왕복운동에 의하여 오일에 대한 압력 에너지(유압에너지)로 변환하는 기계이다.
2. 액추에이터 (유압실린더 + 유압모터) : 유압 에너지를 기계적 에너지로 변환시키는 장치

구 분	내 용
유압실린더	직선운동을 얻은 유압실린더는 유압 에너지를 기계적 에너지로 변환시킨다.
유압모터	회전운동을 얻은 유압모터는 유압 에너지를 기계적 에너지로 변환시킨다.

3. 축압기(어큐뮬레이터) : 오일을 가압상태로 축적하여 놓은 장치로, 유압 에너지의 보조원으로 사용할 수 있다.

19 테르밋 용접에 대한 설명으로 옳지 않은 것은?

① 금속 산화물이 알루미늄에 의하여 산소를 빼앗기는 반응을 이용한 용접이다.
② 레일의 접합, 차축, 선박의 선미 프레임 등 비교적 큰 단면을 가진 주조나 단조품의 맞대기 용접과 보수 용접에 사용된다.
③ 설비가 간단하여 설치비가 적게 들지만 용접변형이 크고 용접시간이 많이 걸린다.
④ 알루미늄 분말과 산화철 분말의 혼합반응으로 발생하는 열로 접합하는 용접법이다.

 해설

①, ④ 테르밋 용접은 미세한 알루미늄 분말과 산화철의 혼합물에 과산화바륨, 마그네슘혼합물로 된 점화제에 의한 발열반응을 이용한 용접으로, 금속 산화물이 알루미늄에 의하여 산소를 빼앗기는 반응을 이용한 용접이다.
② 강판의 두께가 두꺼운 사각형 또는 원형의 큰단면을 가진 주조나 단조품의 맞대기 용접과 보수 용접에 사용된다.
③ 용접 작업이 단순하고 설비비가 저렴하며, 용접 작업 후의 변형이 적고, 용접시간이 비교적 짧다.

20 취성 재료의 분리 파손과 가장 잘 일치하는 이론은?
① 최대 주응력설
② 최대 전단응력설
③ 총 변형 에너지설
④ 전단 변형 에너지설

 해설 파손법칙

구 분	내 용
최대 주응력설	최대주응력이 단순 인장이 작용할 때의 파손응력에 이르렀을 때 파손이 발생한다는 이론으로 **취성재료의 분리파손에 잘 일치하는 대표적 이론.**
최대 전단응력설	최대 전단응력이 단순인장 혹은 단순압축이 작용할 때의 파손응력에 이르렀을 때 파손이 발생한다는 이론. 연성재료의 미끄럼파손에 잘 일치하며 기계요소의 강도설계에 가장 많이 이용됨
총 변형 에너지설	단위 부피당 변형율 에너지가 최대 단위 부피당 변형율(단축 인장 시험으로 구해짐)를 초과하는 경우에 파손 된다는 이론. 연성재료의 파손과 관련있는 이론
전단 변형 에너지설	변형 에너지는 체적 변형에너지와 전단 변형 에너지의 합인데, 이 중 전단 변형 에너지가 항복점에서의 전단 변형 에너지와 같게 될 때 파손이 일어난다는 이론

2010년 5월 22일 시행 지방직 9급

01 절삭공구의 피복(coating) 재료로 적절하지 않은 것은?
① 텅스텐탄화물(WC)
② 티타늄탄화물(TiC)
③ 티타늄질화물(TiN)
④ 알루미늄산화물(Al_2O_3)

해설

텅스텐 탄화물은 경도와 내열성이 고속도강보다 월등히 뛰어나 절삭공구재료로 사용된다.
그러나 텅스텐(W)은 희소한 원소이고 고가이며 WC계 초경합금은 강도, 인성 및 내열충격성이 양호하지만 경도가 낮은 약점이 있어서 WC 초경공구에 Ti(C, N)계나 Al_2O_3를 피복(coating)하여 경도도 증가시켜서 우수하고 경제성 있는 초경공구를 만들고 있다.

02 연성 파괴에 대한 설명으로 옳지 않은 것은?
① 진전하는 균열 주위에 상당한 소성 변형이 일어난다.
② 취성 파괴보다 적은 변형률 에너지가 필요하다.
③ 파괴가 일어나기 전에 어느 정도의 네킹 현상이 나타난다.
④ 균열은 대체적으로 천천히 진전한다.

해설 연성파괴와 취성파괴

연성 파괴	취성 파괴
• 소성변형이 상당히 일어난 후에 파괴가 일어나므로, 이 과정 중에 많은 에너지를 필요로 한다.	• 소성변형이 거의 일어나지 않은 상태에서 파괴가 일어나므로, 필요로 하는 에너지의 양은 매우 적다.
• 균열은 대체적으로 천천히 진전하므로 파괴가 일어나기전에 네킹현상이 나타난다	• 소성변형이 거의 없는 파괴로 예고 없이 급작스럽게 일어나는 파괴다.

03 재료시험 항목과 시험방법의 관계로 옳지 않은 것은?
① 충격시험 : 샤르피(Charpy)시험
② 크리프시험 : 표면거칠기시험
③ 연성파괴시험 : 인장시험
④ 경도시험 : 로크웰경도시험

정답 01 ① 02 ② 03 ②

해설
① 충격시험 : 샤르피시험, 아이조드시험
② 크리프 시험 : 파괴검사의 일종으로 일정하중방식 시험, 일정응력방식 시험, 가속시험 등이 있으며, 표면거칠기 시험은 비파괴검사중 육안검사법에 해당한다.
③ 연성파괴시험 : 인장시험 (동적인장시험, 정적인장시험)
④ 경도시험 : 로크웰 시험, 브리넬 시험, 비커스 시험, 쇼어 시험

04 탄소가 흑연 박편의 형태로 석출되며 내마모성이 우수하고 압축강도가 좋으며 엔진 블록, 브레이크 드럼 등에 사용되는 재료는?
① 회주철(gray iron)
② 백주철(white iron)
③ 가단주철(malleable iron)
④ 연철(ductile iron)

 해설 주철의 분류

1. 파단면의 색에 따른 분류

구 분	내 용
회주철	• 주철을 느리게 냉각시키면 대부분 흑연이 나타나 회색을 띤다. • 기계가공성이 양호하고 내마모성이 우수하며 압축강도가 좋으므로, 엔진 블록, 브레이크 드럼, 응축기용 실린더, 기어 및 기어 박스 케이스등에 사용된다.
백주철	주철을 급랭시키면 탄소는 대부분 시멘타이트(cementite)의 형태로 나타나며 백색을 띤다.
반주철	백주철과 회주철이 반반씩 섞인 것으로, 시멘타이트와 흑연이 혼합돼있는 상태이다

2. 특수주철

구 분	내 용
구상흑연주철 (연철)	• 큐폴라 또는 전기로에서 용해한 다음, 주입직전에 마그네슘합금, Ce(세슘), Ca(칼슘) 등을 첨가해서 처리하여 흑연을 구상화 한 주철 • 주조성, 가공성, 강도, 내마멸성 우수 • 인성, 연성, 경화 등이 강과 비슷 • 불스 아이 조직 ; 구상흑연 주위에 Ferrite가 둘러싸고, 외부는 Pearlite 조직
가단주철	• 주철의 결정인 여리고 약한 인성을 개선하기 위하여 백주철을 고온에서 장시간 열처리하여 시멘타이트 조직을 분쇄하거나 소실시켜 인성 또는 연성을 개선한 주철
칠드(냉경) 주철	• Si(규소)가 적은 용융주철에 소량의 Mn(망간)을 첨가하여 금형에 주입하면 접촉면이 급랭되어 백주철로 된 것 • 내부는 서냉되어 연하고 강인한 성질의 주철이 되므로 전체가 백주철로 된 거 보다 잘 파손되지 않아 각종 롤, 기차바퀴등에 사용

04 ①

05 스플라인 키의 특징인 것은?

① 축에 원주방향으로 같은 간격으로 여러 개의 키 홈을 깎아 낸 것이다.
② 큰 토크를 전달하지 않는다.
③ 키 홈으로 인하여 축의 강도가 저하된다.
④ 키와 축의 접촉면에서 발생하는 마찰력으로 회전력을 발생시킨다.

 해설 스플라인 키
- 큰 힘(회전력)을 전달할 수 있도록 축의 둘레에 여러 개의 키 홈을 깎은 것
- 내구성이 좋고 튼튼하기 때문에 중요한 공작기계, 자동차, 항공기 등에 널리 이용
- ④는 안장키(새들키)에 대한 설명이며, 마찰력만으로 회전력을 전달하기 때문에 큰 토크를 전달하지 못한다.

06 사각나사의 나선각이 λ, 나사면의 마찰계수 μ에 따른 마찰각이 ρ(μ=tanρ)인 사각나사가 외부 힘의 작용 없이 스스로 풀리지 않고 체결되어 있을 자립 조건은?

① ρ≥λ   ② ρ≤λ
③ ρ<λ   ④ ρ 및 λ와 상관없음

 해설 체결된 나사가 스스로 풀리지 않을 조건(자립조건)
- 마찰 각(ρ)이 나선각(λ)보다 커야하는 관계 즉 ρ > α 를 말하며, 나사가 스스로 풀리지 않는 자립상태의 한계는 ρ = α 이어야 한다.

07 굽힘 모멘트 M과 비틀림 모멘트 T를 동시에 받는 축에서 최대 주응력설에 적용할 상당 굽힘모멘트 M_e은?

① $M_e = \frac{1}{2}(M + \sqrt{M^2 + T^2})$ ② $M_e = (\sqrt{M^2 + T^2})$

③ $M_e = (M + \sqrt{M^2 + T^2})$ ④ $M_e = \frac{1}{2}(M + T)$

해설
최대 주응력설에 적용할 상당 굽힘모멘트 $M_e = \frac{1}{2}(M + \sqrt{M^2 + T^2})$
최대주전단응력설에 적용할 상당 비틀림모멘트 $T_e = (\sqrt{M^2 + T^2})$

정답 05 ① 06 ① 07 ①

08 두께가 6mm이고 안지름이 180mm인 원통형 압력용기가 14kgf/cm²의 내압을 받는 경우, 이 압력용기의 원주 방향 및 축 방향 인장응력[kgf/cm²]은?

	원주 방향	축 방향
①	210	420
②	420	840
③	210	105
④	420	210

해설

원주방향 인장응력 = $\dfrac{P(\text{압력}) \times r(\text{반지름})}{t(\text{두께})} = \dfrac{14\text{kgf/cm}^2 \times 9\text{cm}}{0.6\text{cm}} = 210\text{kgf/cm}^2$

축 방향 인장응력 = $\dfrac{P(\text{압력}) \times r(\text{반지름})}{2t(\text{두께})} = \dfrac{14\text{kgf/cm}^2 \times 9\text{cm}}{2 \times 0.6\text{cm}} = 105\text{kgf/cm}^2$

축 방향 인장응력은 양단에 걸리는 내압 p에 의한 응력이 생기므로 원주방향응력의 1/2임을 알 수 있다.

09 다음 중 유성기어장치에 대한 설명으로 옳은 것은?(단, 내접기어잇수는 Z_I, 태양기어 잇수는 Z_S이며 $Z_I > Z_S$이다)

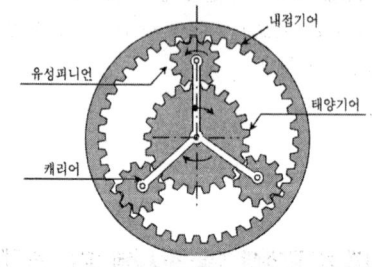

① 태양기어를 고정하고 캐리어를 구동할 경우 내접기어는 감속한다.
② 캐리어를 고정하고 내접기어를 구동할 경우 태양기어는 역전증속한다.
③ 내접기어를 고정하고 태양기어를 구동할 경우 캐리어는 증속한다.
④ 태양기어를 고정하고 내접기어를 구동할 경우 캐리어는 역전감속한다.

해설 유성기어장치 공식

구동축(입력)	피동축(출력)	고정축	회 전	변속비(출력회전수/입력회전수)
캐리어	태양기어	내접기어	증 속	$1 + (Z_I/Z_S)$
내접기어	캐리어	태양기어	감 속	$(Z_I/Z_S)/\{1+(Z_I/Z_S)\}$
내접기어	태양기어	캐리어	역전증속	$-(Z_I/Z_S)$

캐리어	내접기어	태양기어	증 속	$\{1+(Z_I/Z_S)\}/(Z_I/Z_S)$
태양기어	캐리어	내접기어	감 속	$1/\{1+(Z_I/Z_S)\}$
태양기어	내접기어	캐리어	역전감속	$-1/(Z_I/Z_S)$

10 다음 중 플라스틱의 성형과 관계없는 가공 공정은?

① 압출성형 ② 사출성형
③ 인발성형 ④ 압축성형

 해설 플라스틱 성형(열가소성 성형과 열경화성 성형)

열가소성 성형		열경화성 성형	
• **압축성형**	• **사출성형**	• **압축성형**	• **사출성형**
• 중공성형(블로우성형)	• 진공성형	• 전이(이송)성형	• 적층성형
• 카렌다성형	• **압출성형**	• 주형성형	• FRP성형
• 회전성형			

11 원심주조와 다이캐스트법에 대한 설명으로 옳지 않은 것은?

① 원심주조법은 고속회전하는 사형 또는 금형주형에 쇳물을 주입하여 주물을 만든다.
② 원심주조법은 주로 주철관, 주강관, 실린더 라이너, 포신 등을 만든다.
③ 다이캐스트법은 용융금속을 강한 압력으로 금형에 주입하고 가압하여 주물을 얻는다.
④ 다이캐스트법은 주로 철금속 주조에 사용된다.

 해설 원심주조와 다이캐스트법

원심주조법	• 주형을 고속으로 회전시키면서 쇳물을 주입하여 원심력에 의하여 속이 빈 주물을 만드는 주조법 • 제조공정이 간편하고 생산성이 높다. • 주로 주철관, 주강관, 실린더 라이너, 포신 등을 만든다.
다이캐스트법	• 용융금속에 압력을 가해 금형에 밀어넣으면 재질이 균일하고 치밀하게 되며, 탕구에서 짧은 시간내에 용융금속이 주형의 구석까지 주입되어 주물이 만들어 진다. • 주물표면이 아름답다. • 소형주물을 대량생산할 수 있다. • 마무리 공정이나 추가의 기계가공 등이 거의 필요하지 않다. • 비철금속(Al, Mg, Zn와 그 합금)의 주조에 사용된다.

12 항복 인장응력이 Y인 금속을 소성영역까지 인장시켰다가 하중을 제거하고 다시 압축을 하면 압축 항복응력이 인장 항복응력 Y보다 작아지는 현상이 있다. 이러한 현상과 관련이 없는 것은?

① 변형율 연화　　　　　　　② 스프링 백
③ 가공 연화　　　　　　　　④ 바우싱어(Bauschinger) 효과

해설　바우싱어 효과(Bauschinger effect)
• 변형율 연화(strain softening), 가공 연화(work softening)
• 인장 항복강도가 Y인 금속을 소성영역까지 인장시켰다가 하중을 제거한 후 압축하면, 압축 시 항복강도(Y')가 인장 항복응력 Y 보다 작아지는 현상이다.
• 소재를 굽혔다 펴는 작업, 판재 교정압연작업, 역드로잉 등과 같이 인장과 압축 변형이 순차적으로 적용되는 소성가공에 적용된다.
② 스프링백이란 재료의 굽힘 가공에서 재료를 굽힌 다음 압력을 제거하면 원상으로 회복되려는 탄력 작용으로 굽힘량이 감소되는 현상을 말한다.

13 다음 중 잔류응력에 대한 설명으로 옳은 것으로만 묶인 것은?

> ㄱ. 표면에 남아 있는 인장잔류응력은 피로수명과 파괴강도를 향상시킨다.
> ㄴ. 표면에 남아 있는 압축잔류응력은 응력부식균열을 발생시킬 수 있다.
> ㄷ. 표면에 남아 있는 인장잔류응력은 피로수명과 파괴강도를 저하시킨다.
> ㄹ. 잔류응력은 물체 내의 온도구배(temperature gradient)에 의해 생길 수 있다.
> ㅁ. 풀림처리(annealing)를 하거나 소성변형을 추가시키는 방법을 통하여 잔류응력을 제거하거나 감소시킬 수 있다.
> ㅂ. 실온에서도 충분한 시간을 두고 방치하면 잔류응력을 줄일 수 있다.

① ㄱ, ㄴ, ㅁ, ㅂ　　　　　　② ㄴ, ㄷ, ㄹ, ㅁ
③ ㄷ, ㄹ, ㅁ, ㅂ　　　　　　④ ㄱ, ㄴ, ㄷ, ㄹ

해설　인장잔류응력과 압축잔류응력

인장잔류응력	압축잔류응력
• 소재의 피로수명과 파괴강도를 저하시킨다. • 응력부식균열을 발생시킬 수도 있다.	• 피로수명과 파괴강도를 향상시킨다.

14 열간가공과 냉간가공에 대한 설명으로 옳은 것은?
① 열간가공은 냉간가공에 비해 표면 거칠기가 향상된다.
② 열간가공은 냉간가공에 비해 정밀한 허용치수 오차를 갖는다.

③ 일반적으로 열간가공된 제품은 냉간가공된 같은 제품에 비해 균일성이 적다.
④ 열간가공은 냉간가공에 비해 가공이 용이하지 않다.

 해설 열간가공과 냉간가공

구 분	열간가공	냉간가공
의 의	• 재결정온도 이상에서의 가공	• 재결정온도 이하에서의 가공
장 점	• 소재의 변형저항이 적어 **소성가공이 용이**하다. • 가공도를 크게 할 수 있다	• 가공면이 아름답고, **정밀하다**. • 가열하지 않기 때문에 표면에 스케일(철의 산화물)이 발생하지 않는다.
단 점	• 가공면이 거칠다. • 표면에 산화물이 많이 생기기 때문에 품질의 **균일성이 떨어진다**.	• 가공경화로 강도가 증가하므로 가공도는 떨어진다.

15 증기원동기의 증기동력 사이클과 가장 가까운 사이클은?

① 오토 사이클
② 디젤 사이클
③ 브레이톤 사이클
④ 랭킨 사이클

 해설 사이클의 분류

구 분	내 용
오토사이클 (정적사이클)	가솔린기관의 기본사이클
디젤사이클 (정압사이클)	저속 디젤기관의 기본사이클
복합사이클(사바테 사이클)	고속 디젤기관의 기본사이클
브레이톤 사이클	가스터빈 사이클
랭킨 사이클	증기동력 사이클

16 열처리에 대한 설명으로 옳지 않은 것은?

① 완전 풀림처리(Full annealing)에서 얻어진 조직은 조대 펄라이트(Pearlite)이나.
② 노말라이징(Normalizing)은 강의 풀림처리에서 일어날 수 있는 과도한 연화를 피할 수 있도록 공기중에서 냉각하는 것을 의미한다.
③ 오스템퍼링(Austempering)은 오스테나이트(Austenite)에서 베이나이트(Bainite)로 완전히 등온변태가 일어날 때까지 특정온도로 유지한 후 공기중에서 냉각한다.
④ 스페로다이징(Spherodizing)은 미세한 펄라이트 구조를 얻기 위해 공석온도 이상으로 가열한 후 서냉하는 공정이다.

해설

① 완전 풀림처리(변태풀림)에서 조대 펄라이트를 얻고, 불림을 통해 미세 펄라이트를 얻는다.
② 노말라이징(불림)은 강의 풀림처리에서 일어날 수 있는 과도한 연화를 피할 수 있도록 공기중에서 냉각시켜 기계적 성질을 향상시키는 조작이다.
③ 오스테나이트 항온 변태처리를 오스템퍼라 하며, 일명 하부 베이나이트 담금질이라고 부르기도 하는데 이것은 오스테나이트 상태에서 Ar'와 Ar''의 중간 염욕에 담금질하여 강인한 하부 베이나이트로 만든다. 뜨임이 불필요하며, 담금균열과 변형이 없다.
④ 스페로다이징(Spherodizing : 구상화 풀림)는 공석온도 아래에서 가공성 향상, 절삭성 향상, 인성의 증가, 담금질 균열 방지를 목적으로 시멘타이트를 가열에 의하여 구상화하는 조작을 말한다.

17 유압펌프의 특성에 대한 설명으로 옳지 않은 것은?

① 기어펌프는 구조가 간단하고 신뢰도가 높으며 운전보수가 비교적 용이할 뿐만 아니라 가변토출형으로 제작이 가능하다는 장점이 있다.
② 베인펌프의 경우에는 깃이 마멸되어도 펌프의 토출은 충분히 행해질 수 있다는 것이 장점이다.
③ 피스톤 펌프는 다른 펌프와 비교해서 상당히 높은 압력에 견딜 수 있고, 효율이 높다는 장점이 있다.
④ 일반적으로 용적형 펌프(Positive displacement pump)는 정량토출을 목적으로 사용하고, 비용적형 펌프(Non-positive displacement pump)는 저압에서 대량의 유체를 수송하는 데 사용된다.

 해설 유압펌프의 분류

구 분	특 징		종 류
용적형 펌프	• 부하압력과 거의 관계없이 펌프 구동축 1회전당 토출량이 일정	기어펌프	• 구조가 간단하고 신뢰도가 높으며 운전보수가 용이하고 가격도 비교적 염가이다 • **가변토출형으로 제작이 불가능**하고 내부누설이 다른 펌프에 비하여 많다
		베인펌프	• 구조가 복잡하지만, 소형이므로 송출흐름의 맥동이 적고 운전소음이 정숙하다. • 깃(베인)이 링에 내접하여 회전하는 것으로, 깃이 마멸되어도 펌프의 토출은 충분히 행해질 수 있다
		피스톤 펌프	• 상당히 높은 압력에 견딜 수 있고, 효율이 높아, 산업기계용과 금속프레스 가공용 등으로 광범위하게 사용되고 있다.
		나사펌프	• 오일 및 점성액 수송용, 유압엘리베이터의 유압원으로 많이 사용된다.

		원심펌프	• 회전차와 케이싱 두 주요 부분으로 구성된다. • 안내날개(guide Vane)의 유무에 따라 터빈펌프와 볼류트펌프로 구분된다.
비용적형 펌프	• 토출량이 일정하지 않음 • 저압에서 대량의 유체를 수송	터빈펌프	• 안내날개가 있어 고양정에 사용된다.
		볼류트 펌프	• 안내날개가 없는 것으로 저양정에 사용된다.
		축류펌프	• 유량이 매우 크고, 양정이 보통 10m 이하의 저양정에서 사용된다. • 주로 증기터빈의 복수기순환수 펌프, 농업용의 양수, 배수펌프, 상하수도용 펌프 등에 쓰인다.
		사류펌프	• 원심펌프와 축류펌프의 중간 특성을 갖는 사류펌프는 원심펌프보다 고속 회전할 수 있고, 소형 경량으로 제작할 수 있다. • 고양정에서도 캐비테이션(공동현상)의 발생이 적고 수명도 길다

18 4사이클 기관과 2사이클 기관을 비교할 때 2사이클 기관의 장점이 아닌 것은?

① 2사이클 기관은 4사이클 기관에 비하여 소형 경량으로 할 수 있다.
② 2사이클 기관은 구조가 간단하여 저가로 제작할 수 있다.
③ 이론적으로는 4사이클 기관의 2배의 출력을 얻게 된다.
④ 2사이클 기관은 4사이클 기관에 비하여 연료소비가 적다.

  해설 4사이클기관과 2사이클기관

구 분	2사이클 기관	4사이클 기관
폭발 횟수	크랭크축 1회전 시 1회 폭발	크랭크축 2회전 시 1회 폭발
회전력	비교적 회전이 균일하므로 플라이휠을 소형.경량화 할 수 있다.	회전력이 불균일하여 플라이휠이 크므로, 소형, 경량화가 어렵다.
밸브기구	밸브기구가 없거나 배기를 위한 기구만 있어 구조가 간단하여 저가로 제작할 수 있다.	밸브기구를 필요로 하므로, 구조가 복잡하다.
발생동력 (출력)	4사이클 기관에 비하여 약 2배 정도의 출력을 낸다.	배기량이 같은 엔진에서 발생동력은 2행정사이클에 비하여 떨어진다
연료소비율	**연료소비량이 많고**, 대형가솔린기관으로는 부적합하다.	가솔린 기관의 경우 연료소비율은 2사이클보다 적다

정답 18 ④

19 그림과 같은 수평면에 놓인 50kg무게의 상자에 힘 P=400N으로 5초 동안 잡아 당긴 후 운동하게 되는 상자의 속도[m/sec]와 가장 가까운 값은?(단, 상자와 바닥면간의 마찰계수는 0.3이다)

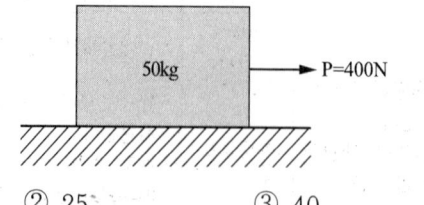

① 10 ② 25 ③ 40 ④ 50

① 구하고자 하는 상자의 속도[m/sec] = 가속도(a) × 등가속운동시간(t)
② 물체에 일정한 힘 F(잡아당긴 힘 + 마찰력이 작용하는 힘)가 작용하는 경우
  물체의 가속도(a) = F(힘)/m(상자의 무게)
③ 마찰력이 작용하는 힘(f) = μ(마찰계수) × m(상자의 무게) × g(중력가속도)
  f = μmg = 0.3 × 50kg × 10m/s^2 = 150N
  ※ 문제에서 가장 가까운 값을 구하라고 했으므로 중력가속도를 9.8이 아닌 10으로 계산한다.
④ 마찰력의 방향은 내가 잡아당긴 방향과 반대방향이므로 F = 400N − 150N = 250N
⑤ 가속도는 am/s^2 = 250N/50kg = 5m/s^2
∴ 구하고자 하는 상자의 속도[m/sec] = 5m/s^2 × 5s = 25m/sec

20 높은 경도의 금형 가공에 많이 적용되는 방법으로 전극의 형상을 절연성 있는 가공액 중에서 금형에 전사하여 원하는 치수와 형상을 얻는 가공법은?

① 전자빔가공법 ② 플라즈마 아크 가공법
③ 방전가공법   ④ 초음파가공법

 주요 용접법

종류	내용	특징
전자빔 가공	진공속에서 높은 에너지의 전자빔을 일감에 집중투자하면, 전자가 가진 운동에너지가 열에너지로 변환되는데, 이열을 이용하여 그 부분을 용해 또는 증발시켜 제거하는 가공이다.	용접분야에 널리 이용된다.
플라즈마 아크 가공	고속으로 분출되는 플라즈마 젯트를 이용한 방법으로 TIG용접과 거의 유사하다.	열영향부가 좁고, 용접속도가 빠르지만 설비가 비싸다.
방전가공	• 전류가 흐르기 어려운 등유속에 전극과 일감을 넣고 전류를 통하게 한 후에 방전에 의한 열로 공작물을 녹여서 공구 전극 형상을 공작물에 전사하는 가공법이다. • 방전액(절연액, 가공액)에 의하여 용융비산된 부분은 냉각된다.	절삭이나 연삭이 어려운 초경합금이나 비철금속도 정밀하게 성형할 수 있다.
초음파 가공 (입자가공)	• 연삭입자로 공작물의 표면에 미소치핑(Microchipping)이나 침식을 일으켜서 소재를 제거하는 공정이다. • 공구는 저진폭, 고주파로 진동하고, 이 진동으로 공구와 공작물사이에 있는 미세한 연삭입자를 고속으로 운동시킨다.	초경합금, 유리, 보석류등 단단하고 여린 재료에 구멍뚫기, 절단, 조각등에 사용된다.

기계일반

2009년 5월 23일 시행
지방직 9급

01 다음 중 상온에서 소성변형을 일으킨 후에 열을 가하면 원래의 모양으로 돌아가는 성질을 가진 재료는?

① 비정질합금
② 내열금속
③ 초소성재료
④ 형상기억합금

해설

① 비정질합금(비결정질합금)은 결정을 이루고 있지 않는 합금으로, 일반적인 금속에 비하여 강도가 높고, 주물제작을 하였을때 표면이 매끈하여 더 이상의 가공이 필요 없다. 그러나 열에 약하고, 균일하게 비정질화 시키기가 대단히 어려우며, 내버려두면 천천히 스스로 본연의 결정구조를 찾아 결정화 되어버린다.
② 내열금속은 텅스텐, 몰리브덴과 같이 발전용 가스 터빈 또는 항공기 및 선박 등에 사용되는 고온용 소재를 말한다.
③ 초소성재료란 어느 응력하에서 파단에 이르기까지 수백% 이상의 많은 연신을 나타내는 재료를 말한다
④ 형상기억합금은 일정한 온도에서 형성된 자기 본래의 모양을 기억하고 있어서, 변형후에도 그 온도가 되면 본래의 모양으로 되돌아가는 성질을 가지고 있는 재료이다.

02 순철은 상온에서 체심입방격자이지만 912°C 이상에서는 면심입방격자로 변하는데 이와 같은 철의 변태는?

① 자기변태
② 동소변태
③ 변태점
④ 공석변태

해설 자기변태와 동소변태(철 기준)

구 분	내 용
자기변태	• A0(230°C): 시멘타이트 자기변태
공석변태	• A1(727°C) : 오스테나이트 ⇆ 펄라이트
자기변태(동형변태)	• A2(768°C)
동소변태	• A3(912 °C) : α철(체심입방) – γ철(면심입방) • A4(1,400°C) : γ철(면심입방) – δ철(체심입방)

정답 01 ④ 02 ②

03 다음 중 비소모성전극 아크용접에 해당하는 것은?
① 가스텅스텐아크 용접(GTAW) 또는 TIG 용접
② 서브머지드아크 용접(SAW)
③ 가스금속아크 용접(GMAW) 또는 MIG 용접
④ 피복금속아크 용접(SMAW)

 해설 소모성전극과 비소모성전극

소모성전극	비소모성전극
• 피복금속 아크 용접 (SMAW) • 서브머지드아크 용접(SAW) • 가스금속아크 용접(GMAW, MIG) • CO_2 아크 용접 • 유심용제 아크 용접(FCAW) • 일렉트로가스 용접(EGW)	• 가스텅스텐아크용접(GTAW, TIG) • 플라즈마 용접(PAW) • 레이저빔 용접(LBW) • 전자빔 용접(EBW)

04 연삭가공에 대한 설명 중 옳지 않은 것은?
① 숫돌의 3대 구성요소는 연삭입자, 결합제, 기공이다.
② 마모된 숫돌면의 입자를 제거함으로써 연삭능력을 회복시키는 작업을 드레싱(dressing)이라 한다.
③ 숫돌의 형상을 원래의 형상으로 복원시키는 작업을 로우딩(loading)이라 한다.
④ 연삭비는 (연삭에 의해 제거된 소재의 체적)/(숫돌의 마모체적)으로 정의된다.

 해설
① 연삭공구로서의 숫돌바퀴는 숫돌입자를 결합제로 결합한 것으로, 연삭입자, 입도, 결합도, 조직, 결합제 5가지 요소에 의해 성능이 결정되며, 연삭입자, 결합제, 기공을 숫돌바퀴를 구성하는 3요소라 한다.
②, ④ 모두 옳은 설명이다.
③ 드레싱의 일종으로 숫돌을 원래 형상으로 복원시키는 작업을 트루잉(Truing)이라 한다. 로우딩(눈메움, loading)은 숫돌입자의 표면이나 기공에 칩이 끼어 연삭성이 나빠지는 현상을 말한다.

05 다음 중 기계재료가 갖추어야 할 일반적 성질과 관계가 먼 것은?
① 힘을 전달하는 기구학적 특성
② 주조성, 용접성, 절삭성 등의 가공성
③ 적정한 가격과 구입의 용이성 등의 경제성
④ 내마멸성, 내식성, 내열성 등의 물리화학적 특성

해설
힘을 전달하는 기구학적 특성은 <u>기구가 갖추어야 할 성질</u>이다.

보충 기계재료의 특성
- 가공성 - 주조, 용접, 절삭, 단조 등
- 물리화학적 성질 - 비중, 내식성, 고온, 저온, 밀도, 열전도성, 전기도전율 등
- 기계적 성질 - 강도, 경도, 연신율, 인성, 메짐성, 크리프, 내피로성, 항복점 등
- 기타 - 경제성, 상품성, 경량화, 안정성, 구입의 용이성 등

06 다음 중 구름 베어링이 미끄럼 베어링보다 좋은 이유로 옳지 않은 것은?
① 표준화된 규격제품이 많아 교환성이 좋다.
② 베어링의 너비를 작게 제작할 수 있어 기계의 소형화가 가능하다.
③ 동력 손실이 적다.
④ 큰 하중이 작용하는 기계장치에 사용되며 설치와 조립이 쉽다.

해설 미끄럼 베어링과 구름베어링의 비교

구 분	미끄럼(sliding) 베어링	구름(rolling) 베어링
규격성	• 자체 제작하는 경우가 많음	• 표준형 양산품임
크 기	• 소형화가 어려움	• 소형화가 가능
마 찰	• 유체마찰이며, 마찰계수가 큼 • 시동시 마찰저항이 크고 동력손실이 많음	• 구름마찰이며, 마찰계수가 작음 • 시동시 마찰저항이 적고, 동력이 절약됨
하 중	• 추력하중을 받기 곤란 • 충격이나 큰 하중에 적합	• 추력하중을 용이하기 받음 • **충격이나 큰 하중에 약함**
진동 및 소음	• 진동 및 소음이 적음	• 진동 및 소음이 발생하기 쉬움
강 성	• 강성이 작음	• 강성이 큼
설치 및 조립	• 설치와 조립이 간단	• 설치와 조립이 어려움
윤활장치	• 윤활장치가 필요	• 그리스 윤활로 충분하므로 거의 윤활장치가 불필요
회전속도	• 고속회전에 적합	• 저속회전에 적합

07 다음은 도면상에서 나사 가공을 지시한 예이다. 각 기호에 대한 설명으로 옳지 않은 것은?

$$4 - M8 \times 1.25$$

① 4는 나사의 등급을 나타낸 것이다.
② M은 나사의 종류를 나타낸 것이다.
③ 8은 나사의 호칭지름을 나타낸 것이다.
④ 1.25는 나사의 피치를 나타낸 것이다.

  해설

4는 나사의 갯수를 나타낸 것이다.

  보충 나사호칭의 예

구 분	나사산의 감는 방향	나사산의 줄의 수	나사의 호칭	나사의 등급
예	왼	2줄 또는 2N	M8×1.25	6H/6G
설 명	• 왼나사 • 아무표시 없으면 오른 나사	• 2줄나사	• M8 : 미터 보통나사 호칭지름 • M8×1.25 : 미터 가는나사 호칭지름× 피치	• 6H : 암나사등급 6 공차위치 H • 6H/6G : 암나사 6H 와 수나사 6G의 조합

08 다음 중 축의 위험속도와 가장 관련이 깊은 것은?

① 축에 작용하는 최대 비틀림모멘트
② 축 베어링이 견딜 수 있는 최고회전속도
③ 축의 고유진동수
④ 축에 작용하는 최대 굽힘모멘트

  해설

축에 작용하는 굽힘모멘트 혹은 토크의 변동주기가 축의 고유진동수와 일치될 때를 축의 위험속도라고 하며, 축의 위험속도에 이르면 축은 공진(reasonance)를 일으켜 진폭이 점차 커져서 축을 파괴에 이르게 한다.

09 다음 중 구성인선이 발생되지 않도록 하는 노력으로 적절한 것은?

① 바이트의 윗면 경사각을 작게 한다.
② 윤활성이 높은 절삭제를 사용한다.
③ 절삭깊이를 크게 한다.
④ 절삭속도를 느리게 한다.

해설 구성인선의 발생방지법
- 바이트의 윗면경사각(공구와 수직축이 이루는 각으로 30°까지)을 크게 한다.
- 윤활성이 좋(높)은 효과적인 절삭유를 사용한다(공구 윗면경사면에 윤활을 하여 칩과 공구경사면간의 마찰을 감소시킨다).
- 절삭깊이를 작게 한다.
- 절삭속도를 크게 한다.(120m/min에서는 구성인선이 없어진다 : 임계속도)
- 마찰 계수가 작은 절삭 공구를 사용한다.
- 공구반경을 작게 한다.
- 절삭전 칩의 두께를 작게한다.
- 이동속도를 줄인다.

10 수치제어(NC : numerical control) 프로그램에 포함되지 않는 가공정보는?
① 공구 오프셋(offset) 량
② 절삭속도
③ 절삭 소요시간
④ 절삭유제 공급여부

해설 NC 프로그램의 코드 표시

구 분	코 드	기 능	
준비기능	G코드	• 위치결정 • 원호보간 • 자동가속 및 자동감속 • 평면선택 • 원점으로 자동 복귀 • 제2, 제3, 제4 원점 복귀 • 가변리드 나사절삭 • 인선R보정 취소, 좌측, 우측 • 좌표계 설정 • 매크로(서브 프로그램) 호출 • 자동가감속 및 취소 • 공구 미러 이미지 ON, OFF • 드릴고정 사이클 • 각종 지령 • 극좌표 보간	• 직선보간 • 원통보간, 원통보간 취소 • **주속일정 제어 ON, OFF(절삭속도)** • 축 간섭 체크 원점복귀 체크 • 원점으로부터 자동 복귀 • 스킵기능 • **공구보정(공구 오프셋(offset) 량)** • 좌표계설정/주축최대회전수 설정 • 기계좌표계 위치지정 • 한방향 위치 결정 • 축 간섭 체크 • 선삭용 복합사이클(정삭사이클) • 스케일링 • 매초 드웰, 매회전 드웰
가공조건기능	F 코드	• 분당 이송속도	• 회전당 이송속도
	S 코드	• 원주속도	• 주축회전수
보조기능	M코드	• 프로그램 정지 및 선택 프로그램 정지 • 주축 정회전 및 역회전 • 주축 정지 • **절삭유제 ON, OFF** • 주프로그램 및 보조 프로그램 호출 • 프로그램 끝 & Rewind	

정답 10 ③

11 스프링 상수가 200 [N/mm]인 접시 스프링 8개를 아래 그림과 같이 겹쳐 놓았다. 여기에 200[N]의 압축력(F)을 가한다면 스프링의 전체 압축량 [mm]은?

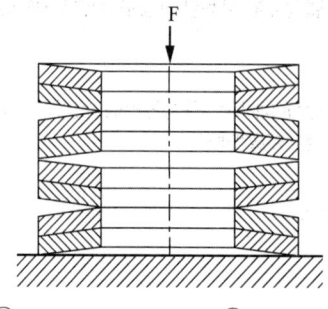

① 0.125   ② 1.0   ③ 2.0   ④ 8.0

해설

압축량$(\delta) = \dfrac{\text{압축력}(F)}{\text{스프링 상수}(K)} = \dfrac{200[N]}{100[N/mm]} = 2.0mm$

스프링 2쌍식 병렬후에 다시 직렬로 연결된 혼합형이므로 스프링 상수는 다음과 같다. (2010년 국가직 8번 참조)

스프링 상수$\left(\dfrac{1}{K}\right) = \dfrac{1}{400} + \dfrac{1}{400} + \dfrac{1}{400} + \dfrac{1}{400} + \dfrac{1}{100}$

12 인베스트먼트 주조(investment casting)에 대한 설명 중 옳지 않은 것은?

① 제작공정이 단순하여 비교적 저비용의 주조법이다.
② 패턴을 내열재로 코팅한다.
③ 패턴은 왁스, 파라핀 등과 같이 열을 가하면 녹는 재료로 만든다.
④ 복잡하고 세밀한 제품을 주조할 수 있다.

해설 인베스트먼트 주조법
- 용융점이 낮은 왁스나 합성수지로 만들어 로스트 왁스 주조법이라고도 한다.
- 제품과 같은 모양의 모형(패턴)을 용융점이 낮은 양초(왁스)나 합성수지로 만든 후 내화재료(내열재)로 도포(코팅)하여 가열경화시키는 주조 방법이다.
- 주물의 표면이 깨끗하고 치수 정밀도가 높다.
- 제트엔진이나 디젤엔진의 부품처럼 복잡한 형상의 공업제품이나 미술공예품등 기계가공이 곤란한 제품의 주조에 많이 사용되므로, 인건비가 높고 재료가 비싸 생산성이 낮다.

13 유압장치에 대한 설명 중 옳지 않은 것은?

① 유량의 조절을 통해 무단 변속 운전을 할 수 있다.
② 파스칼의 원리에 따라 작은 힘으로 큰 힘을 얻을 수 있는 장치제작이 가능하다.

③ 유압유의 온도 변화에 따라 액추에이터의 출력과 속도가 변화되기 쉽다.
④ 공압에 비해 입력에 대한 출력의 응답속도가 떨어진다.

 유압장치의 장단점

장 점	단 점
• 입력에 대한 출력의 응답이 빠르다. • 유량의 조절을 통해 무단변속이 가능하다. • 파스칼의 원리에 따라 소형장치로 큰 출력을 얻을 수 있다. • 제어가 쉽고 조작이 간단하다. • 자동제어 및 원격제어가 가능하다. • 방청과 윤활이 자동적으로 이루어진다. • 수동 또는 자동으로 조작할 수 있다. • 각종 제어밸브에 의한 압력, 유량, 방향 등의 제어가 간단하다. • 과부하에 대해서 안전장치로 만드는 것이 용이하다. • 에너지의 축적이 가능하다.	• 유압유의 온도 변화에 따라 점도가 변하여 출력 효율이 변화하기도 한다. • 고압에서 누유의 위험이 있다. • 기름 속에 공기가 포함되면 압축성이 커져서 유압장치의 동작이 불량해진다. • 인화의 위험이 있다. • 전기회로에 비해 구성작업이 어렵다. • 먼지나 이물질에 의한 고장의 우려가 있다. • 공기압보다 작동속도가 떨어진다.

14 지름이 d이고 길이가 L인 전동축이 있다. 비틀림모멘트에 의해 발생된 비틀림각이 α라고 할 때 이 축의 비틀림각을 $\dfrac{\alpha}{4}$로 줄이고자 한다면 축의 지름을 얼마로 변경해야 하겠는가?

① $\sqrt{2}\,d$ ② $2d$ ③ $\sqrt[3]{4}\,d$ ④ $4d$

비틀림각(α) = $\dfrac{\text{비틀림모멘트} \times \text{길이}(L)}{\text{전단탄성계수} \times \text{극단면2차모멘트}}$

극단면 2차모멘트 = $\dfrac{\pi d^4}{32}$ 이므로 비틀림 각이 $\dfrac{\alpha}{4}$가 되기 위해 지름만 변할 경우에는 지름은 $4d^4$가 되어야 한다.

4는 $(\sqrt{2})^4$이므로 $4d^4 = (\sqrt{2}\,d)^4$로 변형할 수 있고, 지름은 $(\sqrt{2}\,d)$가 되어야 한다.

15 원심펌프에 대한 설명으로 옳지 않은 것은?
① 비속도를 성능이나 적합한 회전수를 결정하는 지표로 사용할 수 있다.
② 펌프의 회전수를 높임으로서 캐비테이션을 방지할 수 있다.
③ 송출량 및 압력이 주기적으로 변화하는 현상을 서징현상이라 한다.
④ 평형공(balance hole)을 이용하여 축추력을 방지할 수 있다.

정답 14 ① 15 ②

 **해설**

① 원심펌프의 비속도는 "어떤 펌프의 최고 효율점에서의 수치에 의해 계산하는 값"으로 정의되며, 펌프의 회전수, 토출량, 전양정으로 구해지므로, 성능이나 적합한 회전수를 결정하는 지표로 사용할 수 있다.

$$비속도 = \frac{회전수(N) \times 토출량(Q)^{1/2}}{전양정(H)^{3/4}}$$

 보충 펌프의 이상현상과 대책

이상현상	의 의	대 책
캐비테이션 (공동현상)	• 유체의 속도 변화에 의한 압력변화로 인해 유체 내에 공동이 생기는 현상	• 펌프내에서 포화증기압 이하의 부분이 생기지 않도록 않다. • 흡입양정을 줄인다 • 펌프의 설치위치를 가능한 한 낮게 한다. • 흡입손실수두를 최소로 하기 위하여 흡입관을 가능한 한 짧게 하고, 관내 유속을 작게한다. • 스트레이너는 통수 면적을 크게 잡으며 소제 및 관내 청소를 자주 한다 • **펌프의 회전수를 낮추어 흡입비속도를 적게 한다.** • 흡입관의 관경을 크게 한다 • 펌프 유량을 줄이고 양흡입 펌프를 사용한다.
서징 현상 (맥동현상)	• 송출압력과 송출유량사이에 주기적인 변동이 일어나는 현상	• 펌프내의 양수량을 증가시킨다. • 임펠러의 회전수를 변화시킨다. • 관로에 불필요한 공기조나 잔류공기를 제거하고, 관로의 단면적, 액체의 유속, 저항 등을 조정한다 • By – Pass관을 사용하여 운전점이 Surging범위를 벗어난 범위에서 운전하도록 한다. • 유량조절밸브를 펌프 토출측 직후에 설치한다. • 회전차나 안내깃의 형상치수를 바꾸어 그 특성을 변화시킨다. 특히, 날개의 출구각을 작게 하거나 안내깃의 각도를 조절할 수 있도록 배려한다.
수격작용	• 관속을 충만하게 흐르고 있는 액체의 속도를 급격히 변화시키면 액체에 심한 압력의 변화가 생기는 현상	• 유속을 낮게하여 관성력을 작게 한다 • 관로도중에 서지탱크를 설치하여 물을 보급하여 압력강하 방지와 압력상승을 흡수한다. • 공기조(Air chamber)를 설치한다. • 자동 수압조절밸브를 설치한다. • 펌프에 플라이휠을 부착하여 급격한 속도변화를 감소시킨다. • 릴리프밸브나 스모렌스키 체크밸브를 설치한다.
축추력	• 편흡입 펌프의 임펠러에 흡입구쪽으로 축방향 추력이 발생하여 회전차는 한 쪽 방향으로 밀리고 케이싱과 회전차가 접촉하여 동력 소모의 증가 및 펌프 재료의 마모가 유발되는 현상	• 평형공(balancing hole)을 설치한다. 임펠러에 수 개의 구멍을 뚫어서 압력을 같게 한다. • 이면깃을 설치한다. • 임펠러의 배면에 웨어링을 설치한다. • 임펠러의 출구를 경사지게 절취함으로서 후부 측벽의 면적, 즉 수압면적을 작게 한다.
과열현상	• 동일압력에서 회전수가 증가하여 펌프가 작아지게 되어 온도상승이 커지고 심한 열변형등이 발생하는 현상	• 상시 릴리프밸브를 설치한다. • 자동 Relief밸브 부착 Check 밸브를 사용하는 방법

16 탄성체의 고유진동수를 높이고자 한다면 다음 중 어떤 변수를 낮추어야 하는가

① 외력　　② 질량　　③ 강성　　④ 운동량

 해설

$$f(\text{고유진동수}) = \frac{1}{2\pi}\sqrt{\frac{K(\text{강성도 또는 탄성계수})}{M(\text{관성질량})}}$$

관성질량을 낮출수록 고유 진동수는 높아진다.

17 원통 코일 스프링의 스프링 상수에 대한 설명으로 옳지 않은 것은?

① 코일스프링의 권선수에 반비례한다.
② 코일을 감는데 사용한 소선의 탄성계수에 비례한다.
③ 코일을 감는데 사용한 소선 지름의 네제곱에 비례한다.
④ 코일스프링 평균지름의 제곱에 반비례한다.

 해설

$$K(\text{스프링상수}) = \frac{G(\text{탄성계수})d(\text{소선의 지름})^4}{8D(\text{평균지름})^3 n(\text{권선수})}$$

④ 코일스프링 평균지름의 <u>세제곱에 반비례한다</u>.

18 다이캐스팅(die casting)에 대한 설명으로 옳지 않은 것은?

① 주물조직이 치밀하며 강도가 크다.
② 일반 주물에 비해 치수가 정밀하지만, 장치비용이 비싼 편이다.
③ 소량생산에 적합하다.
④ 기계용량의 표시는 가압유지 체결력과 관계가 있다.

해설　**다이캐스팅**

- 용융금속에 압력을 가해 금형에 밀어넣으면 재질이 균일하고 치밀하게 되며, 탕구에서 짧은 시간내에 용융금속이 주형의 구석까지 주입되어 주물이 만들어 진다.
- 다이캐스팅 머신의 크기는 금형의 체결력으로 표시하며, 장치비용이 비싼 편이다.
- <u>소형주물을 대량생산할 수 있다.</u>
- 주물표면이 아름답다.
- 마무리 공정이나 추가의 기계가공 등이 거의 필요하지 않다.
- 비철금속(Al, Mg, Zn와 그 합금)의 주조에 사용된다.

정답　16 ②　17 ④　18 ③

19 산소 – 아세틸렌 용접법(OFW)의 설명으로 옳지 않은 것은?

① 화염크기를 쉽게 조절할 수 있다.
② 산화염, 환원염, 중성염 등의 다양한 종류의 화염을 얻을 수 있다.
③ 일반적으로 열원의 온도가 아크 용접에 비하여 높다.
④ 열원의 집중도가 낮아 열변형이 큰 편이다.

해설 아세틸렌 용접

산소와 아세틸렌이 화합했을 때 발생하는 높은 열을 이용해서 금속을 용접·절단 하는 장치이며, 불꽃이 생길 때 화학반응에 의해서 이산화탄소와 물이 생기므로, 활성이 강한 금속의 용접에는 사용되지 않는다. 아세틸렌과 산소가 1:1의 비율로 섞였을 때가 중성염이며, 아세틸렌의 비율이 산소보다 많을 때 환원염, 산소보다 더 적을 때 산화염이라고 하는데, 산화염, 환원염, 중성염 등의 다양한 종류의 화염을 얻을 수 있다.

장 점	단 점
• 화염크기를 조절할 수 있다. • 응용범위가 넓으며 운반이 편리하다. • 전기를 이용할 수 없는 곳에서의 금속접합에 이용한다. • 가열할 때 열량 조절이 비교적 자유롭기 때문에 박판 용접에 적당하다. • 전원 설비가 없는 곳에서도 쉽게 설치할 수 있고 설치 비용이 저렴하다. • 아크 용접에 비하여 유해광선의 발생이 적다.	• 아크 용접에 비해서 불꽃(열원)의 온도가 낮다. • 열 집중력이 나빠서 열변형이 큰 편이다. • 폭발의 위험성이 크고 금속이 탄화 및 산화될 가능성이 많다. • 아크 용접에 비해 가열 범위가 커서 용접 응력이 크고 가열시간이 오래 걸린다. • 용접 변형이 크고 금속의 종류에 따라서 기계적 강도가 떨어진다. • 아크 용접에 비해 일반적으로 신뢰성이 적다.

20 경도측정에 사용되는 원리가 아닌 것은?

① 물체의 표면에 압입자를 충돌시킨 후 압입자가 반동되는 높이 측정
② 일정한 각도로 들어 올린 진자를 자유낙하시켜 물체와 충돌시킨 뒤 충돌전후 진자의 위치에너지 차이 측정
③ 일정한 하중으로 물체의 표면을 압입한 후 발생된 압입자국의 크기 측정
④ 물체를 표준 시편으로 긁어서 어느 쪽에 긁힌 흔적이 발생하는지를 관찰

해설
① 쇼어 경도 시험
② 충격시험의 일종인 아이조드충격시험 원리이다.
③ 브리넬 경도시험
④ 마르텐스 경도 시험 (긋기 시험)

서울시 7개년 기출문제

기계일반

2020년 6월 13일 시행
서울시 9급

01 기계제도의 정투상법에서 사용되는 제3각법과 제1각법의 설명 중 가장 옳은 것은?

① 제3각법에서는 정면도의 오른쪽에 우측면도가 위치한다.
② 제3각법에서는 정면도 기준으로 우측면도와 배면도를 위주로 그린다.
③ 우리나라에서는 대부분의 회사에서 제1각법을 채택하고 있다.
④ 제1각법에서는 평면도가 정면도의 위에 배치된다.

 해설 **제1각법과 제3각법**

서로 직교하는 투상면의 공간을 4등분한 것을 투상각이라 하고, 기계제도에서는 3각법에 의한 정투상법을 사용함을 원칙으로 하고, 필요한 경우 제1각법을 따른다. 배면도, 좌측면도, 저면도 등은 가급적 사용하지 않는다.

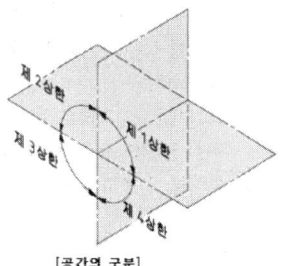

[공간역 구분]

구분	제1각법	제3각법
의의	물체를 제1상한에 놓고 투상하며 투상면의 앞쪽에 물체를 놓는다 순서 : 눈 → 물체 → 화면	물체를 제3상한에 놓고 투상하며 투상면의 뒤쪽에 물체를 놓는다. 순서 : 눈 → 화면 → 물체
특징	평면도는 정면도의 바로 아래에 그리고, 측면도는 투상체를 왼쪽에서 보고 오른쪽에서 그리므로 비교·대조하기가 불편하다.	평면도를 정면도 바로 위에 그리고, 측면도는 오른쪽에서 본 것을 정면도의 오른쪽에 그리므로 비교·대조하기가 불편하다.

02 체인 전동의 특징에 대한 설명으로 가장 옳지 않은 것은?

① 속비가 일정하며 미끄럼이 없다.
② 유지 및 수리가 어렵고 체인의 길이조절이 불가능하다.
③ 체인의 탄성에 의해 외부 충격을 어느 정도 흡수할 수 있다.
④ 초기 장력이 필요가 없어 작용 베어링에 예압이 거의 없다.

해설 **체인의 특징**

장 점	단 점
1. 미끄럼이 없고 속도비가 일정하다. 2. 유지와 수리가 간단하고, 길이를 신축할 수 있다. 3. 효율은 95% 이상이므로 큰 동력을 전달할 수 있다. 4. 내열, 내유, 내습성이 강하다. 5. 체인의 탄성으로 어느정도 충격이 흡수된다. 6. 초기장력이 필요 없다(정지때 장력 작용하지 않음)	1. 진동소음이 심하다. 2. 고속회전. 정숙운전에 부적당하다.

정답 01 ① 02 ②

03 강구(steel ball)를 일정한 하중으로 시험편 표면에 압입하여 재료의 경도를 시험하는 방법은?

① 쇼어(Shore) 경도 시험
② 비커스(Vikers) 경도 시험
③ 침투탐상법(penetrant inspection)
④ 브리넬(Brinell) 경도 시험

해설 ④ 브리넬(Brinell) 경도 시험에 대한 설명이다.
① 선단에 작은 다이아몬드를 붙인 압입자를 낙하시켰을 때 반발되어 튀어 올라오는 높이로 경도를 나타내는 방법이다.
② 다이아몬드 4각추로 된 압입자에 하중을 작용시켜 시험하며, 경도는 하중을 압흔의 대각선의 길이로부터 구한 압흔의 표면적으로 나눈 값으로 표시되며, 단단한 강이나, 정밀가공부품, 박판 등의 시험에 쓰인다.
③ 투액을 이용하여 비 다공성 비철금속과 재료표면의 불연속부의 탐지를 위한 비파괴방법이다.

04 유압펌프에서 공동현상(cavitation)을 방지하는 방법으로 가장 옳지 않은 것은?

① 펌프 설치 높이를 가능한 한 낮춤
② 두 대 이상의 펌프를 사용
③ 저항을 작게 하여 손실 수두를 줄임
④ 펌프의 회전수를 높임

해설 **공동현상의 발생 조건 및 방지책**

발생 조건	• 펌프와 흡수면의 수직거리(흡입높이)가 너무 길 때 • 과속운전으로 인하여 유량이 증가할 때 • 유동액체의 어느 부분이 고온일 때 • 저항이 클 때(strainer, valve 등) • 원주속도가 클 때
방지책	• 펌프 설치높이를 될 수 있는 대로 낮춘다(흡입양정을 짧게함) • 압축 펌프를 사용한다. • 회전차를 수중에 완전히 잠기게 한다. • 펌프의 회전수를 낮춘다. • 양흡입 펌프를 사용한다. • 두 대 이상 펌프를 사용한다. • 저항을 작게 하여 손실수두를 줄인다(밸브 적게, 흡입관 구경 크게 등)

05 주조에 대한 설명으로 가장 옳지 않은 것은?
① 목형을 제작할 때 목형의 치수는 주물의 치수보다 커야 한다.
② 주입구(gate)는 탕도에서 직접 쇳물이 흘러들어가는 부분이다.
③ 셸몰드법(shell mold process)은 주로 대형 주조에 유리하다.
④ 다이캐스팅법(die casting process)은 금형이 정밀하고 용융점이 낮은 금속에 적합하다.

해설 셸모드 주조법은 수지의 가격과 모형제작비가 비싸므로 만들 수 있는 주물의 크기에 한계가 있다.

06 2중나사(2줄나사)에서 나사를 25mm 전진시키는 데 2.5회전을 요한다면 이 나사의 피치(pitch)는?
① 5mm   ② 10mm   ③ 15mm   ④ 20mm

해설 리드 (L)= 줄수 (n) × 피치(P)
리드는 나사가 1회전 할 때 전진한 거리이므로, 2.5회전하는 동안 25mm 전진했다면 리드는 10(25 ÷ 2.5)이다. 리드가 10이고 줄수가 2줄 이므로 피치(P)는 다음과 같다.
10mm = 2 × 피치(P)   ∴ 피치는 5mm

07 기어의 피치원 지름이 20mm이고 잇수가 10개일 때, 이의 크기를 나타내는 모듈의 값은?
① 0.4   ② 0.5   ③ 2   ④ 4

해설 • 모듈(M) = $\dfrac{\text{피치원의 지름}}{\text{잇수}} = \dfrac{20}{10} = 2$

08 티타늄(titanium)에 대한 설명으로 가장 옳지 않은 것은?
① 녹는점이 낮아 고온보다 저온에서 작동하는 기계구조에만 사용된다.
② 생체 친화도가 높아 치아 임플란트(implant)에 사용된다.
③ 비중에 비해 강도가 높다.
④ 내식성이 우수하여 화학공업용 재료에 사용된다.

해설 **티타늄의 특징**
• 티타늄은 녹는점이 약 1670℃ 정도로 매우 높아서 완전한 주괴 제작이 곤란하다.
• 비중이 작지만 강도가 높아 철의 절반 정도의 무게만으로도 철과 유사한 수준의 강도를 낼 수 있다
• 금이나 백금 다음 가는 우수한 내식성을 가진다.
• 고온에서는 급격히 산화되어 본래 요구되는 성질이 없어지기 때문에 열간 가공과 용접이 곤란하다.
• 높은 항복 응력 때문에 냉간 가공 또한 어렵다

정답   05 ③   06 ①   07 ③   08 ①

09 CNC공작기계의 서보기구를 제어하는 방식과 그에 대한 설명을 옳게 짝지은 것은?

〈보 기〉

(가) 개방회로 제어방식(open loop system)
(나) 반폐쇄회로 제어방식(semi-closed loop system)
(다) 폐쇄회로 제어방식(closed loop system)

〈보 기〉

A. 검출기나 피드백 회로를 가지지 않기 때문에 구성은 간단하지만 구동계의 정밀도에 직접 영향을 받는다.
B. 위치 검출 정보를 축의 회전각으로부터 얻는 것과 이 물리량을 직접 검출하지 않고 다른 물리량의 관계로부터 검출하는 방식으로 정밀하게 제작된 구동계에서 사용된다.
C. 위치를 직접 검출한 후 위치 편차를 피드백하는 방식으로 특별히 정도를 필요로 하는 정밀공작기계에 사용된다.

　　　(가) (나) (다) 　　　　　　　　　(가) (나) (다)
① A　B　C　　　　　② B　C　A
③ C　A　B　　　　　④ A　C　B

해설 CNC공작기계의 서보기구를 제어하는 방식

개방회로 제어방식	반폐쇄회로 제어방식	폐쇄회로 제어방식
• 제어모터에서 지령한 펄스가 직접 기계에 전달되는 방식. • 검출기나 피드백회로를 가지지 않는 방식 • 구성은 간단하지만 구동계의 정밀도가 낮아 현재 거의 사용하지 않는 방식	• 명령된 만큼 이동되었는지를 서보모터에서 검출하는 방식 • 모터에서 회전시킨 만큼 테이블이 이동하였는지는 높은 정밀도의 볼 나사의 신뢰도에 맡기는 방식으로, 현재 가장 널리 쓰이는 방식 • 축 또는 이송나시의 회전수니 회전각도를 엔코더로 검출한 후 이를 직선 방향의 이송 거리로 환산하여 피드백을 제어하는 방식	• 기계테이블에 붙어 있는 펄스코더의 검출스케일 등의 검출기로 위치나 속도를 검출한 후 피드백제어(위치나 속도를 검출하여 지령값과 비교한 후 오차를 보정하는 제어)하는 방식 • 반폐쇄회로보다 더 고징밀도를 필요로 하는 공작기계나 볼 나사의 사용이 어려운 대형 기계에 사용

09 ①

10 〈보기〉의 유압기기 기호에 대한 설명으로 가장 옳은 것은?

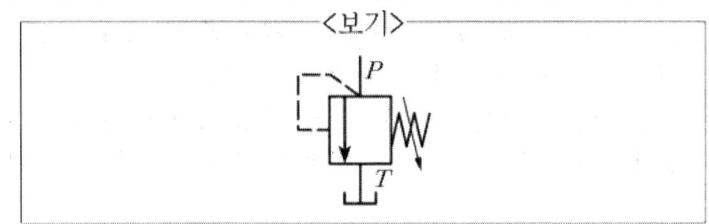

① 일부분에서의 압력(2차측)을 주회로 압력(1차측)보다 낮은 설정값으로 유지할 목적으로 사용하는 밸브
② 미리 설정한 압력으로 유지할 목적으로 사용하는 밸브
③ 여러 액추에이터 사이의 작동순서를 자동으로 제어하는 밸브
④ 유량을 설정한 값으로 제어하는 밸브

 해설 릴리프밸브 기호이고 릴리프밸브는 미리 설정한 압력으로 유지할 목적으로 사용하는 밸브이다.

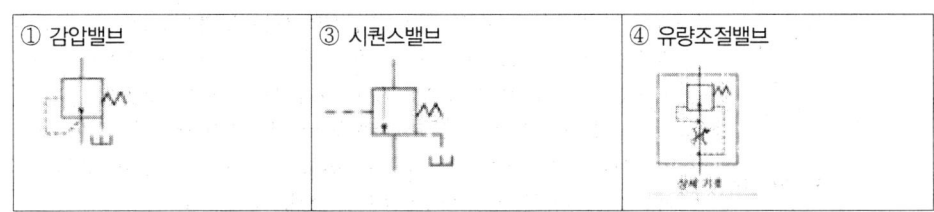

11 용접의 종류 중 용접에 해당하지 않는 것은?

① 저항용접
② 가스용접
③ 아크용접
④ 플라즈마용접

해설 용접의 종류

종류		내용
융 접 (두 모재의 접합할 부분을 용융상태가 되게 하여 접합하는 방법)	가스용접	• 산소 – 아세틸렌 용접 • 공기 – 아세틸렌 용접 • 산소 – 수소용접 • 산소 – 프로판용접
	아크용접	• 서브머지드 아크용접 • 이산화탄소 아크용접 • 플라즈마 아크용접 • 불활성가스 아크용접 (MIG용접(시일드아크용접) TIG용접)
	테르밋 용접	
압 접 (실온이나 가열한 두 모재 접합부에 큰 힘을 가해 접합하는 방법)	저항용접	• 점(spot)용접 • 프로젝션 용접 • 심(seam)용접 맞대기 용접 (업셋용접, 플래시용접)
	마찰용접	
	단 접	
납 땜		경 납, 연 납

정답 10 ② 11 ①

12 가공 재료의 표면을 다듬는 입자가공에 대한 설명으로 가장 옳지 않은 것은?

① 래핑(lapping)은 랩(lap)과 가공물 사이에 미세한 분말상태의 랩제를 넣고 이들 사이에 상대운동을 시켜 매끄러운 표면을 얻는 방법이다.
② 호닝(honing)은 주로 원통내면을 대상으로 한 정밀다듬질 가공으로 공구를 축 방향의 왕복운동과 회전 운동을 동시에 시키며 미소량을 연삭하여 치수 정밀도를 얻는 방법이다.
③ 배럴가공(barrel finishing)은 회전 또는 진동하는 다각형의 상자 속에 공작물과 연마제 및 가공액 등을 넣고 서로 충돌시켜 매끈한 가공면을 얻는 방법이다.
④ 숏피닝(shot peening)은 정밀 다듬질된 공작물 위에 미세한 숫돌을 접촉시키고 공작물을 회전시키면서 축 방향으로 진동을 주어 치수 정밀도가 높은 표면을 얻는 방법이다.

해설 ④는 슈퍼피니싱에 대한 설명이다.

구 분	방 법
호닝	• 내연기관 실린더 같은 원통면의 정밀 다듬질의 일종으로, 혼(hone)이라고 하는 공구를 회전과 왕복 운동을 시켜 공작물의 원통 내면을 유압 또는 스프링으로 압력을 주어 가공하는 방법
래핑	• 마모 현상을 가공에 응용한 것으로, 공작물과 래핑공구 사이에 미분말 상태의 랩제와 윤활제를 넣고 이들 사이에 상대 운동을 시켜 표면을 매끈하게 가공하는 방법
슈퍼피니싱	• 입도가 적고 연한 숫돌을 작은 압력으로 가공물의 표면에 가압하면서 가공물에 피드를 주고, 숫돌을 진동시키면서 치수 정밀도가 높은 표면을 얻는 방법
폴리싱	• 목재, 가죽, 캔버스, 직물 등 탄성이 있는 재료로 된 바퀴(폴리싱 휠) 표면에 부착시킨 미세한 연삭입자로 연삭 작용을 하게 하여 공작물 표면을 다듬는 방법
버핑	• 모, 직물 등으로 원반을 만들고 이것을 여러 장 겹쳐서 바퀴를 만들고, 윤활제를 섞은 미세한 연삭 입자의 작용으로 공작물 표면을 매끈하게 광택을 내는 작업
배럴	• 회전하는 상자에 공작물과 숫돌 입자, 공작액, 콤파운드 등을 함께 넣어 공작물이 입자와 충돌하는 동안에 그 표면의 요철을 제거하며, 매끈한 가공면을 얻는 다듬질 방법
숏피닝	• 경화된 철의 작은 볼을 공작물의 표면에 분사하여 그 표면을 매끈하게 하는 동시에 공작물의 피로 강도나 기계적 성질을 향상시키는 방법

13 "응력-변형률 선도"의 비례한도(proportional limit)내에서는 응력과 변형률 사이에 후크의 법칙(Hooke's law)이 성립한다. 즉 $\sigma = E\varepsilon$ 가 된다. 이때, "E"에 해당하는 것으로 가장 옳은 것은?

① 탄성한도
② 공칭응력
③ 종탄성계수
④ 진응력

해설 후크의 법칙

탄성한도내에서 응력과 변형률은 비례한다는 법칙이다.

구분	내용
수직응력(σ)인 경우	$\sigma = E\varepsilon$ (E : 종탄성계수, ε : 종변형률)
전단응력(τ)인 경우	$\tau = G\gamma$ (G : 횡탄성계수 = 가로탄성계수 = 전단탄성계수, γ : 전단변형률)

14 길이의 변화를 나사의 회전각과 지름에 의해 확대하고 확대된 길이에 눈금을 붙여 미소의 길이변화를 읽도록 한 측정기기는?

① 버니어 캘리퍼스(vernier calipers)
② 마이크로미터(micrometer)
③ 하이트 게이지(height gauge)
④ 한계 게이지(limit gauge)

해설

① 외경, 내경, 깊이, 단차 및 길이를 측정하는 것으로 미터 식에서는 1/20mm, 1/50mm까지 읽을 수 있다.
② 길이의 변화를 나사의 회전각과 직경에 의해 확대하여 그 확대된 길이에 눈금을 붙여 미소(micro)의 길이변화를 읽도록 한 측정기이다.
③ 높이게이지라고도 하며, 공작물의 높이 측정과 스크라이빙 블록(scribing block)과 함께 정밀한 금긋기에 사용하는 공구이다.
④ 생산량이 많은 부품 또는 제품의 가공에 있어 치수에 주어지는 허용범위내의 공차를 조사하여 합부(合否)를 결정하기 기구이다.

정답 13 ③ 14 ②

15 <보기>에서 설명하는 것으로 가장 옳은 것은?

─────〈 보　기 〉─────
담금질에 의해 생긴 단단하고 취약하며 불안정한 조직을 변태 또는 석출을 진행시켜 다소 안정한 조직으로 만들고 동시에 잔류응력을 감소시키며, 적당한 인성을 부여하기 위하여 페라이트와 오스테나이트 및 시멘타이트(Fe3C)가 평형상태에 있는 온도 영역 이하의 온도로 가열 후 냉각하는 열처리 방법

① 어닐링(annealing)　　② 노멀라이징(normalizing)
③ 템퍼링(tempering)　　④ 세라다이징(sheradizing)

 해설　강의 열처리

종류	내용
풀림 (어닐링)	냉간가공 또는 열처리로 인해 경화된 재료에 대하여 연성 증가, 경도 및 강도 저감, 잔류응력 해소, 특정한 미세구조의 형성을 목적으로, 재료를 일정한 온도 이상으로 가열하고, 그 온도로 일정하게 유지한 다음, 노안에서 서서히 냉각시키거나 공기중에서 냉각시키는 열처리
불림 (노멀라이징)	재료를 가열한 후 일정시간을 유지하여 균일한 결정조직으로 만든 다음, 공기중에서 냉각시켜 기계적 성질을 향상시키는 열처리
뜨임 (템퍼링)	담금질된 강을 변태점이하로 가열한 후 냉각시켜 담금질로 인한 취성을 제거하고, 경도를 떨어뜨려 강인성을 증가시키기 위한 열처리
담금질 (퀜칭)	강을 일정한 온도이상으로 가열하고, 그 온도에서 충분히 시간을 유지한 다음, 물 또는 기름 등에 담가 급랭시키는 열처리
세라다이징 (sheradizing)	금속침투법 (피복하고자 하는 재료를 가열하여 그 표면에 다른 종류의 피복금속을 부착, 확산에 의해서 합금 피복층을 얻는 방법)의 일종 아연(Zn)침투법이라고도 하며, Zn 분말속에 재료를 묻고 300~400℃로 1~5시간 동안 가열한다.

16 연화한 열가소성수지 튜브 내에 압축공기를 불어 넣고 금형의 안쪽에서 팽창시켜 각종 플라스틱용기를 성형하는 공정으로 가장 옳은 것은?

① 압출성형　　② 블로우성형
③ 열성형　　　④ 회전성형

 해설　블로우 성형에 대한 설명으로, 음료수병과 같이 좁은 입구를 가지는 용기의 제작에 가장 적합하다.
① 압출성형은 플라스틱 성형법의 일종으로 압출기를 사용해 압출 다이(dies)로부터 열가소성 수지를 가열, 연화하여 압출하는 성형방식이며, 제품의 체적 제한이 없고 복잡한 단면 형상에 대해서도 제한이 없으며 생산효율도 극대화 할 수 있다.
③ 열성형은 가열 연화시킨 물렁해진 플라스틱 시트에 외력을 가해 성형하는 방법이다
④ 분체(가루)형태의 플라스틱을 원료로 사용해 내부가 비어있는 형상의 제품을 성형하는 방법이다.

17 〈보기〉와 같이 길이 l인 단순보에 집중하중 P가 보의 중앙에 작용하고 있을 때의 최대 처짐량을 δ_c라고 하면, 집중하중 P의 작용점을 $a=\frac{3}{4}l, b=\frac{l}{4}$로 이동하였을 때의 최대 처짐량은 δ_c의 몇 배가 되는가? (단, 보의 자중은 무시한다.)

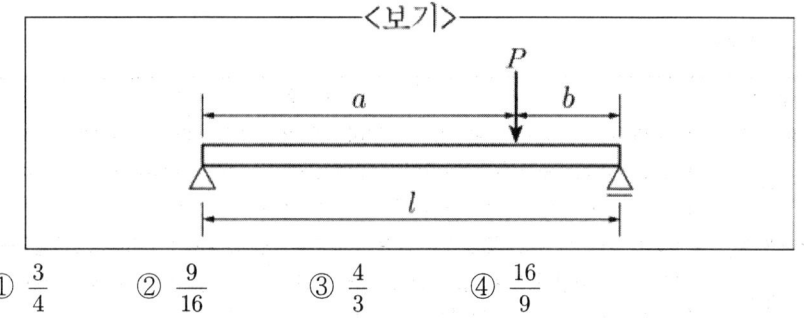

① $\frac{3}{4}$ ② $\frac{9}{16}$ ③ $\frac{4}{3}$ ④ $\frac{16}{9}$

해설 P가 보의 중앙에 작용하고 있을때의 최대처짐량 $\delta_c = \dfrac{Pa^2b^2}{3lEI} = \dfrac{P(\frac{l}{2})^2(\frac{l}{2})^2}{3lEI} = \dfrac{Pl^3}{48EI}$

P가 이동하였을 때의 최대처짐량 $\delta_c' = \dfrac{Pa^2b^2}{3lEI} = \dfrac{P(\frac{3l}{4})^2(\frac{l}{4})^2}{3lEI} = \dfrac{3Pl^3}{256EI}$

$\dfrac{\delta_c'}{\delta_c} = \dfrac{\frac{3Pl^3}{256EI}}{\frac{3Pl^3}{48EI}} = \dfrac{9}{16}$

18 기어에서 이의 간섭이 발생하는 것을 방지하기 위한 방법으로 가장 옳지 않은 것은?
① 피니언의 잇수를 최소 치수 이상으로 한다.
② 기어의 잇수를 한계치수 이하로 한다.
③ 압력각을 크게 한다.
④ 기어와 피니언의 잇수비를 매우 크게 한다.

해설 이의 간섭을 막는 방법
1. 이의 높이를 줄인다.
2. 압력각을 증가시킨다(20° 이상으로 크게 한다).
3. 치형의 이끝면을 깎아 낸다.
4. 피니언의 반지름 방향의 이뿌리면을 파낸다.
5. 피니언과 기어의 잇수 차이를 줄인다.
6. 피니언의 잇수를 최소치수 이상으로 한다.
7. 기어의 잇수를 한계치수 이하로 한다.

정답 17 ② 18 ④

19 보일러에서 연소가스의 폐열을 이용하여 보일러 급수를 예열시키는 장치는?

① 절탄기(economizer)　　② 과열기(super heater)
③ 공기예열기(air preheater)　　④ 집진기

해설　열교환기

구 분	내 용
절탄기	보일러에서 연소가스의 폐열을 이용하여 보일러 급수를 예열시키는 장치
과열기	보일러에서 발생하는 포화증기에는 다수의 수분이 함유되어 있으므로 이것을 과열하여 수분을 제거하여 과열도가 높은 증기를 얻기 위해 설치하는 장치
공기예열기	연소가스의 여열(남은 열)을 이용하여 연소용 공기를 예열하여 보일러의 효율을 높이는 장치
집진기	연소실에서 생성되고 굴뚝을 통과하여 대기중으로 방출되는 비산회는 환경오염의 큰 요인이 되므로 굴뚝직전에 환경오염을 방지하기 위해 설치하는 장치

20 〈보기〉와 같이 직육면체 물체($OPQRABCD$)에 힘 F가 점 C에 작용할 때 점 O와 점 A에서의 모멘트는? (단, F = Fj이다.)

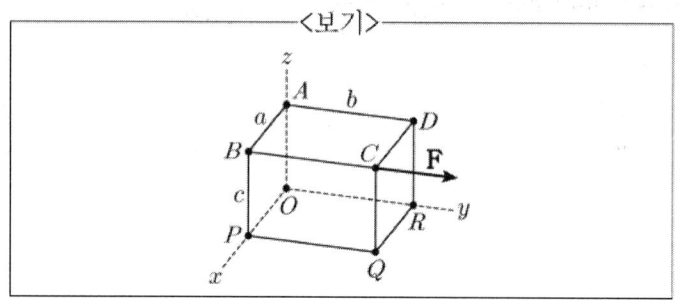

	점 O에서의 모멘트	점 A에서의 모멘트
①	bFj	bFj
②	$-bj$	$-bj$
③	$-cFi + aFk$	aFk
④	$cFi - aFk$	$-aFk$

해설　직교좌표계는 원점 O와 세개의 단위벡터 i, j, k 로 다음과 같이 구성되어 있다

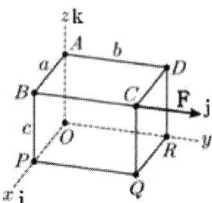

이때 점 O에서의 모멘트는 $-cFi + aFk$, 점 A에서의 모멘트는 aFk가 된다.

2019년 6월 15일 시행
서울시 9급 (제2회)

01 x면에 작용하는 수직응력 σ_x = 100MPa, y면에 작용하는 수직응력 σ_y = 100MPa, x방향의 단면에서 작용하는 y방향 전단응력 τ_{xy} = 20MPa일 때, 주응력 σ_1, σ_2의 값 [MPa]은?

① 120MPa, 80MPa
② -100MPa, 300MPa
③ -300MPa, 500MPa
④ 220MPa, 180MPa

 주응력 구하는 일반식

$$\sigma_{1,2} = \frac{\sigma_x + \sigma_y}{2} \pm \sqrt{(\frac{\sigma_x - \sigma_y}{2})^2 + \tau_{xy}^2}$$

$$= \frac{100MPa + 100MPa}{2} \pm \sqrt{(\frac{100MPa - 100MPa}{2})^2 + (20MPa)^2} = 100MPa \pm 20MPa$$

$\sigma_1 = 120MPa, \quad \sigma_2 = 80MPa$

02 그림과 같은 단순보(simple beam)에서 중앙 C점에서의 전단력 V와 굽힘모멘트 M의 값은? (단, 보의 자중은 무시한다.)

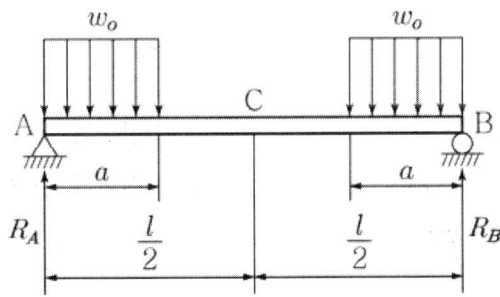

① $V = 0, \quad M - \frac{w_0 l^2}{4}$
② $V = 0, \quad M - \frac{w_0 a^2}{2}$
③ $V = w_0 a, \quad M = \frac{w_0 a^2}{4}$
④ $V = w_0 a, \quad M = \frac{w_0 l^2}{2}$

해설 분포하중을 집중하중으로 바꾸면 좌우대칭이므로 $R_A = R_B = w_o a$ 이며 C에서 전단력 V는 0이 된다.

점C에서 굽힘모멘트의 값은 길이가 $2a$이므로 $\frac{w_0 L^2}{8} = \frac{w_0 (2a)^2}{8} = \frac{w_0 a^2}{2}$ 이 된다.

정답 01 ① 02 ②

03 〈보기〉의 ㈎와 ㈏에 해당하는 것을 순서대로 바르게 나열한 것은?

―――〈보 기〉―――
㈎ 재료가 파단하기 전에 가질 수 있는 최대 응력
㈏ 0.05%에서 0.3% 사이의 특정한 영구변형률을 발생시키는 응력

① 항복강도, 극한강도 ② 극한강도, 항복강도
③ 항복강도, 탄성한도 ④ 극한강도, 탄성한도

 ㈎ 극한강도/ 인장강도 ㈏ 항복강도

04 그림과 같이 상태 1에서 상태 2로 변화하는 이상 기체상태변화의 이름과 상호 관계를 옳게 짝지은 것은?

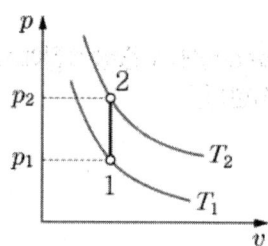

① 등온변화, $v_1 T_2 = v_2 T_1$
② 정압변화, $v_1 T_2 = v_2 T_1$
③ 정압변화, $p_1 T_2 = p_2 T_1$
④ 정적변화, $p_1 T_2 = p_2 T_1$

 이상기체 상태의 변화

변화	그림		관계식
정적변화		체적 v가 일정하므로 기체가 한 일(W)은 0 외부에서 기체에 가해준 열량(Q)은 모두 기체의 내부에너지변화량($\triangle U$) Q = $\triangle U$	$p_1 T_2 = p_2 T_1$
정압변화		압력 p은 변하지 않고 기체가 한 일(W)은 Δv Q = $\triangle U + \Delta v$	$v_1 T_1 = v_2 T_2$
등온변화		보일의 법칙을 따르며, 내부에너지의 변화량은 0이며, vp는 일정 Q = W $\triangle U = 0$	$v_1 p_1 = v_2 p_2$
단열변화		이상 기체의 상태를 정하는 변수 4개 (T, S, p, v) 중 엔트로피 S 는 변화하지 않는 변화 Q = 0 W = $-\triangle U$	v, p, T 모두 변함

05 습증기의 건도는 액체와 증기의 혼합물 질량에 대한 포화증기 질량의 비로 나타낸다. 어느 1kg의 습증기의 건도가 0.6일 때, 이 습증기의 엔탈피의 값[kJ/kg]은? (단, 포화액체의 엔탈피는 500kJ/kg이며, 포화증기의 엔탈피는 2,000kJ/kg으로 계산한다.)

① 1,200kJ/kg ② 1,400kJ/kg
③ 1,700kJ/kg ④ 2,300kJ/kg

해설 습증기의 엔탈피의 값[kJ/kg]의 공식
$$h = h_L + x(h_V - h_L) = 500 + 0.6(2,000 - 500) = 1,400 kJ/kg$$
h_L : 포화액체의 엔탈피 h_V : 포화증기의 엔탈피 x : 건도

06 기압계의 수은 눈금이 750mm이고, 중력 가속도 $g=10m/s^2$인 지점에서 대기압의 값[kPa]은? (단, 수은의 온도는 10°C이고, 이때의 밀도는 10,000kg/m³로 한다.)

① 75kPa ② 150kPa
③ 300kPa ④ 750kPa

해설 대기압 (Pa)=ρ(밀도 kg/m^3)×g(중력가속도 m/s^2)×h(높이)m)
= 10,000×10×0.75 = 75,000Pa = 75kPa

07 아주 매끄러운 원통관에 흐르는 공기가 층류유동일 때, 레이놀드 수(Reynolds number)는 공기의 밀도, 점성계수와 어떤 관계에 있는가?

① 공기의 밀도와 점성계수 모두와 반비례 관계를 갖는다.
② 공기의 밀도와 점성계수 모두와 비례 관계를 갖는다.
③ 공기의 밀도에는 반비례하고, 점성계수에는 비례한다.
④ 공기의 밀도에는 비례하고, 점성계수에는 반비례한다.

해설 $R_e = \dfrac{\rho V D}{\mu} = \dfrac{VD}{\nu}$

- ρ : 밀도
- D : 지름
- ν : 동점성계수
- V : 유속
- μ : 점성계수

정답 05 ② 06 ① 07 ④

08 압력이 600kPa, 비체적이 0.1m³/kg인 유체가 피스톤이 부착된 실린더 내에 들어 있다. 피스톤은 유체의 비체적이 0.4m³/kg이 될 때까지 움직이고, 압력은 일정하게 유지될 때 유체가 한 일의 값[kJ/kg]은? (단, 피스톤이 움직일 때 마찰은 없으며, 이 과정은 등압가역과정이라 가정한다.)

① 60kJ/kg ② 120kJ/kg
③ 180kJ/kg ④ 240kJ/kg

해설 유체가 한 일의 값 W [kJ/kg] = $P\Delta v$
= 600kPa × (0.4m³/kg − 0.1m³/kg) = 180kPa·m³/kg
※ 1 kJ = 1000 J = 1000 N·m = 1 kPa.m3

09 아크 용접의 이상 현상 중 용접 전류가 크고 용접 속도가 빠를 때 발생하는 현상으로 가장 옳은 것은?

① 오버랩 ② 스패터
③ 용입 불량 ④ 언더 컷

해설 아크 용접의 이상 현상

현상	내용	원인
오버랩	용융된 금속이 모재면에 덮혀진 상태의 결함	• 용접전류가 너무 약할 때 • 용접속도가 너무 느릴 때 • 운봉 및 용접봉 유지 각도가 부적당할 때
언더컷	용접과정 중 모재가 함몰되어 생기는 표면결함으로 날카로운 형상을 가지고 있어 응력집중에 의한 균열로 발전할 수 있는 결함	• 용접전류가 클 때 • 아크 길이가 길 때 • 용접봉취급이 부적당할 때 • 용접속도가 빠를 때
스패터	용융금속의 소립자가 비산하는 현상	• 용접전류가 클 때 • 용접봉과 모재의 수분에 의한 기포의 방출 • 아크 길이가 길 때 • 아크 블로우가 과대할 때
용입불량	모재의 어느 한부분이 완전히 용착되지 못하고 남아있는 현상	• 이음매 설계의 결함 • 용접속도가 빠를 때 • 용접전류가 낮을 때 • 용접봉 선택이 불량할 때
균열	용접부에 생기는 결함중에서 가장 치명적인 것으로 고온 균열과 저온 균열이 있음	• 이음의 강성이 클 경우 • 용착금속의 결함 • 부적당한 용접봉 사용 • 모재의 C, Mn등 합금원소가 높을 때 • 과대전류에서 과대 속도로 용접했을 때

10 〈보기〉의 설명에 해당하는 용접 방법으로 가장 옳은 것은?

〈보 기〉

- 원판 모양으로 된 전극 사이에 용접 재료를 끼우고, 전극을 회전시키면서 용접하는 방법이다.
- 기체의 기밀, 액체의 수밀을 요하는 관 및 용기 제작 등에 적용된다.
- 통전 방법으로 단속 통전법이 많이 쓰인다.

① 업셋 용접(upset welding)
② 프로젝션 용접(projection welding)
③ 스터드 용접(stud welding)
④ 시임 용접(seam welding)

해설 전기적 에너지를 이용한 가압용접법

점(spot) 용접	두 개의 모재를 겹쳐 아래 전극위에 놓고, 위 전극을 아래로 내려 모재에 접촉시켜 전류를 통해 접촉부의 온도가 용융상태에 가깝게 되었을 때 위 전극을 눌러 용접하는 방법
프로젝션 용접	모재의 반쪽에 돌기(프로젝션)을 만들고, 이것에 평행한 모재를 겹쳐서 놓고 전류를 통하여 용융 온도에 가깝게 되었을 때, 위 전극에 힘을 가해 돌기를 용융시켜 접합하는 방법
시임 (seam) 용접	• 전극으로 롤러를 사용하며, 그 사이에 모재를 겹쳐 놓고 전류를 통하여 연속적으로 가열,가압하여 접합하는 용접 • 원판 전극을 사용하여 용접전류를 공급하면서 가압 회전시켜 점용접을 연속적으로 행하는 선용접이다. • 액체의 누설을 막고, 기체의 기밀을 요하는 용기 및 관 등의 용접에 이용된다. seam 용접에 공급되는 전류의 일부는 이미 용접된 인접 용접부로 흘러 손실되고, 일부는 원판 전극 사이에 흐르므로 대전류를 요한다. • 통전법에는 단속통전법, 연속통전법 또는 맥동통전법을 채용하나, 대전류를 연속적으로 공급하면 열량이 과대하여 용접부 전체를 용융시키므로 단속적인 통전을 하는 경우가 많다.
벗(butt) 용접	용접하려는 재료의 단면을 맞대어 전극 사이에 대전류를 통하면 양 재료 사이의 접촉저항에 의해 단면은 가열 연화하고, 이 상태에서 이동 전극측을 가압하여 용접하는 방법

11 선반(lathe)으로 직경 50mm, 길이 200mm인 재료를 200rpm으로 가공했을 때, 주분력이 400N이었다. 이때의 절삭동력의 값[kW]은? (단, 1kW=1kN·m/s이고, 원주율 $\pi=3$으로 간주한다.)

① 0.2kW ② 0.4kW ③ 0.6kW ④ 0.8kW

해설 절삭동력[kW] = $P(주분력) \times V(절삭속도) = 0.4kN \times 0.5m/s$ = 0.2kN·m/s = 0.2kW

$V(절삭속도) = \pi DN = \dfrac{3 \times 50mm \times 200rpm}{60 \times 1000} = 0.5m/s$

rpm은 1분당 회전수이므로 초(s)당 속도로 맞추기 위해 60으로 나누고, mm를 m로 맞추기 위해 1,000으로 나누어 준다.

12 소성가공에서 직접(전방)압출과 간접(후방)압출을 구분하는 기준에 대한 설명으로 가장 옳은 것은?

① 램(ram)의 진행방향과 제품의 진행방향에 따라 구분한다.
② 램(ram)과 컨테이너(container) 사이의 마찰에 따라 구분한다.
③ 압출 다이(die)의 전후 위치에 따라 구분한다.
④ 압출 다이(die)와 컨테이너(container)의 접촉 상태에 따라 구분한다.

해설 직접(전방)압출과 간접(후방)압출

구 분	내용	특징
직접(전방) 압출	램(ram)의 진행방향과 제품의 진행방향이 동일한 압출	Container와 재료(빌릿)의 마찰 동력이 크다. 압출 완료시 20 ~ 30% 빌릿이 잔류한다.
간접(후방) 압출	램(ram)의 진행방향과 제품의 진행방향이 반대인 압출	잔류빌릿이 10%이하이지만 조업이 불편하고 표면상태가 나쁘다

13 보통선반의 구조에 대한 설명으로 가장 옳지 않은 것은?

① 주축대 : 공작물을 고정하며 회전시키는 장치
② 왕복대 : 주축에서 운동을 전달 받아 이송축까지 전달하는 장치
③ 심압대 : 공작물의 한 쪽 끝을 센터로 지지하는 장치
④ 베드 : 선반의 주요 부분을 얹는 부분

해설 선반의 구조

구조	내 용
베 드	• 다리(leg)로 지지되고, 그 위에 주축대, 심압대, 왕복대 등 여러 가지 주요부가 배치된다. • 선반의 안내운동을 정확하게 전달하는 역할을 한다.
주축대	• 전동기에서 오는 동력을 전달하는 작용을 한다. • 가공물을 고정하여 절삭 회전 운동을 하는 주축이 있고, 이것을 베어링으로 지지하여 정확한 회전운동을 시키면서 절삭저항에 이겨 동력을 전달하는 전동장치 기구와 가공물을 깎을 때 필요한 절삭 속도를 얻을 수 있는 속도변화기구 등을 갖고 있다. • 스핀들, 프레임, 베어링, 백기어 등으로 구성되어 있다.
심압대	• 주축의 반대쪽, 끝에 설치되어 공작물의 한쪽 끝을 지지할 때나 드릴링, 센터드릴, 센터 작업에 공구를 고정하고 공작물을 지지할 수 있는 역할을 한다.
왕복대	• 전면에는 에이프런이 있고 새들 위에는 회전대 및 바이트를 고정하는 공구대가 있다. • 바이트 및 기타 공구를 부착한 공구대를 가로와 세로로 이송할 수 있는 역할을 한다.
이송기구	• 왕복대의 자동 이송이나 나사 절삭이 적당한 리드를 얻기 위해 주축에서 운동을 전달받아 이송축 또는 리드스크류까지 전달하는 역할을 한다. • 운동전달순서 선반모터 → 주축대 → 변환기어 → 이송상자 → 이송축 또는 리드 스크루 → 왕복대

12 ① 13 ②

14 원통 용기 소재를 1차 드로잉률이 0.6, 재드로잉률이 0.8이 되도록 드로잉(drawing)을 실시하여 지름이 24mm인 원통 용기를 제작하였다. 처음 소재의 지름의 값[mm]은?

① 30mm ② 40mm ③ 50mm ④ 60mm

해설 드로잉률 계산 공식 ($ms = m1 \times m2 \times m3 \cdots \times mn = \dfrac{D_n}{D_1}$)

$0.6 \times 0.8 = \dfrac{24}{D_1}$ 이므로 $D_1 = 50mm$

15 〈보기〉에서 설명한 특징을 모두 만족하는 입자가공방법으로 가장 옳은 것은?

〈보 기〉
- 원통 내면의 다듬질 가공에 사용된다.
- 회전 운동과 축방향의 왕복 운동에 의해 접촉면을 가공하는 방법이다.
- 여러 숫돌을 스프링/유압으로 가공면에 압력을 가한 상태에서 가공한다.

① 호닝(honing)
② 전해 연마(electrolytic polishing)
③ 버핑(buffing)
④ 숏 피닝(shot peening)

해설

구 분	기 능
호 닝	내연기관 실린더 같은 원통면의 정밀 다듬질가공에 사용 막대모양의 가는 입자의 숫돌을 방사상으로 배치한 혼(hone)이라고 하는 공구를 회전과 왕복 운동을 시켜 공작물의 원통 내면을 가공하는 방법
전해 연마	공구(음극)와 일감(양극)을 전극으로 하여 전해액 속에 넣고 전류를 통하면 전기에 의해 화학적 용해작용이 일어나는데, 이때 발생하는 금속산화물막을 제거하면서 일감이 원하는 모양과 치수로 가공되는 방법
버 핑	모,직물 등으로 원반을 만들고 이것을 여러 장 붙이거나 재봉으로 누벼서 만든 버프바퀴를 고속으로 회전시키고, 여기에 가공물을 접촉시켜 연삭하는 가공법
숏 피닝	금속으로 만든 숏을 고속도로 가공물 표면에 분사하여 그 표면을 매끈하게 하는 동시에 공작물의 피로강도를 증가시키기 위한 일종의 냉간가공법

정답 14 ③ 15 ①

16 〈보기〉에서 구성인선(BUE : Built-Up Edge)을 억제하는 방법에 해당하는 것을 옳게 짝지은 것은?

― 〈 보　기 〉 ―
ㄱ. 절삭깊이를 깊게 한다.
ㄴ. 공구의 절삭각을 크게 한다.
ㄷ. 절삭속도를 빠르게 한다.
ㄹ. 칩과 공구 경사면상의 마찰을 작게 한다.
ㅁ. 절삭유제를 사용한다.
ㅂ. 가공재료와 서로 친화력이 있는 절삭공구를 선택한다.

① ㄴ, ㄹ, ㅁ　　　　　　　② ㄱ, ㄴ, ㄷ, ㄹ
③ ㄱ, ㄴ, ㄹ, ㅂ　　　　　　④ ㄷ, ㄹ, ㅁ

 해설 **구성인선의 발생방지법** (국가직 2012년 7번 문제 참조)
- 바이트의 윗면경사각(공구와 수직축이 이루는 각으로 30°까지)을 크게 한다.
- 윤활성이 좋은 효과적인 절삭유를 사용한다(공구 윗면경사면에 윤활을 하여 칩과 공구경사면간의 마찰을 감소시킨다).
- 마찰 계수가 작은 절삭 공구를 사용한다.
- 공구반경을 작게 한다.
- 절삭속도를 크게(빠르게) 한다(120m/min에서는 구성인선이 없어진다 : 임계속도).
- 절삭전 칩의 두께를 작게 한다.
- 절삭깊이를 작게 한다.
- 이동속도를 줄인다.
- 가공재료와 서로 친화력이 낮은 절삭공구를 선택하며, 날카로운 공구를 사용한다.

16 ④

17 펌프 내 발생하는 공동현상을 방지하기 위한 설명으로 가장 옳지 않은 것은?

① 펌프의 설치 위치를 낮춘다.
② 펌프의 회전수를 증가시킨다.
③ 단흡입 펌프를 양흡입 펌프로 만든다.
④ 흡입관의 직경을 크게 한다.

해설 펌프 내 발생하는 공동현상을 방지하기 위한 대책(2009년 지방직 15번 참조)
- 펌프내에서 포화증기압 이하의 부분이 생기지 않도록 않다.
- 흡입양정을 줄인다
- 펌프의 설치위치를 가능한 한 낮게 한다.
- 흡입손실수두를 최소로 하기 위하여 흡입관을 가능한 한 짧게 하고, 관내 유속을 작게한다.
- **펌프의 회전수를 낮추어 흡입비속도를 적게 한다.**
- 흡입관의 관경을 크게 한다
- 펌프 유량을 줄이고 양흡입 펌프를 사용한다.

18 유량이 0.5m³/s이고 유효낙차가 5m일 때 수차에 작용할 수 있는 최대동력에 가장 가까운 값[PS]은?(단, 유체의 비중량은 1,000kgf/m³이다.)

① 15PS
② 24.7PS
③ 33.3PS
④ 40PS

해설 수차의 동력 공식 (비중량 × 유량 × 유효낙차)

최대동력 = 1,000kgf/m³ × 0.5m³/s × 5m = 2,500kgf·m/s

1PS = 75 kgf·m/s 이므로 $\frac{2,500\,kgf\cdot m/s}{75}$ = 33.3PS

정답 17 ② 18 ③

19 기하공차의 종류와 그 기호가 바르게 연결되지 않은 것은?

① 진원도, ⌖   ② 원통도, ⌭

③ 동심도, ◎   ④ 온흔들림, ⌰

해설 ①은 위치도이다.(국가직 2013년 문제17번 참조)

20 〈보기〉에서 가는 2점 쇄선이 사용되는 경우에 해당하는 것을 옳게 짝지은 것은?

〈보　기〉

ㄱ. 도시된 단면의 앞쪽에 있는 부분을 표시하는 데 사용한다.
ㄴ. 인접 부분을 참고로 표시하는 데 사용한다.
ㄷ. 대상물의 일부를 파단한 경계 또는 일부를 떼어낸 경계를 표시하는 데 사용한다.
ㄹ. 도면에서 어떤 부위가 평면이라는 것을 나타낼 때 사용한다.
ㅁ. 가공 전 또는 가공 후의 모양을 표시하는 데 사용한다.

① ㄴ, ㄷ, ㅁ   ② ㄱ, ㄷ, ㄹ
③ ㄱ, ㄴ, ㅁ   ④ ㄴ, ㄷ, ㄹ

해설 ㄷ : 파단선, ㄹ : 가는 실선이 각각 사용된다.

참고 용도에 따른 선의 종류

선의 종류	모양	용도에 의한 명칭	용도
굵은 실선	———	외형선	대상물이 보이는 부분의 모양을 나타내는 데 사용한다.
가는 실선 (굵은 실선의 1/2 굵기)	———	치수선	치수를 기입하는 데 사용한다.
		치수 보조선	치수를 기입하기 위하여 끌어내는 데 사용한다.
		지시선	참고 사항, 기호 등을 표시하기 위하여 끌어내는 데 사용한다.
		회전 단면선	도형 내에 그 부분의 절단면을 90회전시켜서 표시하는 데 사용한다.
		중심선	도형의 중심을 간략하게 표시하는 데 사용한다.
		수준면 선	수면, 액면 등의 위치를 표시하는 데 사용한다.
파형의 가는 실선, 또는 지그재그선	∿	파단선	대상물의 일부를 파단한 경계, 또는 일부를 떼어낸 경계를 표시하는 데 사용된다.
가는 실선으로 규칙적으로 나열한 것	/////	해칭선	도형의 한정된 특정한 부분을 다른 부분과 구별하는 데 사용한다. 예를 들면, 단면도의 절단면 등을 표시한다.
가는 파선, 또는 굵은 파선	-------	숨은선	대상물의 보이지 않는 부분의 모양을 표시하는 데 사용한다.
가는 1점 쇄선	—·—·—	중심선	도형의 중심을 표시하거나 중심이 이동한 중심 궤적을 표시하는 데 사용한다.
		기준선	위치 결정의 근거임을 명시하는 데 사용한다.
		피치선	반복되는 도형의 피치를 잡는 기준이 되는 선이다.
굵은 1점 쇄선	—·—·—	기준선	기준선 중, 특히 강조하고 싶은 것에 사용한다.
		특수 지정선	특수한 가공을 하는 부분들, 특별한 요구 사항을 적용할 범위를 표시하는 데 사용한다.
가는 2점 쇄선	—··—··—	가상선	인접부분을 참고로 표시하는데 사용한다. 공구, 지그 등의 위치를 참고로 나타내는데 사용한다. 가동 부분을 이동 중의 특정한 위치 또는 이동 한계의 위치로 표시하는 데 사용한다. 가공 전 또는 가공 후의 모양을 표시하는 데 사용한다. 되풀이하는 것을 나타내는데 사용한다. 도시된 단면의 앞쪽에 있는 부분을 표시하는 데 사용한다.
		무게 중심선	단면의 무게 중심을 연결한 선이다.

2019년 2월 23일 시행
서울시 9급 (제1회)

01 1,200W의 전열기로 1kg의 물을 20℃에서 100℃까지 가열하는 데 걸리는 시간은 얼마인가? (단, 가열 중 에너지손실은 발생하지 않으며 물의 비열은 4.2J/g·K로 일정하다고 가정한다.)

① 1분 7초　　　　　② 2분 30초
③ 3분 10초　　　　　④ 4분 40초

가열해야 하는 열량 Q = 물체의 질량(kg) × 비열(kcal/kg℃) × 온도차(℃)]
　　　　　　　　　= 1000g × 4.2J/g·K × (100℃ − 20℃) = 336000J
(※비열 : 어떤 물질 1g의 온도 1℃를 또는 1K 높이는데 필요한 열량)
1,200W의 전열기 : 1초당 1,200J의 열량을 공급하므로
가열하는 데 걸리는 시간 = $\dfrac{336,000J}{1,200J/초}$ = 280초 = 4분 40초

02 구성인선(built-up edge, BUE)에 대한 설명으로 가장 옳지 않은 것은?

① 구성인선으로 인한 가공면의 표면 거칠기의 값은 작아진다.
② 절삭유와 윤활성이 좋은 윤활제 사용으로 방지할 수 있다.
③ 발생과정은 발생 → 성장 → 분열 → 탈락의 순서로 주기적으로 반복된다.
④ 절삭 속도를 높게 하거나, 절삭 깊이를 적게 하여 방지할 수 있다.

해설 구성인선에 의해 절삭된 가공면은 거칠게 되므로 표면거칠기의 값은 당연히 커진다.

참고 **구성인선(built-up edge)**

1. 의의 : 연성이 큰 연강, 스테인레스강, 알루미늄 등과 같은 재료를 절삭할 때 절삭열에 의해 절삭공구의 날 끝에 칩의 일부가 녹아붙거나 압착되어 공구의 날과 같은 역할을 하는 것을 말한다.
2. 특징
   • 구성인선은 발생, 성장, 분열, 탈락을 반복한다.
   • 구성인선이 탈락할때 공구의 일부가 떨어져 나간다.
   • 구성인선이 공구보다 아래에 있기 때문에 예정된 절삭깊이보다 깊게 절삭된다.
   • 구성인선에 의해 절삭된 가공면은 거칠게 되므로 표면정도와 치수정도를 해친다.
3. 구성인선의 발생방지법
   • 바이트의 윗면경사각(공구와 수직축이 이루는 각으로 30°까지)을 크게 한다.
   • 윤활성이 좋은 효과적인 절삭유를 사용한다(공구 윗면경사면에 윤활을 하여 칩과 공구경사면간의 마찰을 감소시킨다)
   • 마찰 계수가 작은 절삭 공구를 사용한다.
   • 절삭전 칩의 두께, 공구반경 및 절삭깊이를 작게하고 이동속도를 줄인다.
   • 절삭속도를 크게 한다.(120m/min에서는 구성인선이 없어진다 : 임계속도)

03 기준치수에 대한 구멍의 공차가 $\Phi 260^{+0.05}_{0}$, 축의 공차가 $\Phi 260^{+0.04}_{-0.09}$일 때 끼워맞춤의 종류는?

① 헐거운 끼워맞춤 ② 억지 끼워맞춤
③ 중간 끼워맞춤 ④ 축 기준 끼워맞춤

 해설 구멍의 최대치수 : 260.05, 구멍의 최소치수 : 260.00,
축의 최대치수 : 260.04, 축의 최소치수 : 259.91

1. 최대틈새(또는 죔새)와 최소 틈새(또는 죔새)
   구멍의 최대치수 - 축의 최소치수 = 260.05 - 259.91 = + 0.14mm : 틈새
   구멍의 최소치수 - 축의 최대치수 = 260.00 - 260.04 = - 0.04mm : 죔새

2. 끼워맞춤의 종류

종 류	의 의
억지 끼워맞춤	항상 죔새가 있는 끼워맞춤
중간 끼워맞춤	실 치수에 따라 틈새도 될 수 있고 죔새도 될 수 있는 끼워맞춤
헐거운 끼워맞춤	항상 틈새가 있는 끼워맞춤

3. 실 치수에 따라 틈새도 될 수 있고 죔새도 될 수 있으므로 중간 끼워맞춤에 해당한다.

04 다음 중 무차원수는?

① 비중 ② 비중량
③ 점성계수 ④ 동점성계수

해설 무차원수는 단위없이 상대적인 비(比)로 나타내는 수이다.
① 비중(比重) : 밀도에 대한 상대적인 비를 나타내므로 단위가 없는 무차원수이다.
② 비중량(比重量) : 단위부피당 중량으로 밀도에 중력가속도 g를 곱한 값이며 단위는 SI단위로는 N/m^3, 중력단위로는 kg_f/m^3로 표시한다.
③ 점성계수(μ)는 유체의 점성의 크기를 나타내는 값으로 SI단위계에서 1 kg/m·s = 1 Pa·s = 1 Pl(Poiseuille)로 표현된다.
④ 동점성계수(v)유체내에서 점성효과가 확산해 나가는 속도를 말하며, 단위로는 ㎡/s, ㎠/s를 사용하는데, 특히 ㎠/s를 스토크스(Stokes)라 부른다.

정답 03 ③ 04 ①

05 재료시험 항목과 시험 방법의 관계로 옳지 않은 것은?

① 충격시험 : 샤르피(charpy)시험
② 크리프(creep)시험 : 표면거칠기 시험
③ 경도시험 : 로크웰(Rockwell)경도시험
④ 피로시험 : 시편에 반복응력(cyclic stresses) 시험

해설 2010년 지방직 기출문제이다.

① 충격시험 : 샤르피시험, 아이조드시험
② 크리프 시험 : 파괴검사의 일종으로 일정하중방식 시험, 일정응력방식 시험, 가속시험 등이 있으며, 표면거칠기 시험은 비파괴검사중 육안검사법에 해당한다.
③ 경도시험 : 로크웰 시험, 브리넬 시험, 비커스 시험, 쇼어 시험
④ 피로시험 : 시편에 반복응력(cyclic stresses) 시험

06 복잡하고 정밀한 모양의 금형에 용융된 마그네슘 또는 알루미늄 등의 합금을 가압 주입하여 주물을 만드는 주조방법에 해당하는 것은?

① 셸 모울드 주조법
② 진원심 주조법
③ 다이 캐스팅 주조법
④ 인베스트먼트 주조법

해설 특수주조법

주 조 법	내 용
셸 모울드 주조법	금속으로 만든 모형을 가열로에 넣고 가열한 다음, 모형위에 규사와 페놀제 수지를 배합한 가루를 뿌려 경화시켜 주형을 만드는데, 이때 주형은 상하 두 개의 얇은 조개껍데기 모양의 셸을 만들므로 셸 모울드 주조법이라고 부른다.
원심주조법	주형을 고속으로 회전시키면서 쇳물을 주입하면 쇳물이 원심력에 의하여 주형을 따라 응고하게 되는데 이처럼 원심력을 이용하여 속이 빈 주물을 만드는 주조법이다. • 진원심주조법 : 액체를 원통형의 용기에 넣어 수직 또는 수평축을 중심으로 회전시키면 액체는 용기의 내벽에 붙게 되어 속이 비게되는 원리를 이용한 주조법 • 반원심주조법 : 원판형의 차바퀴, 풀리, 스포로켓 등을 그 대칭축을 수직회전축으로 하여 회전시키면서 중앙의 탕구부터 용탕을 주입하는 주조법 • 원심가압주조법 : 불규칙한 모양의 주물을 중앙의 탕구로부터 방사상으로 탕도를 붙여 배치하고, 탕구를 수직회전축으로 주형을 회전시키면서 주입하는 주조법
다이캐스팅 주조법	용융금속(마그네슘 또는 알루미늄 등의 합금)에 압력을 가해 금형에 밀어넣으면 재질이 균일하고 치밀하게 되며, 탕구에서 짧은 시간내에 용융금속이 주형의 구석까지 주입되어 주물을 만드는 방법으로, 얇고 복잡한 형상의 비철금속 제품 제작에 적합한 주조법이다.
인베스트먼트 주조법	주형틀에 있는 왁스 원형 모델을 유출시켜 만든 주형을 이용한 주조 방법으로, 기계가공이 곤란한 경질합금, 밀링커터 및 가스터빈 블레이드 등을 제작할 때 사용하는 주조법이다.
CO_2 주조법	사형주조시 주형이 그 형태를 유지할 수 있도록 모래입자를 서로 결합시켜 딱딱하게 경화시킬 필요가 있는데 이 때 경화제로 CO_2가스를 사용하는 방법이다.

07 압연가공에서 압하율[%]을 구하는 식으로 가장 옳은 것은? (단, H_0: 변형 전 두께, H_1: 변형 후 두께)

① $\dfrac{H_1 - H_0}{H_0} \times 100$

② $\dfrac{H_0 - H_1}{H_0} \times 100$

③ $\dfrac{H_1 - H_0}{H_1} \times 100$

④ $\dfrac{H_0 - H_1}{H_1} \times 100$

해설 압하율 = $\dfrac{\text{입측두께 (변형전 두께)} - \text{출측두께 (변형후 두께)}}{\text{입측두께 (변형전 두께)}} \times 100$

08 4사이클 6실린더 기관에서 실린더 지름 40mm, 행정 30mm일 때 총 배기량[cc]은?

① 24π ② 72π
③ 80π ④ 96π

해설 실린더1개당 배기량 = $\dfrac{\pi}{4} \times D^2 \times L = \dfrac{\pi}{4} \times (4)^2 \times 3 = 12\pi\,[cc]$ ※ $cc = cm^3$

총 6개의 실린더가 있으므로 총배기량 = $12\pi\,[cc] \times 6 = 72\pi$

09 직경이 10mm이며, 인장강도가 400MPa의 연강봉재에 6,280N의 축방향 인장하중이 작용할 때 이 봉재의 안전율은? (단, π = 3.14로 가정한다.)

① 3   ② 5
③ 7   ④ 9

해설 안전율(안전계수 s) = $\dfrac{\text{인장강도}}{\text{사용응력(허용응력)}} = \dfrac{400MPa}{80MPa} = 5$

사용응력 = $\dfrac{\text{인장하중}}{\text{면적}} = \dfrac{6280N}{5mm \times 5mm \times 3.14} = 80MPa$ ($1MPa = 1N/mm^2$)

정답 07 ② 08 ② 09 ②

10 〈보기〉와 같이 동일 재료의 단붙이축을 탄성한도 이내의 힘 F로 양쪽에서 당겼더니, 축 A와 축 B의 변형량이 같았다. $d_B = 2d_A$일 때 L_A와 L_B의 관계로 가장 옳은 것은? (단, 단면의 변화는 고려하지 않는다.)

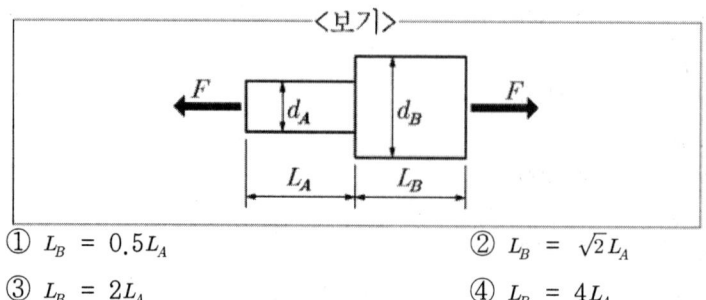

① $L_B = 0.5L_A$　　　② $L_B = \sqrt{2}L_A$
③ $L_B = 2L_A$　　　　④ $L_B = 4L_A$

해설 후크(Hooke's law)의 법칙

변형량$(\delta) = \dfrac{FL}{AE}$　(외력의 크기(F) 및 길이(L)에 비례하고 단면적(A)에 반비례)

단면적 (A) $= \pi(\dfrac{1}{2}d)^2$

$\dfrac{4FL_A}{(d_A)^2 E} = \dfrac{4FL_B}{(2d_A)^2 E}$ 를 정리하면 $L_A = \dfrac{L_B}{4}$ 이므로 $L_B = 4L_A$

11 가솔린기관에서 노크가 발생할 때 일어나는 현상으로 가장 옳지 않은 것은?
① 연소실의 온도가 상승한다.
② 금속성 타격음이 발생한다.
③ 배기가스의 온도가 상승한다.
④ 최고 압력은 증가하나 평균유효압력은 감소한다.

해설 가솔린기관에서 노크가 발생할 때 일어나는 현상
• 연소실 내의 온도는 상승하고 배기가스의 온도는 낮아진다.
• 타격음이 발생하며, 엔진 각부의 응력이 증가한다.
• 엔진의 과열 및 출력이 저하된다.
• 최고 압력은 상승하고 평균 유효압력은 낮아진다.
• 노크가 발생하면 배기의 색이 황색 또는 흑색으로 변한다.
• 실린더와 피스톤의 손상 및 고착이 발생한다.

12 수평면에 놓인 질량 $\sqrt{2}$ kg의 물체에 〈보기〉와 같은 방향으로 F의 일정한 힘이 작용하여 오른쪽으로 1m/s²의 등가속도로 미끄러지고 있다. 수평면과 물체사이의 운동마찰계수가 0.5이고, 중력가속도를 10m/s²으로 가정할 때, 힘 F의 크기[N]는?

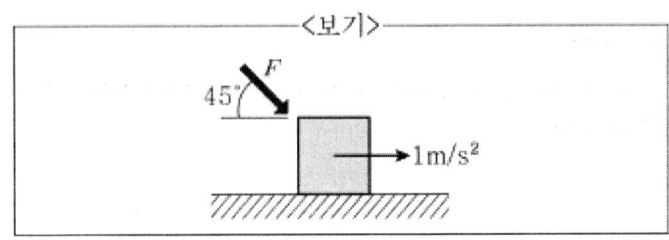

① 5   ② $5\sqrt{2}$ ③ 12   ④ 24

 해설 **힘의 분해**

힘(F)를 대각선으로 갖는 힘은 다음과 같이 나타낼 수 있다.

$F = F_x + F_y$
$F_x = F\cos 45° = \frac{\sqrt{2}}{2}F$
$F_y = F\sin 45° = \frac{\sqrt{2}}{2}F$

F_y의 성분분석을 통해 마찰력을 구하기

수직항력 (N) = F_y + mg = $\frac{\sqrt{2}}{2}F + (\sqrt{2}kg) \times 10m/s^2$

마찰력 $(f) = \mu_s \times N = (0.5) \times (\frac{\sqrt{2}}{2}F + 10\sqrt{2}) = \frac{\sqrt{2}}{4}F + 5\sqrt{2}$

F_x의 성분분석 (뉴턴의 제2법칙 응용)

질량 m의 물체에 작용하는 알짜 외력 F는 힘과 같은 방향의 가속도 a를 다음과 같이 만든다.

$F_x - f = ma = \frac{\sqrt{2}}{2}F - \frac{\sqrt{2}}{4}F - 5\sqrt{2} = (\sqrt{2}) \times 1$

$\frac{F}{4} = 6$ 이므로 $F = 24$

13 상온에서 비중이 작은 금속부터 순서대로 바르게 나열된 것은?

① 알루미늄 - 마그네슘 - 티타늄
② 알루미늄 - 티타늄 - 마그네슘
③ 마그네슘 - 알루미늄 - 티타늄
④ 티타늄 - 마그네슘 - 알루미늄

 해설 경금속 비중순서 : 마그네슘 (1.7) - 알루미늄 (2.7) - 티타늄 (4.5)

정답 12 ④ 13 ③

14 주철 조직에 관한 마우러(Maurer) 선도와 관계있는 원소는?

① Si ② Mn ③ P ④ S

해설 마우러(Maurer)의 조직도
탄소 함유량을 세로축, 규소 함유량을 가로축으로 하고, 두 성분 관계에 따라 주철의 조직이 어떻게 변화하는가를 나타낸 실용적인 선도를 말한다.

15 〈보기〉와 같이 간격이 L인 두 개의 커다란 평행 평판사이에 점성계수 μ인 뉴턴 유체가 놓여 있다. 아래 평판은 고정되어 있으며, 면적이 A인 위 평판에 힘 F를 가해 위 평판을 일정 속도 v로 움직인다. 다음의 서술 중 가장 옳지 않은 것은?

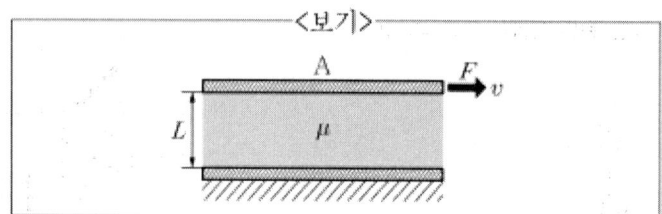

① 거리 L이 커질수록 필요한 힘 F가 커진다.
② 힘 F가 클수록 속도 v는 비례하여 커진다.
③ 평판 면적 A가 커질수록 필요한 힘 F가 커진다.
④ 점성계수 μ가 클수록 필요한 힘 F가 커진다.

해설 뉴턴의 점성법칙 공식 = $F = \mu \dfrac{A v}{L}$

16 부력에 관한 설명으로 가장 옳지 않은 것은?

① 유체 내에 잠겨 있는 물체에 작용하는 부력은 그 물체에 의해 배제된 유체의 무게와 같다.
② 유체 위에 떠 있는 물체에 작용하는 부력은 그 물체의 무게와 같다.
③ 부력은 배제된 유체의 무게중심을 통과하여 상향으로 작용한다.
④ 일정한 밀도를 갖는 유체 내에서의 부력은 자유표면으로부터 거리가 멀어질수록 증가한다.

해설 유체 안에 있는 물체의 부력의 크기는 유체 내에서 물체가 차지하는 부피만큼의 유체의 무게이다.

부력 $B = \rho V g$ (ρ : 유체의 밀도, V : 유체속에 잠긴 물체의 부피, g : 중력가속도)

자유표면은 물성이 다른 두 개 이상의 유체 사이의 움직이는 경계면으로서 특히 경계를 이루는 두 유체 중 하나의 밀도가 타 유체의 밀도에 비해 매우 작을 경우를 말하며, 압력이 거의 없는 면을 말한다.

17 이상기체의 교축과정(throttling process)에 대한 설명으로 가장 옳지 않은 것은?

① 엔탈피의 변화가 없다.
② 온도의 변화가 없다.
③ 압력의 변화가 없다.
④ 비가역 단열과정이다.

 해설 **이상기체의 교축과정**
- 유로(流路)의 도중에 유로의 단면을 급격히 좁게 할 때 이 부분을 지나는 가스 또는 증기는 마찰이나 와동 때문에 유체의 압력은 떨어진다. 이와 같은 압력강하 현상을 교축(Throttling)이라고 한다. 교축이 일어나는 과정에서는 외부에 일을 하지 않으며 또 외부와의 열교환도 없고 단지 압력강하만 있을 뿐이다.
- 압력강하는 와동의 발생이나 흐름의 마찰에 의해서 일어나므로 교축현상은 대표적인 비가역과정이다. 비가역변화이므로 엔트로피는 항상 증가되는 쪽으로 그려진다.
- 기체의 흐름을 교축하면 이상기체에서는 온도는 변하지 않는데 실제기체에서는 온도가 떨어진다. 이때 온도가 떨어지는 현상을 Joule-Thomson 효과라고 한다.

18 범용 선반(Lathe)의 크기를 표시하는 방법에 해당하지 않는 것은?

① 베드 위의 스윙
② 왕복대상의 스윙
③ 테이블의 최대이동거리
④ 양센터 사이의 최대이동거리

해설 **범용 선반(Lathe)의 크기**

크기표시방법	내용
베드상의 스윙	베드에 접촉되지 않고 주축에 설치할 수 있는 피가공물의 최대 직경
왕복대상의 스윙	왕복대와 간섭 없이 주축에 설치할 수 있는 최대 직경
양 센터간의 최대거리	베드상에서 심압대를 주축으로부터 최대한으로 벌려 놓았을 때의 주축과 심압축에 끼워 넣을 수있는 센터간의 거리로 양 센터간 지지되는 피가공물의 최대 길이

19 아크 용접 결함인 언더컷의 주요 발생원인으로 가장 옳지 않은 것은?

① 아크 길이가 너무 길 때　　② 전류가 너무 낮을 때
③ 용접봉 선택이 부적당할 때　　④ 용접 속도가 너무 빠를 때

해설 아크용접 결함

구분	언더컷	오버랩	크랙(균열)
형태	용접과정 중 모재가 함몰되어 생기는 표면결함으로 날카로운 형상을 가지고 있어 응력집중에 의한 균열로 발전할 수 있는 결함	용융된 금속이 모재면에 덮혀져 표면이 불균일하고 응력이 집중되어 용접부의 강도가 저하되는 결함	용착금속이 냉각후에 생기는 실모양 균열 고온균열 (열간균열) 저온균열 (냉간균열)
원인	• 용접전류가 과다할 때, • 아크(arc) 길이가 길 때, • 용접 속도가 너무 빠를 때 • 용접봉 선택이 부적당할 때	• 용접속도가 너무 느릴 때 • 용접전류가 너무 낮을 때 • 용접봉의 용융점이 모재의 것보다 낮을 때	• 예열 및 후열관리 부족 • 크레이트 처리의 불완전 • 루트간격의 과대

20 도면의 표제란에 기입하는 내용에 해당하는 것을 〈보기〉에서 모두 고른 것은?

〈보　기〉
ㄱ. 품명　　　　ㄴ. 수량
ㄷ. 척도　　　　ㄹ. 각법(투상법)
ㅁ. 재질　　　　ㅂ. 표면거칠기

① ㄱ, ㄴ, ㄷ
② ㄱ, ㄴ, ㄷ, ㄹ
③ ㄱ, ㄴ, ㄷ, ㄹ, ㅁ
④ ㄱ, ㄴ, ㄷ, ㄹ, ㅁ, ㅂ

해설 표제란의 예시

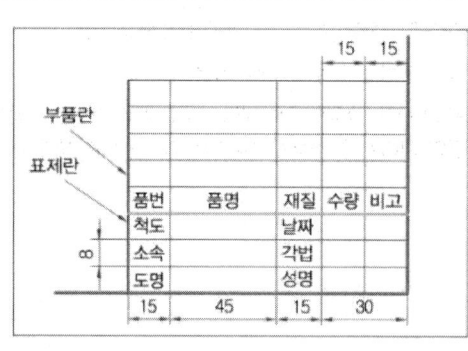

1. 품번 : 부품의 번호
2. 품명 : 부품의 명칭
3. 재질 : 부품의 재질(재료)
4. 수량 : 부품을 제작하는 수량
5. 비고
6. 척도 : 도면과 실제제품간의 크기 비교 칸
7. 날짜 : 도면의 작성 날짜
8. 각법 : 3각법, 1각법 등을 구분을 위한 칸
9. 도명 : 프로젝트 명
10. 성명 : 작성자 성명

정답　19 ② 20 ③

2018년 6월 23일 시행 서울시 9급(제2회)

01 점도 μ와 동점도 ν에 대한 설명으로 옳은 것을 〈보기〉에서 모두 고른 것은?

> ㄱ. 공기의 점도는 온도가 증가하면 증가한다.
> ㄴ. 물의 점도는 온도가 증가하면 감소한다.
> ㄷ. 동점도의 단위는 m²/s이다.
> ㄹ. 점도의 단위는 N/(m·s)이다.

① ㄱ, ㄴ, ㄷ
② ㄱ, ㄴ, ㄹ
③ ㄱ, ㄷ, ㄹ
④ ㄴ, ㄷ, ㄹ

해설
ㄱ. 기체(공기)의 점성도는 온도 증가에 비례한다.
ㄴ. 액체의 점도는 온도가 증가함에 따라 감소하고 압력이 증가함에 따라 증가한다.
ㄷ. 동점도는 절대밀도를 밀도로 나눈 값으로, 동점도의 단위는 m²/s이다.
ㄹ. 점도의 단위는 일반적으로 kg/m·s 또는 Pa·s로 표시한다. 국제단위계 단위로는 뉴턴 초매제곱미터 (N·s/m²)를 사용한다.

02 화학기상증착법(Chemical Vapor Deposition, CVD)에 대한 설명으로 가장 옳지 않은 것은?

① 화학반응 또는 가스분해에 의해 가열된 기판 표면 위에 박막을 성장시키는 공정이다.
② CVD는 인(P) 불순물이 섞인 이산화규소처럼 도핑된 SiO_2의 층을 만드는 데 사용될 수 있다.
③ 일반적으로 화학기상증착에 의해 생성된 실리콘 산화물막의 밀도와 기판에 대한 접합성은 열산화에 의해 생성된 것보다 우수하다.
④ 반도체 웨이퍼 공정에 이산화실리콘, 질화실리콘 및 실리콘층을 추가하기 위해 널리 사용된다.

해설
일반적으로 열산화에 의해 생성된 실리콘 산화물막의 밀도와 품질이 우수하다.

정답 01 ① 02 ③

보충 용어 해설

- **반도체 집적회로** : 다양한 기능을 처리하고 저장하기 위해 많은 소자를 하나의 칩 안에 집적한 전자부품을 말한다.
- **웨이퍼(Wafer)** : 반도체 집적회로의 핵심 재료로 원형의 판을 의미한다. 웨이퍼라는 얇은 기판 위에 다수의 동일 회로를 만들어 반도체 집적회로가 탄생되는 만큼, 웨이퍼는 반도체의 기반이라고 할 수 있다.
- **박막트랜지스터** : 기판위에 쌓아올린 반도체 소자를 말한다. 기판위에 한층한층 쌓아올릴 때마다 SiO_2(이산화규소)등의 재료로 만든 절연막과 보호막층이 들어가는데, 이 물질들을 쌓을 때 화학기상증착법등이 사용된다.
- **증착** : 화학반응 또는 가스분해(열분해, 광분해, 환원법, 산화작용, 산화환원반응)에 의해 가열된 기판위에 박막을 성장시키는 작업을 말한다.

03 한계 게이지 중 플러그 게이지의 통과쪽과 정지쪽의 가공치수로 가장 옳은 것은?

	통과쪽	정지쪽
①	축의 최대 허용치수	축의 최소 허용치수
②	축의 최소 허용치수	축의 최대 허용치수
③	구멍의 최대 허용치수	구멍의 최소 허용치수
④	구멍의 최소 허용치수	구멍의 최대 허용치수

 해설 한계게이지

2개의 한계인 최대허용치수와 최소허용치수를 만족하는지 빠르게 검사하는데 사용되는 게이지이다.

구 분	측정 도구	최대치수	최소치수
구 멍	플러그 게이지	구멍에 들어가면 안 되므로 정지 쪽	구멍에 들어가야 하므로 통과쪽
축	링 게이지와 스냅 게이지	통과 쪽	정지 쪽

04 1000K 고온과 300K 저온 사이에서 작동하는 카르노사이클이 있다. 한 사이클 동안 고온에서 50kJ의 열을 받고 저온으로 30kJ의 열을 방출하면서 일을 발생시킨다. 한 사이클 동안 이 열기관의 손실일(lost work)은?

① 5kJ
② 10kJ
③ 15kJ
④ 20kJ

 해설

카르노기관의 열효율 = $1 - \dfrac{Q_C(\text{저온의 열원 : 300K})}{Q_H(\text{고온의 열원 : 1,000K})} = 0.7$

열효율에 의한 가역일 = 50kJ × 0.7 = 35kJ
가역일 중 실제일 = 50kJ − 30kJ = 20kJ
손실일 = 35kJ − 20kJ = 15kJ

05 다이캐스팅에 대한 설명으로 가장 옳지 않은 것은?

① 쇳물을 금형에 압입하여 주조하는 방법이다.
② 매끄러운 표면과 높은 치수 정확도를 갖는 제품을 생산할 수 있다.
③ 장치비용이 비싸지만 공정이 많이 자동화되어 있어 대량생산에 경제적이다.
④ 용탕이 금형 벽에서 느리게 식기 때문에 주물은 미세입자를 갖고, 중심부보다 강한 표면부를 형성한다.

해설
용융금속에 압력을 가해 금형에 밀어넣으면 재질이 균일하고 치밀하게 되며, 탕구에서 짧은 시간내에 용융금속이 주형의 구석까지 주입되어 주물이 만들어 진다. 용탕이 금형 벽에서 급랭하기 때문에 주물은 미세입자를 갖고, 중심부보다 강한 표면부를 형성한다.

06 펌프에 대한 설명으로 가장 옳지 않은 것은?

① 원심 펌프는 임펠러를 고속으로 회전시켜 양수 또는 송수한다.
② 터빈 펌프는 효율이 높아 비교적 높은 양정일 때 사용하는 원심 펌프이다.
③ 버킷 펌프(bucket pump)는 피스톤에 배수 밸브를 장치한 원심 펌프의 일종이다.
④ 벌류트 펌프(volute pump)는 날개차의 외주에 맴돌이형실을 갖고 있는 펌프로 원심 펌프의 일종이다.

해설
버킷펌프(bucket pump)는 피스톤에 배수 밸브를 장치한 수동형펌프로 왕복펌프의 일종이다.

 보충 유압펌프의 분류 (국가직 2017년 해설 17번 참조)

구 분	특 징	종 류
용적형 펌프	부하압력과 거의 관계없이 펌프 구동축 1회 전당 토출량이 일정	• 회전펌프 : 기어펌프, 베인펌프, 나사펌프 • 왕복펌프 : 피스톤펌프(플런저펌프), 버킷펌프
비용적형 펌프(터보형)	깃(vane)을 가진 임펠러의 회전에 의해 유입된 액체에 운동에너지를 부여하고, 다시 와류실등의 구조에 의해 압력에너지로 변환시키는 형식의 펌프 토출량이 일정하지 않음	• 원심펌프 : 터빈펌프(디퓨저펌프), 불류트펌프 • 축류펌프 • 사류펌프

07 부품의 잔류응력에 대한 설명으로 가장 옳지 않은 것은?

① 부품 표면의 압축잔류응력은 제품의 피로수명 향상에 도움이 된다.
② 풀림처리(annealing)를 통해 잔류응력을 제거하거나 감소시킬 수 있다.
③ 부품 표면의 인장잔류응력은 부품의 피로수명과 피로강도를 저하시킨다.
④ 숏피닝(shot peening)이나 표면압연(surface rolling)을 통해 표면의 압축잔류응력을 제거할 수 있다.

해설

①, ④ 숏피닝(shot peening)이나 표면압연(surface rolling)은 표면에 압축잔류응력을 부여하여 금속부품의 피로수명을 향상시키는 방법이다.
②, ③ 인장잔류응력은 피로수명과 파괴강도를 저하(표면)시키며, 응력균열 및 응력부식균열을 야기시키므로, 풀림처리(annealing) 또는 항복응력 이상의 소성변형을 추가함으로써 잔류응력을 제거하거나 감소시킬 수 있다.

08 냉동기의 COP가 2이다. 저온부에서 1초당 5kJ의 열을 흡수할 때 고온부에서 방출하는 열량은?

① 5.5kW
② 6.5kW
③ 7.5kW
④ 8.5kW

해설

$$COP(2) = \frac{T_2(\text{저온부에서 흡수하는 열량})}{T_1(\text{고온부에서 방출하는 열량}) - T_2} = \frac{5}{T_1 - 5}$$

∴ 고온부에서 방출하는 열량 : 7.5kW

09 연삭가공에 사용되는 숫돌의 경우 구성요소가 되는 항목을 표면에 표시하도록 규정하고 있다. 이 항목 중 숫자만으로 표시하는 항목은?

① 결합제
② 숫돌의 입도
③ 입자의 종류
④ 숫돌의 결합도

해설 연삭숫돌의 표시예

입자	입도	결합도	조직	결합제	바깥지름		두께		구멍지름
GC	54	K	M	V	205	×	25	×	100

07 ④ 08 ③ 09 ②

10 응력의 분포상태가 국부적인 곳에서 큰 응력이 발생하는 현상을 응력집중(stress concentration)이라 한다. 〈보기〉와 같이 작은 구멍이 있는 사각 형판에 인장하중이 작용할 때 단면상 응력이 가장 크게 발생하는 곳은?(단, 검은 점은 위치를 나타내기 위한 기호임)

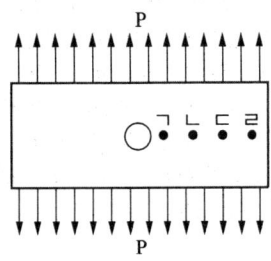

① ㄱ   ② ㄴ   ③ ㄷ   ④ ㄹ

 해설
구멍이 없는 경우에는 응력이 ㄱ, ㄴ, ㄷ, ㄹ 모두 동일하지만, 구멍이 있는 경우에는 ㄱ에서 가장 크게 응력이 발생하고 ㄹ로 갈수록 우하향하는 곡선을 이루며 줄어든다.

11 원형단면봉에 8N/mm²의 인장응력과 3N/mm²의 전단응력이 동시에 작용하고 있을 때, 최대 주응력[N/mm²]과 최대 전단응력[N/mm²] 값으로 가장 옳은 것은?

	최대 주응력	최대 전단응력		최대 주응력	최대 전단응력
①	4	3	②	9	5
③	8	6	④	11	9

 해설
최대 주응력($\sigma_{\max}$) = $\frac{\sigma}{2} + \sqrt{(\frac{\sigma}{2})^2 + \tau^2} = \frac{8}{2} + \sqrt{(\frac{8}{2})^2 + 3^2} = 9$

최대 전단응력($\tau_{\max}$) = $\sqrt{(\frac{\sigma}{2})^2 + \tau^2} = \sqrt{(\frac{8}{2})^2 + 3^2} = 5$

(σ : 인장응력, τ : 전단응력)

12 원통의 진원도, 축의 흔들림 등의 측정에 사용되는 비교측정기로 가장 옳은 것은?
① 다이얼 게이지(dial gauge)
② 마이크로미터(micrometer)
③ 버니어 캘리퍼스(vernier calipers)
④ 한계 게이지(limit gauge)

정답 10 ① 11 ② 12 ①

해설
① 다이얼 게이지는 길이의 비교측정에 사용되며 평면이나 원통형의 평활도(매끄러운 정도), 원통의 진원도(둥근 봉, 둥근 구멍, 둥근 추, 구 등이 진원에서 벗어난 정도), 축의 흔들림 정도 등의 검사나 측정에 쓰이고 시계형, 부채꼴형 등이 있다.
② 암나사와 수나사의 끼워맞춤을 응용한 길이측정기로, 바깥지름, 안지름, 깊이측정에 이용되며, 보통 0.01mm까지의 치수를 읽을 수 있고, 버니어를 이용하면 0.0001mm까지도 읽을 수 있다.
③ 자와 캘리퍼스를 조합한 길이측정기로, 마이크로미터와 마찬가지로 바깥지름, 안지름, 깊이측정에 이용되며, 미터식에서는 1/20mm, 1/50mm까지 측정된다. 마이크로미터의 경우, 일반적으로 사용되는 것은 0.01mm 단위이므로 마이크로미터가 측정정밀도가 높다.
④ 제품을 가공할 때 정확한 치수대로 가공하기 어려우므로 허용한계를 두게 되는데, 이 허용한계를 쉽게 측정하는 게이지를 한계게이지라고 한다.

13 수평으로 놓여 있는 원형 파이프 내부의 완전 발달된 층류 유동에 대한 압력손실을 파이프의 길이 L, 파이프의 지름 D, 내부를 흐르는 유체의 점도 μ 와 부피유량 Q 의 함수로 표시할 때 가장 옳지 않은 것은?

① 압력손실은 L에 비례한다.　② 압력손실은 D^2에 비례한다.
③ 압력손실은 μ에 비례한다.　④ 압력손실은 Q에 비례한다.

해설
하겐포아젤 방정식에 의하면 압력손실 = $\dfrac{128\mu L Q}{\pi D^4}$ 이 된다.
따라서 압력손실은 D^4에 반비례한다.

14 베어링 호칭번호가 '6204C2P6'일 경우, 이 번호로부터 알 수 있는 것에 해당하지 않는 것은?
① 형식 번호　② 내경 번호
③ 실드 기호　④ 정밀도 등급

해설 베어링 호칭번호

6	2	04	보조기호				P6
			틈새기호	실드기호	리테이너	궤도륜	
형식 번호	계열 기호	내경 번호	숫자가 커질수록, 내부틈새의 크기가 커짐 C1, C2, CN, C3, C4, C5	Z : 한쪽면 실드 ZZ : 양쪽면 실드	M, W T, V	K, K30 E, E4 N, NR	등급기호(6급) - 숫자가 작아질수록 정밀도가 높음

정답　13 ②　14 ③

보충 베어링 내경번호와 지름
- 1~9 : 그 숫자가 베어링 안지름임
- 01 : 12mm
- 03 : 17mm
- 00 : 10mm
- 02 : 15mm
- 04이상 : 숫자×5 = 안지름

15 나사풀림방지 장치로 쓰이는 것을 〈보기〉에서 모두 고른 것은?

> ㄱ. 고정 와셔 ㄴ. 톱니붙이 와셔
> ㄷ. 스프링 와셔 ㄹ. 록너트

① ㄱ, ㄹ
② ㄱ, ㄴ, ㄷ
③ ㄴ, ㄷ, ㄹ
④ ㄱ, ㄴ, ㄷ, ㄹ

 해설 나사의 풀림방지법

1. 와셔(Washer)에 의한 방법 : 스프링 와셔, 고정 와셔, 혀붙이 와셔, 톱니붙이 와셔 등 특수 와셔를 사용하여 너트가 풀어지지 않게 한다.
2. 록너트(Lock nut)에 의한 방법 : 볼트와 너트에 일정한 하중을 주어서 자립조건을 주도록 한 것이다.
3. 자동 죔 너트(Self locking nut)에 의한 방법 : 자동 죔 너트는 갈라진 부분이 안쪽으로 휘어져서 볼트를 압축하여 너트가 풀어지지 않게 한다.
4. 세트 스크류(Set screw)에 의한 방법 : 볼트와 너트를 체결한 후 작은 나사, 세트 스크류를 사용하여 너트가 풀어지지 않게 한다.

16 적은 내부 누설량을 무시하면 시스템 압력의 변동에 무관하게 펌프의 토출량이 일정한 특성을 갖는 펌프가 용적식 펌프(positive displacement pump)이다. 용적식 펌프에 해당하지 않는 것은?

① 기어 펌프
② 임펠러 펌프
③ 베인 펌프
④ 피스톤 펌프

 해설 유압펌프의 분류

구 분	특 징	종 류
용적형 펌프	부하압력과 거의 관계없이 펌프 구동축 1회전당 토출량이 일정	• 회전펌프 : 기어펌프, 베인펌프, 나사펌프 • 왕복펌프 : 피스톤펌프(플런저펌프)
비용적형 펌프(터보형)	토출량이 일정하지 않음	• 원심(임펠러)펌프 : 터빈펌프(디퓨저펌프), 볼루트 펌프 • 축류펌프 • 사류펌프

정답 15 ④ 16 ②

17 용융금속이 응고할 때 수축이 불균일한 경우 응력이 발생하여 주물에 균열이 발생한다. 균열 방지법에 대한 설명으로 가장 옳지 않은 것은?

① 각 부분의 온도 차이를 적게 한다.
② 주물을 급랭시키지 않는다.
③ 둥근 부분을 각을 갖도록 수정한다.
④ 주물의 두께 차이를 갑자기 변화시키지 않는다.

해설 변형 및 균열방지법
- 각부의 온도 차이를 적게 할 것
- 주물을 급랭 시키지 말 것
- <u>각이 진 부분은 둥글게 할 것(rounding)</u>
- 주물의 두께 차이를 갑자기 변화시키지 않을 것

18 모터사이클(motorcycle)의 현가시스템의 구성과 응답이 〈보기〉와 같을 때 이 시스템에 해당하는 감쇠비(damping ratio)로 가장 옳은 것은?

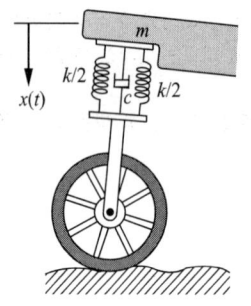
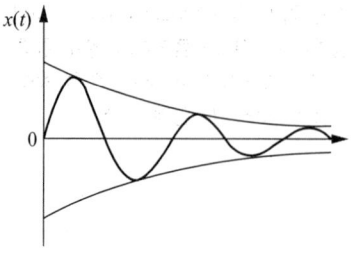

① $\xi = 0$
② $\xi > 1$
③ $\xi = 1$
④ $0 < \xi < 1$

해설
주어진 그림처럼 물체가 진동하는 폭이 시간과 더불어 점진적으로 감소하여 진동이 소멸하는 감소를 과소(미흡)감쇠라 하고 이 경우의 감쇠비는 $0 < \xi < 1$이 된다.
① $\xi = 0$는 무감쇠응답으로 감쇠없이 진동하는 경우이다.
② 감쇠비가 1이상인 경우를 과도감쇠라고 부른다. 시스템은 진동하지 않으나, 감쇠가 너무 크기 때문에 정지상태(평형 상태)로 돌아가는 데 시간이 다소 걸리는 감쇠이다.
③ 감쇠비가 1인 경우를 임계감쇠라 하며 이 경우에는 물체가 외부로부터 외란을 받았을 때 전혀 진동을 일으키지 않고 가장 빨리 정지상태로 안정화되는 감쇠이다.

19 ⌀$45H7$(⌀$45_0^{+0.024}$)인 구멍에 ⌀$45K6$(⌀$45_{+0.003}^{+0.017}$)인 축을 끼워 맞춤할 때, 최대 틈새와 최대 죔새 중 가장 옳은 것은?

① 최대 틈새 : 0.021 ② 최대 틈새 : 0.017
③ 최대 죔새 : 0.007 ④ 최대 죔새 : 0.003

해설
틈새 : 구멍의 치수가 축의 치수보다 클 때
최대 틈새 : 구멍의 최대허용치수 − 축의 최소허용치수 = 45.024mm − 45.003mm = 0.021mm

보충
죔새 : 구멍의 치수가 축의 치수보다 작을 때
최대 죔새 : 축의 최대허용치수 − 구멍의 최소허용치수 = 45.017mm − 45.000mm = 0.017mm

20 유체의 흐름에 대한 저항이 적고 압력에도 강하여 발전소의 도입관 또는 상수도의 주관 등과 같이 지름이 큰 관이나 밸브를 자주 개폐할 필요가 없는 관에 주로 사용하는 밸브는?

① 정지 밸브(stop valve)
② 체크 밸브(check valve)
③ 슬루스 밸브(sluice valve)
④ 스로틀 밸브(throttle valve)

해설
① 정지밸브는 나사를 상하로 움직여서 유체의 흐름을 개폐하는 밸브로 글러브 밸브와 앵글 밸브가 있다. 글러브 밸브는 입구와 출구의 중심선이 일직선상에 있으며, 앵글 밸브는 입구와 출구의 방향이 수직으로 교차하는 구조로 되어 있다.
② 유체를 한 방향으로만 흐르게 하기 위한 역류 방지용 밸브이다. 대부분은 외력을 사용하지 않고 유체 자체의 압력으로 조작된다.
③ 게이트 밸브의 일종으로 판 모양의 밸브가 유체의 흐름에 직각으로 미끄러져 유로를 개폐하는 것이다. 유체의 흐름에 대한 저항이 적으며, 압력이 높고, 고속으로 유량이 많이 흐를 때 사용한다.
④ 교축현상(유체가 좁은 곳을 통과할 때, 유속이 빨라지고 압력이 감소하는 현상)을 통하여 유량을 조절하는 밸브이다.

2018년 3월 24일 시행 서울시 9급 (제1회)

01 담금질 강의 냉각조건에 따른 변화 조직에 해당하지 않는 것은?

① 시멘타이트 ② 트루스타이트
③ 소르바이트 ④ 마텐자이트

해설 담금질 강의 냉각조건에 따른 변화 조직

구 분	내 용
마텐자이트	• 오스테나이트 상태에서 물(수냉)에서 급랭하면 탄소를 배출시켜 오스테나이트로부터 페라이트로 변태할 시간이 없기 때문에 탄소가 과포화된 α'철
트루스타이트	• 마텐자이트보다 냉각속도를 조금 유냉으로 느리게 하였을 때 나타나는 조직
소르바이트	• 트루스타이트보다 냉각속도를 공냉으로 느리게 하면 나타나는 조직
오스테나이트	• 냉각속도가 지나치게 빠르고, 고탄소강을 수냉하였을 때 나타나는 조직

① 시멘타이트, 펄라이트, 페라이트는 강의 표준조직이다. 강의 표준 조직 - 강을 A3선 또는 A1선 이상 40~50℃ 까지 가열한 후 서냉 시켜서 조직의 평준화를 기한 것을 말하며, 이 때의 작업을 풀림(annealing)이라 한다.

02 판의 두께 16mm, 리벳의 지름 16mm, 리벳의 구멍지름 17mm, 피치 64mm인 1줄 리벳 겹치기 이음에서 판의 효율은?

① 70.5% ② 71.7% ③ 73.4% ④ 75.0%

해설

리벳이음의 판의 효율 = $\dfrac{p - d(\text{리벳의 구멍지름})}{p(\text{피치})} = \dfrac{64 - 17}{64} = 0.734375 = 73.4\%$

03 큐폴라(cupola)의 용량에 대한 설명으로 가장 옳은 것은?

① 1회에 용해할 수 있는 구리의 무게를 kg으로 표시한다.
② 1시간에 용해할 수 있는 구리의 무게를 kg으로 표시한다.
③ 1회에 용해할 수 있는 쇳물의 무게를 ton으로 표시한다.
④ 1시간에 용해할 수 있는 쇳물의 무게를 ton으로 표시한다.

정답 01 ① 02 ③ 03 ④

해설 금속의 용해

구 분	내 용
용광로(고로)	1일 용해할 수 있는 양을 ton으로 표시[ton/일]
전기로, 전로, 평로	1회 용해할 수 있는 최대량을 ton으로 표시
도가니로	1회에 용해할 수 있는 구리의 중량(Kg)으로 표시 (5번도가니일 경우 1회에 용해할 수 있는 구리의 중량이 5Kg)
큐폴라	1시간에 용해할 수 있는 최대량을 ton으로 표시

04 원형 소재의 테이퍼 절삭에 가장 적합한 공작기계는?

① 선반
② 밀링 머신
③ 보링 머신
④ 드릴링 머신

 해설
① 회전 절삭운동과 직선 이송운동을 조합하여 <u>바깥지름·테이퍼·정면·내면 절삭</u> 등을 가공하는 하는 공작기계
② 원주에 많은 절삭날을 가진 공구를 회전시키고 가공물에 직선 이송운동을 주어 평면을 절삭하는 공작기계
③ 지름의 크기, 진원도·원통도·진직도, 위치, 상호피치 등이 만족스럽지 못하므로 이들의 구멍을 정확한 치수로 절삭하는 공작기계
④ 드릴을 사용하여 공구의 회전 절삭운동과 회전 중심방향에 직선 이송운동을 주면서 가공물에 구멍을 뚫는 공작기계

05 4행정 사이클 기관에서 2사이클을 진행하면 크랭크축은 몇 회전 하는가?

① 2회전
② 4회전
③ 6회전
④ 8회전

해설
4행정 사이클 기관에서는 크랭크축 2회전 시 1회 폭발로 1사이클이 완성된다. 따라서 2사이클이 완성된 경우에는 크랭크축은 4회전하게 된다.

정답 04 ① 05 ②

06 유니파이 보통나사에 대한 설명으로 가장 옳은 것은?

① 산의 각도 55° - 기밀유지용 나사
② 산의 각도 60° - 기호 UNC
③ 산의 각도 55° - 1인치 내 산의 수로 표시
④ 산의 각도 60° - 미터 단위 표시

 해설

①, ③ 관용나사, ② 유니파이 보통나사 ④ 미터나사

구 분	미터 나사	유니파이 나사(ABC나사)	관용나사
나사산각	60°	60°	55°
단 위	mm	inch	inch
호칭기호	M5 : 보통나사 M5×1 : 가는나사	UNC : 보통나사 UNF : 가는나사	PT : 관용 테이퍼 나사 PF : 관용 평행 나사

07 전단금형에서 펀치와 다이의 틈새가 작을 경우 발생하는 현상에 대한 설명으로 가장 옳은 것은?

① 금형의 파손 가능성이 적다.　② 전단날의 마모가 적다.
③ 파단면의 각도가 커진다.　④ 제품의 정도가 향상된다.

 해설 펀치와 다이의 틈새(클리어런스)

펀치와 다이의 틈새가 작을 경우	펀치와 다이의 틈새가 클 경우
• 프레스기계의 정도에 따라 금형이 파손(긁힘)되기 쉽다. • 펀치와 다이의 전단날에 의하여 발생하는 크랙이 일치하지 못해서 2차 전단면이 발생한다. • 펀치와 다이의 전단날 끝부분의 부서짐(치핑)이 발생하기 쉽다. • 전단압력이 높지만 전단에 따른 휨 현상은 적어진다 • **제품의 정도가 향상된다.**	• 눌림면(처짐)과 버(burr)가 증가하여 제품의 정도가 불안정해진다. 버어(Burr)란 금형을 구성하는 각 부품의 간격에 용융수지가 흘러들어 여분의 수지가 필름 상태로 붙어 있는 것을 말한다. • 파단면의 각도는 커지고, 파단면은 감소한다. • 펀치 압력이 높아 파손 및 휘어짐이 발생한다.

08 공작기계인 선반의 구조에서 공구대를 포함하는 부분은?

① 왕복대　② 심압대
③ 주축대　④ 베드

해설 선반의 구조

구조	내용
베드	• 다리(leg)로 지지되고, 그 위에 주축대, 심압대, 왕복대 등 여러 가지 주요부가 배치된다. • 선반의 안내운동을 정확하게 전달하는 역할을 한다.
주축대	• 전동기에서 오는 동력을 전달하는 작용을 한다. • 가공물을 고정하여 절삭 회전 운동을 하는 주축이 있고, 이것을 베어링으로 지지하여 정확한 회전운동을 시키면서 절삭저항에 이겨 동력을 전달하는 전동장치 기구와 가공물을 깎을 때 필요한 절삭 속도를 얻을 수 있는 속도변환기구 등을 갖고 있다. • 스핀들, 프레임, 베어링, 백기어 등으로 구성되어 있다.
심압대	• 가공물의 길이에 따라 베드상에서 그 위치를 이동시킬 수 있다. • 센터로 가공물을 지지하고, 드릴과 리머 등을 스핀들에 고정하여 작업한다. • 심압축을 움직일 수 있으며, 조정나사의 조정을 통하여 테이퍼 절삭이 된다.
왕복대	• 전면에는 에이프런이 있고 새들 위에는 회전대 및 바이트를 고정하는 공구대가 있다. • 바이트로 이송 절삭작업을 할 때 절삭깊이를 조절할 수 있다.
이송기구	• 주축대의 주축의 회전운동을 리드 스크루 또는 이송축에 전달할 때 기어연결로서 전달한다. • 운동전달순서 선반모터 → 주축대 → 변환기어 → 이송상자 → 이송축 또는 리드 스크루 → 왕복대

09 회전수 400rpm, 이송량 2mm/rev로 120mm 길이의 공작물을 선삭가공할 때 걸리는 가공 시간은?

① 7초
② 9초
③ 11초
④ 13초

 해설

$$가공시간 = \frac{길이}{회전수 \times 이송량} = \frac{120mm}{40rpm \times 2mm/rev} = 0.15min = 9sec$$

 보충 rev와 rpm

이송량 2mm/rev : 1회전당 2mm 이송한다는 뜻임
400rpm(revolution per minute) : 분당 400회 회전한다는 뜻임
따라서 설문은 분당 800mm를 이송할 경우, 120mm를 선삭가공할 때 몇 초가 걸리냐는 문제이다

10 진원도를 측정하는 방법 중 측정한 도형을 n등분하여 구한 평균원의 중심을 기준으로 외접원과 내접원의 반경 차를 진원도로 결정하는 방법은?

① 최소 영역중심법
② 최소 외접원중심법
③ 최대 내접원중심법
④ 최소 자승중심법

해설 진원도 측정법

측정법		결정방법
반경법	최소 자승 중심법	설문 참조
	최소 외접 중심법	• 측정단면에 외접원을 끼워 넣어 이 원의 반경이 가장 작은 최소외접원을 그리고, 이 외접원의 중심에서 측정단면까지의 최대반경과 최소반경과의 차이로 진원도를 결정한다.
	최대 내접중심법	• 측정단면에 내접원을 끼워 넣어 이 원의 반경이 가장 큰 최대내접원을 그리고, 이 내접원의 중심에서 측정단면까지의 최대반경에서 최소반경을 뺀 값으로 진원도를 결정한다.
	최소 영역중심법	• 측정단면에 동일 중심을 갖는 내접원과 외접원을 그려 그 외접원과 내접원의 반경의 차가 최소가 되는 내, 외접원의 중심을 구했을 때, 이 내, 외접원을 최소영역원이라 하고 내, 외접원의 반경차이로 진원도를 결정한다.
직경법		• 원형부분을 평행한 2직선 사이에 끼울 때, 그 2직선 사이의 거리를 측정하여 최대값과 최소값의 차로서 진원도를 결정하는 방법이다 • 현장에서 쉽고 빠르게 측정할 수 있으나, 요철이 있을 때나 등경원일 경우, 1 μm이하의 진원도를 측정할 경우 문제가 된다.
3점법		• 원형부분을 2점에서 지지하고 그 2점의 수직 2등분 선상에 검출기를 위치시킨 후, 피 측정물을 360° 회전시켰을 때 지침의 최대 변위량으로 진원도를 결정한다. • 까다로운 형상의 진원도 측정은 불가능하고, 대략적인 진원도 값만을 파악할 수 있다.

11 재료의 재결정온도보다 높은 온도에서 가공하는 열간가공의 특징으로 가장 옳은 것은?

① 치수정밀도 저하 ② 큰 변형응력 요구
③ 정밀한 치수 ④ 가공경화로 인한 강도 상승

해설 냉간가공과 열간가공

구 분	냉간가공	열간가공
의 의	• 재결정온도 이하에서의 가공	• 재결정온도 이상에서의 가공
장 점	• 가공면이 아름답고, 치수가 정밀하다 • 가열하지 않기 때문에 표면에 스케일(철의 산화물)이 발생하지 않는다.	• 소재의 변형저항이 적어 적은 응력변형이 요구되므로, 큰 변형이 요구되는 가공에 사용되며, 소성가공이 용이하다. • 가공도를 크게 할 수 있다
단 점	• 가공경화로 강도가 증가하므로 가공도는 떨어진다. • 소재의 변형저항이 커서 큰 변형응력이 요구된다.	• 가공면이 거칠고, 표면에 산화물이 많이 생기기 때문에 품질의 균일성이 떨어진다. • **치수정밀도가 저하**된다.

11 ①

12 4개의 케이블로 지탱되고 있는 자중 500kgf의 엘리베이터에 몸무게 80kgf인 성인 남자 6명이 동시 탑승하였다. 이때 각 케이블에 작용하는 응력의 크기는?(단, 케이블의 단면적은 10^4mm^2이다.)

① $245kgf/m^2$
② $2,401kgf/m^2$
③ $24,500kgf/m^2$
④ $240,100kgf/m^2$

 해설

케이블에 작용하는 응력 $= \dfrac{500kgf + (80kgf \times 6)}{10^4mm^2 \times 4} = 24,500kgf/m^2$

13 단면적이 $250mm^2$이고 표점길이가 25cm인 원형 단면을 가진 재료시편의 탄성계수 E를 측정하기 위해 탄성범위내에서 500kN의 인장력을 가하였을 때 변형된 길이가 5mm였다면 이 재료의 선형 탄성계수는?

① 100kPa
② 100GPa
③ 2kPa
④ 2GPa

 해설

선형탄성계수 $= \dfrac{인장력 \times 표점길이}{단면적 \times 변형된 길이} = \dfrac{500kN \times 250mm^2}{250mm^2 \times 5mm^2} = 100kN/mm^2 = 100GPa$

보충 단위정리

$1GPa = 1,000,000,000N/m^2 = 1,000,000N/m^2$
$1MPa = 1,000,000N/m^2 = 1,000N/m^2$
$1kPa = 1,000N/m^2 = 1kN/m^2$

14 〈보기〉와 같이 호스 단면의 직경 D_1 = 4cm, 노즐 단면의 직경 D_2 = 2cm인 소방호스가 있다. 이 호스를 통하여 초속 1m/s의 물을 대기 중으로 분출하기 위해 필요한 소방호스 내부 수압을 설명한 것으로 가장 옳은 것은?(단, 호스 내부의 마찰손실과 대기압은 무시하며 물의 밀도는 $1,000kg/m^3$이다.)

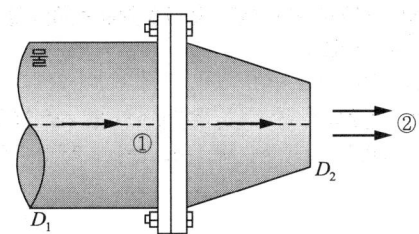

① 200~300Pa 범위의 값이다.
② 300~400Pa 범위의 값이다.
③ 400~500Pa 범위의 값이다.
④ 500~600Pa 범위의 값이다.

해설

연속방정식 : 물이 관속을 흐르는 경우 단위시간에 지나는 유량은 어느 단면적에서도 일정하다.

호스의 단면적 $(A_1) \times$ 유속 ① $(v_1) =$ 노즐의 단면적 $(A_2) \times$ 유속 ② $(v_2 = 1\text{m/s})$

호스의 단면적 $= \pi r^2 = \pi(\frac{4}{2})^2 = 4\pi \text{cm}^2$, 노즐의 단면적 $= \pi r^2 = \pi(\frac{2}{2})^2 = \pi \text{cm}^2$이므로 유속 $v_1 = \frac{1}{4}$ m/s

베르누이 방정식에 의하면

$$P_1 + \frac{1}{2}\rho v_1^2 + \rho g h_1 = P_2 + \frac{1}{2}\rho v_2^2 + \rho g h_2$$

(ρ : 물의 밀도, g : 중력가속도, h : 위치)

내부수압 $= \frac{1}{2}\rho \times [(v_2)^2 - (v_1)^2]$

$= \frac{1{,}000\text{kg/m}^3}{2} \times \frac{15}{16} \text{m}^2/\text{s}^2$

$= 468.75 \text{kg/m} \cdot \text{s}^2$

$= 468.75 \text{Pa}$

15 유체기계 사용 시 점성을 동반하는 유체 유동의 동점성 계수(kinematic viscosity)를 설명한 것이다. 옳은 것을 〈보기〉에서 모두 고른 것은?

> ㄱ. 유체의 압력을 밀도로 나눈 값이다.
> ㄴ. 유체의 점성계수(coefficient of viscosity)를 밀도로 나눈 값이다.
> ㄷ. 단위는 Poise(P)이다.
> ㄹ. 단위는 Stoke(St)이다.

① ㄱ, ㄷ ② ㄱ, ㄹ
③ ㄴ, ㄷ ④ ㄴ, ㄹ

해설

ㄱ, ㄴ. 뉴턴의 점성법칙 공식에서의 점성계수(μ)를 해당 유체의 밀도(ρ)로 나눈 것으로, 동점성계수(ν)는 $\nu = \mu/\rho$로 나타낼 수 있다.

ㄷ. Poise(P)는 점도의 단위이다.

ㄹ. 단위는 m²m²/s, cm²/s 등으로 표시하고, 특히 cm²/s 를 스토크스(stokes)라고도 한다. 물의 동점성계수는 1기압 20℃에서 $\nu = 0.0101 \text{cm}^2/\text{s}$ 이며, 온도 상승에 따라 감소한다.

16 인발가공(drawing)에 대한 설명 중 가장 옳은 것은?

① 다이의 구멍보다 작은 일정한 단면의 소재를 구멍의 크기와 모양으로 줄이는 가공이다.
② 압출력에 의한 소성변형 가공이다.
③ 와이어 드로잉 머신에서는 직경 약 5mm 이상의 선을 뽑을 수 있다.
④ 냉간 인발은 가공에 큰 힘이 소요되지 않으며 가는 재료의 가공에 사용된다.

해설
① 다이(die)의 구멍보다 큰 일정한 단면의 소재를 다이의 구멍의 크기와 모양으로 줄이는 가공법이다.
② 인장력에 의한 소성변형가공이다.
③ 신선기 또는 와이어 드로잉 머신 지름 5mm 이하의 선을 뽑는데 사용된다.
④ 열간인발은 강을 가열한 뒤 다이스를 통과시켜 여러 형상의 제품을 제조하는 방법을 말하며, 냉간인발은 가열하지 않고 상온에서 인발하는 공정으로, 가공에 큰 힘이 소요되지 않으며 가는 재료의 가공에 사용된다.

17 유체 경계층(boundary layer)에 대한 설명으로 가장 옳은 것은?

① 정상 유동과 비정상 유동의 경계를 이루는 층
② 층류 영역과 난류 영역의 경계를 이루는 층
③ 점성 유동 영역과 비점성 유동 영역의 경계를 이루는 층
④ 아음속 유동과 초음속 유동 사이의 변화에 의해 발생하는 층

해설
'유체 경계층(Boundary Layer)'은 점성력이 미치는 영역과 미치지 않는 영역을 구분하는 경계하는 층이다. 비점성 유동영역에서는 전단응력은 고려하지 않지만, 점성 영역안에서는 전단응력효과가 나타나게 된다. 경계층은 일반적으로 경계층의 길이, 점성, 유체 경계층 근방에서의 유동속도 및 경계면의 조도 등에 따라 층류(일정한 유체의 흐름)도 될 수 있고 난류(불규칙한 유체의 흐름)도 될 수 있다.

18 원통 내면에 대한 가공방법 중 호닝이 연삭에 비해 우수한 점이 아닌 것은?

① 열에 의한 변질층이 적다.
② 내마멸성과 윤활성이 우수한 다듬질면을 얻을 수 있다.
③ 가공 능률이 높다.
④ 가공에 의한 표면 변질이 적다.

해설
① 호닝은 최소의 발열과 변형으로 열에 의한 변질층이 적다.
② 호닝에서는 선삭작업에 있어서 절삭날에 해당하는 대단히 많은 숫돌입자가 동시에 절삭하므로 각 숫돌입자의 절삭날에 작용하는 단위압력은 작고, 숫돌 속도도 비교적 저속이므로 내마멸성과 윤활성이 우수한 다듬질면을 얻을 수 있다.

정답 16 ④ 17 ③ 18 ③

③ 연삭은 숫돌바퀴와 일감의 연삭면이 면접촉을 하기 때문에 연삭량이 많아 호닝에 비해 가공능률이 우수하다.
④ 호닝에 따라 얻어지는 다듬질 면은 마모의 원인으로 되는 가공변형이 적다.

19

프레스 베드에 놓인 성형 다이 위에 블랭크를 놓고, 위틀에 채워져 있는 고무 탄성에 의해 블랭크를 아래로 밀어 눌러 다이의 모양으로 성형하는 방법은?(단, 판 누르개의 역할을 하는 부판은 없다.)

① 게링법　　　　　　　　② 마폼법
③ 하이드로폼법　　　　　④ 스탬핑법

해설

① 게링법은 블랭크(판재)를 다이 위에 넣고, 위틀에 채워져 있는 고무로 된 펀치로 압입하여 성형하는 방법이다.
② 게링법을 개량한 마폼법은 다이측에 다이 대신 고무를 사용하여 성형하는 방법이다. 용기 모양의 홈 안에 고무를 넣고 이것을 다이 대신 사용하는 것으로 베드에 설치되어 있는 펀치가 블랭크를 고무에 밀어넣어 성형가공한다. 고무는 탄성에 의하여 펀치의 압력을 흡수할 수 있기 때문에 블랭크의 성형이 가능하고, 또 고무의 압력으로 측면의 성형도 원만하게 이루어 질 수 있다. 구조가 비교적 간단한 용기 제작에 이용된다
③ 마폼법의 고무 다이대신에 액체를 이용하여 액압에 의하여 드로잉 가공을 하는 복동유압식의 성형법이다.
④ 스탬핑법은 요철이 서로 반대로 되어 있는 상하 한 쌍의 다이로 얇은 판금(sheet)에 여러 가지 모양의 형상을 찍어내는 가공법으로서 판금에 문양, 문자, 보강 리브 등을 부각할 때 사용한다. 스탬핑에는 펀칭, 블랭킹,엠보싱, 벤딩, 플랜징, 코이닝과 같은 다양한 시트 금속의 성형 방법들이 있다.

20

수면에 떠 있는 선체의 저항 측정시험과 풍동실험을 통해 자동차 공기 저항 측정시험을 하고자 한다. 이때 모형과 원형 사이에 서로 역학적 상사를 이루려면 두 시험에서 공통적으로 고려해야 하는 무차원수는?

① 마하수(Ma)　　　　　② 레이놀즈수(Re)
③ 오일러수(Eu)　　　　④ 푸루드수(Fr)

해설

문제를 풀기위해서는 각 무차원수의 의미를 알아야 한다.

무차원수	의 미
마하수(Ma) (유속/음속)	• 압축성유동(유체가 빠르게 흐를 때, 속도와 압력 또는 온도가 크게 변할 경우 밀도의 변화를 수반하는 유동을 말한다. 밀도의 변화가 수반되지 않으면 비압축성 유동이다)을 다루는 경우에 가장 중요한 무차원수가 된다. • 고속 항공기 주위의 유동이나 제트나 로켓 노즐을 따른 기체의 고속 유동 등에 적용된다. • 레이놀즈수(Re)는 공기의 성질 즉, 관내유동상태의 구분, 경계층유동 또는 유체 속에 잠긴 물체 둘레의 유동이 층류유동이냐 혹은 난류유동이냐와 같이, 유동형태를 구별하는 판정값이다.

	• Re수가 크면 관성력이 지배하는 흐름, 즉 난류가 되고 Re수가 작으면 점성력이 지배하는 흐름, 즉 층류가 된다.
푸루드수(Fr) (관성력/중력)	• 중력이 영향을 미치는 유체의 운동을 취급할 때에 이용된다. • 개수로유동(□□□□□), 개방채널, 조파저항, 수력도약의 계산, 댐등의 수력구조물의 설계, 선박설계를 다룰 때 가장 의미를 갖는 무차원수이다.
오일러수(Eu) (압력/관성력)	• 압력이 지배한다. • 수력기계(펌프 임펠러, 터어빈 런너의 흐름)에 사용된다.
웨버수 (We) (관성력/표면장력)	• 표면장력이 지배한다. • 기체 – 액체 또는 액체 – 액체의 경계면에서 그리고 이들 접촉면이 경계와 접촉되어 있는 곳에서 표면장력 표면장력들은 액막, 기포 형성, 그리고 모세관이나 작은 직경의 관 내에서의 액체 유동에 사용된다.
Cauchy(ch) (관성력/탄성력)	• 탄성력이 지배한다 • 수격작용, 관수로내 부정류 흐름에 적용된다.

보충 용어해설

- **항력** : 운동하고 있는 물체의 진행을 방해하는 힘을 말하며, 그 운동에 필요한 지속적인 에너지의 공급이 없다면 그 물체는 정지하게 된다.
- **항력계수** : 운동장에서 찬 축구공과 물속에서 찬 축구공의 저항은 다르고, 축구공과 골프공의 날아가는 저항이 다르듯이 물체의 크기와 장소등에 따라 저항값을 비교할 수 없게 되므로 항력계수라는 지수를 정의하여 운동하는 물체의 저항을 나타낸다. 레이놀즈의 수에 따라서 변하는 형상항력계수의 값을 이용한다면 선체, 비행기나 자동차 등에서 속도에 따른 형상의 변화를 줌으로서 연료의 손실을 줄일 수 있다.

$$항력계수 = 2 \times \frac{항력}{유체의 밀도 \times 속도^2 \times 전방면적}$$

- **무차원수** : 물리적인 양은 길이·시간·질량 등의 차원을 기본단위로 하거나 그 조합에 의하여 나타내지만, 어떤 현상에 관한 인자를 조합하면 차원이 서로 상쇄되어 무차원으로 되는데 이 값을 무차원 수라 부르며 단위는 없다
- **상사성(유사성)**
실험에서 원형과 실험하는 모형 사이의 관계되는 모든 무차원수가 모형과 원형사이에 각각 같은 값을 가진다면 모형실험에 대한 유동조건은 완전히 상사한다고 말할 수 있다.

구 분	내 용
기하학적 상사	• 모형과 원형은, 이들 사이에서 물체의 모든 크기가 좌표축의 세 방향에 대해 모두 같은 선형 축척비를 가질 때에 한하여 기하학적으로 상사하다. • 기하학적으로 상사한 경우 모든 각은 보존되어 있고, 유동의 방향도 모두 보존되어 있다. 따라서 모형과 원형이 그 주변에 대해 갖는 방향은 같아야 한다.
운동학적 상사	• 운동학적 상사는 모형과 원형 사이에서 길이의 축척비가 같고 또 시간의 축척비도 같다는 것을 의미한다. 그 결과로서 양자에 대한 속도의 축척비도 같게 된다. • 2개의 시스템에 있어서 상동한 입자가 상동한 시간에 상동한 위치에 와 있을 때 이들의 운동은 운동학적으로 상사하다.
역학적 상사	• 역학적 상사는 모형과 원형 사이에서 길이의 축척비, 시간의 축척비 및 힘(또는 질량)의 축척비가 각각 같을 때 성립한다. 이 경우도 먼저 기하학적 상사가 성립되어 있을 것이 필요하다. • 다음에 만일 모형과 원형의 힘계수와 압력계수들이 같다면 역학적 상사가 존재하고, 동시에 운동학적 상사도 존재한다.

2017년 6월 24일 시행 서울시 9급

01 축은 절삭하지 않고 보스(boss)에만 홈을 파서 마찰력으로 고정시키는 키(key)로서, 축의 임의 부분에 설치가 가능한 키는?

① 묻힘 키(sunk key)
② 평 키(flat key)
③ 반달 키(woodruff key)
④ 안장 키(saddle key)

해설 키의 종류 (국가직 2016년 11번 문제참조)

종류	내용
묻힘키	• 전달 토크가 크고 정밀도가 높아 가장 널리 사용되는 키 • 벨트풀리와 축에 모두 홈을 파서 때려 박는 키
평 키	• 축은 자리만 편편하게 다듬고 보스에 홈을 파서 만든 키 • 경하중에 쓰임
반달키	• 축에 원호상의 홈을 파고, 홈에 키를 끼워넣은 다음 보스를 밀어넣어 만든 키 • 축의 강도가 약해지는 결점이 있으나, 가공 및 분해조립이 용이 • 테이퍼축이나 60mm 이하의 작은 축에 사용
안장키	• **축은 절삭치 않고 보스에만 홈을 판 키** • 마찰력으로 고정시키며 축의 임의의 부분에 설치 가능 • 극 경하중에 사용
접선키	• 축과 보스에 축의 접선방향으로 홈을 파서 서로 반대의 테이퍼(1/60~1/100)를 가진 2개의 키를 조합하여 끼워넣은 키 • 중하중용으로 아주 큰 회전력 또는 힘의 방향이 변화하는 곳에 사용
미끄럼키 (페더키)	• 키와 보스의 홈사이에 약간의 틈새를 만들어 보스가 축방향으로 자유롭게 이동할 수 있게 한 것
스플라인축	• 큰 힘(회전력)을 전달할 수 있도록 축의 둘레에 많은 키를 깎은 것 • 중요한 공작기계, 자동차, 항공기 등에 널리 이용
세레이션	• 축의 둘레에 스플라인보다 작은 삼각형의 이를 많이 만들고, 보스를 압입하여 고정하도록 만든 것 • 자동차의 핸들 고정용, 전동기나 발전기의 전기축 등에 이용

02 회전수 4,000rpm에서 최대 토크가 70kgf · m로 계측된 축의 축마력으로 가장 근접한 값은?

① 195.53PS
② 297.23PS
③ 391.06PS
④ 401.23PS

해설

축마력 = $\dfrac{\text{회전수} \times \text{최대축토크}}{716.2}$ = $\dfrac{4,000\text{rpm} \times 70\text{kgf}\cdot\text{m}}{716.2}$ = 390.95PS

 보충

1kgf・m・rpm = 716.2ps

03 그림은 마이크로미터의 측정 눈금을 나타낸 것이다. 측정값은?

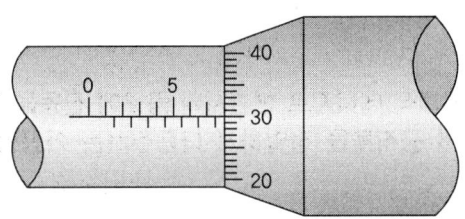

① 1.35mm ② 1.85mm
③ 7.35mm ④ 7.80mm

 해설 마이크로미터 측정

1. 먼저 슬리브의 눈금을 읽는다 : 7.5
2. 심블의 눈금과 슬리브 눈금이 만나는 심블의 눈금을 읽는다. : 0.30
3. 두 값을 더하면 된다. : 측정값 = 7.5 + 0.30 = 7.80

04 발전용량이 100MW이고 천연가스를 연료로 사용하는 발전소에서 보일러는 527℃에서 운전되고 응축기에서는 27℃로 폐열을 배출한다. 카르노 효율 개념으로 계산한 보일러의 초당 연료 소비량은?(단, 천연가스의 연소열은 20MJ/kg이다.)

① 8kg/s ② 16kg/s
③ 48kg/s ④ 60kg/s

 해설

초당 연료소비량 = $\dfrac{\text{보일러발전용량}}{\text{열효율} \times \text{천연가스연소율}}$

열효율$(e) = 1 - \dfrac{\text{저온부 온도}(K)}{\text{고온부 온도}(K)} = 1 - \dfrac{27℃ + 273℃}{527℃ + 273℃} = \dfrac{5}{8}$

초당 연료소비량(kg/s) = $\dfrac{100\text{MW}}{\dfrac{5}{8} \times 20\text{MJ/kg}} = \dfrac{100\text{MJ/s}}{\dfrac{5}{8} \times 20\text{MJ/kg}}$ = 8kg/s

05 타이어의 외경이 0.6m인 자동차가 36km/h의 속도로 달리고 있다. 다음 중 타이어의 회전 각속도는?(단, 타이어는 강체로 가정한다.)

① 4rps
② $\frac{100}{3}$ rad/s
③ 120rad/s
④ 360rpm

해설

각속도(rad/s) = 속도/타이어의 반지름
답안이 초속으로 주어졌으므로, 속도 36km/h를 초속으로 바꾸면 속도 = 10m/s
각속도(rad/s) = (10m/s)/0.3m = (100/3)(rad/s)

06 전기적 에너지를 기계적 에너지로 변환시켜 공구에 진동을 주고, 공작물과 공구 사이에 연마입자를 넣어 공작물을 정밀하게 다듬질하는 가공방법은?

① 초음파가공
② 방전가공
③ 전해연마
④ 숏 피닝(shot peening)

해설

① 공구와 일감사이에 미세한 입자를 혼합시킨 가공액을 넣고 가벼운 압력을 가한 상태로, 전기적 에너지를 기계적 에너지로 변환시켜 공구에 진동을 주어 가공하는 방법이다.
② 공작물을 양극으로 하고 공구를 음극으로 하여 전기화학적 작용으로 공작물을 전기분해시켜 공작물의 미시적인 요철부를 선택적으로 용출되게하는 전해액 조건에서 제품의 표면을 평활화 및 광택화하는 가공하는 방법이다.
③ 등유등의 절연액 안에 전극을 음극(-)으로 공작물을 양극(+)으로 하여 전극에 전기를 통전시켜, 방전현상의 열에너지를 이용해 가공물을 용융,증발시켜 가공을 진행하는 비접촉식 가공법이다.
④ 금속재료 표면에 고속으로 강철이나 주철의 작은 입자(shot)를 분사시켜 공작물을 다듬질하고, 피로강도, 인장강도 및 기타 기계적 성질을 향상시키는 표면경화법이다.

07 다음 중 펌프 내 캐비테이션에 대한 설명 중 옳은 것은?

① 펌프와 흡수면 사이의 거리가 너무 멀 때 발생한다.
② 물속의 어느 부분의 정압이 그 때의 물의 온도에 해당하는 증기압력 이상일 때 부분적으로 증기가 발생하는 현상이다.
③ 펌프에 물이 저속으로 유량이 감소할 때 펌프 입구에서 발생한다.
④ 양정곡선은 저하되나 효율곡선은 상승된다.

해설

① 펌프와 흡수면 사이의 거리가 너무 멀 때. 펌프의 흡입측 수두가 클 경우, 펌프의 흡입관경이 너무 작을 경우 등에 발생한다.

② 캐비테이션은 빠른 속도로 액체가 운동할 때 액체의 압력이 증기압 이하로 낮아져서 액체 내에 증기 기포가 발생하는 현상이다.
③ 공동은 유체의 속도가 빨라지면서 유량이 증가할 때 펌프 회전차 입구 부분에서 발생한다.
④ 캐비테이션이 발생하면, 양정곡선과 효율곡선 모두 저하되며, 소음, 진동, 심한 충격, 깃의 부식, 침식, 펌프효율 감소등이 발생한다.

08 다음 중 내연기관의 실린더 내에서 형성되는 압축비를 가장 잘 설명하는 것은?

① 행정체적과 간극체적의 합을 간극체적으로 나눈 값
② 행정체적을 간극체적으로 나눈 값
③ 행정체적과 간극체적의 합을 행정체적으로 나눈 값
④ 간극체적을 행정체적으로 나눈 값

 압축비

행정체적 (최대 실린더 체적) : 피스톤이 하사점(BDC)에 있을 때의 체적
간극체적 (최소 실린더 체적) : 피스톤이 상사점(TDC)에 있을 때의 체적

$$압축비 = \frac{행정체적 + 간극체적}{간극체적}$$

09 균일 분포하중 $\omega = 10\text{N/mm}$가 전 길이에 작용할 때, 길이 50cm인 단순지지보에 생기는 최대 전단력은?

① 0.25kN   ② 2.5kN
③ 25kN   ④ 250kN

 해설

최대전단력(kN) $= \frac{1}{2}\omega \times L = \frac{1}{2} \times 0.01\text{kN/mm} \times 500\text{mm} = 2.5\text{kN}$

10 유리 바깥쪽 온도가 안쪽보다 3℃ 낮을 때, 가로 세로가 각각 1m, 2m이고 두께가 2mm인 유리를 통하여 1초당 바깥쪽으로 손실되는 열량은?(단, 유리의 열전도도는 0.8W/(m·℃)이다.)

① 2,350J   ② 2,400J
③ 2,450J   ④ 2,500J

정답 08 ① 09 ② 10 ②

해설

손실열량(J) = 유리의 열전도도 × (유리의 단면적/유리의 두께) × (실내외 온도차)
= 0.8W/(m · ℃) × (2m²/0.002m) × 3℃ = 2,400W = 2,400J/S
문제에서 1초당으로 물어봤으므로 정답은 2,400J

11 그림은 지름이 d_1 = 50mm와 d_2 = 100mm인 실린더 피스톤에 유압이 작용하는 시스템을 나타낸 것이다. 작은 피스톤을 누르는 힘이 F_1 = 25kN일 때 큰 피스톤을 밀어 올리는 힘(F_2)은?

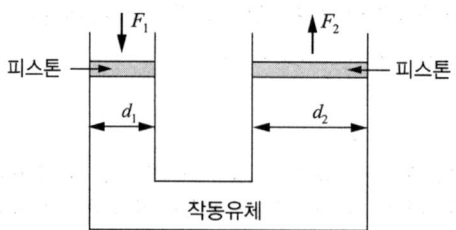

① 100kN
② 200kN
③ 300kN
④ 400kN

 해설

파스칼의 원리 : 피스톤에 가해지는 힘(F)은 면적(A)에 비례한다.

$$\frac{F_1}{A_1(=\pi(d_1)^2/4)} = \frac{F_2}{A_2(=\pi(d_2)^2/4)}$$ 이므로, $\frac{F_1}{(d_1)^2} = \frac{F_2}{(d_2)^2}$

$F_2 = \frac{25\text{kN}}{(50)^2} \times (100)^2 = 100\text{kN}$

12 정반 위에 올려놓고 공작물에 평행선을 긋는 데에 사용하거나, 선반 작업 시 공작물의 중심을 맞출 때 사용하는 공구는?

① 디바이더(divider)
② 서피스게이지(surface gauge)
③ 펀치(punch)
④ 스크루 잭(screw jack)

 해설

① 컴퍼스와 비슷하게 생겼지만, 두 다리가 다 바늘로 되어 있으며, 이름대로, 선의 길이를 고르게 등분하는 데 쓰는 도구이다.
② 공작물에 필요한 평행선을 긋거나, 공작물의 중심을 구할 때에 사용한다. 공작물이 큰 경우에는 블록과 서피스 게이지를 함께 사용하여 중심구하기를 한다.

③ 공구강으로 만든 끝이 뾰족한 정으로 금긋기 공구의 하나이다.
④ 스크루 잭(나사잭)은 잭의 몸체에 암나사를 만들어 이것에 나사봉을 끼우고, 이 나사봉을 회전시켜 나사봉의 상하 움직임에 따라 중량물을 올렸다 내렸다 하는 공구이다.

13 두 열원으로 구성되는 사이클 중에서 열효율이 최대인 카르노 사이클로 작동되는 열기관이 고온체에서 200kJ의 열을 받아들인다. 이 기관의 열효율이 30%라면 방출되는 열량은?

① 30kJ
② 60kJ
③ 70kJ
④ 140kJ

 해설

열효율(30%) = $1 - \dfrac{\text{저열원 열량}}{\text{고열원 열량}} = 1 - \dfrac{\text{저열원 열량}}{200\text{kJ}}$

저열원 열량(방출되는 열량) = 140kJ

14 비철금속인 구리, 아연, 알루미늄, 황동의 특성에 대한 설명 중 옳지 않은 것은?

① 구리는 열과 전기의 전도율은 좋으나 기계적 강도가 낮다.
② 황동은 구리와 아연의 합금이며 주조와 압연이 용이하다.
③ 아연은 비중이 2.7 정도로 알루미늄보다 가벼우며, 매우 연한 성질을 가지고 있다.
④ 알루미늄은 공기나 물속에서 표면에 얇은 산화피막을 형성할 때 내부식성이 우수하다.

 해설

알루미늄은 비중이 2.7 정도로 아연(비중 7.14)보다 가벼우며, 매우 연한 성질을 가지고 있다.

15 가스터빈의 기본 사이클로 옳은 것은?

① 랭킨 사이클(Rankine cycle)
② 오토 사이클(Otto cycle)
③ 브레이튼 사이클(Brayton cycle)
④ 카르노 사이클(Carnot cycle)

해설

① 랭킨 사이클(Rankine cycle) – 증기사이클
② 오토사이클(정적사이클) – 가솔린기관
③ 브레이튼 사이클 – 가스터빈
④ 카르노 사이클 – 외연기관, 히트펌프

정답 13 ④ 14 ③ 15 ③

보충 기타 주요 사이클

디젤사이클(정압사이클) – 저속 디젤기관
복합사이클(사바테사이클) – 고속 디젤기관

16 유체를 매개로 하여 동력을 전달하는 장치로 유체를 가득 채운 케이싱 내부에 임펠라(impeller)를 서로 마주보게 세워두고 회전력을 전달하는 장치는?

① 축압기
② 체크 밸브
③ 유체 커플링
④ 유압 실린더

해설
① 맥동 압력이나 충격 압력을 흡수하여 유압 장치를 보호하거나 유 압펌프의 작동없이 유압장치에 순간적인 유압을 공급하기 위해 압력을 저장하는 장치이다.
② 한쪽 방향으로만 유체의 흐름을 허용하고, 반대방향의 흐름을 차단하는 밸브로 보일러의 급수관이나 펌프등과 같이 역류를 방지할 필요가 있을 때 사용한다.
③ 유체를 가득 채운 케이싱 내부에 구동축에 고정된 펌프임펠러(날개차)의 회전에 의하여 에너지를 받은 물 또는 기름과 같은 유체가 마주보는 피동축에 고정된 터빈임펠러(날개차)에 들어가서 피동축을 회전시켜 동력을 전달하는 장치이다.
④ 유압실린더는 작동유의 압력 에너지를 직선 왕복운동을 하는 기계적 일로 변환시키는 기기이다.

17 재료의 조직 경도 크기를 큰 순서대로 나열한 것은?

① 시멘타이트 > 오스테나이트 > 페라이트 > 펄라이트
② 오스테나이트 > 시멘타이트 > 페라이트 > 펄라이트
③ 시멘타이트 > 펄라이트 > 오스테나이트 > 페라이트
④ 펄라이트 > 오스테나이트 > 페라이트 > 시멘타이트

해설 경도순위(큰 순서부터)
시멘타이트 > 마텐자이트 > 트루스타이트 > 소르바이트 > 펄라이트 > 오스테나이트 > 페라이트

18 밀링 머신의 상향절삭에 대한 설명 중 옳은 것은?

① 칩이 잘 빠져나오지 않아 절삭에 방해가 된다.
② 커터의 회전방향과 공작물의 이송방향이 같다.
③ 백래시(backlash) 제거장치가 필요하다.
④ 하향절삭에 비해 커터의 수명이 짧고 동력 소비가 크다.

해설 밀링머신 절삭방향의 특성

상향절삭	하향절삭
• 칩이 잘 빠져나와 절삭에 방해가 되지 않는다.	• 칩이 잘 빠져나오지 않아 절삭에 방해가 된다.
• 커터의 회전방향과 공작물의 이송방향이 반대이다.	• 커터의 회전방향과 공작물의 이송방향이 같다.
• 백래시가 제거된다.	• 백래시제거장치가 필요하다.
• 가공면이 거칠다	• 가공면이 깨끗하다.
• **커터의 수명이 짧고 동력 소비가 크다.**	• 커터의 마모가 적고 동력소비가 적다

19 환봉모양의 구리합금 전극 사이에 모재를 겹쳐 놓고 전극으로 가압하면서 전류를 통할 때 발생하는 저항열로 접촉부위를 국부적으로 가압하여 접합하는 방법으로 자동차, 가전제품 등 얇은 판의 접합에 사용되는 용접법은?

① 맞대기 용접(butt welding)
② 점 용접(spot welding)
③ 심 용접(seam welding)
④ 프로젝션 용접(projection welding)

해설

① 맞대기이음(butt joint)에 사용하는 용접법으로 용접하고자 하는 두 개의 모재를 맞대고 용접하는 방법을 말한다. 전기 저항 용접의 일종이지만 다른 저항 용접법과 달리 용접물을 서로 겹치지 않고 선재, 관, 판 등의 끝 면을 서로 맞대고 임의의 각도로 맞댄 이 상태에서 전류를 흘려 발생하는 저항 열에 의해 용접하는 방법이다
② 점용접은 <u>두 개의 모재를 겹쳐 아래 전극위에 놓고, 위 전극을 아래로 내려 모재에 접촉시켜 전류를 통해 접촉부의 온도가 용융상태에 가깝게 되었을 때 위 전극을 눌러 용접하는 방법이다.</u>
③ 전극으로 롤러를 사용하며, 그 사이에 모재를 겹쳐 놓고 전류를 통하여 연속적으로 가열,가압하여 접합하는 용접이다.
④ 모재의 반쪽에 돌기(프로젝션)을 만들고, 이것에 평행한 모재를 겹쳐서 놓고 전류를 통하여 용융 온도에 가깝게 되었을 때, 위 전극에 힘을 가해 돌기를 용융시켜 접합하는 방법이다.

정답 19 ②

20 주형틀에 있는 왁스 원형 모델을 유출시켜 만든 주형을 이용한 주조 방법으로, 기계가공이 곤란한 경질합금, 밀링커터 및 가스터빈 블레이드 등을 제작할 때 사용하는 주조법은?

① 다이 캐스팅(die-casting)
② CO_2법(CO_2 process)
③ 셸 몰드법(shell molding)
④ 인베스트먼트법(investment process)

 해설 　특수주조법

주조법	내용
다이캐스팅	용융금속에 압력을 가해 금형에 밀어넣으면 재질이 균일하고 치밀하게 되며, 탕구에서 짧은 시간내에 용융금속이 주형의 구석까지 주입되어 주물을 만드는 방법으로, 얇고 복잡한 형상의 비철금속 제품 제작에 적합한 주조법이다.
CO_2법	사형주조시 주형이 그 형태를 유지할 수 있도록 모래입자를 서로 결합시켜 딱딱하게 경화시킬 필요가 있는데 이 때 경화제로 CO_2가스를 사용하는 방법이다.
셸몰드법	금속으로 만든 모형을 가열로에 넣고 가열한 다음, 모형위에 규사와 페놀제 수지를 배합한 가루를 뿌려 경화시켜 주형을 만드는데, 이때 주형은 상하 두 개의 얇은 조개껍데기 모양의 셸을 만드므로 셸몰드 주조법이라고 부른다.
인베스트먼트 주조법	제품과 같은 모델의 모형을 용융점이 낮은 양초(왁스)나 합성수지로 만든 후 내화재료로 도포하여 가열경화시키는 주조 방법이다.

2016년 6월 25일 시행 서울시 9급

01 경도 시험 방법 중에서 압입자를 낙하시켰을 때 반발되어 튀어 올라오는 높이로 경도를 나타내는 방법은?

① 쇼어 경도(shore hardness)
② 비커스 경도(vickers hardness)
③ 로크웰 경도(rockwell hardness)
④ 브리넬 경도(brinell hardness)

해설

① 선단에 작은 다이아몬드를 붙인 압입자를 낙하시켰을 때 반발되어 튀어 올라오는 높이로 경도를 나타내는 방법이다.
② 다이아몬드 4각추로 된 압입자에 하중을 작용시켜 시험하며, 경도는 하중을 압흔의 대각선의 길이로부터 구한 압흔의 표면적으로 나눈 값으로 표시되며, 단단한 강이나, 정밀가공부품, 박판 등의 시험에 쓰인다.
③ 압입자에 초(처음)하중을 작용시켜 발생한 압흔의 깊이와 초하중에 하중을 증가시키고 시험한 시험하중으로 인한 압흔의 깊이차로 경도를 측정하는 방법이다.
④ 압입자인 강구를 시험편 표면에 압입하여 생긴 압흔의 자국의 크기로 경도를 측정하는 방법이다.

02 연삭 숫돌바퀴(grinding wheel)를 고속으로 회전시켜 공작물의 가공면을 미세하게 연삭 가공할 때, 사용하는 연삭 숫돌바퀴에 대한 다음 설명으로 옳은 것은?

① 연삭 숫돌바퀴의 3요소는 숫돌입자, 조직, 결합제이다.
② 연삭 숫돌바퀴의 조직(structure)은 결합제의 분자구조상태를 나타낸 것이다.
③ A 24 P 4 B 로 표시된 연삭 숫돌바퀴에서 P는 결합제를 나타낸 것이다.
④ C계 숫돌바퀴는 주철, 황동 등 인장강도가 작은 재료의 연삭에 적합하다.

해설

① 연삭공구로서의 숫돌바퀴는 숫돌입자를 결합제로 결합한 것으로, 연삭입자, 입도, 결합도, 조직, 결합제 5가지 요소에 의해 성능이 결정되며, 연삭입자, 결합제, 기공을 숫돌바퀴를 구성하는 3요소라 한다.
② 조직은 숫돌입자의 밀도변화를 나타낸다. (W : 거친 조직, M : 보통조직, C : 치밀조직)

정답 01 ① 02 ④

③ P는 결합도를 나타낸 것이다.

A	24	P	4	B
입 자	입 도	결합도	조 직 (norton 기호로 표시한 경우)	결합제

④ 숫돌입자의 종류와 용도

숫 돌		숫돌기호	용 도
인조 숫돌	산화알루미늄	A(갈색)	중연삭용, 일반강재, 가단주철 등 인장강도가 큰 재료의 연삭에 적합하다.
		WA(백색)	경연삭용, 담금질강, 특수강, 고속도강 등 A(갈색알루미나)에 비해 경도가 높고 인성이 작아 절삭면적이 큰 작업이나 발열을 피해야 하는 작업에 적합하다.
	탄화규소질	C(흑색)	주철, 황동, 경합금 비철금속 등 취성이 크므로 인장강도가 작은 재료의 연삭에 적합하다.
		GC(녹색)	경연삭용, 특수주철, 칠드주철, 초경합금의 연삭에 적합 접촉면적이 큰 작업이나 발열을 피해야 하는 작업에 사용한다.
	육방정질화 붕소(CBN)	B	다이아몬드 다음의 경도를 가지는 것으로써 열에 대한 안정성이 좋아 고속도강, 내열강등의 난삭재의 연삭에 적합하다.
	다이아몬드	D	레지노이드 숫돌용, 메탈본드용을 나뉘며, 일반숫돌로 연삭이 어려운 재료, 특히 초경합금 연삭에 사용된다.
천연 숫돌	다이아몬드	D	값이 비싸 보석가공등 특수한 경우에 사용된다.
	에머리, 가네트프린트, 코런덤,		지금은 거의 사용치 않는다.

03 다음 중 전기저항 용접법이 아닌 것은?

① 프로젝션 용접 ② 심 용접
③ 테르밋 용접   ④ 점 용접

 해설 용접의 종류

융 접	가스용접	산소 – 아세틸렌 용접, 공기 – 아세틸렌 용접, 산소 – 수소용접	
	아크용접	서브머지드 아크용접	
		불활성가스 아크용접	• MIG용접(시일드아크용접) • TIG용접
		이산화탄소 아크용접	
	테르밋 용접		
압 접	전기저항용접	• 겹치기 용접(점용접, 프로젝션 용접, 심용접) • 맞대기 용접(업셋용접, 플래시용접)	
	납 땜	경납, 연납	

04 헬륨(He)이나 아르곤(Ar)과 같이 고온에서 금속과 반응을 하지 않는 불활성 가스 중에서 아크를 발생시키는 용접법인 불활성 가스 아크용접에 대한 설명으로 옳지 않은 것은?

① 용접 가능한 판의 두께 범위가 크며, 용접능률이 높다.
② 용제를 사용하여 균일한 용접을 할 수 있다.
③ 산화와 질화를 방지할 수 있다.
④ 철금속뿐만 아니라 비철금속 용접이 가능하다.

해설 특 징
- 용접가능한 판의 두께가 다양하다.
- 열의 집중이 좋아 용접능률이 높다.
- 용제를 사용하지 않으며 Slag 발생이 없어 작업이 간단하다.
- 산화와 질화를 방지할 수 있어, 산화하기 쉬운 금속의 용접이 용이하다(Al, Cu, 스테인리스 등).
- 청정작용이 있다.
- 철금속뿐만 아니라 비철금속 용접이 가능하다.
- 아크가 안정되고 스패터나 합금원소의 손실이 적다.
- 용접부는 다른 아크용접, 가스 용접에 비하여 연성, 강도, 기밀성 및 내열성이 우수하다.
- 전자세 용접이 가능하고 조작이 쉽다.
- 언더컷 발생이 적다.

05 표면경화 열처리 방법에 대한 설명으로 옳지 않은 것은?

① 침탄법은 저탄소강을 침탄제 속에 파묻고 가열하여 재료표면에 탄소가 함유되도록 한다.
② 청화법은 산소 아세틸렌 불꽃으로 강의 표면만을 가열하고 중심부는 가열되지 않게 하고 급랭시키는 방법이다.
③ 질화법은 암모니아 가스 속에 강을 넣고 가열하여 강의 표면이 질소 성분을 함유하도록하여 경도를 높인다.
④ 고주파경화법은 탄소강 주위에 코일 형상을 만든 후 탄소강 표면에 와전류를 발생시킨다.

해설
②는 화염경화법이다.

보충 강의 표면처리법

처리법	내 용
침탄법	• 0.2% 이하의 저탄소강으로 만든 제품을 침탄제속에 파묻고 표층부에 탄소를 투입시킨 후, 담금질을 하여 표층부만을 경화하는 방법(고체침탄법, 액체침탄법, 가스침탄법등)

정답 04 ② 05 ②

질화법	• 암모니아가스(NH_3)를 이용하여 질화용 강재의 표면층에 질소(N)를 확산시켜, 표면층을 경화하는 방법
청화법 (시안화법)	• 시안화물(CN)을 사용하는 경화법으로, 침탄과 질화가 동시에 일어나므로 침탄질화법이라고도 한다.
금속침투법	• 세라다이징 : 아연(Zn)을 표면에 침투 확산 • 크로마이징 : 크롬((Cr)을 표면에 침투 • 칼로라이징 : 알루미늄(Al)을 표면에 침투 확산 • 실리코나이징 : 실리콘(Si, 규소)을 표면에 침투 확산 • 보로나이징 : 붕소(B)를 표면에 침투 확산
물리적인 방법	• 화염경화법 : 0.4% 전후의 탄소강을 산소–아세틸렌 화염으로 표면만 가열 냉각시키는 방법 • 고주파경화법 : 탄소강 주위에 코일 형상을 만든 후 탄소강 표면에 와전류를 발생시켜 표면을 열처리하는 방법
숏피닝 (shot peening)	• 금속재료 표면에 고속으로 강철이나 주철의 작은 입자(shot)를 분사시켜 공작물을 다듬질하고, 피로강도, 인장강도 및 기타 기계적 성질을 향상시키는 표면경화법 • 재료 표면에 숏피닝(shot peening) 공정을 통해 피로 수명을 증가시킬 수 있다.

06 다음 중 유압시스템에 대한 설명으로 옳지 않은 것은?

① 넓은 범위의 무단변속이 가능하다.
② 과부하 방지 및 원격조정이 가능하다.
③ 작은 동력으로 대동력 전달이 가능하며 전달 응답이 빠르다.
④ 에너지 손실이 작고 소음, 진동이 발생하지 않는다.

 해설 유압시스템의 특징

장 점	단 점
• 유량의 조절로 무단변속의 범위가 비교적 넓다. • 전기적 신호와 함께 제어가 가능하고 과부하에 대한 방지대책이 간단하다. • 작동체의 운동방향, 힘, 속도의 원격제어가 가능하다 • 직선운동과 회전운동 및 반복운동이 쉽고 소형으로 큰 동력전달이 가능하다. • 입력에 대한 출력의 응답이 빠르다. • 대량에너지 전달이 다른 방식에 비해 용이하다. • 장치의 단위부피당 출력이 크다. • 에너지의 축적이 가능하다.	• **소음과 진동이 발생**한다. • 기계적 에너지를 펌프에서 유압으로 변경시 **에너지손실이 발생**한다. • 장시간 운전시 점도변화로 작동체의 정밀위치, 속도, 출력효율의 변화가 발생한다. • 동력효율전달이 그다지 높지 않다. • 연결부 기름 누설문제가 발생하기 쉽다. • 기름에 공기나 먼지 등의 혼입으로 고장이 발생하기 쉽다. • 유압배관작업이 전기배선 작업에 비해 복잡하다.

06 ④

07 각종 기계의 회전이나 동력을 전달하는 부분에 사용되는 기어(gear)에 대한 설명으로 가장 옳은 것은?

① 모듈 m = 4이고 잇수 Z_1 = 30, Z_2 = 45인 한 쌍의 평기어(spur gear)에서 두 축 사이의 중심거리는 300mm이다.
② 전위기어(profile shifted gear)는 표준기어에 비해 최소 잇수를 적게 할 수 있다.
③ 간섭이 일어나는 한 쌍의 기어를 회전시킬 때 발생하는 기어의 언더컷(under-cut)은 압력각이 클 때 발생하기 쉽다.
④ 페이스(face)기어는 베벨기어의 축을 엇갈리게 한 것으로서, 자동차의 차동 기어장치의 감속기어로 사용된다.

해설

① 중심거리 = $\dfrac{m(Z_1+Z_2)}{2} = \dfrac{4(30+45)}{2}$ = 150mm
② 전위기어는 표준기어에 비해 최소잇수를 적게 하고도 언더컷을 방지할 수 있다.
③ 압력각이 크면 이의 간섭을 막아 언더컷을 방지할 수 있다.
④ 하이포이드 기어는 스파이럴 베벨 기어의 축을 엇갈리게 하여 동력을 전달하는 기어로, 자동차의 차동 기어장치의 종감속기어로 사용된다.

08 수차의 유효낙차가 15m이고 유량이 $6m^3$/min일 때 수차의 최대 출력은 몇 마력[PS]인가?(단, 물의 비중량은 $1000kgf/m^3$이다.)

① 20 ② 50 ③ 88 ④ 100

해설

최대출력[PS] = 물의 비중량 × 유량 × 유효낙차 × 수차의 효율(최대 출력이므로 100%)
= $1000kgf/m^3 × 6m^3/min × 15m × 1$ = 90,000kgf·m/min
1ps = 75kgf·m/sec 이므로, 90,000kgf·m/min = 1,500kgf·m/sec = 20ps

09 비중이 가벼운 금속부터 차례로 나열된 것은?

① 마그네슘 – 알루미늄 – 티타늄 – 니켈
② 알루미늄 – 니켈 – 티타늄 – 마그네슘
③ 알루미늄 – 마그네슘 – 티타늄 – 니켈
④ 니켈 – 마그네슘 – 알루미늄 – 티타늄

해설 비중(가벼운 금속부터)

마그네슘(1.74) – 알루미늄(2.7) – 티타늄(4.5) – 니켈(8.9) – 몰리브덴(10.22)

정답 07 ② 08 ① 09 ①

10 역카르노사이클로 작동하는 냉동기의 증발기 온도가 250K, 응축기 온도가 350K일 때 냉동사이클의 성적계수는 얼마인가?

① 0.25　　　　② 0.4　　　　③ 2.5　　　　④ 3.5

 해설

성적계수 = $\dfrac{\text{증발기 온도}}{\text{응축기 온도} - \text{증발기 온도}} = \dfrac{250}{350 - 250} = 2.5$

11 다음 중 금속의 결정 구조를 올바르게 연결한 것은?

① 알루미늄(Al) – 체심입방격자
② 금(Au) – 조밀육방격자
③ 크롬(Cr) – 체심입방격자
④ 마그네슘(Mg) – 면심입방격자

 해설　결정격자의 종류

체심입방격자(B.C.C)		면심입방격자(F.C.C)		조밀육방격자(H.C.P)	
• 텅스텐(W)	• 바나듐(V)	• **알루미늄(Al)**	• 납(Pb)	• 카드뮴(Cd)	• 코발트(Co)
• **크롬(Cr)**	• 몰리브덴(Mo)	• 구리(Cu)	• **금(Au)**	• **마그네슘(Mg)**	• 티타늄(Ti)
• α – Fe		• 백금(Pt)	• 은(Ag)	• 베릴륨(Be)	
		• 니켈(Ni)	• γ – Fe		

12 다음 중 금속을 연성이 큰 순서대로 나열한 것은?

① Al > Au > Cu > Fe > Pt
② Au > Al > Cu > Pt > Fe
③ Au > Cu > Al > Pt > Fe
④ Au > Al > Fe > Pt > Cu

 해설　연성 큰 순서

Au (금) > Ag (은) > Pt (백금) > Fe (철) > Ni (니켈) > Cu (구리) > Al (알루미늄)

보충

• 전성이 큰 순서
　Au > Ag > Cu > Al > Sn > Pt > Fe
• 열전도율
　Ag > Cu > Au > Al > Zn > Ni > Fe

13 다음 중 산소 – 아세틸렌 용접을 통해 스테인리스강을 용접할 때, 적절한 산소와 아세틸렌의 비율(산소 : 아세틸렌)은?

① 2.0 : 1 ② 1.5 : 1
③ 1.1 : 1 ④ 0.9 : 1

 해설

아세틸렌가스와 산소의 혼합가스를 태울 때 생기는 불꽃에서 높은 열을 얻어 접합부를 용해시키고 용접봉을 녹여 보충하여 용접하는 방법으로 스테인리스강을 용접할 때, 적절한 산소와 아세틸렌의 비율은 0.9 : 1이다.

14 인장강도란 무엇인가?

① 최대 항복응력
② 최대 공칭응력
③ 최대 진응력
④ 최대 전단응력

 해설

인장 강도는 공칭 응력 – 변형률 곡선 상에서의 최대 공칭응력점에 해당한다.
① 항복강도, ④ 전단강도이다.

15 아래 그림은 오토사이클의 T – S 선도를 나타낸다. 열효율을 바르게 나타낸 것은?

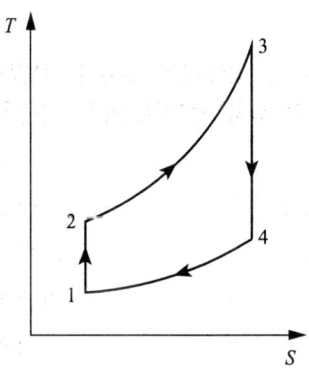

① $1 - \dfrac{T_1}{T_2}$ ② $1 - \dfrac{T_1}{T_3}$

③ $1 - \dfrac{T_4 - T_1}{T_3 - T_2}$ ④ $1 - \dfrac{T_2 - T_1}{T_3 - T_4}$

정답 13 ④ 14 ② 15 ③

해설

1 → 2 : 단열압축(압축행정)
2 → 3 : 정적 수열(폭발행정 : 공급열량 Q_1)
3 → 4 : 단열팽창(팽창행정)
4 → 1 : 정적 방열(배기행정 : 방출열량 Q_2)

과정 2 → 3은 정적변화에서의 열을 공급받기 때문에 정적비열(C_v)가 일정하므로
$Q_1 = C_v(T_3 - T_2)$
과정 4 → 1은 정적변화에서 방열이므로
$-Q_2 = C_v(T_1 - T_4)$ 이므로
$Q_2 = C_v(T_4 - T_1)$ 이 된다.
따라서 오토사이클의 열효율은 다음과 같다.

열효율(η_{tho}) = $\dfrac{\text{공급열량}(Q_1) - \text{방출열량}(Q_2)}{\text{공급열량}(Q_1)}$ = $1 - \dfrac{T_4 - T_1}{T_3 - T_2}$

16 축(세로)방향 단면적 A의 물체에 인장하중을 가하였을 때, 인장방향 변형률이 ε이면 단면적의 변화량은?(단, 이 물체의 포아송의 비는 0.5이다.)

① εA
② 2εA
③ 3εA
④ 4εA

해설

단면적의 변화량(ΔA) = $2 \times \mu(\text{포아송비}) \times \epsilon \times A = 2 \times 0.5 \times \epsilon \times A = \epsilon A$

17 기계요소 제작 시, 측정 정밀도가 우수한 삼침법(three wire method)과 오버핀법(over pin method)의 적용 범위로 옳은 것은?

	삼침법	오버핀법
①	수나사의 피치 측정	기어의 이두께 측정
②	수나사의 피치 측정	기어의 압력각 측정
③	수나사의 유효지름 측정	기어의 이두께 측정
④	수나사의 유효지름 측정	기어의 압력각 측정

해설

• 나사의 유효지름 측정 : 나사마이크로미터, 삼침법, 나사한계게이지, 광학법(공구현미경, 투영기)
• 나사산의 각도 및 피치 측정 : 나사 피치게이지
• 기어의 이두께 측정 : 활줄법, 오버핀법, 걸치기법

18 다음과 같은 호칭번호를 갖는 구름베어링에 대한 설명으로 옳은 것은?

N2O2P

① 안지름 17mm
② 초정밀급
③ 특별경하중형
④ 원통롤러형

해설 구름베어링 호칭번호

형식번호 (첫번째숫자)	치수번호 (2번째 숫자)	안지름 번호 (3,4번째 숫자)	등급기호 (5번째 이후)
1. 자동조심형 2. 자동조심형(큰나비) 3. 테이퍼롤러형 5. 스러스트형 6. 단열홈형 7. 단열 앵귤러 형 **N. 원통롤러형**	0,1 : 특별경하중형 2 : **경하중형** 3 : 중간하중형 4 : 중하중형	00 : 안지름 10mm 01 : 안지름 12mm **02 : 안지름 15mm** 03 : 안지름 17mm 05 : 안지름 25mm 08 : 안지름 40mm	무기호 : 보통급 H : 상급 P : **정밀급** SP : 초정밀급

19 나무토막의 절반이 물에 잠긴 채 떠 있다. 이 나무토막에 작용하는 부력과 중력에 관한 설명으로 옳은 것은?

① 부력에 비해 중력의 크기가 더 크다.
② 중력에 비해 부력의 크기가 더 크다.
③ 부력과 중력의 크기가 같다.
④ 알 수 없다.

해설
절반이 물에 잠긴 채 떠 있는 경우에는 부력(물의 밀도 × 부피 × 중력가속도) 과 중력(질량 × 중력가속도)의 크기가 같기 때문이다.

20 웨버수(Weber number)의 정의와 표면장력의 차원으로 옳은 것은?(단, 질량 M, 길이 L, 시간 T)

① $\dfrac{관성력}{표면장력}$, 표면장력 = $[MT^{-2}]$

② $\dfrac{관성력}{표면장력}$, 표면장력 = $[MT^{-2}]$

③ $\dfrac{관성력}{표면장력}$, 표면장력 = $[MLT^{-2}]$

④ $\dfrac{관성력}{표면장력}$, 표면장력 = $[MLT^{-2}]$

해설 무차원수의 정의

무차원수	공식
마하수(Ma)	• 유체속도/음속
레이놀즈수(Re)	• 관성력/점성력
푸르드수(Fr)	• 관성력/중력
오일러수(Eu)	• 압력/관성력
웨버수 (We)	• 관성력/표면장력

• 주요 차원(국가직 2015년 문제16번 해설 조)
 - MLT계 차원(절대단위계) : 질량 M, 길이 L, 시간 T의 세가지로 나타낸 차원 : MT^{-2}
 - FLT계 차원(공학단위계) : 힘 F, 길이 L, 시간 T의 세가지로 나타낸 차원 : FL^{-1}

20 ①

기계일반

2015년 6월 13일 시행
서울시 9급

01 주조에서 주입된 쇳물이 주형 속에서 냉각될 때 응고 수축에 따른 부피 감소를 막기 위해 쇳물을 계속 보급하는 기능을 하는 장치는 어느 것인가?

① 압탕 ② 탕구
③ 주물 ④ 조형기

해설 모래주조법 주형 각부의 역할

구 분	특 징
탕구(sprue)	제품인 부분에 쇳물이 흘러들어가도록 하는 수직 통로
압탕구(feeder)	주형 내의 쇳물에 압력을 가하여 가스를 제거하거나 **쇳물이 응고할 때 수축에 의한 부피의 감소를 보충**하기 위하여 설치
탕도(runner)	수평으로 마련한 쇳물안내통로/홈
주입구(쇳물받이)	쇳물을 주입하는 부분
조형기	주형틀의 속에 있는 모형 주위에 인위적으로 진동이나 충격을 주어 주물사를 굳혀서 압축하는 기계 설비
주 형	조형기에서 만들어져 주조를 하기 위한 형틀
용선로	철광석을 투입하여 쇳물로 생산하는 설비
레이들(Ladle)	용선로에서 생산된 쇳물을 받아서 운반하여 주형에 주입하는 데 사용하는 용기
형 해체	주조품과 주조틀을 분리하는 공정
청 정	형 해체된 주조품의 표면을 고압의 공기를 불어 이물질을 제거하는 공정

02 다음에서 절삭비(cutting ratio)에 대한 설명으로 옳은 것은?

① $\dfrac{주분력}{이송분력}$ ② $\dfrac{절삭깊이}{칩의 두께}$

③ $\dfrac{공구수명}{절삭속도}$ ④ $\dfrac{이송속도}{가공물의 경도}$

해설
절삭비는 칩 두께와 절삭깊이와의 비이다.

정답 01 ① 02 ②

03 테일러의 공구수명방정식은 절삭속도(V)와 공구수명(T)과의 관계식이다. 이 관계식으로 옳은 것은?(단, n 과 C 는 상수)

① $V^n T = C$ ② $VT = C^n$
③ $VT^n = C$ ④ $\dfrac{VT}{n} = C$

 해설
테일러는 공구 마모 속도가 일반적으로 작업 시작 시점에 가속화되고 뒤이어 두 번째 단계에서 안정적이지만 보다 느리게 증가하다가 마지막으로 세 번째 단계에 접어들어 공구 수명이 다할 때까지 빠르게 마모된다는 사실을 관찰했다. 결국 그는 2단계와 3단계 사이의 시간 길이를 나타내도록 ③과 같이 모델을 설계했다.

04 베어링에 대한 설명 중 옳지 않은 것은?
① 베어링과 만나는 축부분을 저널이라고 한다.
② 미끄럼 베어링은 표준화가 되어 있어 구름 베어링보다 호환성이 좋다.
③ 미끄럼 베어링은 공진속도를 지나 운전할 수 있다.
④ 구름 베어링은 전동체의 형상에 따라 볼 베어링과 롤러 베어링으로 나눌 수 있다.

 해설 미끄럼베어링과 구름 베어링

구 분	미끄럼(sliding) 베어링	구름(rolling) 베어링
규격성	• 자체 제작하는 경우가 많아 호환이 곤란하다.	• 표준형 양산품으로 호환이 쉽다
회전속도	• 고속회전에 적합하며 공진속도를 지나 운전할 수 있다.	• 저속회전에 적합하며, 공진속도이내에서 운전하여야 한다)
종 류	• 레이디얼 미끄럼베어링(축선과 직각방향의 힘을 받는 베어링) • 스러스트 미끄럼베어링(축선방향의 힘을 받는 베어링)	• 볼베어링 • 롤러 베어링 • 레이디얼 구름베어링 • 스러스트 구름베어링

05 연한숫돌을 공작물에 압착하여 축방향으로 작은 진동을 주어 표면을 정밀하게 가공하는 기계는 어느 것인가?
① 호닝머신(honing machine)
② 래핑머신(lapping machine)
③ 센터리스 연삭기(centerless grinding machine)
④ 슈퍼피니싱 머신(super finishing machine)

해설 연마가공

구 분	기 능
호닝	내연기관 실린더 같은 원통면의 정밀 다듬질의 일종으로, 막대모양의 가는 입자의 숫돌을 방사상으로 배치한 혼(hone)이라고 하는 공구를 회전과 왕복 운동을 시켜 공작물의 원통 내면을 가공하는 방법
래핑	마모 현상을 가공에 응용한 것으로, 공작물과 래핑공구 사이에 미분말 상태의 랩제와 윤활제를 넣고 이들 사이에 상대 운동을 시켜 표면을 매끈하게 가공하는 방법
센터리스 연삭기	일감을 양 센터 또는 척에 고정하지 않고, 원통의 일감을 조정숫돌과 연삭숫돌 사이에 삽입하고 지지판으로 지지하면서 연삭하는 기계
슈퍼피니싱	입도가 적고 연한 숫돌을 작은 압력으로 가공물의 표면에 가압하면서 가공물에 피드를 주고, 숫돌을 진동시키면서 정밀하게 가공하는 방법

06 강판 또는 형강을 영구적으로 접합하는 데 사용하는 체결기계 요소인 리벳의 코킹(caulking)에 대한 설명 중 옳지 않은 것은?

① 강도유지를 위해 가스켓을 끼우는 리벳작업이다.
② 보통 리벳이음의 바깥쪽에만 적용하지만, 필요시 안쪽 리벳머리에도 한다.
③ 코킹할 때 판재의 각도는 75~85°로 경사지게 한다.
④ 강판의 두께가 5mm 이하인 경우에는 적용하지 않는다.

 해설 코킹(caulking)

1. 코킹(caulking)은 보일러, 가스 저장 용기 등과 같은 압력 용기에 사용하는 리벳 체결에 있어서, 기밀을 유지하기 위해 끝이 뭉뚝한 정을 사용하여 리벳 머리, 판의 이음부, 가장자리 등을 쪼아서 틈새를 없애는 작업이다.
2. 강판의 가장자리를 75~85°로 기울어지게 절단하여 리벳머리의 주위 또는 강판의 가장자리를 끌로 때려 작업한다.
3. 두께가 5mm 이하인 경우에는 코킹이 어려우므로 종이, 안료를 묻힌 베, 석면 등의 패킹을 끼운 후 리벳팅작업을 한다.
① 두 개의 분리 가능한 기계적인 접합 구성품 사이에서 체결되는 물질의 조합 또는 물질로써 기밀성을 유지하는 기능을 필요로 할 때 가스켓이라는 장치를 끼운다.

 보충 풀러링

기밀을 더욱 완전히 하기 위해 강판과 같은 두께의 나비의 끝이 넓은 끌로 때려붙이는 작업이다.

07 재료의 절삭성(machinability)에 대한 설명 중 옳은 것은?
① 일반적으로 철강의 탄소함유량이 증가하면 절삭성이 향상된다.
② 일반적으로 열경화성 플라스틱의 절삭성은 온도구배에 둔감하다.

정답 06 ① 07 ④

③ 일반적으로 철강은 냉간가공을 하면 절삭성이 저하된다.
④ 일반적으로 철강에 황이 첨가되면 절삭성이 향상된다.

해설
① 일반적으로 탄소함량이 0.3% C까지는 탄소함량이 높으면 높을수록 절삭성은 좋아지지만, 0.3% C 이상이 되면 C의 함량이 많으면 많을수록 절삭성이 나빠진다. 일반적으로 망간, 규소, 크롬, 니켈 등은 절삭성을 나쁘게 한다.
② 온도구배는 물체내에 열이 흐르고 있어서 그 방향에 온도차가 있을 때, 열이 흐르고 있는 방향의 단위 길이당 온도차를 말한다. 열경화성 플라스틱(열을 가하면 열가소성 플라스틱처럼 녹지 않고, 타서 가루가 되거나 기체를 발생시키는 플라스틱)의 절삭성은 온도구배에 민감하다.
③ 일반적으로 철강은 냉간가공을 하면 절삭성이 향상된다.
④ 황,인,납 등은 절삭성을 좋게한다.

08 사각 단면 2m × 2m의 물체에 압축하중을 가하였을 때, 축(세로)방향 변형률이 0.005이면 단면적 증가량은 얼마인가?(단, 이 물체의 푸아송 비(Poisson's ratio)는 0.5이다.)

① $0.01m^2$ ② $0.02m^2$ ③ $0.1m^2$ ④ $0.2m^2$

해설
단면적의 증가량(ΔA) = $2 \times \mu$(푸아송비)$\times \epsilon \times A$ = $2 \times 0.5 \times 0.005 \times 4m^2$ = $0.02m^2$

09 기계요소의 표면은 견고하게 하여 내마멸성이 크고, 내부는 강인하여 내충격성이 우수한 두 가지의 요구를 충족시킬 수 있는 기계재료의 표면 경화에 대한 설명이다. 다음 중 옳지 않은 것은?

① 금속재료의 표면에 Φ1.0mm 이하 작은 강철 입자를 약 40~50m/s 속도로 분사시키는 숏피닝(shot peening)은 표면층의 경도를 증가시킨다.
② 강의 표면을 크로마이징할 때, 확산제로는 금속 Si 55%, TiO_2 45%의 분말 혼합물을 사용한다.
③ 화염 경화의 깊이는 일반적으로 단면의 두께 및 용도에 따라 1.5~6mm까지 가능하여, 기계부품의 국부 경화에 이용된다.
④ 강의 표면에 아연분말을 확산시켜 경화층을 형성하는 세라다이징(sheradizing)은 내식성 및 특히 담수에 의한 방청성이 우수하다.

해설
크로마이징은 확산침투도금법의 하나로 크롬확산피복법이라고도 하며 탄소강, 합금강 및 철강에 많이 이용되는 Cr(크롬)50%, NH_4Cl(염화암모늄) 1%, Al_2O_3(산화알루미늄) 49% 분말과 확산제로 피도금부를 덮어 씌운 후 1,000~1,400℃에 가열처리하여 크롬을 철강표면에 확산침투하여 내식성층을 만든다.

10 다음 중 유체의 점성(또는 점성계수)에 대한 설명으로 옳지 않은 것은?

① 점성의 단위는 kg/(m·s) 등이 있다.
② 점성의 측정을 통해 뉴턴유체와 비뉴턴유체의 구분이 가능하다.
③ 온도가 내려갈수록 유체의 점성은 커진다.
④ 윤활유의 점성이 작을 경우 마모가 쉽게 일어난다.

해설

① 유체의 점성(점도)는 p(포아즈) 또는 cp(센티포아즈) 단위로 나타내며 환산관계는 다음과 같다.
  1p = 100cp = 0.1kg/m·s = 1g/cm·s
② 뉴턴 유체와 비뉴턴유체

구 분	의 의
뉴턴유체	• 물 등과 같이 밀도가 일정하게 유지되는 유체 • 전단응력과 전단변형률의 관계가 선형적인 관계(점성계수)이며, 그 관계 곡선이 원점을 지나는 유체
비뉴턴유체	• 전단응력이 변형률에 직접적으로 비례하지 않는 유체

③ 점도는 유체(기체와 액체)의 흐름에 대한 저항의 척도이다. 액체의 경우 온도가 증가하면 점도가 작아지지만 기체는 온도가 증가하면 점도가 커진다. 즉, 액체의 온도가 올라가면 부피가 약간 증가한다. 따라서 분자간 거리가 멀어지기 때문에 점성이 감소한다. 반면에 기체의 온도가 올라가면(일정한 부피에서) 분자들의 운동속도가 빨라지기 때문에 압력이 증가하게 되고, 기체를 통과할 때 기체 분자들과 충돌하는 횟수가 더 많아지게 되고 점성이 증가한다. 따라서 ③은 액체에만 해당하는 말이므로 잘못된 설명이다.
④ 윤활유의 막이 두꺼울수록 윤활이 원활해져 마모를 방지하고 마찰저항을 감소시킬 수 있다. 점성이 클수록, 속도가 빠를수록 윤활유의 막이 두꺼워지고, 윤활이 원활해져 마모를 방지하고 마찰저항을 감소시킬 수 있다.

11 다음 중 정극성과 역극성이 존재하며, 둘 중 한 극성을 선택하여 작업할 수 있는 용접은 어느 것인가?

① 직류 아크 용접
② 산소 – 아세틸렌 가스 용접
③ 테르밋(thermit) 용접
④ 레이저빔(laser – beam) 용접

해설

① 직류인 경우 양극(+)에 발생하는 열량이 음극(-)에 발생하는 열량보다 훨씬 많다. 그 이유는 전자가 음극에서 양극으로 흐르기때문에(전류는 양극에서 음극으로 흐르고 전자는 이와 반대)에 전자의 충격을 받는 양극에서 발열량이 많기 때문이다. <u>직류 아크 용접은 이를 이용하여 정극성 또는 역극성을 선택하여 작업할 수 있다.</u>

구 분	의 의
정극성	• 직류(DC)전원을 사용하는 경우 용접봉을 음극에, 모재를 양극에 연결한 용접 • 용접봉의 용융이 늦고 모재의 용입이 깊어진다.
역극성	• 용접봉을 양극에, 모재를 음극에 연결한 경우의 용접 • 용접봉이 전자의 충격이 더 세므로 용접봉의 용융속도가 빠르고 모재의 용입이 얕아지게 된다.

정답 10 ③ 11 ①

② 산소 – 아세틸렌 가스 용접은 전기를 이용할 수 없는 곳에서의 금속 접합에 이용한다. 가열할 때 열량 조절이 비교적 자유롭기 때문에 박판 용접에 적당하지만, 열 집중력이 나빠서 효율적인 용접이 어렵고 신뢰성이 적다.
③ 테르밋 혼합재료 (알루미늄과 산화철을 혼합한 것)와 그 위에 점화재료(과산화바륨, 마그네슘등 혼합분말)을 놓고 점화하여 얻은 3,000℃의 고열로 용융된 철을 용접부분에 주입하여 모재를 용접하는 방법이다.
④ 고밀도 에너지 용접으로 좁고 깊이 융합하기 때문에 피용접재의 열 변형이나 재료 특성의 열화가 적다. 용접봉과 진공로가 필요 없으며, 전자빔용접으로 용접이 어려운 자성금속과 비전열성 금속용접도 가능하다.

12 유체기계를 운전할 때, 유체의 흐름상태가 층류인지 난류인지를 판정하는 척도가 되는 무차원 수인 레이놀즈수(Reynolds number)의 정의에 대한 설명으로 옳은 것은?

① 관성력과 표면장력의 비
② 관성력과 탄성력의 비
③ 관성력과 점성력의 비
④ 관성력과 압축력의 비

해설 무차원 수

무차원수	정 의
마하수(Ma)	• 유체속도/음속
레이놀즈수(Re)	• 관성력/점성력
푸루드수(Fr)	• 관성력/중력
오일러수(Eu)	• 압력/관성력
웨버수(We)	• 관성력/표면장력

13 지름이 42mm, 표점거리 200mm의 둥근 연강재료 막대를 인장 시험한 결과 표점거리가 240mm로 되었다면 연신율은 몇 %인가?

① 20% ② 25% ③ 30% ④ 40%

해설

연신율 = $\dfrac{\text{연신된 표점거리} - \text{원표점거리}}{\text{원표점거리}} = \dfrac{240 - 200}{200} = 20\%$

14 다음 중 융점이 높아 내열금속으로 사용되기에 적합하지 않은 금속은 어느 것인가?

① 몰리브덴
② 탄탈
③ 텅스텐
④ 아연

12 ③ 13 ① 14 ④

해설

융점이 높아 내열금속으로 사용되기에 적합한 금속 : 몰리브덴(2,623°C), 텅스텐(3,422°C), 탄탈(3,017°C)
융점이 낮아 내열금속으로 사용되기에 적합하지 않은 금속 : 아연(419.5°C)

15 주조, 단조, 리벳이음 등을 대신하는 금속적 결합법에 속하는 테르밋 용접(thermit welding)에 대한 설명이다. 다음 내용 중 옳지 않은 것은?

① 산화철과 알루미늄 분말의 반응열을 이용한 것이다.
② 용접 접합강도가 높다.
③ 용접 변형이 적다.
④ 주조용접과 가압용접으로 구분된다.

해설 테르밋 용접

1. 원리 : 테르밋 용접은 용접 열원을 외부로부터 가하는 것이 아니라, 테르밋 반응(산화철과 알루미늄 분말간의 탈산반응)에 의해 생성되는 반응열을 이용하여 금속을 용접하는 방법이다.
2. 특 징

장 점	단 점
• 전력이 필요 없다. • 용접시간이 짧다 • 설비가 간단하여 설치비가 저렴하다. • 작업이 간단하다. • 용접변형이 적다.	• 용접 접합강도가 낮다.

3. 종 류

주조용접	가압용접
• 용접 홈을 800~900°C로 예열한 후 도가니에 테르밋 반응에 의하여 녹은 금속을 주철에 주입시켜 용착시키는 방법	• 모재의 양단면을 맞대어 놓고 그 주위에 테르밋 반응에 의해서 생긴 슬랙(slag) 및 용융 금속을 주입하여 가열시킨 후 센 압력을 가해서 접합하는 방법 • 용융 금속은 전연 사용하지 않는다.

16 다음 중 구멍기준 끼워맞춤에서 가장 억지 끼워맞춤은 어느 것인가?

① H6g5
② H6n6
③ H6js6
④ H6k5

해설 끼워맞춤의 유형

구 분	헐거운 끼워맞춤 (항상 틈새가 생기는 맞춤)	중간끼워맞춤(구멍과 축의 실치수에 따라 틈새와 죔새 를 갖는 끼워맞춤)	억지끼워맞춤 (항상 죔새가 생기는 맞춤)
구멍 기준 (H6~H10)	b~h	js, k, m, H7n6	n, p, r, s, t, u, x
축 기준 (h5~h9)	B~H	JS, K, M, h6n6, h6n7	N, P, R, S, T, U, X

17 보의 길이가 ℓ인 양단 고정보의 중앙에 집중하중 W가 작용할 때, 양단 고정보의 중앙점에서의 굽힘 모멘트로 옳은 것은?

① $\dfrac{W\ell}{2}$ ② $\dfrac{W\ell}{4}$

③ $\dfrac{W\ell}{8}$ ④ $\dfrac{W\ell}{16}$

 해설 굽힘모멘트공식

구 분	집중하중(중앙)	등 분포하중
외팔보	$W\ell$	$\dfrac{W\ell^2}{2}$
단순보	$\dfrac{W\ell}{4}$	$\dfrac{W\ell^2}{8}$
양단고정보	$\dfrac{W\ell}{8}$	$\dfrac{W\ell^2}{12}$

18 금속은 파괴되지 않고 변형되는 성질이 있는데, 이 성질을 이용하여 가공하는 방법인 소성가공에 대한 설명 중 옳은 것은?

① 단조, 압연, 인발, 연삭은 소성가공에 속한다.
② 소성가공은 변태점온도에 따라 냉간가공과 열간가공으로 구분된다.
③ 가공경화는 재료를 변형시키는 데 변형저항이 감소하는 현상을 말한다.
④ 소성가공에 이용되는 성질은 가단성과 연성이다.

① 연삭과 절삭은 공작기계에 의해 이루어지는 작업이므로 기계가공이라고 한다.
② 소성가공은 재결정온도에 따라 재결정온도보다 낮은 온도에서 이루어지는 냉간가공과 재결정 온도보다 높은 온도에서 이루어지는 열간가공으로 구분된다.
③ 재료에 소성변형을 주면 변형이 진행됨에 따라 변형저항이 증대하여 변형을 받지 않은 재료보다 단단해지는 성질을 가공경화라고 한다.
④ 금속 재료를 두드리거나 누르면 얇게 펴지는 성질을 전성(가단성)이라 하고, 잡아당기면 가늘게 늘어나는 성질을 연성이라 하며, 소성가공은 이 두 성질을 이용한 가공을 말한다.

19 철강의 열처리와 표면처리에 대한 설명 중 옳은 것으로만 묶인 것은?

(가) 트루스타이트(troostite) 조직은 마텐자이트(martensite) 조직보다 경도가 크다.
(나) 오스템퍼링(austempering)을 통해 베이나이트(bainite) 조직을 얻을 수 있다.
(다) 철의 표면에 규소(Si)를 침투시켜 피막을 형성하는 것을 세라다이징(sheradizing)이라 한다.
(라) 심랭처리를 통해 잔류 오스테나이트(austenite)를 줄일 수 있다.

① (가), (다)
② (가), (라)
③ (나), (다)
④ (나), (라)

(가) 마텐자이트(martensite)조직은 트루스타이트(troostite)조직보다 경도가 크다.(×)
(나) 오스템퍼링(austempering)은 Ar'와 Ar"사이의 온도로 유지된 열욕에 담금질하고 과냉각의 오스테나이트(Austenite) 변태가 끝날 때까지 항온유지해 주는 방법이며 이때에 얻어지는 조직이 베이나이트(Bainite)이다. (O)
(다) 철의 표면에 아연(Zn)을 침투시켜 피막을 형성하는 것을 세라다이징(sheradizing)이라 한다.(×) 규소(Si)를 침투시켜 피막을 형성하는 것을 실리코나이징이라고 한다.
(라) 잔류오스테나이트가 손재하면 퀜칭경도의 저하, 치수불안정 및 연마균열 등의 문제점이 따르므로 퀜칭한 강을 0℃ 이하의 온도로 냉각하여 γR을 마르텐사이트화 하는 처리를 심랭처리라고 한다. 이 처리에 의해서 잔류오스테나이트가 마르텐사이트로 변태하므로 퀜칭경도가 증가되고, 경도를 균일화시켜서 내마모성을 향상시키며, 또한 치수안정성을 제고시키는 등의 효과를 얻을 수 있다.(O)

정답 19 ④

20 아래 그림과 같은 분포하중을 가지고 있는 외팔보(cantilever beam)의 고정지지점 O에서의 모멘트의 크기를 구하시오.(단, $\overline{AB}$ = 2m, 등분포하중 ω_1 = 2kN/m, $\overline{BO}$ = 2m, 등분포하중 ω_2 = 1kN/m이다.)

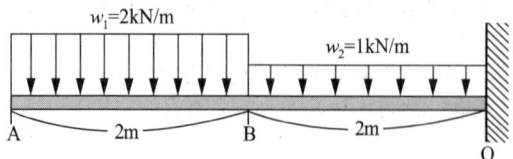

① 10kN·m ② 12kN·m
③ 14kN·m ④ 16kN·m

해설

- ω_1에 대한 모멘트
  2kN/m × 2m × 3m (반시계방향) = 12kN·m
- ω_2에 대한 모멘트
  1kN/m × 2m × 1m (반시계방향) = 2kN·m
∴ 고정지지점 O에서의 모멘트의 크기 = 12kN·m + 2kN·m = 14kN·m

기계일반

2014년 6월 28일 시행
서울시 9급

01 금속재료의 열처리에 대한 설명이다. 다음 내용 중 옳지 않은 것은?

① 풀림(annealing)을 하면 가공경화나 내부응력을 제거할 수 있다.
② 담금질(quenching)을 하면 강도는 올라가고, 경도는 하락한다.
③ 불림(normalizing)은 조직을 표준화 시킨다.
④ 강의 탄소함유량을 측정할 때 불림(normalizing)을 이용한다.
⑤ 담금질(quenching)은 가열온도를 변태점보다 30~50도 높게 한다.

해설 일반열처리

유 형	내 용
풀 림 (annealing)	• 내부응력을 제거하고, 소성가공된 강을 연하게 하거나 전연성을 향상시키기 위하여 일정온도 이상으로 가열하고, 노 안에서 또는 공기중에 서서히 냉각시키는 방법
담금질 (quenching)	• 재료를 일정온도로 가열하여 (오스테나이트화 온도)일정시간 유지한 후에 물이나 기름중에 급냉시켜 **재료의 강도 및 경도를 높이는 방법** • 담금질 온도를 너무 높게 하면 안되며, 적정한 온도는 A1, A3변태점 이상 30~50℃가 적당하다.
불 림 (normalizing)	• 재료를 일정온도로 가열하여(오스테나이트화 온도) 공기 중에 냉각하여 (강제송풍냉각) 재료의 표준조직을 얻기 위한 방법 • 철에 탄소가 0.1% 이상 함유되어 있으면 페라이트 이외에 펄라이트가 뚜렷이 나타나며 이 펄라이트가 차지하는 면적은 탄소 함유량의 증가에 따라 증대하고, 불림상태에서는 0.4% 전후에서 약 절반, 0.77%에서는 전부 펄라이트가 되므로, 강의 탄소함유량을 측정할 때 불림을 이용한다.
뜨 임 (tempering)	• 담금질 처리 후 굉장히 경도가 높아져 있기 때문에 인성이 전혀 없는 강에 인성을 회복시켜 주는 방법

02 기계요소 중 축(shaft) 관련 설명들이다. 다음 내용 중 옳지 않은 것은?

① 일반축에는 주로 탄소강, 고속/고하중에는 특수강을 사용한다.
② 축은 고속회전에 사용되므로 피로파괴를 고려해야 한다.
③ 축은 처짐과 비틀림 등으로 위험한 임계속도가 있다.
④ 축설계시 비틀림각을 제한하기 위해 인장강도를 계산한다.
⑤ 전동축은 주로 비틀림 모멘트를 많이 받으나, 굽힘 모멘트도 작용한다.

정답 01 ② 02 ④

해설
① 축의 재료로는 일반축에는 주로 탄소강이 사용되고, 고속/고하중에는 니켈, 니켈크롬강등의 특수강이 사용된다.
② 축은 고속회전을 통하여 수많은 반복하중이 걸리므로 피로파괴를 고려하여야 한다.
③ 축이 굽힘작용이나 비틀림작용에 의해 진동할 때는 어느 회전수가 되면 이상진동이 발생하고 파괴에 이르게 되는데 이때의 회전속도를 임계속도 또는 위험속도라고 한다.
④ 확실한 전동을 요하는 축에 비틀림이 작용하여 축의 비틀림각이 크면 기계적 불균형이 생기므로 축의 비틀림각을 제한하여 설계하여야 하는데, Bach의 축공식에 따르면 연강으로 된 축에서 <u>길이 l=100cm당 비틀림각 θ가 0.25°이내의 범위로 제한</u>되어야 한다.
$\theta = \dfrac{32}{\pi d^4} \cdot \dfrac{Tl}{G}$ (d: 축의 지름, T: 비틀림모멘트, l: 축의 길이, G: 축재료의 가로탄성계수)
⑤ 전동축은 동력전달을 목적으로 회전하는 축으로 주로 비틀림 모멘트를 받으나 굽힘 모멘트도 작용한다.

03 테일러의 공구수명방정식으로 옳은 것은?

① 유동형칩 발생과 공구수명의 관계식
② 가공물의 경도와 공구수명의 관계식
③ 절삭깊이와 공구수명과의 관계식
④ 절삭속도와 공구수명과의 관계식
⑤ 이송속도와 공구수명과의 관계식

해설
테일러의 공구수명방정식은 절삭속도(V)와 공구수명(T)과의 관계식이다.
$VT^n = C$
n : 공구에 따라 변하는 지수(고속도강 : 0.1~0.3, 초경합금 : 0.12~0.25, 세라믹 공구 : 0.35~0.55)
C : 공구, 공작물, 절삭조건에 따라 다른 값으로 T=1min 때의 절삭속도이다.

04 동력과 에너지 관련된 설명들이다. 다음 내용 중 옳지 않은 것은?

① 댐은 물의 위치에너지를 전기에너지로 변환한다.
② 보일러는 연소에 의한 열에너지를 이용한다.
③ 원자로는 고온, 고압의 물로 직접 터빈을 회전시킨다.
④ 내연기관은 연소에 의한 압력에너지를 운동에너지로 변환한다.
⑤ 화력발전소는 열에 의한 증기에너지를 이용한다.

해설
① 수력발전은 높은 곳에 위치한 물의 위치에너지를 발전기 터빈의 운동에너지로 변환시켜 발전기 내부의 전자기유도 현상을 이용하여 전기에너지로 변환한다.

② 보일러는 밀폐된 용기속에 물을 넣고 가열하여 발생시킨 열에너지로 산업용이나 난방용으로 사용하는 장치이다.
③ 원자로는 고온, 고압의 수증기로 직접 터빈을 회전시킨다.
④ 내연기관은 내부에서 연료를 가열하여 그 압력으로 직접 실린더를 피스톤운동시킨다.
⑤ 화력 발전소는 보일러, 터빈, 발전기 등을 중심으로 하여 급수 설비와 복수기 및 변압기 등의 전기 설비, 그리고 제어 장치와 그 밖의 여러 설비로 구성되어 있다. 보일러는 연료를 연소시켜 그 열로 물을 끓여 고온과 고압의 증기를 발생시킨다. 터빈은 보일러에서 배출한 증기로 움직여 발전기를 돌리는 기계이고, 발전기는 터빈과 연결되어 회전함으로써 교류 전압을 발생시키는 기계이다.

05 구멍 가공을 위하여 드릴을 사용하는데, 이러한 드릴의 날끝각에 대한 설명 중에서 옳지 않은 것은?

① 드릴의 날끝각은 가공물의 재질에 따라 다르다.
② 드릴의 날끝각은 일반적으로 118°이다.
③ 경도가 높을수록 날끝각은 작게 한다.
④ 드릴 날의 길이는 가공에 영향을 미친다.
⑤ 드릴 중심축에 대한 각이 다르면 안된다.

해설
① 일반재료 118°, 주철 90~100° 등 가공물의 재질에 따라 다르다.
② 드릴의 날끝각은 일반적으로 118°이다. 연한 재료를 가공할 때에는 60~90°, 단단한 재료를 가공할 때에는 135~150°로 한다.
③ 일반적으로 경도가 클수록 날끝각은 크게 한다.
④ 공구의 길이가 길어질수록 가공조건이 불안해 질 수밖에 없기 때문에 최대한 짧은 길이를 사용하는 것이 좋다.
⑤ 날끝각을 적정하게 정하고 중심축에 대하여 같게 한다.

06 압연 가공에 대한 설명 중에서 옳은 것은?

① 압연은 주조 조직을 파괴하고, 기포를 압착하여 우수한 재질이 되게 한다.
② 압연의 주목적은 재료의 두께를 증가시키기 위한 것이다.
③ 압연에 의하여 폭은 약간 줄어든다.
④ 열간 압연은 냉간 압연에 비하여 표면이 매끈하고 깨끗하다.
⑤ 냉간 압연은 열간 압연에 비하여 재료의 강도가 낮아진다.

해설
① 압연 가공은 주조 조직을 파괴하고, 기포나 수축공 등을 압착하여, 균일한 양질의 소재를 얻을 수 있다.
② 압연은 중간재를 회전하는 롤 사이를 통과시켜 두께를 얇게 하는 것이다.
③ 일반적으로 압연에 의하여 소재의 폭은 넓어진다.

정답 05 ③ 06 ①

④ 냉간 압연은 열간 압연에 비하여 <u>표면이 매끈하고 깨끗하다.</u>
⑤ 냉간 압연은 열간 압연한 경우보다 <u>강도가 더 강하다.</u>

  보충 열간압연과 냉간압연

열간압연	냉간압연
• 금속을 재결정 온도 이상으로 가열하여 압연하는 방식이다. • 재결정이 시작되는 온도 이상에서 열간가공을 하면, 가공경화가 일어나지 않아서 한번의 열간가공으로 큰 변형을 얻을 수 있다. • 가공물의 치수 정밀도가 상대적으로 낮고 표면이 거칠어질 수 있다 • 크고 두꺼운 재료의 압연에 적용된다.	• 금속을 재결정 온도 이하에서 가열하여 압연하는 방식이다. • 소재의 변형이 어려우므로, 가공에 필요한 힘(동력)이 많이 든다. • 치수가 정확하고 표면이 깨끗한 제품을 얻을 수 있어 마무리 작업에 많이 사용된다. • 두께가 얇고 크기가 작은 판재나 형재의 압연에 적용된다.

07 다음의 비철금속에 대한 설명 중 옳지 않은 것은?
① 구리는 열 및 전기 전도율이 좋으나, 기계적인 강도는 낮다.
② 티타늄은 알루미늄보다 가벼워 항공재료로 사용된다.
③ 알루미늄은 가벼운 것이 특징이며, 가공이 용이하다.
④ 니켈은 산화피막에 의해서 내부식성이 우수하다.
⑤ 알루미나는 내부식성을 증가시킨다.

 해설
① 구리는 열 및 전기의 양도체로 전도율이 좋지만, 기계적인 강도나 경도는 충분하지 않아 구조용 재료로는 부적합하다.
② <u>티타늄은 알루미늄보다 무겁지만</u>, 중량 대 강도의 비가 크고, 내식성과 내마모성이 우수하기 때문에 항공, 우주, 전력·화학플랜트, 해양·토목, 의료·복지, 형상기억합금을 비롯한 기능재료로서 널리 사용되고 있다.
③ 알루미늄은 비중이 철의 1/3이며, 가볍고 전연성이 풍부하며, 가공이 용이하다.
④ 니켈(Nickel, Ni)은 양극산화(아노다이징 : 금속부품을 양극에 걸고 전해액에 전해하면 산소가 발생하여 부품에 산화피막이 형성되는 것)에 의하여 부식을 억제하는 효과가 높은 얇은 산화피막이 형성된다.
⑤ 알루미나(산화알미늄 Al₂O₃)은 세라믹의 재료로 여러가지 산업재 생산에 사용되어 고강도, 내부식성, 내마모성, 절연특성이 우수하다.

08 유체기계를 운전할 때 송출량 및 압력이 주기적으로 변화하는 현상(진동을 일으키고 숨을 쉬는 것과 같은 현상)으로 옳은 것은?
① 공동현상(cavitation) ② 노킹현상(knocking)

③ 서징현상(surging)   ④ 난류현상
⑤ 관성현상

해설
① 유체의 속도 변화에 의한 압력변화(포화증기압 이하로)로 인해 유체 내에 공동이 형성되고 기포가 발생하는 현상을 말한다.
② 미연소가스가 자기착화점이상에서 자연발화되어 격렬한 연소를 하고, 연소속도는 음속을 넘게 되어 연소실벽을 작은 해머로 빠르게 두드리는 듯한 소리를 내는 현상을 말한다.
③ 서징현상(맥동현상)은 송출압력과 송출유량사이에 주기적인 변동이 일어나는 현상을 말한다.
④ 근본적인 원리가 밝혀지지 않은 비선형의 통계물리학적 현상으로 불규칙하게 요동치는, 따라서 각 순간의 상태에 대해 예측 불가능한 유체의 운동현상을 말한다.
⑤ 뉴턴의 운동법칙에 따라 유체가 지금까지의 운동을 그대로 계속하려고 하는 현상을 말한다.

09 두께 10mm, 폭 130mm인 강판을 V형 맞대기 용접이음 하고자 한다. 이음효율 η = 1.0으로 가정하면 인장력은 얼마까지 허용 가능한가?(단, 판의 최저 인장 강도는 40kgf/mm²이고, 안전율은 2로 한다.)

① 10,000kgf   ② 13,000kgf
③ 26,000kgf   ④ 34,000kgf
⑤ 52,000kgf

해설 인장력

$$\frac{\text{두께} \times \text{폭} \times \text{이음효율} \times \text{판의 최저인장강도}}{\text{안전율}} = \frac{10mm \times 130mm \times 1 \times 40kgf/mm^2}{2} = 26,000kgf$$

10 절삭가공에서 절삭온도와 공구의 경도에 대한 설명으로 옳지 않은 것은?
① 전단면에서 전단소성변형에 의한 열이 발생한다.
② 공구의 온도가 상승하면 공구재료는 경화한다.
③ 칩과 공구 윗면과의 사이에 마찰열이 발생한다.
④ 공구의 온도가 상승하면 공구의 수명이 단축된다.
⑤ 절삭열은 칩, 공구, 공작물에 축적된다.

해설
①, ③ 절삭할 때 발생한 에너지는 대부분 열로 소비되며, 공작물 내부에 잔류되어 있는 일정한 양의 열을 절삭온도라 한다. 절삭열은 다음과 같이 3구역으로 생각할 수 있다.
  1. 전단면에서 전단변형을 일으키는 열(전단면에서 전단 소성변형에 의한 열, 저속절삭 범위에서 이 열이 가장 크다.)(①)

2. 칩과 공구 윗면(경사면)과의 마찰열(고속절삭 범위에서 이 열이 가장 크다.)(③)
3. 공작물에서 칩이 분리(AO면)될 때 생기는 마찰열(열 발생이 미소하여 무시할 수 있다.)

②, ④ 절삭공구에 전달된 열은 공구의 온도를 상승시켜 공구의 경도를 저하시키고 마모, 용착의 원인이 되어 공구수명에 영향을 미치며, 공작물에 전달되는 열은 가공 정도에 영향을 미친다.
⑤ 절삭시 발생되는 열은 칩, 공작물, 절삭공구로 각각 분산되어 축적된다.

11 연삭가공에서 연삭비로 옳은 것은?

① 단위체적의 숫돌마멸에 대한 제거된 재료체적
② 연삭숫돌의 속도에 대한 공작물의 속도
③ 연삭깊이와 연삭숫돌의 초당 회전속도 비율
④ 연삭숫돌의 체적에 대한 공극 비율
⑤ 숫돌의 경도와 입자의 크기 비율

해설 연삭비
숫도바퀴의 소모에 대한 피연삭제 연삭의 용이성을 말한다. 즉 숫돌바퀴의 단위부피가 소모될 때 피연삭재가 연삭된 부피의 비(제거된 재료체적)를 말한다.

$$\frac{\text{제거된 재료체적(피연삭제의 연삭된 부피)}}{\text{단위체적의 숫돌마멸}}$$

12 기계요소에 하중이 집중적으로 작용하면 응력집중이 발생하여 기계요소의 파단 원인이 된다. 다음 중 응력집중에 대한 경감 대책으로 옳은 것은?

① 단이 진 부분의 필릿(fillet) 반지름을 되도록 크게 한다.
② 재료내의 응력 흐름을 밀집되게 한다.
③ 단면 변화 부분에 열처리를 하여 부분적으로 부드럽게 한다.
④ 단면 변화 부분에 보강재를 대면 안된다.
⑤ 단면 변화를 명확하게 하여 준다.

해설 응력집중에 대한 경감대책
1. 단이 진 부분의 필릿부의 반지름을 되도록 크게 한다.(①)
2. 단면 변화 부분에 보강제를 결합하여 응력 집중을 완화한다.(②,④)
3. 단면 변화 부분에 숏피닝(shot peening), 롤러 압연처리 및 열처리를 시행하여 경도를 강화시키거나, 표면 가공정도를 좋게 하여 향상시킨다.(③)
4. 축 단부 가까이에 2~3단의 단면변화부를 설치하고, 테이퍼 부분을 가능한 한 완만하게 하여, 응력의 흐름을 완만하게 한다.(⑤)

13 기계요소의 하나인 리벳을 이용하여 부재를 연결하는 리벳이음 작업 중에 코킹을 하는 이유로 적합한 것은?

① 강판의 강도를 향상시키기 위하여
② 패킹 재료를 용이하게 끼우기 위하여
③ 리벳 구멍의 가공을 용이하게 하기 위하여
④ 강판의 가공을 용이하게 하기 위하여
⑤ 강판의 기밀성을 향상시키기 위하여

 해설
코킹(caulking)은 보일러, 가스 저장 용기 등과 같은 압력 용기에 사용하는 리벳 체결에 있어서, 기밀을 유지하기 위해 끝이 뭉뚝한 정을 사용하여 리벳 머리, 판의 이음부, 가장자리 등을 쪼아서 틈새를 없애는 작업이다.

14 보의 길이가 l인 외팔보에 단위길이당 균일등분포하중 ω가 작용할 때, 외팔보에 작용하는 최대 굽힘 모멘트로 옳은 것은?

① ωl ② $\dfrac{\omega l^2}{4}$ ③ $\dfrac{\omega l}{2}$

④ $\dfrac{\omega l^2}{3}$ ⑤ $\dfrac{\omega l^2}{2}$

 해설   굽힘모멘트공식

구 분	집중하중(중앙)	등 분포하중
외팔보	$W\ell$	$\dfrac{W\ell^2}{2}$
단순보	$\dfrac{W\ell}{4}$	$\dfrac{W\ell^2}{8}$
양단고정보	$\dfrac{W\ell}{8}$	$\dfrac{W\ell^2}{12}$

15 다음 중 가솔린기관과 비교하여 디젤기관의 장점이 아닌 것은?

① 압축비가 높아 열효율이 좋다.
② 연료비가 싸다.
③ 점화장치, 기화장치 등이 없어 고장이 적다.
④ 저속에서 큰 회전력을 발생한다.
⑤ 압축압력이 작음으로 안전하다.

정답 13 ⑤ 14 ⑤ 15 ⑤

해설 가솔린기관과 디젤기관

구 분	가솔린 기관	디젤기관
사용연료	휘발유(연료비가 비싸다)	경유, 중유
방 식	전기점화방식	압축점화방식(분사착화) : 점화장치, 기화장치가 불필요
연료소비량	200~300g/PS·h	150~240g/PS·h
열효율	25~32%	32~38%
압축비	7~13 : 1	15~20 : 1
압축압력	7.8~14.7bar	29.4~49.0bar
회전력	고속성능이 좋고 회전력은 디젤기관에 비해 떨어진다.	저속성능이 좋고 회전력(토크)도 우수하다.
회전수	2000~6500rpm	1600~4000rpm

16 다음 중 초음파가공과 관련한 설명으로 옳지 않은 것은?

① 상하방향으로 초음파 진동하는 공구를 사용한다.
② 진동자는 20kHz 이상으로 진동한다.
③ 가공액에 함유된 연마입자가 공작물과 충돌에 의해 가공된다.
④ 연마입자는 알루미나, 탄화규소, 탄화붕소 등이 사용된다.
⑤ 연질재료의 다듬질 가공에 적합한 가공이다.

해설

①, ③ 초음파 가공은 유리된 연마입자를 일감과 공구 사이에 가공액과 혼합하여 초음파에 대한 상하진동으로 공작물에 충돌시켜 가공하는 방법으로써 전기적 에너지를 기계적 에너지로 변환하여 금속 및 비금속 재료에 제한 없이 광범위하게 이용한다.
② 진동자는 보통 두께 약 0.1mm의 니켈박판을 층상으로 적층시켜 만들며, 초음파(20kHz이상)이상으로 진동한다.
④ 연마입자는 알루미나, 탄화규소, 탄화붕소가 쓰인다.
⑤ 도체, 부도체를 불문하고 다양한 공작물을 정밀가공할 수 있지만, 납, 구리, 연강과 같은 연질 재료는 가공이 부적합하다.

17 지면을 절삭하여 평활하게 다듬고자 한다. 다음 중 표면작업 장비로 가장 적합한 것은?

① 그레이더(grader)   ② 스크레이퍼(scraper)
③ 도우저(dozer)   ④ 굴삭기
⑤ 타이어 롤러(tire roller)

① 땅을 고르는 중장비로 지면을 절삭하여 평활하게 다듬고자 할 때 사용된다.
② 흙·모래의 굴삭 및 운반장치이다.
③ 트랙터 앞부분에 토공판인 블레이드를 설치하여 토사의 굴착이나 굴착된 흙을 밀어내기 위한 건설기계이다.
④ 주로 흙을 굴삭하는 장비로 토사적재, 건물 기초작업 등을 수행한다.
⑤ 고무 타이어에 의해 흙을 다지는 롤러로, 자주식과 피견인식이 있다.

18 탄소 함유량이 0.77%인 강을 오스테나이트 구역으로 가열한 후 공석변태온도 이하로 냉각시킬 때, 페라이트와 시멘타이트의 조직이 층상으로 나타나는 조직으로 옳은 것은?

① 오스테나이트(austenite) 조직
② 베이나이트(bainite) 조직
③ 마르텐사이트(martensite) 조직
④ 펄라이트(pearlite) 조직
⑤ 레데뷰라이트(ledeburite) 조직

0.77%를 함유하는 탄소강이 공석변태온도(723℃) 이하로 냉각될 때 오스테나이트가 페라이트와 시멘타이트로 분해되는 공석반응이 일어나므로 공석강이라고 하며, 이 반응이 일어나는 온도를 A1선이라고 부른다. 또한 공석반응에 의한 변태를 공석변태, 펄라이트(pearlite)변태, 또는 A1변태라고 부른다.
① 탄소를 고용하고 있는 γ철, 즉 γ고용체를 오스테나이트라 하며 담금질강 조직의 일종이다. 결정 구조는 면심입방정계(face-centered-cubic-lattice)로서 강을 A1 변태점 (723℃) 이상으로 가열하였을 때 이루어지는 조직이다.
② 공석강을 오스테나이트 온도에서 250℃∼550℃ 온도로 냉각하면 베이나이트라 하는 마르텐사이트와 펄라이트의 중간상태의 미세조직이 형성된다.
③ 펄라이트상태의 강을 오스테나이트상태까지 가열하여 급랭할 경우 발생하는 조직이다.
⑤ 2.11%C의 γ고용체와 6.68%C의 시멘타이트의 공석조직으로 4.30%C인 주철에서 나타난다.

19 회주철의 부족한 연성을 개선하기 위해 용탕에 직접 첨가물을 넣음으로써 흑연을 둥근 방울형태로 만들 수 있다. 이와 같이 흑연이 구상으로 되는 구상흑연주철을 만들기 위해 첨가하는 원소로서 가장 적합한 것은 어느 것인가?

① P
② Mn
③ Si
④ C
⑤ Mg

구상흑연주철은 큐폴라 또는 전기로에서 용해한 다음, 주입 직전 Mg합금, Ce(세륨), Ca(칼슘) 등을 첨가하여, 인장강도와 연신율이 탄소강에 유사한 기계적 성질을 가진다.

20 나사에 대한 설명 중 옳지 않은 것은?

① 미터 가는나사는 진동이 있는 경우에 유리하다.
② 다중나사는 회전에 의한 이동거리를 크게 한다.
③ 톱니나사는 한 방향으로 큰 힘을 전달할 때 사용된다.
④ M4는 수나사의 유효지름이 4mm 이다.
⑤ 줄수가 2이면, 리드는 피치의 2배가 된다.

 해설

① 나사의 지름에 비해 피치가 작아 강도와 자립성이 우수하므로, 항공기, 자동차, 공작기계나 진동이 심한 기계의 이완 방지용으로 사용된다.
② 2개 이상의 나사곡선을 동시에 감아서 만든 나사로 1회전에 대한 리드가 커서 이동거리를 크게함으로 빨리 죄거나 풀 때 유리하지만, 쉽게 풀리는 단점이 있다.
③ 톱니나사는 힘을 한 방향으로만 받는 부품에 이용되는 나사이다. 힘을 받는 쪽에는 사각나사, 반대쪽에는 삼각나사를 깎아서 양나사의 장점을 구비한 것이다.
④ M4는 수나사의 바깥지름이 4mm이다.
⑤ '리드 = 줄수 × 피치' 이므로, 줄수가 2이면, 리드는 피치의 2배가 된다.

20 ④ 정답

국회직 6개년 기출문제

2020년 8월 22일 시행 국회직 9급

01 아래 설명에 맞는 주조법은?

> 주물과 동일한 형상의 모형을 왁스 또는 합성수지 등으로 만들어 주형재에 매몰 후 가열하여 주형을 경화시킨 후 모형을 용출시켜 주형을 완성하는 방법으로, 형상이 복잡하여 기계가공이 어려운 소형 주물에 적용되는 주조법

① 다이캐스팅법
② 원심주조법
③ 저압주조법
④ 슬러시주조법
⑤ 인베스트먼트법

 해설 인베스트먼트주조법은 용융점이 낮은 왁스나 합성수지로 만드는 방법이다.
① 용융금속에 압력을 가해 금형을 밀어넣으면 재질이 균일하고 치밀하게 되며 탕구에서 짧은 시간내에 용융금속이 주형의 구석까지 주입됨으로서 주물을 만드는 영구주형 주조 방법이다.
② 주형을 고속으로 회전시키면서 쇳물을 주입하여 원심력에 의하여 속이 빈 주물을 만드는 주조법이다.
③ 밀폐된 도가니에 압축공기 또는 불활성가스를 불어넣고, 용탕면에 비교적 작은 압력을 가하여, 용탕과 주형을 연결하는 급탕관을 통해서 용탕을 중력과 반대 방향으로 밀어 올려서 급탕관 위쪽에 설치된 금형에 주입하는 주조법이다.
④ 코어를 쓰지 않고 중공의 주물을 만드는 특수한 주조법으로, 주형에 접해서 응고 금속의 외각이 생성되었을 때에 주형을 뒤집어 미응고 금속을 배출하는 영구주형 주조 방법이다.

정답 01 ⑤

02
비파괴검사에 대한 설명으로 옳은 것만을 〈보기〉에서 모두 고르면?

―――――〈보 기〉―――――
ㄱ. 음향충격검사(acoustic-impact technique)는 음향 신호의 검출을 위해 압전식 센서가 사용되는 방법으로, 구조물의 지속적인 안전 감시에 효과적이다.
ㄴ. 초음파검사법(ultrasonic inspection)은 X선을 이용하여 제품의 내부결함을 검사하는 방법이다.
ㄷ. 와전류 탐상법(eddy current inspection)은 전자기유도 원리를 응용한 검사법이다.
ㄹ. 열탐상법(thermal inspection)은 내부결함이 있을 경우 표면의 온도분포가 다르다는 성질을 이용하여 검사하는 방법이다.

① ㄹ　　　② ㄱ, ㄴ　　　③ ㄱ, ㄷ
④ ㄷ, ㄹ　　　⑤ ㄱ, ㄷ, ㄹ

 해설
ㄱ.은 음향방출검사에 대한 설명이다. 음향충격법은 검사물의 표면을 망치로 가볍게 두드릴 때 발생하는 음향신호를 분석하여 검사물의 내부에 불연속면이나 흠이 존재하는지를 검사하는 방법이다
ㄴ.은 방사선투과법이다. 초음파검사법은 초음파가 다른 경계면에서 반사, 굴절하는 현상을 이용하여 대상의 내부에 존재하는 불연속을 탐지하는 기법으로 대형 가스관 검사에 적합하다.
이 밖에도 액체침투탐상법, 자분탐상법, 누설검사법 등이 있다.
- **액체침투탐상법** : 표면으로 열린 결함을 탐지하는 기법으로 침투액이 모세관현상에 의해 침투하게 한 후 현상액을 적용하여 육안으로 식별하는 기법
- **자분탐상법** : 주로 자성재료에 불연속부를 나타낼 수 있게 만든 자성분말을 뿌려 탐상하는 방법
- **누설검사** : 암모니아, 할로겐, 헬륨 등의 기체나 물과 같은 액체 등의 유체가 시험체 외부와 내부의 압력차에 의해 시험체의 미세한 균열을 통해 흘러가는 성질을 이용하여 결함을 찾아내는 방법

03
사무실 벽에 가로 1m, 세로 2m인 유리 창문이 있고, 유리의 안쪽 표면이 바깥쪽 표면보다 5°C 높을 때, 이 창문을 통한 1초당 열손실이 4,500J이 되도록 하는 유리의 두께는? (단위 : mm) (단, 유리의 열전도도는 0.9W/(m·°C)이다)

① 1　　　② 2　　　③ 3
④ 4　　　⑤ 5

해설

$$\text{열손실} = \frac{\text{열전도도}(K_m) \times \text{전열면적}(A) \times (T_2 - T_1)}{\text{두께}} = \frac{0.9W/(m\cdot°C) \times 2m^2 \times 5°C}{\text{두께}(mm)} = 4,500J$$

$$\text{두께}(mm) = \frac{0.9W/(m\cdot°C) \times 2m^2 \times 5°C}{4,500J} = 0.002m = 2mm$$

04 길이 2m, 내경이 10cm인 원형관(pipe)에서 밀도 200kg/m³인 유체가 질량유량 10kg/s로 흐를 때 Darcy 마찰계수(friction coefficient)가 0.02이다. 관내 수두손실로 가장 가까운 것은? (단위: m) (단, 원주율 π는 3이고 중력가속도는 g = 10m/s²으로 가정한다)

① 0.9 ② 1.6 ③ 3.3 ④ 16 ⑤ 36

해설 관내 수두손실 공식 = $\lambda \cdot \dfrac{l}{D} \cdot \dfrac{u^2}{2g}$

$= 0.02 \cdot \dfrac{2m}{0.1m} \cdot \dfrac{[(\frac{20}{3})m/s]^2}{2 \times 10m/s^2} = 0.88m \fallingdotseq 0.9m$

λ : 관마찰계수 l : 관길이 D : 내경 u : 유속 g : 중력가속도
유속이 주어지지 않았으므로 질량유량을 통하여 유속을 구하여야 한다

M(질량유량) = $\rho \cdot A \cdot u$ 이므로 $u = \dfrac{4 \times 10kg/s}{(200kg/m^3) \times 3 \times (0.1m)^2} = (\dfrac{20}{3})m/s$

05 평판 위를 지나가는 층류 경계층 유동에 대한 설명 중 옳지 않은 것은?
① 평판의 선단에서 끝단으로 갈수록 경계층 두께는 증가한다.
② 유체의 점성이 커질수록 경계층 두께는 증가한다.
③ 유체의 밀도가 커질수록 경계층 두께는 증가한다.
④ 유체의 속도가 증가할수록 경계층 두께는 감소한다.
⑤ 경계층 내부는 점성 유동이다.

해설 블라시우스의 해

경계층의 두께 $(\delta) \approx 4.91 \sqrt{\dfrac{\nu x}{u_0}}$

($\nu = \mu/\rho$: 동점성 계수, μ: 점성계수, ρ: 밀도, x: 평판의 선단으로부터의 거리, u_0 : 유속)

정답 04 ① 05 ③

06 마무리 가공에 대한 설명으로 옳은 것만을 〈보기〉에서 모두 고르면?

〈보 기〉

ㄱ. 래핑(lapping)은 랩(lap)을 이용하여 평면이나 원통면에 주로 사용되는 공정이다.
ㄴ. 슈퍼 피니싱(super finishing)은 정지된 가공물에 숫돌을 압착하여 진동을 시키면서 가공하는 공정이다.
ㄷ. 호닝(honing)은 공구를 이용하여 구멍의 내면을 정밀하게 다듬질하는 경우에 주로 사용되는 공정이다.
ㄹ. 화학기계적 연마(chemical-mechanical polishing)는 마모와 부식의 복합작용을 이용하여 가공물 표면에서의 소재를 제거하는 공정이다.

① ㄱ, ㄴ   ② ㄱ, ㄷ   ③ ㄷ, ㄹ   ④ ㄱ, ㄷ, ㄹ   ⑤ ㄴ, ㄷ, ㄹ

  ㄴ. 슈퍼 피니싱(super finishing)은 입도가 적고 연한 숫돌을 작은 압력으로 회전하는 가공물의 표면에 가압하면서 가공물에 피드를 주고, 숫돌을 진동시키면서 가공물을 가공하는 공정이다.

07 다음 괄호에 들어갈 적절한 가공법은?

성형공구 사이에 소재를 넣고 가압한 상태에서 직선 또는 회전운동을 시켜 소재에 공구의 표면형상을 각인하는 가공을 (   )(이)라고 하며, 볼, 링, 나사, 기어, 스플라인축 등을 제작할 수 있다.

① 전조   ② 프레스   ③ 형단조   ④ 인발   ⑤ 압출

 소성가공

종 류	내 용
전 조	보기 참조
프레스	• 판과 같은 소재를 절단하거나 굽혀서 제품을 가공하는 공정
단 조	• 가공하려는 재료를 일정온도이상으로 가열하여 연하게 되었을 때 해머등으로 압력을 가해 원하는 모양이나 크기로 가공하는 방법 • 자유단조 : 도구를 사용하여 앤빌(받침대)위에 놓인 재료에 타격을 가해 만드는 작업(특정한 금형을 사용하지 않고 성형하는 것으로 형 단조와 구분) • 형단조 : 형을 사용하여 판상의 금속 재료를 굽혀 원하는 형상으로 변형시키는 공정
인 발	• 금속 봉이나 관 등을 다이를 통해 축방향으로 잡아당겨 지름을 줄이는 공정
압 출	• 상온 또는 가열된 금속을 용기 내의 다이를 통해 밀어내어 봉이나 관 등을 만드는 공정
압 연	• 열간 혹은 냉간에서 금속을 회전하는 두 개의 롤러사이를 통과시켜 두께나 지름을 줄이는 공정

06 ④   07 ①

08 그림과 같이 질량 50kg의 물체가 경사면에 정지된 채 놓여 있고, 힘 P는 경사면에 평행하게 작용한다. 경사면과 물체 사이의 정지 마찰계수는 0.8이고, 운동 마찰계수는 0.6이다. 이 물체가 경사면 아래로 움직이기 직전, 힘 P의 크기는? (단위: N) (단, 중력가속도는 10m/s²으로 가정하고, sin 30° = 0.5, cos 30° = 0.9로 계산한다)

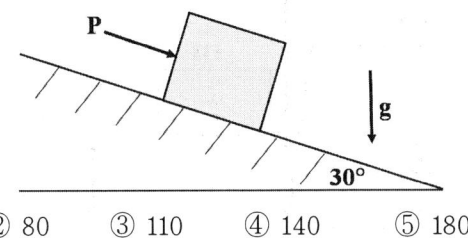

① 50　　② 80　　③ 110　　④ 140　　⑤ 180

해설

$P + mg\sin 30° = \mu mg\cos 30°$
$P = \mu mg\cos 30° - mg\sin 30°$
　$= mg(\mu\cos 30° - \sin 30°)$
　$= 50kg \times 10m/s^2(0.8 \times 0.9 - 0.5)$
　$= 110 kg \cdot m/s^2 = 110N$

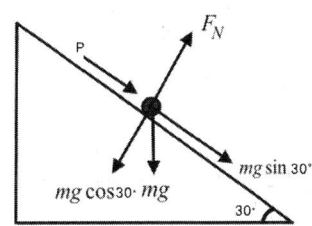

09 그림과 같이 정지해 있는 평판 위를 반지름이 R인 원판이 일정한 각속도 ω로 미끄럼 없이 구르고 있다. 원판 위의 점 A, B, C, D에서 순간속도의 크기를 합한 것은?

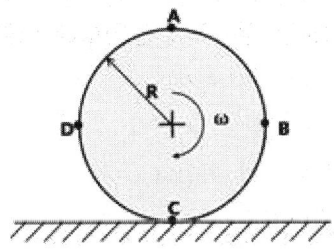

① 0　　② 2ωR　　③ $(2+\sqrt{2})\omega R$　　④ 4ωR　　⑤ $(2+2\sqrt{2})\omega R$

해설

$V_A = 2\omega R$ (점C에서 점A의 직선거리가 2R임)
$V_B = V_D = \sqrt{2}\,\omega R$ (점C에서 점B, 점D의 직선거리가 $\sqrt{2}$ R임)
$V_C = 0$
$V_A + V_B + V_C + V_D = (2+2\sqrt{2})\omega R$

10 그림과 같이 정지해 있는 지게차(M)에 짐(m)을 실을 때, 지게차가 앞바퀴(D)에 대해 넘어가기 전에 실을 수 있는 짐의 최대 질량은? (단위 : kg) (단, 지게차는 앞, 뒤에 각각 두 개씩의 바퀴가 있고, 지게차의 질량은 1,200kg이다. 점 A, B는 각각 지게차와 짐의 무게중심이다)

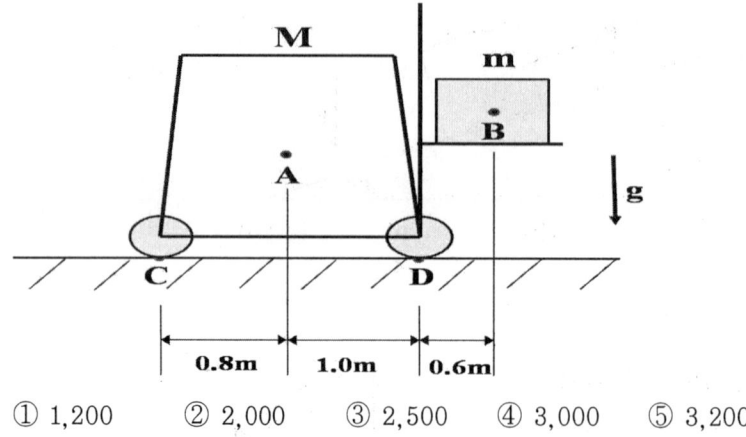

① 1,200 ② 2,000 ③ 2,500 ④ 3,000 ⑤ 3,200

해설 무게중심 공식 ML = ml을 이용하여 풀면 간단하다.

$$m = \frac{1,200kg \times 1m}{0.6m} = 2,000 kg$$

11 선형탄성 재료로 만들어진 길이가 L인 균일단면 봉의 양 끝점이 고정되어 있다. 이 봉의 온도가 상승하여 발생하는 열응력과 변형률에 대한 설명 중 옳지 않은 것은?

① 열응력은 탄성계수가 클수록 더 커진다.
② 열응력은 열팽창계수가 클수록 더 커진다.
③ 열응력은 온도변화가 클수록 더 커진다.
④ 열응력은 봉의 길이가 길어질수록 더 커진다.
⑤ 봉의 축방향 변형률은 0이다.

해설 열응력 : 응력은 봉의 양단이 모두 고정된 경우에만 발생한다.

열응력 $\sigma = E\alpha(t'-t) = \sigma = E\alpha\Delta t$

E : 재료의 탄성 계수 α: 열 팽창 계수 t : 처음 온도 t' : 나중 온도

변형률 $\epsilon = \alpha \Delta t$

변형량 $\delta = l\epsilon$ (봉의 길이가 커지면 변형량은 커지지만 열응력과는 관련이 없다.)

양끝점이 고정되어 있으므로 축방향 변형률은 0이 된다.

12 재료의 기계적 성질 중 경도(hardness)에 대한 설명으로 옳은 것은?
① 재료에 대한 압입(indentation) 시 소성 변형에 대한 저항의 크기
② 재료가 견딜 수 있는 최고압축응력
③ 인장시험에서 주어지는 최대하중과 시험편 본래의 단면적에 대한 비
④ 일정한 체적의 재료를 파단시키는 데 요구되는 에너지의 양
⑤ 일정한 응력하에 시간에 지배받는 영구변형

해설 경도는 어떤 단단한 표준물체인 시험편에 누르개로 힘을 가했을 때 시험편에 나타나는 변형에 대한 저항력의 크기를 말하며, 압입저항, 반발저항, 마모저항 등으로 표시한다. 경도의 측정방법으로 압입경도시험이 있다.
② 압축강도 ③ 인장강도 ④ 충격강도 ⑤ 크리프

13 탄성계수 E = 100GPa, 길이 10m, 단면적 2cm²인 원형봉의 길이방향 신장량이 2mm이면 이 때 작용하는 길이방향 인장하중은? (단위 : N)
① 100   ② 200   ③ 1,000
④ 4,000 ⑤ 8,000

해설 Hooke's Law
$\delta = \dfrac{PL}{AE}$ 이므로 인장하중 $P = \dfrac{\delta AE}{L} = \dfrac{2mm \times 20mm^2 \times 100GPa}{10,000mm}$ = 4,000N

※ $1GPa = 1,000MPa = 1,000N/mm^2$

정답 12 ① 13 ④

14 가솔린이 연료 탱크로부터 내경이 10mm의 관을 통해 엔진으로 1,500mm³/s의 유량으로 공급될 경우, 이 유동에 대한 레이놀즈(Reynolds) 수에 가장 가까운 값은? (단, 가솔린의 밀도는 680kg/m³, 점도는 0.0003kg/(m·s), 원주율 π는 3으로 가정한다)

① 350   ② 400   ③ 450
④ 500   ⑤ 550

 해설   레이놀즈 수 $R_e = \dfrac{\rho V D}{\mu}$

- ρ : 밀도   • V : 유속   • D : 지름   • μ : 점성계수

유속이 주어지지 않았으므로 유속을 구한다.

$V = \dfrac{Q(유량)}{A(원의 면적)} = \dfrac{1,500mm^3/s}{3 \times (5mm)^2} = 20mm/s$ (원의면적 = πd^2)

$R_e = \dfrac{\rho V D}{\mu} = \dfrac{(680kg/m^3) \times (0.02m/s) \times 0.01m}{0.0003kg/(m \cdot s)} = 453.3 ≒ 450$

15 파이프의 내경이 120mm이고 두께가 2.5mm이며 파이프 재료의 허용응력이 108MPa이다. 파이프가 설치된 실내의 압력을 무시할 때, 파이프 내 최대 허용 압력은? (단위 : MPa)

① 4.0   ② 4.5   ③ 5.0
④ 5.5   ⑤ 6.0

 해설   재료의 허용응력$(\sigma) = \dfrac{pd}{2t}$

p : 파이프내 최대 허용압력 d : 파이프내 내경 t : 용기의 두께

$p = \dfrac{2t \cdot \sigma}{d} = \dfrac{2 \times 2.5mm \times 108MPa}{120mm} = 4.5$

16 900K의 고온 열원과 온도가 알려지지 않은 저온 열원 사이에서 작동하는 카노열기관의 효율이 2/3(약 66.7%)이다. 만약 저온 열원의 온도는 변하지 않고, 고온 열원의 온도만 600K로 변경된다면 이 열기관의 효율은?

① 30%   ② 33%   ③ 40%   ④ 50%   ⑤ 55%

해설 카노열기관의 열효율 공식 (열효율$(e) = 1 - (\frac{T_1}{T_2})$)

카(르)노 열기관은 이상기체를 사용하는 가상의 이상적인 기관이다. 외부로 손실되는 열이 없기 때문에 실제로 존재하는 열기관들에 비해서 열효율이 높다.

$\frac{2}{3} = 1 - (\frac{T_1}{900K})$ 이므로 $T_1 = 300K$

열효율$(e) = 1 - (\frac{300K}{600K})$ 이므로 열효율은 50%이다.

17 면심입방(face-centered cubic, FCC) 결정구조 단위정(unit cell) 내의 원자수는?

① 1   ② 2   ③ 4   ④ 5   ⑤ 6

해설 금속결정

종류	단위격자에 속하는 원자의 수	배위수
단순입방격자 (SC)	1개	6
체심입방격자 (BCC)	2개	8
면심입방격자 (FCC)	4개	12
조밀육방격자 (HCP)	2개(작은 단위정) 또는 6개(큰 단위정)	12

18 과도 열전달 문제에서 집중용량법(lumped capacitance method)을 적용할 수 있는 경우는?

① Biot 수가 매우 작을 때
② Fourier 수가 매우 작을 때
③ Fourier 수가 매우 클 때
④ Nusselt 수가 매우 작을 때
⑤ Nusselt 수가 매우 클 때

해설 집중 열용량법
- 해석 대상이 되는 물체 내부의 온도분포가 거의 균일하다고 가정하여 해석함
- 적용할 수 있는 경우
  - 해석 대상이 되는 물체의 크기가 매우 작은 경우
  - 물체 내부의 열전도 속도에 비해 주변으로의 대류/복사 열전달이 매우 느린 경우
  - 무차원 Biot수가 작은 경우 ($Bi < 0.1$인 경우에 적절함)

정답 16 ④ 17 ③ 18 ①

19 재료역학과 관련된 설명 중 옳지 않은 것은?
① 재료에 가로방향 인장력이 작용될 때, 가로변형률에 대한 세로변형률의 비를 프와송(Poisson) 비라고 한다.
② 전단응력은 극한강도와 전단변형률의 곱으로 나타낼 수 있다.
③ 재료의 안전율은 극한응력과 허용응력의 비로 나타낼 수 있다.
④ 재료에 충격하중이 작용할 때 발생하는 최대응력을 충격응력이라고 한다.
⑤ 원형축의 비틀림에 있어 전단응력은 원형단면의 가장자리에서 가장 크다.

해설 전단응력 = 전단탄성계수 × 변형률

20 아래 그림과 같이 단순지지보에 균일분포하중이 작용하고 있다. 균일분포하중의 크기는 8kN/m이며, 보의 길이는 1m이다. 보에 작용하는 최대굽힘모멘트는? (단위: kN·m)

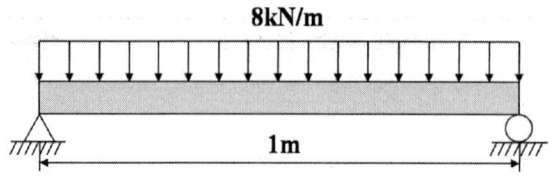

① 0.1 ② 0.2 ③ 0.4 ④ 0.8 ⑤ 1.0

해설 단순보에서 균일분포하중을 받을 때 최대굽힘모멘트는 보의 가운데서 발생한다.

균일분포하중을 받을 때 최대굽힘모멘트 $= \dfrac{w\ell^2}{8} = \dfrac{(8kN/m) \times (1m)^2}{8} = 1kN \cdot m$

보충 중심에서 집중하중을 받을 때 최대굽힘모멘트

$\dfrac{Pab}{l} = \dfrac{(8kN/m) \times 0.5m \times 0.5m}{1m} = 2kN \cdot m$

2019년 8월 24일 시행
국회직 9급

01 지면에서 공을 v_0의 속도로 수직으로 던질 때와 지면과 30°의 각도를 이루도록 던질 때 공이 다시 지면에 닿는 소요시간을 측정하였다. 수직으로 던진 경우 소요시간을 t_1, 30°의 각도로 던진 경우 소요시간을 t_2라고 하면 $t_1 : t_2$는?

① 4 : 1
② 2 : 1
③ $\sqrt{2}$: 1
④ 1 : 1
⑤ 1 : 2

연직 위로 던진 물체가 최고점에 도달하는 시간과 최고점에서 출발점까지 낙하하는 시간은 같으며, 같은 높이에서 상승할 때의 속력과 낙하할 때의 속력은 같다. 이를 운동의 대칭성이라고 한다

[1] 지면에서 공을 v_0의 속도로 수직으로 던질 때 최고점까지의 도달시간 구하기

연직 윗방향을 (+)로 정하고 물체를 수직 위로 속도 v_0로 던지면 가속도가 $-g$인 등가속도 운동을 한다.

1. 최고점에서의 속도 = 0 = $v_0 - gt$

2. 위식을 변형하면 $t = \dfrac{t_1}{2} = \dfrac{v_0}{g}$ 이므로 $t_1 = \dfrac{2v_0}{g}$

[2] 지면과 30°의 각도를 이루도록 던질때 공이 최고점까지의 도달하는 시간 구하기

수평면에 대하여 θ의 각도를 이루는 방향으로 v_0의 속도로 던져 올린 물체는 수평 방향으로는 등속도운동을, 연직 방향으로는 등가속도 운동을 한다

1. 최고점에서의 속도 = 0 = $v_0 \sin 30° - gt$

2. 위식을 변형하면 $t = \dfrac{t_2}{2} = \dfrac{\frac{1}{2}v_0}{g}$ 이므로 $t_2 = \dfrac{v_0}{g}$

02 자동차가 10m/s 의 일정한 가속도로 달리고 있다. 만약 정지 상태에서 출발하였다면 출발점을 기준으로 10초 후의 위치와 속도는?

① 450m, 100m/s
② 450m, 95m/s
③ 450m, 90m/s
④ 500m, 90m/s
⑤ 500m, 100m/s

$V = V_0 + at$ (V ; 속도 V_0 ; 처음속도 a ; 가속도 t ; 시간)이므로

출발점을 기준으로 10초 후의 위치 $S = V_0 t + \dfrac{1}{2}at^2$ (S; 거리 V_0 ; 처음속도 a ; 가속도 t ; 시간)

$$0 + \dfrac{1}{2} \times 10m/s^2 \times (10s)^2 = 500m$$

출발점을 기준으로 10초 후의 속도 $V = 0 + 10m/s^2 \times 10s = 100m/s$

정답 01 ② 02 ⑤

03 다음과 같은 4절 링크(Four-bar Linkage)의 자유도(Degree of Freedom)는?

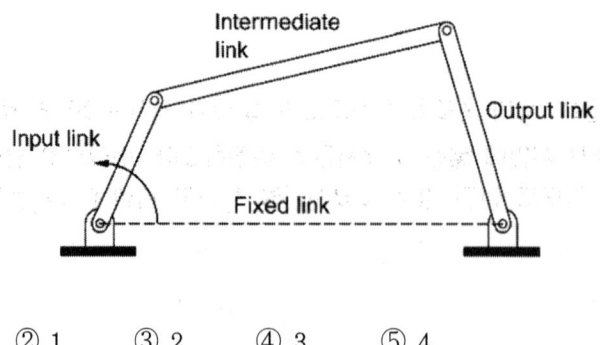

① 0   ② 1   ③ 2   ④ 3   ⑤ 4

해설 4절 링크의 자유도

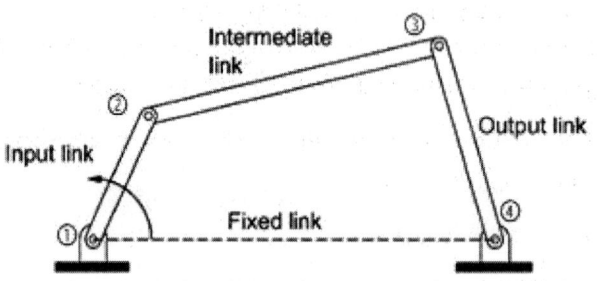

자유도 = 3×(링크의 수-1)-2×(자유도가 1인 조인트의 개수)-1×(자유도가 2인 조인트의 개수)
     = 3×(4-1) - 2 × 4 - 1× 0 = 1

※ 미끄럼 접촉에 의한 상대운동의 자유도는 2이고, 구름접촉에 의한 상대운동의 자유도는 1이다.

04 회전운동을 상하 직선운동으로 변환시켜주는 캠(Cam)에서 편심(e)에 의해 Flat Follower의 변위가 $x(t) = R + e\sin(\omega t)$로 주어질 때 가속도의 최대값은?

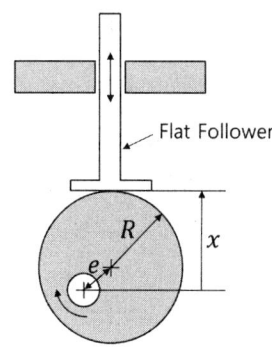

① e^2 ② $e\omega$ ③ $e\omega^2$ ④ $R\omega^2$ ⑤ $R^2\omega$

해설

변위 : $x(t) = R + e\sin(\omega t)$ ※ ω(각속도) × t(시간) = 각도(rad)를 의미함
속도를 구하기 위해서 변위를 시간에 대해 한 번 미분하면 다음과 같다.
$v(t) = \dot{x}(t) = e\omega\cos(\omega t)$
가속도를 구하기 위해 속도를 다시 미분하면 다음과 같다.
$a(t) = \dot{v}(t) = \ddot{x}(t) = -e\omega^2\sin(\omega t)$
$\sin(\omega t)$의 범위는 $-1 \leq \sin(\omega t) \leq 1$이므로 $\sin(\omega t) = -1$일 때 가속도의 최대는 $e\omega^2$이 된다.
※ $\sin(\omega t)$를 미분하면 $w\cos(\omega t)$, $w\cos(\omega t)$를 미분하면 $-\omega^2\sin(\omega t)$

05 기계 강재의 인장시험 결과인 응력-변형률(Stress-Strain) 선도로부터 구할 수 없는 것은?

① 포아송 비(Poisson's Ratio)
② 탄성 계수(Young's Modulus)
③ 인장 강도(Tensile Strength)
④ 파괴점(Fracture Point)
⑤ 항복 강도(Yield Strength)

해설 포아송 비(Poisson's Ratio)는 축방향 변형 대비 횡방향 변형의 비율로 응력-변형률(Stress-Strain) 선도로부터 구할 수 없다.

06 단면적이 500mm 인 봉에 무게 5kN의 추를 설치했더니 봉에 발생한 인장응력이 재료의 허용인장응력까지 도달했다. 이 봉재의 극한강도가 30MPa이면 안전율은?

① 1   ② 2   ③ 3   ④ 4   ⑤ 5

해설 안전율 $s = \dfrac{극한강도}{허용인장응력} = \dfrac{30MPa}{10MPa} = 3$

허용인장응력 $= \dfrac{P(무게)}{A(단면적)} = \dfrac{5,000N}{500mm^2} = 10N/mm^2 = 10MPa$

※ $1MPa = 1N/mm^2$

---

07 (A)는 정밀 주조법의 일종으로, 기계 가공하여 제작한 금형에 용해된 알루미늄, 아연 등의 합금을 가압 주입하여 냉각 및 응고시켜 정밀 주물을 제조하는 공정이다. (A)에 들어갈 옳은 용어는?

① 원심 주조법 ② 칠드 주조법
③ 인베스트먼트법 ④ 다이캐스팅
⑤ CO_2 주조법

해설 특수주조법

주 조 법	내 용
원심주조법	주형을 고속으로 회전시키면서 쇳물을 주입하여 원심력에 의하여 속이 빈 주물을 만드는 주조법이다.
칠드 주조법	Si(규소)가 적은 용융주철에 소량의 Mn(망간)을 첨가하여 금형 또는 모래형에 주입하면 금형에 접촉된 부분은 급랭되므로 단단한 백주철이 되는 데 이것을 칠(chill)이라고 한다. 내부는 서랭되어 연하고 강인한 성질의 주철이 되므로 전체가 백주철로 된 것보다 잘 파손되지 않으므로 각종 롤, 기차바퀴등에 사용된다.
인베스트먼트 주조법	제품과 같은 모델의 모형을 용융점이 낮은 양초(왁스)나 합성수지로 만든 후 내화재료로 도포하여 가열경화시키는 주조 방법이다.
다이캐스팅	용융금속 (알루미늄, 아연 등의 합금)에 압력을 가해 금형에 밀어넣고 냉각 및 응고시키면 재질이 균일하고 치밀하게 되며, 탕구에서 짧은 시간내에 용융금속이 주형의 구석까지 주입되어 주물을 만드는 방법으로, 얇고 복잡한 형상의 비철금속 제품 제작에 적합한 주조법이다.
CO_2 주조법	사형주조시 주형이 그 형태를 유지할 수 있도록 모래입자를 서로 결합시켜 딱딱하게 경화시킬 필요가 있는데 이 때 경화제로 CO_2가스를 사용하는 방법이다.

08 고분자는 열을 가했을 때 재용융되는 (A)고분자와 열을 가해도 재용융되지 않는 (B)고분자로 나뉜다. 이 때 (A), (B) 각각에 알맞은 용어는?

① 열가소성, 열경화성
② 열경화성, 열가소성
③ 비결정성, 반결정성
④ 반결정성, 비결정성
⑤ 반결정성, 열가소성

 해설 열가소성 고분자는 몇 번이고 가열하여도 재용융되는 고분자이고, 열경화성 고분자는 한번 열을 가열하면 영구적으로 경화되어 재용융되지 않는 고분자이다.
· 반결정 : 결정 조건과 비결정 조건이 혼합된 상태
· 비결정 : 고체물질을 형성하고 있는 원자 혹은 분자가 규칙적인 배열을 하지 못하고 불규칙적으로 모여 있는 상태

09 다음 중 강의 처리 방법과 그 영향으로 옳지 않은 것은?
① 뜨임 - 담금질한 강의 인성 증가
② 담금질 - 경도 증가
③ 불림 - 재질의 균일화
④ 풀림 - 내부 응력 제거
⑤ 침탄 - 경도 감소

 해설 질화법과 침탄경화법은 둘다 표면경화를 위한 강의 열처리방법이다.

 보충 **강의 열처리**

구 분	내 용
뜨 임	담금질한 강의 불안정한 조직을 재가열하여 원자들을 좀 더 안정적인 위치로 이동시킴으로써 인성을 증대
담금질	재료를 단단하게 하기 위해 가열된 재료를 급랭하여 경도를 증가시켜서 내마멸성을 향상
불 림	강을 표준 상태로 하기 위하여 가공 조직의 균일화, 결정립의 미세화, 기계적 성질의 향상
풀 림	강 속에 있는 내부 응력을 완화시켜 강의 성질을 개선하는 것으로 노(爐)나 공기 중에서 서냉
표면 경화법	강의 표면에 탄소를 침투시키는 침투법과 질소를 침투시켜 표면을 질화시키는 질화법으로 구분

정답 08 ① 09 ⑤

10 외팔보가 그림과 같이 A에서 0이고 B에서 w_0인 삼각형 분포하중 $w(x)$를 받고 있다. B에서의 전단력과 굽힘모멘트는?

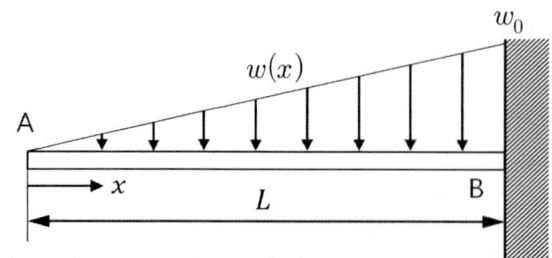

① $-\dfrac{w_0 L}{3}$, $-\dfrac{w_0 L^2}{9}$ ② $-\dfrac{w_0 L^2}{3}$, $-\dfrac{w_0 L^3}{9}$

③ $-\dfrac{w_0 L}{3}$, $-\dfrac{w_0 L^2}{6}$ ④ $-\dfrac{w_0 L^2}{2}$, $-\dfrac{w_0 L^3}{6}$

⑤ $-\dfrac{w_0 L}{2}$, $-\dfrac{w_0 L^2}{6}$

해설 삼각형 분포하중이 작용할 때 공식

전단력 (V) = $-\dfrac{w_o x^2}{2L}$ 이며, B에서 $x = L$ 이므로 $-\dfrac{w_0 L}{2}$

굽힘모멘트 (M) = $-\dfrac{w_0 x^3}{6L}$ 이며, B에서 $x = L$ 이므로 $-\dfrac{w_0 L^2}{6}$

참고 사각형 등분포하중이 작용할 때 공식

전단력 (V) = $-w_o x$ 굽힘모멘트 (M) = $-\dfrac{w_0 x^2}{2}$

11 평면응력상태의 응력이 σ_x=15MPa, σ_y=75MPa, τ_{xy}=40MPa로 주어졌을 때, 주응력은? (단위 : MPa)

① σ_1= 75, σ_2= 15   ② σ_1= 95, σ_2= 15

③ σ_1= 80, σ_2= 10   ④ σ_1= 95, σ_2= −5

⑤ σ_1= 95, σ_2= −10

해설 주응력 구하는 일반식 $\sigma_{1,2} = \dfrac{\sigma_x + \sigma_y}{2} \pm \sqrt{(\dfrac{\sigma_x - \sigma_y}{2})^2 + \tau_{xy}^2}$

$= \dfrac{75MPa + 15MPa}{2} \pm \sqrt{(\dfrac{75MPa - 15MPa}{2})^2 + (40MPa)^2} = 45MPa \pm 50MPa$

$\sigma_1 = 95MPa$, $\sigma_2 = -5MPa$

10 ⑤   11 ④

12 $\phi45^{+0.025}_{0}$인 구멍에 $\phi45^{0}_{-0.016}$인 축(Shaft)을 끼워 맞춤할 때 최대틈새와 최대죔새의 차이는? (단위 : mm)

① 0.025
② 0.016
③ 0.041
④ 0.009
⑤ 0

해설 죔새 : 구멍의 치수가 축의 치수보다 작을 때
최대 죔새 : 축의 최대허용치수 − 구멍의 최소허용치수 = 45mm − 45mm = 0m
틈새 : 구멍의 치수가 축의 치수보다 클 때
최대 틈새 : 구멍의 최대허용치수 − 축의 최소허용치수 = 45.025mm − 44.984mm = 0.041mm

13 고온 열원의 온도가 1000K, 저온 열원의 온도가 700K이다. 이 두 열원 사이에서 작동하는 카르노 엔진이 고온부에서 100kJ의 열을 받는다. 이 엔진의 효율과 일은?

① 30%, 30kJ
② 40%, 40kJ
③ 50%, 50kJ
④ 60%, 60kJ
⑤ 70%, 70kJ

해설 카르노열기관의 열효율 공식 [열효율$(e) = 1 - (\frac{T_1}{T_2})$]
카르노 열기관은 이상기체를 사용하는 가상의 이상적인 기관이다. 외부로 손실되는 열이 없기 때문에 실제로 존재하는 열기관들에 비해서 열효율이 높다.

$1 - (\frac{700K}{1000K})$ 이므로, 열효율은 30%

열효율 = $\frac{일(W)}{투입된 열량(Q_h)}$, $\frac{W}{100KJ} = 0.3$ 이므로 $W = 30KJ$

14 비중이 0.7인 물체 A를 비중이 1.0인 액체 B에 넣는다. 액체 B에 잠기는 물체 A의 체적은 물체 A 전체의 몇 %인가?

① 10 ② 30 ③ 50 ④ 70 ⑤ 90

해설 물체 A를 비중이 1.0인 액체 B에 넣는 경우 유체비중 = $\frac{\rho_{물체}(물체밀도)}{\rho_{액체}(액체밀도)} = 0.7$

물체의 전체 부피를 $V_{전체}$라고 하고 잠긴 부피를 $V_{잠긴}$이라고 표시하면, 다음과 같은 식이 성립한다.
부력 = 중력
$\rho_{액체} V_{잠긴} g_{중력가속도} = M_{중량} g$
$\rho_{액체} V_{잠긴} g_{중력가속도} = \rho_{물체} V_{전체} g$ 이므로 $\rho_{액체} V_{잠긴} = \rho_{물체} V_{전체}$ 이를 다시 정리하면
$V_{잠긴} = \frac{\rho_{물체}}{\rho_{액체}} V_{전체}$ $V_{잠긴} = 0.7 V_{전체}$

정답 12 ③ 13 ① 14 ④

15 피스톤-실린더 장치에서 피스톤에 100kJ의 일을 가해 실린더 내 기체를 압축한다. 압축과정에서 기체는 가열되고 그 결과 실린더 벽면을 통해 45kJ의 열손실이 발생한다. 이 과정에서 내부에너지 변화는? (단위: kJ)

① 35 ② 45 ③ 55 ④ 100 ⑤ 145

해설 내부에너지의 변화 = 100KJ - 45KJ = 55KJ

16 냉장고가 전기를 동력으로 150W를 받아 운전되며 대기중으로 450W의 열을 방출한다. 이 냉장고의 성능계수(COP)는?

① 1 ② 2 ③ 3 ④ 4 ⑤ 5

해설
냉장고는 일에너지를 통해 뽑아낸 저열원의 열량으로 고열원의 열량을 방출하여 냉장고안을 시원하게 만드는 장치이다.
W(일에너지) + Q_L(저열원에서 뽑아낸 열량) = Q_H(고열원으로 방출된 열량)
따라서 냉장고의 성능계수는 일에너지를 통해 얼마만큼의 저열원의 열량을 뽑아낼 수 있는가로 표시된다.
$Q_L = Q_H - W$ = 450W - 150W = 300W

성능계수(COP) = $\dfrac{Q_L}{W} = \dfrac{300W}{150W} = 2$

17 실제 잠수함 크기의 1/25 스케일로 작은 모형 잠수함을 제작하여 성능을 실험한다. 만약 실제 잠수함의 주행 속도가 10m/s일 때 상사성을 이용하여 모형 잠수함 실험을 수행한다면 모형에 필요한 유속은? (단, 실제 잠수함과 모형 잠수함은 동일 조건의 물 속에서 운전된다.) (단위 : m/s)

① 0.5 ② 3.8 ③ 15 ④ 125 ⑤ 250

해설 동일 조건의 물 속에서 운전되므로 레이놀즈 상사율을 이용한다.
항력, 양력, 관속유동, 경계층, 풍동, 압축성 유체, 잠수함 등 : 레이놀즈 수
조파저항실험, 자유표면실험 : 프루드 수

$Re = \dfrac{관성력}{점성력} = \dfrac{VL}{\nu} = \dfrac{\rho VL}{\mu}$

(ν : 동점성계수, ρ : 밀도 V : 유체의 유속 L : 모형의 길이(크기), μ : 점성계수)
 m = model(모형), p = prototype(실형),

$(\dfrac{\rho VL}{\mu})_m = (\dfrac{\rho VL}{\mu})_P$ 에서 동일조건이므로 ρ 와 μ 은 동일하다

$(V\dfrac{1}{25})_m = (10m/s)_P$ 이므로 모형에 필요한 유속 $(V)_m = 250m/s$

18 원관 안을 흐르는 층류 흐름에 대한 설명으로 옳은 것만을 〈보기〉에서 모두 고르면?

― 〈보 기〉 ―
ㄱ. 전단응력은 관 중심에서 0이다.
ㄴ. 전단응력은 관 중심에서 관 벽까지 일정하다.
ㄷ. 속도는 관 중심에서 최대값을 가진다.
ㄹ. 속도는 관 벽에서 관 중심까지 선형으로 증가한다.

① ㄱ, ㄴ ② ㄱ, ㄷ ③ ㄱ, ㄹ ④ ㄴ, ㄷ ⑤ ㄴ, ㄹ

해설 원관 안을 흐르는 층류 흐름

구 분	내 용
전단응력 (τ : kgf/m²)	$\tau = -\dfrac{dP}{dl} \times \dfrac{r}{2}$ (r : 배관중심으로부터의 거리, l : 배관길이, P : 압력) • 배관 중심점에서 r은 0이므로 전단응력은 0 • 반지름 r에 비례 • 배관벽으로 갈수록 직선적으로 증가 (하단 그림 참조)
속도분포	$\dfrac{u}{u_{\max}} = 1 - \dfrac{r^2}{ro^2}$ 수평 원관에서 속도분포는 배관 벽에서 0이고 배관중심선에 가까울수록 포물선적으로 증가한다. U : 평균유속 Umax : 최대유속 r : 배관중심으로부터 거리 ro : 배관중심에서 벽까지의 거리

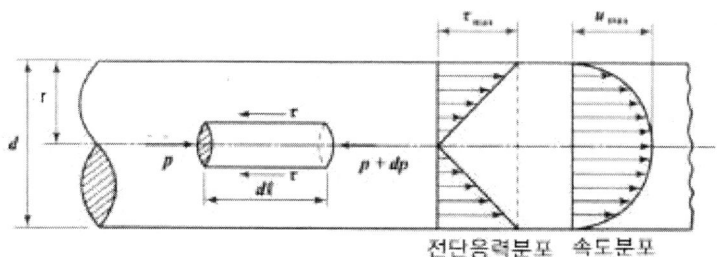
전단응력분포 속도분포

정답 18 ②

19 폴리트로픽 과정(Polytropic Process)은 "PV = 일정"으로 표현할 수 있다. 기체가 이상기체이고 n = 1이라면 어떤 과정인가?

① 단열과정
② 등압과정
③ 등온과정
④ 등적과정
⑤ 등엔트로피과정

해설 폴리트로픽 과정

실제 기체의 팽창 또는 압축과정으로 압력과 체적은 $PV^n = C$의 관계로 나타나는 다방성 변화

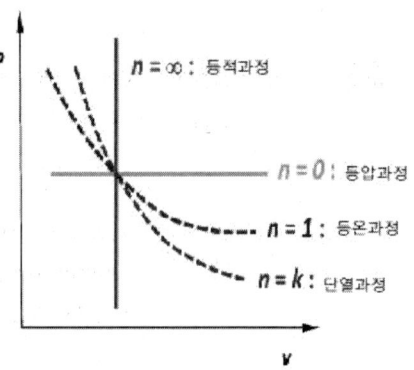

20 지름이 10m이고 높이가 20m인 저장 탱크에 15m 높이까지 20℃의 SAE30W 오일이 채워져 있다. 오일 표면의 압력이 대기압일 때 탱크 비닥에서 계기압력은? (단, 중력가속도는 10m/s, 20℃에서 SAE30W 오일의 밀도는 890kg/m으로 가정한다.) (단위 : Pa)

① 133,500
② 130,000
③ 120,000
④ 123,500
⑤ 113,500

해설 밀도와 압력

$$P = \frac{F}{A} = \frac{mg}{A} = \frac{\rho V g}{A} = \frac{\rho h A g}{A} = \rho h g$$

= 890kg/m · 15m · 10m/s = 133,500kg/m·s = 133,500Pa

19 ③ 20 ①

2018년 8월 25일 시행 국회직 9급

01 다음 합금소재 중에서 가장 가볍고 절삭성이 양호하여 항공기, 자동차 등의 경량화 부품에 많이 사용되는 것은?

① 니켈 (Ni)
② 크롬 (Cr)
③ 마그네슘 (Mg)
④ 티타늄 (Ti)
⑤ 아연 (Zn)

해설 주요 합금소재의 특징

구 분	특 징	용 도
니켈 (Ni)	• 비중 8.9 • 전기저항이 크다. • 연성이 크다. • 냉간 및 열간가공이 쉽다. • 내식성 및 내열성이 우수하다.	화학 및 식품공업용, 진공관, 화폐, 도금 등에 사용
크롬 (Cr)	• 비중 7.19 • 공기중에 산소와 반응하여 얇은 산화물 보호피막을 형성한다.	가구, 부품등의 부식방지, 장식용 도금등에 사용
마그네슘 (Mg)	• 비중 1.74(합금소재중 가장 가벼움) • 강도가 작으나 절삭성이 좋다. • 냉간가공성은 나쁘지만 열간가공성은 좋다.	항공기, 자동차 등의 경량화 부품에 많이 사용
티타늄 (Ti)	• 비중 4.51 • 내열성 및 내식성과 내마모성이 우수하다. • 인장강도에 비하여 피로강도가 크다.	항공, 우주, 전력·화학플랜트, 해양·토목, 의료·복지, 형상기억합금을 비롯한 기능재료로서 널리 사용
아연 (Zn)	• 비중 7.14 • 주조성이 좋으며, 냉간가공도 가능하다.	다이캐스팅의 합금으로 사용

02 순철과 비교하여 탄소강이 가지는 특성으로 옳지 않은 것은?

① 인장강도가 크다.
② 용접성이 좋다.
③ 경도가 크다.
④ 연성이 낮다.
⑤ 열처리성이 좋다.

정답   01 ③   02 ②

해설

탄소강은 철에 적은 양의 탄소(0.02~2.11%)가 포함된 이원합금으로 다음과 같은 특성이 있다.
1. 인장강도, 경도등이 좋아 기계재료로 많이 사용된다.
2. 순철은 전성과 연성이 풍부하여 박철판으로 사용되지만, 탄소강은 탄소가 전위이동을 막아 전성과 연성이 낮다.
3. 순철은 탄소가 없어 용접성이 좋지만, 탄소강은 탄소가 많아 용접성이 나쁘다.
4. 열처리성이 좋아 기계적 성질을 광범위하게 변화시킬 수 있어 모든 강의 기본이 된다.

03 이상적인 증기압축 냉동사이클로 운전되는 냉동기가 있다. 증발기에서의 열전달률이 15kW, 응축기에서의 열전달률이 20kW일 때 이 냉동기의 성능계수(coefficient of performance)는?

① 0.75 ② 1.33 ③ 2
④ 3 ⑤ 4

 해설 성능계수

$$\frac{\text{에너지 효용}}{\text{에너지 비용}} = \frac{\text{증발기에서의 열전달률}}{\text{응축기에서의 열전달률} - \text{증발기에서의 열전달률}} = \frac{15}{20-15} = 3$$

04 기체가 들어있는 밀폐(또는 닫힌) 시스템(closed system)의 체적이 $0.2m^3$이다. 이 시스템의 내, 외부 압력을 모두 100KPa로 일정하게 유지한 상태에서 시스템에 30KJ의 열에너지를 가하여 체적을 $0.4m^3$으로 변화시켰다. 이 과정을 통해 시스템의 에너지는 몇 kJ 증가하게 되는가?

① 10 ② 20 ③ 30
④ 40 ⑤ 50

 해설

30kJ의 열에너지를 가해서 부피가 0.2에서 0.4로 증가했으므로, 일에 소모된 에너지의 양은 $P \times \Delta V = 100kPa \times (0.4m^3 - 0.2m^3) = 20kPa \cdot m^3 = 20KJ$이다. 가해진 30kJ 중에 20kJ의 에너지가 외부로 일을 하면서 빠져나갔으므로, 이 과정을 통해 남은 에너지 10kJ는 시스템 에너지의 증가량이 된다.

05 순수물질의 P-v 선도에 대한 설명으로 옳지 않은 것은?

① 포화증기선과 포화액선은 임계점에서 만난다.
② 비체적이 증가함에 따라 동일 온도 조건에서 압력은 점차 증가한다.

③ 포화액선과 포화증기선 사이에는 두 개의 상(phase)이 섞여있다.
④ 과열증기를 동일 비체적 상태에서 압력을 점차 낮추면 응축이 시작된다.
⑤ 초임계영역에서는 증기와 액체의 구분이 없어진다.

해설
순수물질의 P-v 선도는 등온 하에서 압력과 비체적과의 관계를 나타낸다.
①, ③ 포화액 상태와 포화증기상태가 일치하는 점을 임계점이라고 하며, 포화액선과 포화증기선 사이는 습포화 증기구역으로 액체와 기체가 공존하고 있다.
② 비체적이 증가함에 따라 동일 온도 조건에서 <u>압력은 점차 감소한다.</u>
④ 과열증기는 온도가 높아 쉽게 응축되지 않지만 동일 비체적 상태에서 압력을 점차 낮추면 응축이 시작된다.
⑤ 일반적으로 초임계영역에서는 액체와 기체의 구분이 없어지게 되고, 모든 성분은 완전히 혼합되어 단일 상으로 존재하게 된다.

06 단순 굽힘모멘트 M을 견디도록 설계된 속이 꽉 찬 원형강재의 지름이 d이다. 허용 수직응력이 8배인 소재로 강재의 재질을 변경할 경우 동일한 굽힘모멘트를 견딜 수 있는 원형강재의 최소 지름은?

① $d/2$ ② $d/\sqrt{3}$ ③ $d/\sqrt{2}$
④ $d/4$ ⑤ $d/8$

해설
중실축의 경우 단순굽힘모멘트만을 받는 축의 공식
$\sigma_a = \dfrac{32M}{\pi d^3}$ 이고, 허용 수직응력이 8배($8\sigma_a$)인 소재로 변경할 경우, 동일한 굽힘모멘트이므로
$8\sigma_a = \dfrac{32M}{\pi d^3} \times 8$, 따라서 $\dfrac{d^3}{8} = \left(\dfrac{d}{2}\right)^3$이 되어 지름은 $d/2$가 된다.

07 단면의 지름 10mm, 길이 3m인 강철봉에 인장하중을 작용하여 길이가 2mm만큼 증가하였다. 포아송비(Poisson's ratio)가 0.3일 때 강철봉 지름의 감소량(mm)은?

① 0.005   ② 0.004   ③ 0.003
④ 0.002   ⑤ 0.001

해설 포아송비
$\mu = \left(\dfrac{\Delta d/d}{\Delta l/l}\right)$ 이므로 $0.3 = \left(\dfrac{\Delta d/10\text{mm}}{2\text{mm}/3{,}000\text{mm}}\right)$
$\Delta d = 0.002$만큼 감소하게 된다.

정답   06 ①   07 ④

08 드릴링 머신에 의한 작업이 아닌 것은?

① 카운터보링(counterboring) ② 리밍(reaming)
③ 카운터싱킹(countersinking) ④ 스폿페이싱(spotfacing)
⑤ 시이밍(seaming)

 해설

시이밍(seaming)은 2장의 판재의 단부를 굽히면서 겹쳐 눌러서 접합하는 가공을 말한다.

보충 드릴링 작업
- 드릴링
- 리밍
- 보링
- 태핑
- 카운터 보링
- 카운터 싱킹
- 스폿페이싱

09 원형 관을 흐르는 유동에 대해서 동점성계수 $1 \times 10^{-4} m^2/s$, 직경 10mm, 유동속도 5m/s일 때 관마찰계수는?

① 0.128 ② 0.137 ③ 0.204
④ 0.269 ⑤ 0.372

 해설

관마찰계수 = (64 × 유체의 동점성계수)/유속 × 직경
= (64 × 0.0001m²/s)/(5m/s × 0.01m) = 0.128

10 입구를 통하여 밀도 ρ_1인 유체가 들어가서 유동장치를 통과하여 출구로 배출된다. 이때 (a)와 (b)의 압력차이 때문에 U자관내의 밀도 ρ_2인 유체의 높이 차이가 발생한다. 유동장치를 통과하기 전의 압력 P_a와 통과한 후의 압력 P_b의 차이 $P_a - P_b$를 나타내는 식은? (이때, g는 중력가속도)

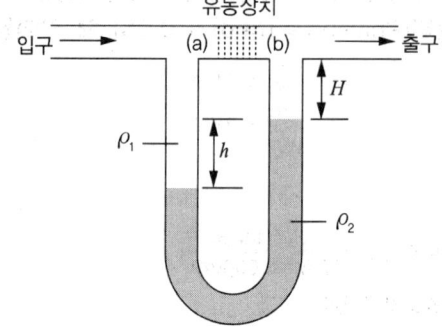

① $(\rho_1 - \rho_2)g(h+H)$
② $(\rho_2 - \rho_1)g(h+H)$
③ $(\rho_1 + \rho_2)g(h+H)$
④ $(\rho_1 - \rho_2)gh$
⑤ $(\rho_2 - \rho_1)gh$

해설

$P_a + [(H+h)\rho_1 - h\rho_2 - H\rho_1]g = P_b$
$P_a - P_b = (\rho_2 - \rho_1)gh$

11 베르누이방정식을 적용하기 위해 유동이 갖추어야 할 올바른 조건으로만 짝지은 것은?

① 비압축성 유동, 정상 유동, 점성 유동
② 압축성 유동, 정상 유동, 비점성 유동
③ 비압축성 유동, 정상 유동, 비점성 유동
④ 비압축성 유동, 비정상 유동, 비점성 유동
⑤ 압축성 유동, 정상 유동, 점성 유동

해설 베르누이 방정식의 기본가정

1. 유체입자는 유선을 따라 움직인다(유선이 경계층을 통과하여서는 안된다)
2. 비압축성(ρ일정 : 압력이 변하는 경우에도 밀도는 일정하여야 한다)이다.
3. 유체의 흐름은 정상류이다.(정상유동 : 유동의 특성이 시간에 따라 변하지 않는 흐름)
4. 비점성 유체의 흐름이다. ($\mu = 0$ 이상유체)

12 튜브나 속이 찬 금속소재 공작물의 직경을 줄이는 데 사용되는 단조 공정으로 공작물이 금형으로 들어오면 회전하는 금형이 공작물을 안쪽 반경방향으로 타격해 직경을 줄이는 공정은?

① 허빙(hubbing)
② 업세팅(upsetting)
③ 스웨이징(swaging)
④ 자유 단조(open-die forging)
⑤ 무플래시 단조(flashless forging)

해설
① 허빙(hubbing)은 특정 형상으로 경화 처리된 펀치로 소재 표면을 압입하여 공동부를 만드는 작업이다. 만들어진 공동부는 식기류와 같은 제품을 성형하는데 쓰일 금형으로 사용된다.
② 업세팅(upsetting)은 단조물 또는 그 일부를 축선상의 길이를 눌러서 줄이면서 횡단면으로 원하는 모형을 만드는 작업이다.

③ 스웨이징(swaging)은 부피를 성형하는 소성가공중 단조의 일종으로 봉이나 파이프재료의 반지름방향으로 다이를 왕복운동하여 지름을 줄이는 공정이다.
④ 자유 단조(open-die forging)는 특정한 금형을 사용하지 않고 성형하는 것으로, 특정한 금형을 사용하여 성형하는 형단조과 구분된다.
⑤ 무플래시 단조(flashless forging)는 공작물이 다이에 의해 완전히 둘러싸여있어 플래시가 형성되는 것을 방지하기 때문에 완전 폐쇄 다이 단조(밀폐단조)라고도 한다

13 선반가공에서 지름 100mm의 피삭재를 절삭속도 150m/min으로 가공할 때 필요한 선반주축의 회전수(rpm)는?(단, π는 3으로 계산한다.)

① 300   ② 400   ③ 420
④ 500   ⑤ 520

해설

회전수 $= \dfrac{\text{절삭속도}}{\pi \times \text{지름}} = \dfrac{150}{3 \times 0.1} = 500$

14 높은 표면온도를 가진 넓고 평평한 벽면이 있다. 이 벽면은 상온의 정지된 공기에 노출되어 있다. 이 벽면의 냉각을 촉진하기 위한 방법으로 옳은 것을 〈보기〉에서 모두 고르면?

> ㄱ. 표면 주위의 공기를 강제로 순환시켜 대류 열전달을 촉진한다.
> ㄴ. 표면에 열전도계수(thermal conductivity)가 높은 물질로 만들어진 핀(fin) 구조물을 부착함으로써 열전달 면적을 증가시켜 열전달을 촉진한다.
> ㄷ. 열전도계수가 높은 물질로 만들어진 평평한 판으로 표면을 완전히 덮어 열전도 현상을 촉진한다.

① ㄱ   ② ㄱ, ㄴ   ③ ㄱ, ㄷ
④ ㄴ, ㄷ   ⑤ ㄱ, ㄴ, ㄷ

해설

ㄱ. 일반적으로 강제대류는 자연대류에 비해 더 높은 열전달 계수를 나타내고, 따라서 냉각속도는 빨라진다.
ㄴ. 열전달은 면적과 온도차에 비례하고, 두께에 반비례하므로, 표면에 열전도계수가 높은 물질로 만들어진 핀(fin) 구조물을 부착하게 되면 열전달 면적을 증가시켜 열전달을 촉진한다.
ㄷ. 물질의 이동없이, 물체에서 이웃한 분자들의 연속적인 충돌에 의해 온도가 높은 곳에서 온도가 상대적으로 온도가 낮은 곳으로 열이 이동하는 현상을 열전도 현상이라고 하며, 표면을 완전히 덮은 경우에는 표면두께가 증가하여 열전도율이 감소된다.

15 열전도도(thermal conductivity)가 2W/(m·K)이고 두께는 10cm이며, 면적은 5m²인 유리창의 외부표면 온도는 15°C이다. 내부로 부터 외부로 전도에 의하여 열이 전달된다고 가정한다. 전달된 열전달량이 50W일 때 유리창의 내부표면 온도는 몇 °C인가?

① 15.1 ② 15.5 ③ 16
④ 16.1 ⑤ 16.5

 해설

열전달량 = 열전도율 × 전열면적 × 온도차/두께
50W = 2W/(m·K) × 5m² × (T2 − 15)°C/0.1m에서
T2(내부온도) = 15.5°C

16 질량관성모멘트가 2.5kg·m²인 플라이휠에 5 N·m의 토크가 가해진다. 정지 상태에서 회전하기 시작하여 10바퀴 회전했을 때 플라이휠의 각속도(rad/s)는?(단, π는 3으로 계산한다.)

① $\sqrt{3}$ ② $2\sqrt{3}$ ③ $4\sqrt{3}$
④ $2\sqrt{15}$ ⑤ $4\sqrt{15}$

 해설

$\tau = I\alpha$ (τ : 토크, I : 질량관성모멘트, α : 각가속도)
각가속도 $\alpha = \dfrac{\tau}{I} = \dfrac{5N \cdot m}{2.5 kg \cdot m^2} = 2 rad/s^2$ ($N = kg \cdot m/s^2$)
각변위 $\Delta\theta = 10 rev = 10 \times 2\pi rad = 20\pi rad$
$\omega_f^2 - \omega_i^2 = 2\alpha\Delta\theta = 240 rad^2/s^2$, 정지상태에서 회전하기 시작하였으므로 $\omega_i^2 = 0$
$\omega_f = \sqrt{240}$ rad/s $= 4\sqrt{15}$ rad/s

17 스프링상수 k인 용수철과 질량 m인 추로 이루어진 진동시스템이 단순 상하 조화운동을 할 때의 주기가 T 이다. 용수철을 절반으로 자른 후 동일한 추를 매달아 상하 진동시킬 때의 주기는?(단, 스프링상수 k는 일정하며, 용수철의 무게는 무시한다.)

① $T/\sqrt{2}$ ② $T/2$ ③ T
④ $\sqrt{2}\,T$ ⑤ $2T$

 해설

$T = 2\pi\sqrt{\dfrac{m}{K}}$ 일 때, 용수철을 절반으로 자른 후에도 스프링상수 k(N/m)는 일정하다고 했으므로,
$2\pi\sqrt{\dfrac{m}{K \times 2}} = T/\sqrt{2}$

정답 15 ② 16 ⑤ 17 ①

18 서로 다른 축 사이에 동력을 전달하기 위한 기계요소가 아닌 것은?

① 기어
② 마찰차
③ 플라이휠
④ 벨트
⑤ 체인

해설
플라이 휠은 각 실린더의 동력 행정때 급격한 회전력을 흡수하여 관성력으로 저장하고, 이를 다른 행정에서 이용함으로써 항상 크랭크축 전체의 회전을 원활하게 유지시켜주는 역할을 한다.

보충 기계요소

구 분	종 류
결합용 기계요소	나사, 볼트, 너트, 와셔, 키, 핀, 코터, 리벳
축에 관한 기계요소	축, 축이음(커플링, 유니버설 조인트), 클러치, 베어링
동력전달용 기계요소	마찰차, 기어, 체인, 벨트, 로프, 링크, 캠
완충용 기계요소	스프링, 고무완충기, 유압댐퍼
제동용 기계요소	브레이크
관에 관한 기계요소	플랜지이음, 신축형 관이음, 밸브, 콕

19 베어링에 대한 설명으로 옳지 않은 것은?

① 구름 베어링은 미끄럼 베어링에 비하여 시동 시 마찰저항이 작다.
② 미끄럼 베어링은 베어링에 작용하는 하중이 큰 경우에 적합하다.
③ 구름 베어링은 소음발생이 심하고 충격에 약하다.
④ 미끄럼 베어링은 윤활이 중요하며 바람직한 윤활은 경계윤활(boundary lubrication)이다.
⑤ 구름 베어링 중에서 볼베어링은 더 빠른 속도에서 견딜 수 있고, 롤러 베어링은 더 큰 하중을 버틸 수 있다.

해설
미끄럼 베어링에서 바람직한 윤활은 <u>유체윤활이다.</u>

보충 미끄럼베어링과 구름베어링

구 분	미끄럼(sliding) 베어링	구름(rolling) 베어링
회전속도	• 고속회전에 적합	• 저속회전에 적합
규격성	• 자체 제작하는 경우가 많음	• 표준형 양산품임

크 기	• 소형화가 어려움	• 소형화가 가능
진동 및 소음	• 진동 및 소음이 적음	• **진동 및 소음이 발생하기 쉬움**
강 성	• 강성이 작음	• 강성이 큼
설치 및 조립	• 설치와 조립이 간단	• 설치와 조립이 어려움
윤활장치	• 윤활장치가 필요	• 그리스 윤활로 충분하므로 거의 윤활장치가 불필요
마 찰	• 유체마찰이며, 마찰계수가 큼 • 시동시 마찰저항이 크고 동력손실이 많음	• 구름마찰이며, 마찰계수가 작음 • **시동시 마찰저항이 적고, 동력이 절약됨**
하 중	• 추력하중을 받기 곤란 • 충격이나 **큰하중에 적합**	• 추력하중을 용이하기 받음 • **충격이나 큰하중에 약함**

20 펌프에 대한 설명으로 옳지 않은 것은?

① 펌프의 양정을 늘리고 싶은 경우 다수의 펌프를 직렬로 연결하여 운전한다.
② 흡입관의 직경을 크게 하면 캐비테이션을 줄일 수 있다.
③ 고속으로 회전하는 임펠러 끝단에서의 유체의 속도가 고속이 될 경우 캐비테이션이 발생할 수 있다.
④ 원심펌프의 경우 회전수가 2배 증가하면 양정은 4배 증가한다.
⑤ 축류펌프는 저유량, 고양정에 적합하다

해설

① 일반적으로 펌프의 <u>직렬운전은 유량보다는 양정을 높이고 싶을 때</u>, 병렬운전은 양정보다는 유량을 늘리고 싶을 때 이용한다.
② 펌프 흡입측 배관의 조도계수, 흡입관의 관경을 크게 하면 캐비테이션을 방지할 수 있다.
③ 배관내 최저 압력점(주로 임펠러 끝단)에서의 압력이 그 지점에서 액체 온도에 대한 포화 증기압력보다 낮아지면 액체가 증발(비등)하면서 공동(기포)으로 인하여 캐비테이션이 발생할 수 있다.
④ 원심펌프의 상사법칙 : 회전수가 약2배가 된다면 유량도 2배, 압력은 약4배, 동력은 약8배가 상승한다
⑤ 축류펌프는 <u>저양정(10m이하)에서 많은 수량에 적합</u>하며, 농업용수용, 한해 및 냉해 양수용, 상하수도용, 빗물배수용에 이용되고 있다.

정답 20 ⑤

2017년 7월 22일 시행
국회직 9급

01 다음 금속 중 결정구조가 다른 하나는?
① 알루미늄(Al) ② 니켈(Ni)
③ 크롬(Cr) ④ 구리(Cu)
⑤ 은(Ag)

해설 결정격자의 종류

체심입방격자(B.C.C)		면심입방격자(F.C.C)		조밀육방격자(H.C.P)	
• 텅스텐(W)	• 바나듐(V)	• 알루미늄(Al)	• 납(Pb)	• 카드뮴(Cd)	• 코발트(Co)
• 크롬(Cr)	• 몰리브덴(Mo)	• 구리(Cu)	• 금(Au)	• 마그네슘(Mg)	• 티타늄(Ti)
• α−Fe		• 백금(Pt)	• 은(Ag)	• 베릴륨(Be)	
		• 니켈(Ni)	• γ−Fe		

02 다음 중 경계층 유동에 대한 설명으로 옳지 않은 것은?
① 물체의 표면 근처에서 발생한다.
② 전단응력이 일정하다.
③ 속도구배가 존재한다.
④ 점성유동이다.
⑤ 회전유동이다.

해설 경계층 유동
① 물체의 표면에 매우 근접한 부분에 존재하는 유체의 층을 말한다.
② 경계층내부에서 전단응력이 크게 작용하며, 일정하지 않고 변형률에 따라 변한다
③ 물체 근방에서 벽면에서 수직방향으로 속도구배(전단응력과 각변형율)가 존재하는 층이다.
④ 경계층은 점성력에 의한 현상으로서, 경계층 내에서는 유동이 점성의 영향을 크게 받는다.
⑤ 경계층 유동은 회전유동(한 영역내의 유체입자들이 임의축에 관하여 회전을 하는 유동)이다. 반면에 경계층 외부는 점성의 영향이 거의 없어 이상유체의 흐름으로 볼 수 있으며 이러한 비회전 이상유체의 흐름을 포텐셜 유동(potential flow)라 한다.

01 ③ 02 ②

03 소성 가공에 대한 설명으로 옳지 않은 것은?

① 열간 가공된 제품의 표면 상태는 양호하고 치수도 균일하다.
② 재결정 온도 이하에서의 가공을 냉간 가공이라고 한다.
③ 소성 가공에는 단조, 인발, 압연, 압출, 전조 가공이 있다.
④ 냉간 가공 시 항복강도, 인장강도 등을 개선할 수 있다.
⑤ 냉간 단조의 예로 코이닝(coining)과 스웨이징(swaging)이 있다.

해설

① 표면 상태는 양호하고 치수도 균일한 것은 냉간가공의 장점이다.
② 재결정 온도를 기준으로 냉간가공과 열간가공으로 구분된다.
③ 재료가 가지고 있는 소성(재료에 가한 힘을 제거한 후에도 변형이 남아 있는 성질)을 이용한 가공을 소성가공이라고 하고, 단조, 인발, 압연, 압출, 전조 가공이 있다.
④ 냉간가공시에는 항복강도, 인장강도는 개선되고(가공경화) 연성은 저하된다.
⑤ 냉간단조의 예로는 콜드헤딩(나사머리 제작시 사용), 코이닝(동전, 메달제작시의 압인가공), 스웨이징(부피성형) 등이 있다.

구 분	냉간가공	열간가공
의 의	• 재결정온도 이하에서의 가공	• 재결정온도 이상에서의 가공
장 점	• 가공면이 아름답고, 치수가 정밀하다. • 가열하지 않기 때문에 표면에 스케일(철의 산화물)이 발생하지 않는다.	• 소재의 변형저항이 적어 소성가공이 용이하다. • 가공도를 크게 할 수 있다
단 점	• 가공경화로 강도가 증가하므로 가공도는 떨어진다.	• 가공면이 거칠다. • 표면에 산화물이 많이 생기기 때문에 품질의 균일성이 떨어진다.

04 그림과 같이 길이가 L인 선형탄성 막대의 양쪽 끝을 각각 천장과 질량 m인 물체에 매달았더니 막대가 d만큼 변형하였다. 이 막대를 길이가 L/2인 두 개의 막대로 나누어 양쪽 끝을 각각 천장과 질량 4m인 물체에 매달았을 경우 막대의 변형은?

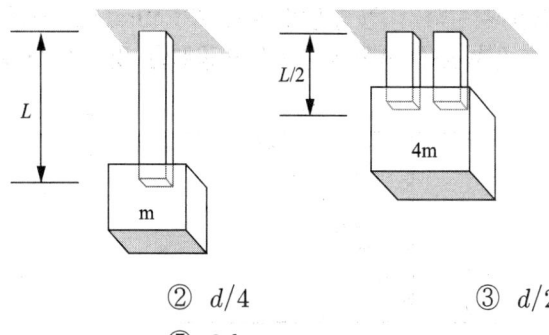

① $d/8$ ② $d/4$ ③ $d/2$
④ d ⑤ $2d$

해설 후크 법칙

재료에 어느 한계 이하의 외력을 가했을 때 변형량은 외력의 크기와 재료의 길이에 비례하고 재료의 단면적에 반비례한다.

변형량 $\delta = \dfrac{Pl}{AE}$ (P : 질량, l : 재료의 길이, A : 단면적, E : 탄성계수)

$\delta = \dfrac{ml}{AE} = d$일 때 변형률 $\delta = \dfrac{4m \times l/2}{2AE} = d$, 즉 변형률은 d가 된다.

05 선형탄성 재료로 이루어진 균일단면 봉의 양 끝점이 고정되어 있다. 다음 중 이 봉의 온도가 변하여 발생하는 열변형과 열응력에 대한 설명으로 옳지 않은 것은?

① 열응력은 탄성계수가 클수록 더 커진다.
② 열응력은 열팽창계수가 클수록 더 커진다.
③ 축 방향 변형률은 없다.
④ 열응력은 봉의 단면적과 무관하다.
⑤ 열응력은 봉의 길이가 길어질수록 더 커진다.

 해설

열응력(σ)은 물체가 구속된 상태에서 온도변화에 따라 물체 내부에 발생하는 응력을 말하며, 공식은 다음과 같다.
$\sigma = E\alpha(T_o - T_f) = E\alpha\Delta T$ (E : 탄성계수, α : 선팽창계수, ΔT : 온도차)
온도가 1℃상승할 때마다 팽창하는 길이의 변화를 선팽창계수, 팽창하는 부피의 변화를 체팽창계수라고 하며 이것들을 열팽창 계수라고 말한다.
③ 열응력은 구속된 상태이므로 축방향변형율은 없으며, 팽창이 억제되어 압축응력이 발생하며, 냉각시에는 수축이 억제되어 인장응력이 발생한다.
④, ⑤ 열응력은 구속된 상태이므로 <u>단면적이나 봉의 길이와는 무관하다.</u>

06 무한히 큰 고정평판과 이동평판 사이에 점성계수가 1.8N·s/m²인 유체가 아래 그림과 같은 속도 분포를 갖는다. 이동평판의 속도 V가 10m/s로 일정하고 평판사이의 높이 H가 0.2m일 때 이동평판 벽면에서의 전단응력은 몇 N/m²인가?

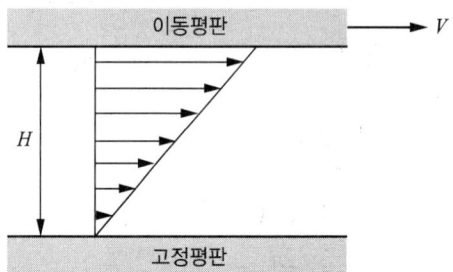

① 0.036　　　② 0.36　　　③ 3.6
④ 9　　　　　⑤ 90

해설

상단평판은 유체의 마찰로 인해서 이동방향의 속도 V에 대한 저항하는 힘이 생기며, 상단평판과 하단평판 사이에는 속도구배 ($dv = du/dy$)가 발생한다. 이 때 힘을 전단응력(τ)이라고 하며, 뉴턴의 점성법칙에 따라 다음의 공식이 성립한다.

$$\tau = \mu \frac{du}{dy} = 1.8 \text{N} \cdot \text{s/m}^2 \times \frac{10 \text{m/s}}{0.2 \text{m}} = 90 \text{N/m}^2$$

07 디젤기관과 비교한 가솔린기관의 특징으로 옳지 않은 것은?

① 압축비가 낮다.
② 소음이 적다.
③ 시동 걸기가 쉽다.
④ 열효율이 높다.
⑤ 상대적으로 소형 동력기관에 적합하다.

해설 가솔린기관과 디젤기관

구 분	가솔린 기관	디젤기관
사용연료	휘발유 (연료비가 비싸다)	경유, 중유
점화방법	전기점화	압축점화(분사착화)
연료공급	기화기에서 공기와 연료혼합	공기만 흡입후 연료분사
소음 및 진동	적다	매우 크다
연료소비량	200~300g/PS·h	150~240g/PS·h
열효율	25~32%	32~38%
압축비	7~13 : 1	15~20 : 1
용 도	상대적으로 소형 동력기관에 적합	열 효율이 높아 주로 대형자동차, 철도차량, 건설기계, 농업용기계, 선박 등의 엔진에 이용

08 저공해 대체에너지 중 하나인 메탄올에 대한 설명으로 옳지 않은 것은?

① 옥탄가와 세탄가가 비교적 높아 디젤기관에 적합하다.
② 연소성이 좋고 질소산화물 배출이 감소한다.
③ 기화잠열이 커서 잘 기화되지 않는다.
④ 금속, 수지, 고무류를 강하게 부식 및 열화시킨다.
⑤ 천연가스와 석탄 등의 탄소원으로부터 제조 가능하다

정답　07 ④　08 ①

해설 메탄올

1. 천연가스, 석탄, 나무 등으로부터 공업적으로 제조할 수 있는 연료이다.
2. 디젤엔진에 적용시 세탄가가 낮기 때문에 그로우 플러그와 같은 착화장치가 필요하다.
3. 연소가스 중 수분이 많아 연소온도가 낮고, 연료 성분 중 유황분이 없으므로 EGR 사용이 용이해서 NOx도 대폭 줄일 수 있다.
4. 동일 체적당 발열량이 가솔린의 1/2 정도로 작아 동일 거리 주행시 2배의 연료탱크 용량이 필요하다.
5. 옥탄가가 101.5로 높아 고압축비 엔진에 적합하며, 디젤엔진을 베이스로 할 때는 연소 중 검댕을 발생치 않기 때문에 PM배출이 거의 없다.
6. 배출가스 중 포름알데히드 배출량이 많기 때문에 이에 대한 저감대책이 필요하다.
7. 기화점이 되면 열이 온도를 높이는데 사용되는 게 아니라 기화되는데 사용되기 때문에 기화 잠열이라고 하는데 메탄올은 기화잠열이 커서 잘 기화되지 않는다.
8. 엔진마모 부식, 고무제품 열화, 운전성 저하를 가져온다

09 길이 4m의 강체 OA와 길이 2m의 강체 AB는 각각 점 O와 점 A에 대하며 평면 회전 운동한다. 강체 OA와 강체 AB의 회전각 θ_1과 θ_2의 범위가 $0° \leq \theta_1 \leq 180°$와 $0° \leq \theta_2 \leq 180°$일 때, 점 B가 도달할 수 있는 영역의 넓이는?(단위: m²)

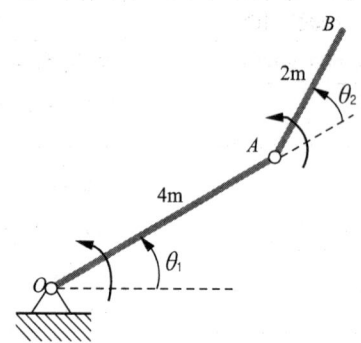

① 10π ② 12π
③ 16π ④ 32π
⑤ 36π

  해설
두 강체(OA와 AB)를 합한 길이 6m가 180도 평면회전운동하면서 도달할 수 있는 면적 − 강체 AB의 길이 2m가 도달하면서 180도 평면회전운동하면서 도달할 수 있는 면적을 구한다.

점B가 도달할 수 있는 영역의 넓이 = $\frac{1}{2}\pi(4+2)^2 - \frac{1}{2}(2)^2 = 16\pi$

10 카르노(Carnot) 사이클 열기관의 열효율에 대한 설명으로 옳지 않은 것은?

① 고온 열저장조와 저온 열저장조의 온도만으로 표시할 수 있다.
② 동일한 두 열저장조 사이에서 작동하는 용량이 다른 카르노사이클 열기관의 열효율은 서로 다르다.
③ 고온 열저장조의 온도가 높을수록 열효율은 높아진다.
④ 저온 열저장조의 온도가 높을수록 열효율은 낮아진다.
⑤ 주어진 고온 열저장조와 저온 열저장조 사이에서 작동할 수 있는 열기관 중 카르노 사이클 열기관의 열효율이 가장 높다.

해설

① 카르노사이클은 고온 열저장조와 저온 열저장조의 온도만으로 표시할 수 있다.
② 두 개의 정온 저장조 사이에서 카르노사이클로 작동하는 모든 열기관의 효율은 같다. 즉 카르노사이클의 효율은 용량이나 작동 유체에 무관하게 온도에만 의존한다.

카르노사이클의 열효율(η_c) = $1 - \dfrac{T_2}{T_1}$ (T_1 : 저열원의 온도, T_2 : 고열원의 온도)

③, ④ 카르노사이클의 열효율(η_c)에 따라 옳은 설명이다.
⑤ 두 개의 등온 저장조 사이에서 작동하는 사이클 중에서 모든 과정이 가역이라고 가정한 사이클이므로 카르노사이클을 능가하는 효율을 가진 열기관은 존재할 수가 없다. 따라서 이론적으로 가장 효율이 가장 좋은 사이클은 카르노사이클이다.

11 피겨스케이트 선수가 스핀연기에서 회전속도를 높이기 위해서 팔이나 다리를 몸쪽으로 끌어당긴다. 이러한 현상을 설명할 수 있는 것은?

① 역학적 에너지 보존의 법칙   ② 선운동량 보존의 법칙
③ 일 - 에너지 원리   ④ 각운동량 보존의 법칙
⑤ 코리올리 효과

해설

① 역학적 에너지 보존의 법칙이란 역학적 에너지(계적 에너지)란 물체의 운동 상태에 따라서 결정되는 위치 에너지와 운동 에너지의 합을 말하며, 보존력만이 일정하게 작용하는 한, 이 값이 항상 일정하게 정해진다는 법칙이다.
② 선운동량 보존의 법칙은 고립된 계에 있는 두 입자 혹은 더 많은 입자가 상호 작용할 때, 이들 계의 전체 운동량은 항상 일정하게 유지된다는 법칙이다. 직선 운동에서는 선운동량의 시간에 대한 변화가 힘(force)이다. 그래서 외부로부터 힘이 작용하지 않으면, 선운동량은 시간에 따라 변하지 않으며 선운동량이 보존된다.
③ 힘이 물체에 한 일만큼 물체의 운동에너지가 변하는 원리를 말한다.
④ 각운동량 보존의 법칙이란 회전하는 물체에 외부로부터 힘이 작용하지 않으면 회전체의 각운동량은 일정하게 보존된다는 법칙이다.
   질량 m인 물체가 어떤 회전의 중심으로부터 r(회전반경)만큼 떨어져 선속도 v로 운동하고 있다면, 이 물체의 각운동량 L은 다음과 같다.

L = rmv

그런데 회전운동에서는 선속도(v) 보다는 각속도(ω)를 더 즐겨 사용한다. 선속도와 각속도 사이에는 v = rω의 관계가 있다. 따라서 다음과 같이 쓸 수 있다
L = rmv = (mr²)ω = Iω
여기서 I = mr²은 회전관성(moment of inertia)으로 불리는 양이다. 선운동량이 p = mv인 것과 비교하면, 회전관성은 회전운동에서 일종의 질량의 역할을 하는 물리량이다.

⑤ 코리올리효과는 지표면에서 유체의 이동방향이 약간씩 휘어지는 것을 말하며, 이 효과는 지구와 같이 스스로 회전하는 모든 곳에서 관찰할 수 있다. 코리올리 힘은 실제로 존재하는 힘이 아니기 때문에 반작용도 없다.(관성력)

12 이상기체인 10kg의 공기가 온도 27°C, 압력 100kPa의 상태로 체적이 일정한 용기에 들어있다. 이 용기 내의 공기 온도를 327°C까지 가열하는 과정에서 5kg의 공기가 빠져 나간 후 밀폐하였다. 이때의 압력은 처음 압력에 비해 몇 배가 되는가?

① 0.5　　　　　② 1　　　　　③ 1.5
④ 2　　　　　　⑤ 5

 해설 이상기체 상태방정식

1. $PV = nRT$ [P : 압력, V : 부피, n : 질량, R : 기체상수, T : 온도(K)]
2. 기체의 처음 상태 (P_1, V_1, n_1, T_1) → 나중 상태 (P_2, V_2, n_2, T_2)일 경우 $\dfrac{P_1 V_1}{n_1 R_1 T_1} = \dfrac{P_2 V_2}{n_2 R_2 T_2}$
3. 체적(V)은 일정하고, 5kg의 공기가 빠져 나갔으므로

$\dfrac{100kpa}{10kg \times (27°C + 273°C)} = \dfrac{P_2}{5kg \times (327°C + 273°C)}$ 에서 $P_2 = 100kpa$이므로 처음 압력의 1배가 된다.

13 다음 중 절삭 공구 재료의 조건으로 옳지 않은 것은?

① 공작물보다 경도가 높을 것　　② 고온 경도가 클 것
③ 내마멸성이 클 것　　　　　　　④ 강인성 및 내충격성이 클 것
⑤ 마찰계수가 높을 것

 해설 절삭공구 재료의 조건

1. 높은 경도성 : 공작물보다 경도가 높아야 한다.
2. 고온경도 : 절삭속도가 높아지면 절삭으로 인한 마찰열이 높아지므로 고온에서도 경도가 저하되지 않고 절삭할 수 있는 고온경도가 필요하다.
3. 내마멸성 : 절삭공구는 내마멸성이 필요하다.
4. 강인성 및 내충격성 : 절삭공구는 외력에 의해 파손되지 않고 충격에 잘 견딜 수 있는 강인성 및 내충격성이 필요하다.
5. 저마찰계수 : 공구와 칩 사이의 마찰계수는 절삭작업에 사용되는 절삭속도와 이송속도 범위 내에서 될수록 낮은 것이 좋다.
6. 성형성 및 경제성 : 성형성이 좋고, 가격이 저렴해야 한다.

14 펌프의 공동현상(cavitation)에 대한 설명으로 옳지 않은 것은?

① 펌프와 흡수면 사이의 수직거리가 짧을 때 발생하기 쉽다.
② 침식 및 부식작용의 원인이 될 수 있다.
③ 진동과 소음이 발생할 수 있다.
④ 펌프의 회전수를 낮출 경우 공동현상 발생을 줄일 수 있다.
⑤ 양흡입 펌프를 사용하면 공동현상 발생을 줄일 수 있다.

해설   공동현상의 발생 조건 및 방지책

발생 조건	• 펌프와 흡수면의 수직거리(흡입높이)가 너무 길 때 • 과속운전으로 인하여 유량이 증가할 때 • 유동액체의 어느 부분이 고온일 때 • 저항이 클 때(strainer, valve 등) • 원주속도가 클 때
방지책	• 펌프 설치높이를 될 수 있는 대로 낮춘다(흡입양정을 짧게함) • 압축 펌프를 사용한다. • 회전차를 수중에 완전히 잠기게 한다. • 펌프의 회전수를 낮춘다. • 양흡입 펌프를 사용한다. • 두 대 이상 펌프를 사용한다. • 저항을 작게 하여 손실수두를 줄인다(밸브 적게, 흡입관 구경 크게 등)

15 속이 찬 원형단면을 갖는 축이 20 MPa의 허용전단응력을 넘지 않으면서 T의 토크를 전달하도록 지름 d를 설정하였다. 재료를 변경하여 허용전단응력이 40MPa일 때 토크 16T를 전달할 수 있는 축의 최소 지름은?

① d ② $\sqrt{2}\,d$ ③ $2d$
④ $4d$ ⑤ $8d$

 해설   중실축의 축의 최소지름 공식

$d = \sqrt[3]{\dfrac{16 \times T}{\pi \times \tau_a}} = \sqrt[3]{\dfrac{16 \times T}{\pi \times 20}}$ 이므로, $\sqrt[3]{\dfrac{16 \times 16T}{\pi \times 40}} = \sqrt[3]{\dfrac{8 \times 16T}{\pi \times 20}} = 2\sqrt[3]{\dfrac{16T}{\pi \times 20}} = 2d$

16 냉동기의 냉매가 갖추어야 할 조건으로 옳지 않은 것은?

① 응고온도가 낮을 것   ② 임계온도가 높아 상온에서 액화할 것
③ 증발잠열이 클 것   ④ 비열비(Cp/Cv)가 클 것
⑤ 점도와 표면장력이 작을 것

해설 냉매의 조건

① 응고 온도가 낮을 것. (저온에서 냉매가 쉽게 응고하여 버리면 냉매로서의 기능을 못함)
② 임계온도가 높아 상온에서 비교적 저압으로도 액화할 수 있을 것.(응축압력이 낮을 것) : 응축압력이 낮아 일반적으로 얻을 수 있는 냉각매체(물, 공기)로도 액화가 가능해야 함.
③ 증발잠열이 커서 냉동효과가 크고 액체 비열이 적을 것 : 액체 비열이 크면 팽창밸브 통과시 프레쉬 가스 발생이 많아 냉동효과가 적어짐)
④ 비열비 작을 것 : 비열비가 작으면 압축하여도 가스의 온도상승이 적어 압축비를 크게 할 수 있음)
⑤ 점도와 표면장력이 작을 것 (점도가 크면 배관 통과시 저항이 증대)
⑥ 절연내력이 크고, 절연물을 침식하지 않을 것.

17 질량 0.5kg인 공을 2m 높이에서 자유낙하 시켰더니 지면과 부딪쳐서 0.5m 높이까지 튀어 올라왔다. 이 공과 지면과의 반발계수는?(단, 중력가속도는 10m/s²으로 계산하시오.)

① 0.25 ② 0.4 ③ 0.5
④ 0.75 ⑤ 0.8

해설

공과 지면 사이의 반발 계수(e) = $\sqrt{\dfrac{반발높이}{처음높이}} = \sqrt{\dfrac{0.5}{2}} = 0.5$

18 냉동사이클에 대한 P–h 선도가 아래 그림과 같을 때 주어진 냉동사이클에 따르는 냉동기의 성능계수(C.O.P.)는?

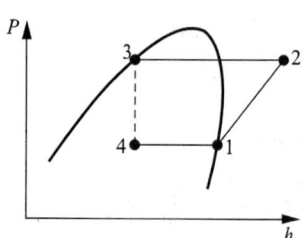

① C.O.P. = $\dfrac{h_2 - h_3}{h_2 - h_4}$
② C.O.P. = $\dfrac{h_1 - h_4}{h_2 - h_1}$
③ C.O.P. = $\dfrac{h_2 - h_4}{h_2 - h_1}$
④ C.O.P. = $\dfrac{h_2 - h_3}{h_2 - h_1}$
⑤ C.O.P. = $\dfrac{h_2 - h_1}{h_2 - h_3}$

해설

냉방 C.O.P. = 냉각열량/공급열량 = $Q_e/m \over W_c/m$ = $h_1 - h_4 \over h_2 - h_1$, 난방 C.O.P. = 냉각열량/공급열량 = $Q_c/m \over W_c/m$ = $h_2 - h_3 \over h_2 - h_1$

19 질량, 스프링, 댐퍼로 이루어진 1자유도계 선형진동시스템의 고유주파수가 ω_n이다. 이 시스템이 임의의 가진주파수 ω_e인 조화가진(harmonic forced vibration)에 의해서 정상상태(steady state)로 진동하고 있을 때의 설명으로 옳지 않은 것은?

① 이 시스템은 고유주파수로 진동한다.
② 질량이 증가하면 고유주파수가 낮아진다.
③ 진폭은 가진력과 질량, 스프링, 댐퍼에 의해서 결정된다.
④ 낮은 가진주파수의 진동은 질량, 스프링, 댐퍼 중에서 스프링에 의한 영향을 가장 많이 받는다.
⑤ 공진에서는 댐퍼의 성능을 높이는 것이 진폭저감에 효과적이다.

해설
① 조화가진(harmonic forced vibration)이란 어떤 힘이 일정하게 주기적으로 가해지는 것을 말하며, 따라서 이 시스템은 강제진동의 가진주파수와 같은 주파수로 진동한다.
② 고유주파수 = $\sqrt{강성(K) \over 질량(M)}$
③, ④ 진폭은 진동의 중심에서 최대 변위의 크기를 말하며, 가진력과 질량, 스프링, 댐퍼에 의해서 결정되며, 낮은 가진주파수의 진동은 질량, 스프링, 댐퍼 중에서 스프링에 의한 영향을 가장 많이 받는다.
⑤ 공진에서는 감쇠기인 댐퍼의 성능을 높이는 것이 진폭저감에 효과적이다.

20 면적이 일정하고 수평으로 놓여 있는 직선의 관 내부에 유체가 흐르고 있을 때, 손실수두에 대한 설명으로 옳지 않은 것은?

① 유속이 증가할수록 손실수두는 증가한다.
② 층류에서는 관 내부의 상대조도에 무관하다.
③ 난류에서는 관 내부의 상대조도가 증가함에 따라 손실수두가 증가한다.
④ 관의 길이가 증가할수록 손실수두는 증가한다.
⑤ 관의 직경이 증가할수록 손실수두는 증가한다.

해설 손실수두공식

$h_L = f {\ell \over D} {V^2 \over 2g}$ (f : 마찰계수, ℓ : 관의 길이, V : 관의 속도, D : 관의 직경, g : 중력가속도)

따라서 관의 직경이 증가할수록 손실수두는 감소한다.

정답 19 ① 20 ⑤

2016년 8월 13일 시행 국회직 9급

01 금속 박판의 성형 시 변형이 끝난 후 박판에 가해진 굽힘력이 제거되면 굽혀진 공작물 내에 남아 있는 탄성에너지로 인해 변형량의 일부분이 복원되는 현상을 나타내는 용어로 옳은 것은?

① 과도굽힘(overbending)
② 바터밍(bottoming)
③ 스프링 백(springback)
④ 시밍(seaming)
⑤ 헤밍(hemming)

해설
③ 물체가 변형에 저항하려는 물체 내부의 복원력(탄성에너지)에 의해서 발생한다. 스프링 백의 크기는 굽힘 가공시 굽힘각도로부터 벌어지게 되는 각도량으로 측정되며 물체의 복원력에 비례한다.
① 원하는 각도보다 여유각만큼 더 많이 굽힘(overbending)가공하는 것을 말하며, 스프링백의 방지책으로 이용된다.
② 드로잉으로 성형된 최종 판재에 펀치로 압축응력을 더욱 부가하여 스프링백을 감소시키는 방법이다.
④ 시밍(seaming)은 2장의 판재의 단부를 굽히면서 겹쳐 눌러서 접합하는 가공을 말한다.
⑤ 헤밍(hemming)이란 내판을 외판에 얹고 외판의 플랜지를 펀치로 눌러 접어 내판과 외판을 결합하는 가공방식을 말한다.

02 다음 중 열가소성 수지와 열경화성 수지에 따라 적절한 제조공정으로 연결된 것으로 옳은 것은?

① 사출성형 - 열가소성 수지,   압축성형 - 열경화성 수지
② 압출 - 열가소성 수지,   열성형 - 열경화성 수지
③ 취입성형 - 열가소성 수지,   압출 - 열경화성 수지
④ 전사성형 - 열가소성 수지,   사출성형 - 열경화성 수지
⑤ 열성형 - 열가소성 수지,   취입성형 - 열경화성 수지

해설 열가소성 수지와 열경화성 수지

구 분	열가소성 수지	열경화성수지
의 의	반복해서 가열하거나 용제에 녹여서 자유롭게 가공할 수 있는 수지	한번 가열하거나 용제에 녹인 후에는 다시 용해되지 않는 수지

01 ③ 02 ①

유형	· 사출성형 · 압출성형 · 열성형(취입성형, 압공성형, 프레스성형, 진공성형) · 전사성형	· 압축성형 · 이송성형

03 다음 중 숏피닝(shot peening)에 대한 설명으로 옳지 않은 것은?

① 숏을 강재 표면에 분사하여 표면층에 압축응력을 발생시킨다.
② 숏피닝은 재료 중심부의 연성을 증가시킨다.
③ 숏의 재질로 냉간주철, 주강, 강철 등이 쓰인다
④ 숏피닝 작업에는 피닝작업과 청정작업이 있다.
⑤ 숏피닝은 냉간가공법이다.

해설

①, ⑤ 금속재료 표면에 고속으로 강철이나 주철의 작은 입자(shot)를 분사시켜 공작물을 다듬질하고, 압축응력을 발생시켜 피로강도, 인장강도 및 기타 기계적 성질을 향상시키는 표면경화법이며, 일종의 냉간가공이다.
② 숏피닝의 장점은 재료의 중심부에는 <u>연성과 인성이 유지되면서 표면층만 경화되는 장점이 있다.</u> <u>재료의 연성을 증가시키는 것은 아니다.</u>
③ 숏의 재질로 냉간주철, 주강, 강철 등이 쓰인다
④ 숏피닝 작업에는 피닝작업(peening work)과 표면의 청정작업(cleaning work)이 있다.

04 다음 중 판금가공의 절단 공정에 해당하는 것끼리 표시된 것으로 옳은 것은?

① 헤밍(hemming), 커팅오프(cutting off)
② V-벤딩(v-bending), 플랜징(flanging)
③ 전단, 시밍(seaming)
④ 코이닝(coining), 엠보싱(embossing)
⑤ 블랭킹(blanking), 펀칭(punching)

해설 판금 가공의 종류(국가직 2009년 문제4번 해설참조)

구분	종류
전단가공(절단가공)	블랭킹, 펀칭(피어싱), 슬로팅, 트리밍, 브로칭, 노칭, 분단(세퍼레이팅), 세이빙, 슬리팅
굽힘가공 (벤딩)	시밍, 컬링, 버링, 플랜징

정답   03 ②   04 ⑤

압축가공(냉간단조)	압인(coining), 스웨이징, 업세팅
성형가공	엠보싱, 비딩, 벌징, 네킹, 익스팬딩, 플래팅(스트레이트닝)
드로잉	커핑, 스피닝, 리스트라이킹, 아이어닝

05 다음 중 나사 풀림에 영향을 주는 요소들에 대한 설명으로 옳지 않은 것은?

① 나사각이 커지면, 풀림 경향이 커진다.
② 초기 조임이 커지면, 풀림을 시작하기 위해 극복해야 할 마찰력이 커진다.
③ 마찰계수를 증가시키는 표면처리와 표면상태는 풀림을 감소시킨다.
④ 헬리컬 와셔는 상대 금속표면에 맞물리도록 뾰족한 돌출부를 평평하게 만드는 원리에 의하여 풀림을 감소시킨다.
⑤ 가는 나사가 보통 나사보다 쉽게 풀리는 경향이 있다.

 해설

①, ③ 나사가 자립상태가 되면 나사의 풀림이 감소되는데, 마찰계수와 마찰각이 크고, 나사각이 작을수록 자립상태는 커진다.
⑤ 가는 나사는 나사의 지름에 비해 피치가 작아 자립성이 우수하여 나사 풀림 방지용으로 사용된다.

보충 **나사풀림 방지법**

1. 결합된 부품 사이에 탄성이 큰 스프링와셔나 댐핑이 큰 고무와셔를 끼우는 방법
2. 헬리컬 와셔등을 사용하여 너트를 고정하는 방법
3. 로크너트(더블너트, 고정너트)를 이용하는 방법
4. 너트가 볼트에 대하여 회전하지 않도록 분할핀을 이용하여 너트가 빠져 나오지 못하도록 하는 방법
5. 나사면에 플라스틱이 들어간 너트를 이용하는 방법
6. 철사를 이용하는 방법
7. 분할핀, 작은 나사, 멈춤나사등에 의한 방법
8. 초기 조임을 크게 하는 방법

06 다음 중 회전축의 위험속도에 대한 설명으로 옳은 것은?

① 3차 고유진동수가 1차, 2차 고유진동수보다 위험하다.
② 위험속도는 가로 진동만 고려한다.
③ 위험속도는 비틀림 진동만 고려한다.
④ 위험속도에 도달하면 진폭이 커지게 된다.
⑤ 축의 회전수를 고유진동수의 ±5% 이상 떨어지게 한다.

해설 위험속도(임계속도)

고속으로 회전하는 각종 회전축은 특정한 회전속도(위험속도)에서 불안정한 진동을 일으키고, 위험속도에 도달하면 진폭이 커지게 된다. 이러한 현상은 회전축의 회전속도가 회전체 전체의 고유진동수와 일치하거나 매우 근접한 경우에 발생하며, 일종의 공진현상이라고 한다.

① 특정 물체가 가지는 고유진동수 중에서 가장 낮은 진동수를 1차 고유진동수라고 한다. 1차, 2차 고유진동수가 3차고유진동수보다 위험하다. 그 이유는 고유진동수가 낮을수록 회전축의 회전속도와 빨리 일치하게 되어 위험속도에 더 빨리 도달하기 때문이다. 따라서 이 경우에는 고유진동수를 높여 위험속도에 도달하는 것을 늦추어야 한다.
②, ③ 신축의 세로진동은 위험성이 적지만, 굽힘에 의한 가로진동과 비틀림진동은 위험성이 크므로 고려해야 하다.
⑤ 축의 상용운전속도를 그 축의 고유진동수로부터 25% 이상 떨어지도록 한다.

07 두께가 t인 판재에 펀치를 사용하여 지름 d인 구멍을 만들고자 한다. 이때 펀치에 가해지는 하중 P를 구하는 식으로 옳은 것은?(단, 재료의 전단강도는 τ이며, 원주율은 π이다.)

① $P = \pi \cdot d \cdot t \cdot \tau$
② $P = \pi / (d \cdot t \cdot \tau)$
③ $P = \pi \cdot d / (t \cdot \tau)$
④ $P = \pi \cdot d \cdot t / \tau$
⑤ $P = 1 / (\pi \cdot d \cdot t \cdot \tau)$

 해설
펀치에 가해지는 하중은 ①과 같이 구해진다.

08 초기 온도 20°C에 양쪽 벽에 고정된 봉이 있으며 이때 내부 응력은 없다. 봉을 10°C까지 냉각시켰고 그 결과 봉의 내부에 응력이 발생하였다. 응력(MPa)으로 옳은 것은? (단, 봉의 탄성계수 E = 200 GPa이고, 선팽창계수 α = 1.5 × 10⁻⁶(1/°C)이다.)

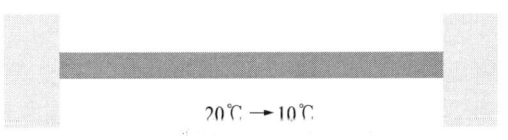

① 3
② 6
③ 12
④ 24
⑤ 30

 해설
응력(MPa) = Eα(Δt)
= 200,000MPa × [1.5 × 10⁻⁶(1/°C)] × (20°C − 10°C) = 3

09 인장항복강도가 400 MPa인 연강 원형봉에 62.8kN의 인장하중이 가해지는 경우 안전하게 (안전율 S = 2) 사용이 가능한 최소 직경(cm)으로 옳은 것은?(단, 원주율은 3.14 이다.)

① 1 ② 2 ③ 3
④ 4 ⑤ 5

해설

안전율(2) = $\dfrac{항복강도(400MPa)}{허용능력(\sigma)}$ 에서 허용능력(α)은 200MPa

인장응력(σ) = $\dfrac{4 \times 인장하중(62.8kN)}{단면적(\pi d^2)}$

$d^2 = \dfrac{4 \times 62.8kN}{3.14 \times 200MPa} = \dfrac{4kN}{10MPa} = \dfrac{4,000N}{10N/mm^2} = 400mm^2$

∴ $d = 2cm$

10 그림과 같이 길이가 a인 외팔보의 b 지점에 집중하중 P가 가해질 때 굽힘모멘트 선도의 모양으로 옳은 것은?

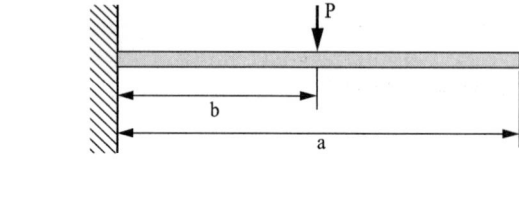

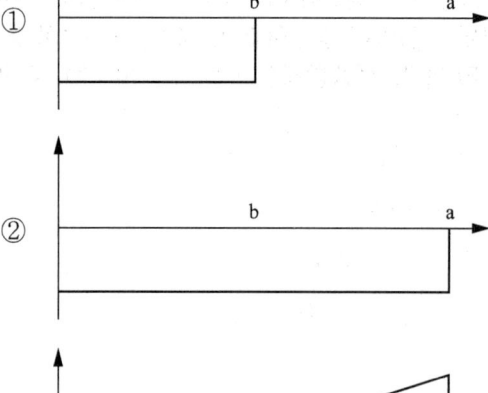

09 ② 10 ④

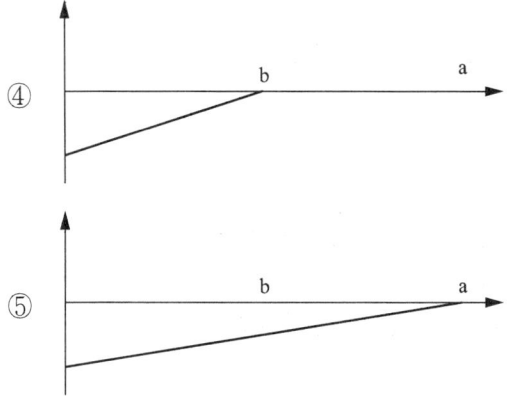

 해설

④ 외팔보에서 최대굽힘모멘트는 고정단에서 발생하며 점차로 감소하다 집중하중을 받는 위치에서 0이 된다.

11 길이가 0.5m이고, 직경이 10mm인 원형단면봉이 수직하중만 받고 있으며 이 때 응력이 σ이다. 동일한 하중조건에서 원형단면봉의 길이를 1m로 늘리고 직경을 5mm로 줄였을 때 수직응력으로 옳은 것은?

① $\frac{1}{4}\sigma$ ② $\frac{1}{2}\sigma$ ③ σ
④ 2σ ⑤ 4σ

해설

$\sigma = \frac{4P}{\pi d_1^2} = \frac{4P}{100\pi}$, 직경을 5mm로 줄였을 때는 $\frac{4P}{\pi d_2^2} = \frac{4P}{25\pi} = 4\sigma$

12 질량이 같은 당구공 A와 B가 일직선 상에서 각각 10m/s, 5m/s의 속도로 우측으로 이동 중이다. 반발계수가 0.8일 때, 당구공 A가 당구공 B와 충돌한 후 두 공의 속도(m/s)로 옳은 것은?(단, 모든 마찰은 무시한다.)

① $V_A = 5$ $V_B = 10$ ② $V_A = 5.5$ $V_B = 9.5$
③ $V_A = 6$ $V_B = 9$ ④ $V_A = 6.5$ $V_B = 8.5$
⑤ $V_A = 7$ $V_B = 8$

해설

1. 반발계수 $= \dfrac{V_B - V_A}{\text{충돌전 A의 속도} - \text{충돌전 B의 속도}} = \dfrac{V_B - V_A}{10 - 5} = 0.8$

2. 운동량 보존의 법칙에 의해서 $10\text{m/s} + 5\text{m/s} = V_A + V_B$

    1식과 2식을 통합하여 풀면 $V_A = 5.5$, $V_B = 9.5$가 정답이 된다.

13 물체가 스프링에 수직으로 매달려서 1 Hz의 주파수와 10mm의 진폭으로 진동한다. 물체가 정적평형지점(변위 = 0mm인 지점)을 통과한 후 0.5초 경과된 시점의 변위(mm)와 진동수(rad/s)로 옳은 것은?(단, 원주율은 3.14이다.)

① 0, 3.14
② 5, 3.14
③ 0, 6.28
④ 10, 6.28
⑤ 10, 12.56

해설

진동수 $\omega = 2\pi f = 2 \times 3.14 \times 1 = 6.28$

변위 $x = x_0 \sin \omega t = 10\sin(2\pi f \times 0.5) = 10 \times \sin\pi = 0$

(x : 시간 t에서의 변위량, x_0 : 최대변위량, ω : 원진동수 $= 2\pi f$, f : 진동의 진동수(주파수) $= \dfrac{1}{T}$, T : 진동의 주기)

14 효율이 80%인 윈치(winch)가 50kN의 화물을 12m 올리는데 1분이 걸렸다. 윈치의 소요동력(kW)으로 옳은 것은?

① 8.0
② 10.0
③ 12.5
④ 19.5
⑤ 29.5

해설

$X(\text{kW}) = \dfrac{P \times K}{(60,000) \times K} = \dfrac{50,000(\text{N}) \times 12(\text{m/min})}{60,000 \times 0.8} = 12.5$

(X : 소요동력(kW), P : 정격하중(N), V : 정격로프속도(m/min), K : 기계효율)

15 다음 중 유체에서 공동현상(캐비테이션, cavitation)에 대한 설명으로 옳은 것은?

① 유체의 압력이 국부적으로 매우 높아질 때 발생한다.
② 회전하는 프로펠러 끝단 유체의 저속·고압 와류에서 발생한다.
③ 캐비테이션수가 임계캐비테이션수보다 클 때 발생한다.
④ 유체가 액체에서 증기로 빠르게 변화한다.
⑤ 유체에 압력파동을 만들어 주어서 캐비테이션을 방지할 수 있다.

 해설

① 펌프의 흡입양정이 높거나 유속의 급변 또는 와류의 발생 등에 의해 압력이 국부적으로 포화증기압 이하로 내려가 기포가 생성되는 현상이다.
② 프로펠러 끝단 와류에서 볼 수 있는 고속, 저압 와류의 중심부에 나타난다.(와류 공동현상)
③ 공동현상은 임계 캐비테이션 수보다 작을 때 발생하고 캐비테이션 수가 임계 캐비테이션 수보다 작아질수록, 강도가 증가하고 이동공동현상에서 고정공동현상으로 그리고 슈퍼캐비테이션으로 변해 간다.
④ 공동현상은 빠른 속도로 유체가 흐르면서 유체 내부의 압력이 낮아져 유체가 액체에서 증기로 빠르게 변화하는 현상이다.
⑤ 캐비테이션은 압력 파동이 액체를 지날 때 존재하게 된다. 압력 파동은 고압에 뒤따라 저압이 나타나는 압력펄스를 구성한다. 파동(또는 진동)의 저압 부분에서 공동현상이 발생된다.(진동 공동현상)

16 압축기로 100kPa, 300K의 기체가 흡입된 후 400kPa, 600K로 압축되었다. 이 기체가 100kPa, 300K의 상태로 흡입되어 900kPa으로 압축된다면 이때 온도(K)로 옳은 것은?(단, 기체는 이상기체이고 비열비는 두 경우에 같고 압축과정은 가역 단열과정이라고 가정한다.)

① 660
② 750
③ 900
④ 1000
⑤ 1200

 해설 가열단열과정공식

$$\frac{T_2}{T_1} = \left(\frac{V_1}{V_2}\right)^{k-1} = \left(\frac{P_2}{P_1}\right)^{\frac{k-1}{k}}$$

압축기로 100kPa, 300K의 기체가 흡입된 후 400kPa, 600K로 압축된 경우

$\frac{600K}{300K} = \left(\frac{400kPa}{100kPa}\right)^{\frac{k-1}{k}}$ 이므로 $2 = (4)^{\frac{k-1}{k}} = 2^{\frac{2k-2}{k}}$, $k = 2k-2$, ∴ $k = 2$,

100kPa, 300K의 상태로 흡입되어 900kPa으로 압축된다면 이때 온도(K)

$\frac{x}{300K} = \left(\frac{900kPa}{100kPa}\right)^{\frac{2-1}{2}} = 3$ 이므로 $x = 900K$

17 두께가 25mm이고, 안쪽 표면과 바깥 표면의 온도가 각각 30℃와 5℃인 나무 벽을 통한 두께 방향 일차원 열유속이 50 W/m² 일 때, 나무의 열전도율(W/(m·k))로 옳은 것은?

① 0.05
② 0.1
③ 0.2
④ 0.25
⑤ 0.5

 해설

열전도율(W/(m·k)) = 열유속 × $\dfrac{두께}{\Delta T}$ = 50W/m² × $\dfrac{0.025m}{25k}$ = 0.05W/(m·k)

18 랭킨사이클(Rankine cycle)을 이상사이클로 적용하는 단순 증기원동소의 효율을 높이는 방법으로 옳은 것은?

① 압축기의 배출압력을 증가시킴
② 터빈에서 배출압력을 증가시킴
③ 보일러에서 배출압력을 감소시킴
④ 수증기의 최고 압력을 감소시킴
⑤ 보일러에서 과열시킴

 해설 단순 증기원동소의 효율을 높이는 방법
1. 터빈에서 배출압력을 낮게 한다.
2. 보일러에서의 수증기를 과열시킨다.
3. 보일러에서 수증기 최고압력을 증가시킨다.

19 균일한 밀도를 가진 물체를 비중이 2인 액체에 넣었더니 부피의 $\dfrac{3}{5}$이 액체 속에 잠겼다. 이 물체의 비중으로 옳은 것은?

① 0.5
② 0.8
③ 1.0
④ 1.2
⑤ 1.5

 해설

물체의 비중 = 액체의 비중 × (액체속에 잠긴 부피) = 2 × $\dfrac{3}{5}$ = 1.2

20 피스톤 – 실린더계 내부에 압력이 P이고 온도가 400K인 이상기체가 있다. 실린더 내부 체적이 두 배가 되고 온도가 300K가 되도록 피스톤을 움직였을 때 기체의 압력으로 옳은 것은?

① $\dfrac{1}{8}P$ ② $\dfrac{1}{4}P$ ③ $\dfrac{3}{8}P$

④ $\dfrac{1}{2}P$ ⑤ $\dfrac{5}{8}P$

 해설

기체의 압력·온도·부피 사이의 관계를 나타내는 보일 – 샤를의 법칙을 이용한다.

$\dfrac{PV}{T} = \dfrac{P_1 V_1}{T_1}$ (T : 절대온도, K, P : 압력, V : 부피, P_1 : 피스톤을 움직였을 때 기체의 압력)

$\dfrac{P \times V}{400K} = \dfrac{P_1 \times 2V}{300K}$, $\dfrac{P \times V \times 300K}{400K \times 2V} = P_1$, $\therefore \dfrac{3}{8}P = P_1$

정답 20 ③

2015년 9월 19일 시행 국회직 9급

01 유체역학에서 사용되는 레이놀즈 수에 대한 설명 중 옳은 것은?
① 레이놀즈 수는 유체점성에 반비례한다.
② 레이놀즈 수는 유체속도에 반비례한다.
③ 관 내부 유동에서의 레이놀즈 수는 관 직경에 반비례한다.
④ 레이놀즈 수는 중력에 반비례한다.
⑤ 레이놀즈 수는 압력에 반비례한다.

해설

레이놀즈 수 = $\dfrac{\text{관성력}}{\text{점성력}}$ = $\dfrac{\text{거리} \times \text{속도}}{\text{동점성계수}}$

점성력이 작은 유체일수록 레이놀즈 수는 커진다. 즉, 점도가 낮고 잘 흐르는 유체일수록 난류가 되기 쉽고 점도가 높은 끈끈한 유체일수록 층류가 되기 쉽다는 의미이다.

02 다음 중 재료의 기계적 성질 중 크리프(creep)에 해당되는 것은?
① 재료가 견딜 수 있는 최고압축응력
② 재료가 소성변형에 견디는 저항의 크기
③ 일정한 체적의 재료를 파단 시키는 데 요구되는 에너지의 양
④ 인장시험에서 주어지는 최대하중과 시험편 본래의 단면적에 대한 비
⑤ 오랜시간 외력을 가할 시 서서히 그 변형이 증가하는 현상

해설
① 압축강도   ② 경도
③ 충격에너지   ④ 인장강도
⑤ 크리프(creep)

03 입구와 토출구의 압력차가 1 bar인 펌프가 유량 10L/s로 작동하고 있을 때 펌프의 작동에 필요한 최소 동력을 구하면?
① 0.1kW   ② 0.5kW   ③ 1kW
④ 2kW   ⑤ 10kW

정답 01 ① 02 ⑤ 03 ③

해설
펌프동력 = (압력차) × (부피유량)/(펌프효율)
최소 동력은 펌프효율이 100% 즉 1이 되었을 때이므로 위문제의 식은 다음과 같이 된다.
최소 동력 = (1bar × 10L/s)/1 = $10^5 N/m^2$ × $0.01 m^3/s$ = $10^3 Nm/s$ = 1kw

 보충 단위변화
1kw = $10^3 Nm/s$
1bar = $10^5 N/m^2$
1L = $0.001 m^3$

04 다음 재료역학 관련 설명 중 옳지 않은 것은?
① 재료의 가로변형률과 세로변형률 사이의 비는 탄성한도 이내에서는 일정하다.
② 전단응력은 전단탄성계수와 전단변형률의 곱으로 나타낼 수 있다.
③ 비틀림 응력은 원형단면의 중심에서 가장 크다.
④ 재료의 안전율은 극한강도의 허용응력에 대한 비로 나타낼 수 있다.
⑤ 재료에 충격하중이 작용할 때 발생하는 최대응력을 충격응력이라고 한다.

 해설
① 재료 내부에 생기는 수직 응력에 의한 가로 변형과 세로 변형의 비를 포아송비(Poisson's ratio)라 하며, 탄성 한도 내에서는 동일 재료에 대하여 일정하다.
② 탄성한도 이내에서도 전단응력과 전단변형률과의 비(전단응력/전단변형률)는 일정하고 이 상수를 가로탄성계수, 전단탄성계수 또는 강성계수라고 하며, 따라서 전단응력은 전단탄성계수와 전단변형률의 곱으로 나타낼 수 있다.
③ 비틀림 전단응력의 크기는 <u>중심으로부터 가장자리 쪽으로 증가한다.</u>
④ 여유의 정도를 나타내는 계수로서 항복응력과 허용응력과의 비(연성재료), 또는 극한강도와 허응응력과의 비(취성재료)를 안전율 또는 안전율수라고 한다.
⑤ 재료에 충격하중이 작용할 때 발생하는 최대응력을 충격응력이라고 하고, 충격응력은 응력에 충격계수를 곱하여 얻는다.

05 다음 금속재료 중 상온에서 가장 강한 자성을 띠는 물질은?
① 구리
② 니켈
③ 알루미늄
④ 금
⑤ 은

해설 자기적 성질에 따른 분류(상자성, 반자성, 강자성으로 구분)

종류	의의	물질
상자성체	자기장 안에 넣으면 자기장 방향으로 약하게 자화되고, 자기장이 제거되면 자화하지 않는 물질	**알루미늄**, 주석, 백금, 이리듐 외에 산소 등
반자성체	외부자기장에 의해 반대 방향으로 자화되는 물질	금, 은, 수은, 물, 수정, 납, **구리**, 아연 등 많은 금속과 대부분의 염류 등
강자성체	자기장의 방향으로 강하게 자화되며 자석에 강하게 끌리는 물체들	철, 니켈 및 코발트 등

06 단면적 $10cm^2$의 원형단면에 수직으로 1N의 압축하중이 작용하면 이 때의 압축응력(Pa)은?

① 0.1
② 1
③ 10
④ 100
⑤ 1,000

해설

응력 $= \dfrac{\text{하중}}{\text{단면적}} = \dfrac{1N}{10cm^2} = 0.1 N/cm^2 = 1,000 N/m^2$

$1Pa = 1N/cm^2$이므로 $1,000 N/m^2 = 1,000 Pa$

07 기어에 대한 다음 설명 중 옳지 않은 것은?

① 헬리컬 기어 : 이가 곡선으로 된 원통형 기어이며, 축 방향으로 스러스트가 발생한다.
② 베벨 기어 : 축이 교차하는 두 원뿔면에 이를 낸 기어이다.
③ 웜 기어 : 웜과 웜 기어의 축이 직각을 이루며, 큰 감속비를 가진다.
④ 스퍼 기어 : 원통의 안쪽에 이가 있는 기어이다.
⑤ 래크와 피니언 : 피니언은 회전운동을, 래크는 직선운동을 한다.

해설
① 이가 헬리컬 곡선(톱니 줄기가 비스듬히 경사져 있는 곡선)으로 된 기어로 스퍼기어에 비하여 이의 물림이 원활하나, 축방향으로 스러스트(추력)가 발생한다.
② 축이 교차하는 두 원뿔면에 이를 낸 것으로서, 이가 원뿔의 꼭지점을 향하는 것을 직선베벨기어라고 한다.
③ 웜과 웜기어로 이루어진 한 쌍의 기어로, 두 축이 직각을 이루며, 큰 감속비를 얻고자 하는 경우에 사용된다.
④ <u>원통의 안쪽에 이가 있는 기어는 내접기어이다.</u> 스퍼 기어는 이가 축에 나란한 원통형기어이다.
⑤ 래크는 기어의 피치원지름이 무한대로 큰 경우의 일부분이라고 볼 수 있으며, 피니언의 회전에 대하여 래크는 직선운동한다.

08

지상에서 높이 100m인 지점에 설치된 물탱크의 수압이 2bar 일 경우 지상에 위치한 급수밸브의 수압(bar)은?(단, 물의 밀도는 1,000kg/m³이고, 중력가속도는 9.81m/s² 이며, 급수밸브는 닫혀 있다.)

① 8.5   ② 14.2   ③ 2.9
④ 11.8   ⑤ 5.6

 해설 베르누이의 정리

$$\frac{P_1}{\rho g} + \frac{V_1^2}{2g} + H_1 = \frac{P_2}{\rho g} + \frac{V_2^2}{2g} + H_2$$

(P: 수압, ρ: 물의 밀도, g: 중력가속도, V= 유동속도, H: 높이)

급수밸브는 닫혀있으므로 $V_1 = V_2 = 0$ 이 된다. ρg도 동일하고 지상이므로 $H_2 = 0$

$\frac{P_1}{\rho g} + H_1 = \frac{P_2}{\rho g}$ 이므로, $P_1 + H_1 \rho g = P_2$

P_2 = 2bar + 1,000Kg/m³ × 9.81m/s² × 100m = 2bar + 981,000Kg/m·s² = 11.81 bar

 보충 단위변환

1pa = 1N/m² = 1kg/m·s² = 0.00001 bar

09

유체의 점성(viscosity)에 대한 설명 중 옳지 않은 것은?

① 점성의 크기를 나타내는 단위로 Pa·sec를 쓸 수 있다.
② 상대운동을 유발하는 외력에 저항하는 전단력이 생기게 하는 성질을 점성이라 한다.
③ 액체의 점성은 분자 사이의 응집력에 의해 온도가 증가할수록 증가한다.
④ 기체의 점성은 분자 충돌에 의해 기인하기 때문에 온도가 증가할수록 증가한다.
⑤ 뉴턴(Newton)유체에 있어서 점성은 속도구배와 전단응력 사이의 비례상수에 해당한다.

 해설

① 점성의 크기 단위 : 1 poise = 1g/cm·s = 0.1Kg/m·s = 0.001Pa·sec = 10 N.s/m²
② 옳은 설명이다.
③, ④ 액체는 온도가 올라감에 따라 점성이 낮아지고 기체는 온도가 올라감에 따라 점성도 올라간다.
⑤ 뉴턴의 점성법칙
　상단평판은 유체의 마찰로 인해서 이동방향의 속도 V에 대한 저항하는 힘이 생기며, 상단평판과 하단평판 사이에는 속도구배 ($dv = du/dy$)가 발생한다. 이 때 힘을 전단응력(τ)이라고 하며, 점성(μ : 점성계수)은 속도구배와 전단응력 사이의 비례상수에 해당한다.

전단응력(τ) $= \mu \frac{du}{dy}$

10 길이 10m, 단면적 2cm²인 원형봉에 인장하중 2,000N이 작용하면 신장량(mm)은? (단, 탄성계수 E = 100GPa이다.)

① 0.5　　② 1　　③ 2
④ 10　　⑤ 50

해설 Hook's Law를 이용하는 방법

변형량(δ) = $\dfrac{PL}{AE}$ = $\dfrac{2{,}000N \times 10m}{2cm^2 \times 100GPa}$ = $\dfrac{2{,}000N \times 10{,}000mm}{2cm^2 \times 10{,}000{,}000N/cm^2}$ = 1mm

보충 응력과 탄성계수를 이용하는 방법

응력 = $\dfrac{\text{인장하중}}{\text{단면적}}$ 이므로, 응력 = 1,000 N/cm²

탄성계수(E) = $\dfrac{\text{응력}(\sigma)}{\text{변형률(신장량)}}$ 이므로, 100GPa = $\dfrac{1{,}000N/cm^2}{\text{변형률(신장량)}}$

신장률 = $\dfrac{1{,}000N/cm^2}{100GPa}$ = $\dfrac{1{,}000N/cm^2}{10{,}000{,}000N/cm^2}$ = $\dfrac{1}{10{,}000}$

신장량 = 10m × (1/10,000) = 0.001m = 1mm

11 풀림(어닐링, annealing) 공정에 대한 설명 중 옳지 않은 것은?

① 상온에서 특정 온도까지의 가열, 그 온도에서의 유지, 상온까지 냉각하는 순서로 구성된다.
② 냉간가공 또는 열처리로 인해 경화된 재료를 연화시키는 공정이다.
③ 금속의 연성과 잔류응력을 증가시키는 공정이다.
④ 풀림 공정을 결정하는 중요 변수는 온도와 시간이다.
⑤ 사용목적에 부합하는 미세조직의 형성을 위해 사용된다.

해설
①, ② 냉간가공 또는 열처리로 인해 경화된 재료를 연화시키는 공정으로, 재료를 일정한 온도이상으로 가열하고, 그 온도로 일정하게 유지한 다음, 노안에서 서서히 냉각시키거나 공기중에서 냉각시키는 열처리이다.
③, ⑤ 풀림의 목적은 연성 증가, 경도 및 강도 저감, 잔류응력 해소, 특정 미세구조의 형성이다.
④ 풀림 공정에서 온도 변화가 너무 크면 온도 구배와 이에 따른 열응력이 생기며, 처리물의 변형 또한 심한 경우 균열이 일어날 수 있다. 또한, 어닐링 시간은 상변태가 가능하도록 충분히 길어야 한다.

12 다음 중 연삭가공에 사용되는 숫돌바퀴(grinding wheel)의 표시법에 포함되지 않는 정보는?

① 숫돌의 재료 및 성분
② 숫돌의 회전속도
③ 숫돌입자를 결합하는 세기
④ 숫돌의 단위 용적당 입자의 양
⑤ 숫돌입자의 크기와 굵기

해설

연삭공구로서의 숫돌바퀴는 숫돌입자를 결합제로 결합한 것으로, 숫돌입자, 입도, 결합도, 조직, 결합제 5가지 요소에 의해 성능이 결정되며, 숫돌입자, 결합제, 기공을 숫돌바퀴를 구성하는 3요소라 한다.
① 숫돌입자
③ 결합도
④ 숫돌조직
⑤ 입도

13 오토(Otto) 사이클에 대한 설명 중 옳지 않은 것은?

① 가솔린 기관의 기본 사이클이다.
② 오토 사이클의 열효율은 공급열량에 의해 결정된다.
③ 작업유체의 열 공급 및 방열이 일정한 체적에서 이루어진다.
④ 전기점화기관의 이상적 사이클이다.
⑤ 오토 사이클의 압축비는 노킹현상 때문에 제한을 가진다.

해설

①, ④ 오토(Otto)사이클은 가솔린 기관 또는 전기점화 내연기관의 기본이 되는 이론 사이클로서 2개의 단열과정과 2개의 정적과정으로 이루어진 기관이다
② 오토 사이클의 이론 열효율은 다음과 같다.

$$\eta_o = 1 - \left(\frac{v_2}{v_1}\right)^{k-1} = 1 - \left(\frac{1}{\epsilon}\right)^{k-1}$$ 여기서 $\epsilon = \frac{v_1}{v_2}$ 을 압축비라 한다.

위 식에서 오토사이클의 이론 열효율은 압축비 ϵ과 비열비 κ의 함수로서, 이들이 크면 클수록 그 효율은 증가한다.
③ 오토사이클은 동작유체에 대한 열공급 및 방출이 일정한 체적하에서 이루어지므로 정적사이클이라고 한다. 참고로 디젤사이클은 일정한 압력하에서 행해지는 기관이므로 정압사이클이라고 한다.
⑤ 오토사이클 기관에서는 압축비가 클 경우에는 노킹(knocking)이라는 이상 폭발현상이 일어나므로 압축비를 제한하고 있으며, 가솔린 기관의 압축비는 일반적으로 6~14 정도이나, 오늘날 자동차 엔진제어기술의 발달에 힘입어 $\epsilon = 40 : 1$까지도 가능하다.

정답 12 ② 13 ②

14 소성가공에 대한 설명 중 옳지 않은 것은?

① 절삭가공법에 비해 원재료의 손실이 크다.
② 주물에 비해 치수가 정밀하다.
③ 열간가공은 재료의 재결정온도가 가공온도보다 낮은 경우이다.
④ 단조, 인발, 압출 가공이 소성가공에 해당된다.
⑤ 가공경화현상이 일어난다.

해설

칩이 발생하는 절삭가공에 비해 소성가공에 의하면 재료 손실이 적다.
② 소성가공은 기존의 여유를 가지는 소재를 절삭 가공하여 정밀치수로 제작하는 절삭가공의 불편함 대신에 소성가공만으로 주물에 비하여 정밀한 치수를 생산하는 기술로 자재비, 가공비 등 원가 절감의 효과가 매우 높은 기술이며 대량생산과 자동화가 쉬운 기술이다.
③ 소성가공은 재결정온도를 기준으로 하며, 가공온도가 재결정온도 이상이면 열간가공, 이하이면 냉간가공이다.
④ 절삭가공에는 선반, 밀링, 연삭 등이 있고, 소성가공에는 단조, 인발, 압출 가공등이 있다.
⑤ 가공경화는 재결정이하에서 가공시에 가공경화가 일어난다(냉간소성가공만 가공경화가 일어난다).

15 디젤엔진에 대한 설명 중 옳지 않은 것은?

① 가솔린엔진에 비해 높은 압축비를 가진다.
② 주로 압축착화방식을 이용한다.
③ 가솔린엔진에 비해 낮은 회전수에서 높은 토크를 가진다.
④ DPF(Diesel Particulate Filter)를 사용하여 매연 배출을 감소시킨다.
⑤ 가솔린엔진에 비해 낮은 열효율을 가진다.

해설 가솔린엔진과 디젤엔진

구 분	가솔린엔진	디젤엔진
사용연료	휘발유	경 유
압축비	7~13 : 1	15~20 : 1
압축압력	7.8~14.7bar	29.4~49.0bar
점화방법	전기 점화	분사착화(자연착화, 압축착화)
연료공급	기화기에서 공기와 연료혼합	공기만 흡입한 후 연료분사
열효율	25~32%	32~38%
회전수	2000~6500rpm	1600~4000rpm
회전력	고속성능이 좋고 회전력은 디젤기관에 비해 떨어진다.	저속성능이 좋고 회전력(토크)도 우수하다.

④ DPF는 디젤 차량의 배기가스 중 미세매연 입자인 PM을 포집(물질 속 미량 성분을 분리하여 모음)하고, 연소시켜 제거하는 배기가스 후처리 장치이다.

16 다음 중 주물사가 갖추어야 할 조건으로 옳지 않은 것은?

① 모양을 유지할 수 있도록 적당한 결합력을 지녀야 한다.
② 내열성이 좋아야 한다.
③ 반복사용으로 인한 물리, 화학적 변화가 적어야 한다.
④ 주물표면으로부터의 제거가 용이해야 한다.
⑤ 밀봉성이 높아 외부로의 가스 배출을 막을 수 있어야 한다.

 해설 주물사가 갖추어야 할 조건
- 모양을 유지할 수 있도록 적당한 결합력을 지닐 것
- 보온성 및 내열성이 좋을 것
- 반복사용으로 인한 물리, 화학적 변화가 적을 것
- 주물표면에 고착이 잘 일어나지 않을 것(주물표면으로부터의 제거가 용이할 것)
- 통기성을 확보하여 용탕 및 주형내 발생 가스의 배출이 용이할 것
- 열전도율이 낮고, 열에 의한 화학적 변화가 일어나지 않도록 할 것
- 성형성이 좋고 적당한 강도를 가질 것
- 용탕이 빨리 응고되지 않고, 고온특성이 우수할 것

17 600rpm으로 회전하는 선반 주축에 지름이 100mm인 원통형 가공물이 거치되어 있을 때의 절삭속도를 구하면?(단, 원주율 π = 3.14로 계산한다.)

① 314mm/s ② 628mm/s ③ 1,570mm/s
④ 3,140mm/s ⑤ 6,280mm/s

해설
절삭속도(V) = π × D × N
= 3.14 × 100mm × 600 rpm
= 3.14 × 100mm × 600/min
= 3.14 × 100mm × 10/s
= 3,140mm/s

18 비열비 k인 기체가 압력 P_1, 체적 V_1인 상태에서 압력 P_2로 단열팽창하였을 때의 체적으로 옳은 식은?

① $V_1(\frac{P_1}{P_2})^{\frac{1}{k}}$ ② $V_1(\frac{P_2}{P_1})^{\frac{1}{k}}$ ③ $V_1(\frac{P_1}{P_2})^k$

④ $V_1(\frac{P_2}{P_1})^k$ ⑤ $\frac{P_1 V_1}{P_2}$

정답 16 ⑤ 17 ④ 18 ①

해설

단열팽창일 경우 $PV^k = C$ (일정)

$P_1 V_1^k = P_2 V_2^k$ 이므로 $V_2^k = V_1^k \left(\dfrac{P_1}{P_2}\right)$ $\therefore V_2 = V_1 \left(\dfrac{P_1}{P_2}\right)^{\frac{1}{k}}$

19 그림과 같이 원판이 시계방향의 일정한 각속도를 가지고 정지해 있는 평판 위를 미끄럼 없이 구르고 있다. A점과 B점의 속도벡터의 방향에 대한 설명이 옳은 것은?

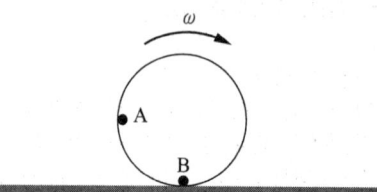

① A점 : →, B점 : →
② A점 : →, B점 : 없음(속도는 0)
③ A점 : ↗, B점 : →
④ A점 : ↗, B점 : 없음(속도는 0)
⑤ A점 : ↗, B점 : ↖

1. 위치벡터를 한번 미분하면 속도벡터가 되고 속도벡터를 미분하면 가속도 벡터가 된다.
2. 크기(속력)가 일정한 속도벡터가 있다면, 속도성분과 가속도성분이 서로 수직이 된다.
3. 속도벡터는 운동하고 있는 물체의 각 시점에서의 순간 속도에 비례하는 길이를 갖고, 운동하는 방향과 나란하게 그은 벡터를 말한다. 미끄러짐이 없으므로 점B가 지면에 접촉하는 순간 속도는 0이 된다.
4. 점B에서 속도벡터 $\vec{v}$ 는 반지름 위치벡터 $\vec{r}$ 과 항상 수직한 방향이므로 방향은 ↗가 된다.

20 초기속도가 0m/s인 정지상태의 물체를 5초 동안 일정한 가속도로 가속하여 10m/s의 속도에 도달하였다. 이 순간까지 물체의 이동거리를 구하면?

① 5m   ② 10m   ③ 25m
④ 50m   ⑤ 100m

가속도 $= \dfrac{v_f - v_i}{t} = \dfrac{10\text{m/s} - 0}{5} = 2\text{m/s}$

(v_i : 변하기 전의 속도, v_f : 변한 후의 속도, t : 속도가 변하는 데 걸린 시간)

물체의 이동거리 = 처음 위치 + (처음 속도 × 시간) + ($\dfrac{1}{2}$ × 가속도 × 시간의 제곱)

$= 0 + 0 + (\dfrac{1}{2} \times 2\text{m/s} \times 25\text{s}) = 25\text{m}$